LOCUS

LOCUS

LOCUS

LOCUS

from

vision

from 114
暴民創造自由民主
A Renegade History of the United States
作者：拉迪斯．羅素 Thaddeus Russell
譯者：張家福
責任編輯：林盈志
封面設計：顏一立
校對：張晁銘
出版者：大塊文化出版股份有限公司
台北市 10550 南京東路四段 25 號 11 樓
www.locuspublishing.com
讀者服務專線：0800-006689
TEL：(02) 87123898　FAX：(02) 87123897
郵撥帳號：18955675　戶名：大塊文化出版股份有限公司
法律顧問：全理法律事務所董安丹律師

總經銷：大和書報圖書股份有限公司
地址：新北市新莊區五工五路 2 號
TEL：(02) 89902588 (代表號)　FAX：(02) 22901658
製版：瑞豐實業股份有限公司
初版一刷：2016 年 3 月 20 日
定價：新台幣 399 元
ISBN：978-986-213-695-9
Printed in Taiwan.

暴民創造
自由民主

A Renegade History of the United States

拉迪斯・羅素　Thaddeus Russell　著　　　張家福　譯

獻給托比
及其自由

目錄

第三部　為壞自由奮鬥

第四部　要站哪一邊？

導論

這是全新的故事。

美國歷史初被書寫時，總以政治家、軍事將領、發明家、探險家等各式「偉人」為主軸。這些先聖先賢不只時常為史書所謳歌，更在高中大學教科書中，被描繪為形塑美國獨樹一格文化與體制的功臣。如此由上而下書寫而成的歷史中，女性、印地安人、非裔美人、移民與一般勞工等實際上代表美國多數人口的族群，鮮少能佔一席之地。直至一九六〇年代與一九七〇年代，新世代學者始將勞工領袖、女性主義者、民權運動人士及其他為民發聲者，視為敘述的主軸核心，形成後來所謂「由下而上」的歷史書寫。然而就我看來，這些美國史上的晚近新星，其實與眾偉人們在諸多文化價值與設定上多所相似，不只言行可比「良民」，更戮力「導正」自己所代表的那一群人，因此仍然不是一般市井小民。

本書的暴民史將更往底層探尋，要低過「新社會史」所描繪的社會底層，直接進入「惡民」層次——無論是酒鬼還是娼妓、自甘墮落的黑奴，還是不思長進的白人、亡命罪犯還是不良少年，甚或是大搖大擺的同性戀者，各種打滾於美國社會底層的邊緣人，皆為本書主角。本書將探討這些族群如何改變世界、創造全新享樂，以及爭取自由——不只由下而上，這是一部由臭水溝而上的歷史。

本書同時提供一種不同於教科書的歷史演進觀。美國史並不只是貧富、黑白、兩性間的傾軋，更是視天下興亡為己任者與求一己欲望享樂者間的撞擊。高尚與墮落、道德與無行、良民與暴民——這是一則美國文明與憤懣的故事。

在撞擊的一邊，是許多一般認為本質上存在差異的陣營，包含開國聖雄、廢奴主義者、大資本家、社會主義革命人士、女性參政權運動人士、三K黨、新政支持者、民權運動人士、保守派領導人等。這些陣營手上多半握有權力，或者積極爭取權力；換句話說，他們同時也在追求社會控制，因此也在設法縮限所代表選民的個人自由。上述每一個「良民」陣營，皆大力提倡工作倫理，強調努力工作的重要性，同時譴責性愛自由、抨擊消費主義的耽溺與墮落。因此，這群追求權力的道德改革者以及「低俗文化」（酒館、舞廳、消費購物、搖滾樂、移民與美裔黑人拒絕工作、不斷推進的性革命等）兩者間的衝突從未停止。

既然這是一部暴民史，本書花在街頭、床笫、劇院、酒館等場景的時間，絕對不少於在演講廳裡正襟危坐。本書將帶你深入妓院與同志夜店，並且一探黑奴祕密集會，了解為何廢奴後仍有許多黑人不願離開農場；本書也將帶你見一見各種暴民：有的拒絕工作，有的與警察鬥毆，有的縱情聲色夜夜笙歌，有的則是牝雞司晨的娼妓；同時，愛爾蘭、義大利、猶太裔的移民在化歸成為白人以前，又是如何與非裔美人過著類似的生活。縱觀橫覽，你將發現，隨著一次又一次的暴民衝撞，美國人所擁有的自由也不斷成長擴大。

在最基本的層次上，本書講述的傾軋，即為政治哲學家向來所認為人類史上的核心衝突：個人與社會的拉鋸。然而，學者至今對於在美國史上找出此類衝突仍興趣缺缺，對於本書核心的各類個人主義者，更毫無興趣。

無論是開拓者與印地安人之間緊張，還是民主派與君主派、奴隸與蓄奴者、商人與工匠之間的弩張劍拔，美國早期的史學大家皆有相當精彩的闡述。然而，即便娼妓、暴徒、酒醉勞工、下流海盜、偷懶工人、苟且奴隸等，才是充斥美國各大城市之眾，在史書中卻難見其蹤影。研究殖民與革命時期的史學家，能詳加分析當年大西洋兩岸的經濟往來、暢談革命份子的階級基礎，深論美國民主的思潮起源，然對於當時個人自由不斷被以民主之名壓迫而犧牲，卻毫無興趣，同時也不關注美國忝為「自由首都」，然其國家文化在性方面的壓抑與工作上的執迷不悟，卻更勝維多利亞時代的英國(1)。

十九世紀的許多關鍵事件，也都遭到同樣的漂白處理，尤其非裔美人的歷史也難逃漂「白」命運，相當諷刺。一九六〇與七〇年代左右成長的歷史學家總是急於將凡人高舉為英雄，因此看不見美國文化進步的推手，正是平民百姓的「不英雄」與「不入流」。而當中研究蓄奴制度者，不但鮮少肯認為黑奴及其後代在反抗維多利亞式的壓迫上，具有先鋒地位，教科書中更將當時的非裔美人描繪為社會上最努力工作、最節儉、最滴酒不沾、最注重家庭的族群。

「由下而上」陣營的學者在講述西方歷史時，的確以更具智識、更腳踏實地的手法敘述美國的擴張，取代了上一代歷史學家天真的浪漫情懷。然而現在有關西部的描述，觸目可及全是壓迫、剝削與種族屠殺，一則又一則，在人去樓空的小鎮上演、在蒼涼的印地安保留區發生，更在黯淡憂鬱的貧民窟與礦坑粉墨登場。當然，這樣的敘述並無謬誤之處，但同時卻也將人類經驗減降至最黑暗的層次，更忽略了無論是礦工、伐木工、鐵道工人、娼妓，還是印地安人、非裔美人、墨西哥人、中國人，皆曾在無法可管、天地遼闊的

(1)（譯註）維多利亞時代的英國一般被認為是極度壓抑保守的社會。

大西部小鎮上，共處一室，一同縱情於可觀的自由與享樂。

起草女性歷史的史學家替「惡行為」消毒，更是大謬不然。這群一九七〇、八〇年代出身的女性史學家，受到第一波與第二波女性主義者啟發，開始書寫女性歷史，卻鮮少提及性愛與享樂，也百般不願承認中下階級女性實則領導了消費革命，為美國帶來全新享樂。

當然，研究大眾文化、低俗娛樂、街頭小民的歷史學家如今所在多有，但每當我發現這些學者無法看透小酒館、高跟鞋、搖滾樂等事物的本質，總覺得遺憾。若學者當真能與消費上述商品的族群感同身受，便能參透這些商品實已重生，成為抵擋壓迫的反抗，替代資本個人主義的「集體出路」——這些商品的作用，絕對不單純也不只是為了樂趣。然而，多數史學家對大眾文化充滿敵意，視之為廣告商強加於大眾之上的消費文化，並給廣告商安了頂「意識統帥」的大帽，幾乎所有消費主義的歷史敘述仍採取負面觀點，即便數十億的美國人因消費而感到快樂、因購買而改善生活，並以經濟學家所謂「用腳投票」的方式決定商品生產。許多自稱「進步」的學者似乎都忘了，十九世紀首先針對大眾的卑劣欲望與不當購買行為大加撻伐者，正是布爾喬亞階級的道德主義者。

性這件事——此指性行為而非生理上的性別——在我成為史學家的訓練過程中從未受到討論，即便我在攻讀博士時，閱讀了數百本人類經驗史相關著作，提及此主題者也少之又少。過去一世紀以來，心理學家不斷強調「性」（sexuality）(2)如何影響社會上所有活動，而人們又如何執迷於性，然而史學家卻鮮少提出相關討論，實在令人感到奇特。自頭至尾講述美國史的教科書汗牛充棟，卻都忽略了這顯然是人們所思所行之事。同樣地，在標準歷史中，暴行者似乎僅限於軍隊、警察、工賊（strikebreakers，意指未加入罷工，仍正常工作者）、種族歧視者等，然而，暴力何以不能作為「人民」保護自身利益的手段？又譬如犯罪，尤其各種街頭巷尾的輕微犯罪，實為廣大民眾日常生活中的一部分，且為我們衝撞出了更多的自由，卻鮮少進入正史的敘述。

但我必須鄭重聲明，本書並非倡導暴民革命，倘若本書高舉的各類「英雄」當真主導社會，後果難以設想：街頭將不再安全、混亂將吞噬一切，甚至垃圾也沒人收了。所謂「社會守護者」，雖為個人自由之敵，但本書並不認為他們在道德上有所闕失，因為這群人只是選擇扮演他們認為對自己最有利的角色，而這樣的決定我認為應視之為獨立於道德判斷之外。此外，這群守護者確保了人皆需要的各種價值：安全、安定，以及乾淨的街道。本書論點並不在於「惡民」應取代「紀律主義者」，而是認為美國個人自由的寬度，實則透過兩派陣營相互的衝撞與拉鋸，而得以拓寬延展。其他地區是否如此，我不便多加主張，尤其許多地區均曾見惡民全面壓倒紀律守護者的狀況，與美國不同。在美國，愈多「惡民」起身反抗且獲得回應，個人自由也愈加擴張。

在閱讀本書的同時，你也許可以開始數算，究竟有多少你現在所縱情或嚮往的樂趣和自由，是透過暴民的的衝撞，才得以擺脫非法之名，登堂入室。因此，且讓暴民與「教化者」間的衝突持續不懈、永不止息！——不過在此之前，先讓我們一同來探討，暴民們是如何促使這塊號稱自由的土地，成為名副其實的自由之土。

(2)（譯註）sexuality 在中文裡面沒有單一對照譯法，得視前後文而譯為性、性意識、性傾向等等，在此根據上下文做此翻譯。

一　酒鬼、落伍者、娼妓、海盜與其他美國革命英雄(1)

一七七七年春，美國開國先賢抵達費城，接連走下馬車，踏上費城的石子路，召開第四次大陸會議（即當時反抗英國的新共和國之實質政府）。當時他們已經知道，眼前所面臨的是一場長期硬仗：紐約已經被英國拿下，紅衣步兵(2)與黑森傭兵(3)所組成的軍隊也已經就定位，新英格蘭隨時都可能被孤立；同時，英方蓄勢待發，積極準備兵臨費城，起義運動岌岌可危。大陸軍（Continental army）方面則只見上千兵力因傷寒、痢疾、天花、饑餓、逃兵等因素，不斷折損，兵力火力皆遠不如英軍。然而，真正讓獨立運動先賢們擔憂的並非軍力，而是那早已充斥大街小巷，更為凶險、更加頑強的敵人——「的確，有一個敵人，比起饑餓、疾病、刀劍更加可怕。」約翰．亞當斯（John Adams）四月份在寫給友人的信中提到，「這個敵人，正是廣大美國人民腐朽破敗的內心，如此的墮落與共和政府的差別，就好像光與影一般格格不入。」

(1)（譯註）本本章講述美國獨立以前之史事，「美國」與「美國人」的概念尚未出現，理論上應譯為北美殖民地與北美殖民地人民較為適合，然為避免譯文冗長，考量後仍選擇以「美國」及「美國人」代表 America 與 Americans。唯 Pennsylvania 等地名，因為處理上較為直截了當，考量後選擇音譯為賓夕法尼亞地區或賓夕法尼亞殖民地，而不以今天的州稱之。

(2)（譯註）指英軍。早期英軍皆著紅色制服，故稱紅衣步兵。

(3)（譯註）十八世紀受英國雇用的德意志籍傭兵，多半來自黑森地區。

亞當斯說的沒錯，美國早期的都市居民，絕大多數既腐敗又墮落，而眾多開國先賢也深知問題的嚴重性。亞歷山大・漢彌爾頓（Alexandar Hamilton）就以「邪惡」與「卑下」來形容當時美國人的行為；而山繆・亞當斯（Samuel Adams）則看見「惡的狂流」竄流於這個新的國度；另外約翰・杰（John Jay）懼怕的是「美國人的行為，將印證英國保守格言：『人民沒有治理自己的能力』。」麻薩諸塞地區議會主席與大陸軍主計大臣詹姆士・華倫（James Warren）則說美國人在革命期間根本過著「朽敗的日子」。隨著戰事愈演愈烈，約翰・亞當斯對街頭所見所聞反感的程度，更進一步讓他覺得美國人也許根本不配得到自由，只配得到死亡——美國人荒淫的性格「足以使任何有良知良德之士，棄此惡劣民族於不顧，使其接受天懲；若是民族走向崩亡，也是正義所歸。」亞當斯害怕的是，倘若獨立戰爭獲勝，美國「在幾年之內就會成為愚昧與邪惡的奇觀，供人鄙棄與嘲笑，為智者帶來哀戚與羞恥。」一七七七年九月，英軍在威廉・豪威（William Howe）麾下眼看就要拿下費城，亞當斯便對其妻透露希望美國覆亡的私願：「若天意亡我，致使我方兵敗炮倒、猛將命喪黃泉、費城落入豪威之手，……實為上天之意——我方一旦覆亡，美國革命之基礎只會更加深厚穩固，而美國人邪惡、浮誇、娘娘腔的品味、狂熱與陋習等比起豪威之軍對於美國自由的戕害更深的惡行，也將被治癒。」

但實際上開國先賢所謂的腐與敗、邪與惡，在今天皆屬於多數人認為的自由範疇。獨立戰爭期間，對權威的遵從一敲即碎，新興的城市文化開始提供以往遭禁止的享樂，性則從清教徒式的綑綁中得到釋放。黑白私通、婚外通姦等非婚性行為，蔓生猖獗且不受處罰；離婚者比比皆是且不需繁文縟節；娼妓行業不再受到法律與道德的箝制；黑奴、愛爾蘭契約傭工、美國原住民、各階層的自由白人等族群，在街上共舞；時常出入海港城市的海盜，更將大海上縱情跳舞、徹夜狂歡、族群融合、同性戀等生活型態帶入美國。當時來自歐洲的旅人，常將早期美國城市評為縱情放蕩。無論在費城、波士頓、紐約，或者查爾斯頓，暴民皆佔了上風，並將這些城市化為美國境內第一批享樂文化集大成之地——不但鮮少有美國人玩得比這些地方更加盡興，美國當局亦未更加憤怒。

然而開國先賢們發明了一套方法，讓人民開始將享樂視為罪惡，這套方法便是「民主」。

放蕩與惡質的搖籃

十八世紀時的美國城市裡，幾乎每個路口皆有一處公共場所，供人喝酒、跳舞、求歡、論政、賭博、遊戲，或者讓男女老幼、黑人白人印地安人、富人窮人中產階級，一同飲酒作樂。這樣的狀況，在眾開國先賢眼中看得相當清楚，也看得相當痛苦。

一七七七年大陸會議召開的每個早上，約翰·亞當斯每天為自己圓滾滾的身軀穿上馬褲、套上馬甲，腳踩木底鞋、頭戴撲粉假髮，僵硬地從位於栗樹街與第三街口的宅邸出發，前往四個街區以外，位在栗樹街與第五、第六街之間的賓夕法尼亞殖民地政府（今獨立紀念館）開會。走在這條路上，亞當斯至少會經過十多家政府許可經營的小酒館，這樣的小酒館整座城算來約有一百六十多家，為共計兩萬四千位的費城居民服務。當然，未取得許可的酒館所在多有，因此粗估每一百個費城人，至少就能分得一家小酒館（相對於二〇〇七年，費城的人口酒館比為一〇七一比一）。其他早期美國城市在革命時期的酒館人口比，則更為驚人，譬如一七七〇年代紐約市內的酒館數量，足以同時容納所有紐約居民，而十八世紀中葉的波士頓，則有高達八分之一的住宅販售烈酒。《早期美國酒館與飲酒文化》（*Taverns and Drinking in Early*

America）一書作者沙倫．V．塞林格（Sharon V. Salinger）就如此寫道：「這些城市裡頭，酒館多到不像話。」

如果我們假設亞當斯某天早上在為建國效力的途中，決定造訪其中一家酒館，那麼等著他的會是什麼樣的光景？如果是栗樹街上一間以下層階級為主要客源，多數費城人都會光顧的酒館，那麼亞當斯還沒進門，就會先聽見白人以小提琴拉奏愛爾蘭呂爾舞曲的樂聲，以及黑人拿著手鼓、沙鈴、木魚等節奏樂器所敲打出的非洲音樂——迎接亞當斯的，可以說是一套揉合各方、「性」味盎然的美國第一代都會派對樂音。而如果他打開大門，首先感受到的會是那一雙又一雙的腳，在充滿縫隙的木板地上大肆跳舞所傳來的振動。等到進了大門，這位政治家的耳裡，將會是眾人此起彼落的吼唱聲、乾杯的碰撞聲、杯子的碎裂聲、開懷的大笑聲，以及各種不堪入耳的穢字與髒話。而亞當斯的鼻腔裡，則會是久放啤酒所產生的臭味，以及蘭姆酒兌水加熱後陣陣暖暖的香氣。

在如此狹窄的空間裡，煙薰瀰漫、汗味四溢，人聲顯得更加鼎沸，空間也隨之更加擁擠。即使亞當斯身材並不魁梧，應該還是會感到相當不自在。然而，酒館裡人挨人的親暱，絕對不是讓這位美國國父首當其衝、使其最感到驚愕的景況。假設亞當斯真的走進了十八世紀美國城市下層階級的酒館，那麼映入眼簾的將會是白人與黑人並肩而坐，一同在長長的木製吧枱上，用雙手就著音樂打節拍，而舞池上不分你我忘情共舞的，則是黑白兩性的男男女女；同時，角落更可見娼妓毫不羞恥地高調拉客，而吧枱後方正為客人倒酒的女人，很可能就是酒館業主。假設亞當斯真的走進了酒館，暴民美國的榮光榮景，他勢必都將一覽無疑，而要對付的首要敵人是什麼，他也能看得清清楚楚。

根據估計，美國獨立戰爭期間的十五歲以上成人，平均每人每年的純酒精攝取量為六．六加侖（相當於每天以吞口杯飲用五．八杯酒精濃渡達四〇％的烈酒），這樣的統計數字已經相當驚人，然而我們如果把可能被低估的啤酒攝取量也完全補上，數字一定不僅如此。史學家W．J．羅拉柏（W.J. Rorabaugh）就將革命時期視為美國「瘋狂飲酒」的開始。

美國直到獨立戰爭結束以前，法律和道德對飲酒的禁令可以說幾乎不存在。許多史學家就發現，在殖民時期的政府紀錄上，因酒醉或酒館內違法行為而遭到起訴的案例屈指可數，而在紐約地區，整個十八世紀更是連一位因類似罪名而出庭的人也沒有。塞林格指出，這可能是因為「地方首長並未將酒醉視為重點法辦項目」。事實上，酒醉在當時反而常常是受到鼓勵的行為。

這幅線條畫描繪了早期美國城市的下層階級酒館，可以看見眾人縱情跳舞、黑白雜處、女性也時常出現。取自豪瑟·馬丁蓋爾（Hawser Martingale）所著之《海洋故事》（*Tales of the Ocean*, 1840）。

亞當斯早晨前往開會的路上，應該可以發現許多人在上工之前就已經開始喝酒，有的人甚至光喝不做，而當他經過製造家具、鞋、馬車、工具以及其他早期美國經濟主力商品的店舖時，應該也會看到坐在桌前的工匠，面前除了各式工具，還有帶耳的大酒杯。事實上，邊工作邊喝酒的行為，不僅被當時的社會所允許，若不如此反而會令人覺得奇怪。各種行業的勞工成天不停地喝酒，也時常中途休息，小酌閒散一番。而像建築工和造船工等行業，甚至會期待雇主在休息時間提供啤酒。根據史學家彼得．湯普森（Peter Thompson）指出，連技藝精湛的藝匠和早期美國製造廠的經理，都「認為大量飲酒是一種權利與特權，忿忿地為之辯護。」

早期的美國經濟中，上下工時間不由雇主規範，而是由勞工決定。工人在下午時分慢慢進食、休息飲酒、午睡小憩等行為，一般也認為是理所當然。此外，對十八世紀的勞工而言，週日的隔天常常是所謂的「聖禮拜一節」(4)。富蘭克林（Benjamin Franklin）就針對這樣的現象相當不悅地加以評論：「人們過起聖禮拜一節來，和過禮拜天一樣認真，唯一的差別在於禮拜天是上教堂，值得花時間又不用錢，但是聖禮拜一節是上酒館，時間和金錢都給浪費掉了。」《紐黑文公報》（*New Haven Gazette*）更指出，不論雇主多麼希望員工在工作時能保持清醒狀態，「勞工每天半品脫或一品脫的酒還是得給，晚上的薪資也必須有一半以蘭姆酒支付」。即使是在屬於清教徒勢力範圍的十八世紀新英格蘭地區，酒館也常常就開在教堂隔壁，讓信徒在聚會前後都能喝上一杯。

酒館文化令當局相當反感，而且不符合紀律。在一七一四年的波士頓地區，許多法官明明已經回到家，卻經常還是得到酒館協助驅趕流連忘返、不顧打佯的酒客。一名基層司法官就如此描述趕人的狀況：「好一群人不願離去，只顧喝酒，敬完了英國女王長命百歲，還有數不清的長命百歲要敬，最後甚至多叫了幾杯來向我敬酒。我對他們不假辭色……威脅要把他們全關進牢裡，可是起不了作用……只好說再如此放肆，就要判他們暴動罪。」的確，如果不這麼做，這些酩酊大罪的酒客很少願意打道回府。亞力山大·格雷登（Alexandar Graydon）是一名大陸軍軍官，同時也是費城酒館的常客，就曾提到當時的酒客「對於汲汲營營的人，總是抱持著一種帶有道德高度的不恥」。這種桀驁不馴的心態在當時各個殖民地都相當典型：維吉尼亞地區一位教士在一七五一年抒發不滿時就說，當時的酒館已經淪為「社會敗類出沒之處，極端懶惰、荒淫之徒在此不事生產，浪費時間與金錢，更從事各類非法活動，毫不停歇，舉凡賭牌、賭骰子、賽馬、鬥雞等各種陋習，連同諸多邪行惡狀，應有盡有。」

這種無羞無恥的文化，在當時其實相當普遍。維吉尼亞地區著名的大農與政治領袖威廉·柏德二世（William Byrd II）曾經在日記中寫道：在威廉斯堡地區（Williamsburg）一七一〇年的某個春日，「不少到法院的人，雖然疾病流行、天氣不佳，還是將自己灌醉」。此外，他還看見「幾個人在教堂墓地喝得酩酊大醉」。同年稍晚的一個暖和的夏夜裡，柏德在市政廳領取信件時，也看到「幾乎所有人都喝醉了」。他也認為自己的失眠是因為「街上喝醉的人整個晚上吵得他睡不著」。然而，柏德不只沒有對上述狀況大加撻伐，反而成為喝醉酒的幫凶：某次參加民兵召集時，柏德直接帶了一整桶共計六十三加侖的水果蘭姆酒，「讓所有人一起享用，結果大家喝得大醉，甚至開始打鬥，不過無傷大雅。」在當時，進行正式活動時卻一邊痛快暢飲可以說是相當常見。賽林格就指出：「維吉尼亞地區的大小場合，都少不了大量的酒精。」

---

(4)（譯註）從前勞工週六領薪，週日為主日，因此多於週一曠職以從事各類活動（此指飲酒），當時的雇主普遍接受這樣的行為。

這樣的文化讓所有人的自由皆得以擴張，而其中又以黑人為最。一七三二年，費城地方議會開始注意到「許多黑奴特別常在週日頻繁聚集，吵鬧不堪」。議會代表們雖然曾經意圖通過詔令限制相關行為，不過後來並沒有結果。到了一七四〇年代，先後數任費城市長也都聽聞不少人抱怨「大量黑奴」在公眾場合飲酒作樂。不過根據史學家潔西卡．克羅絲（Jessica Kross）指出，「議會最終似乎並未針對奴隸飲酒的問題採取任何行動」。一七四四年，一個由富蘭克林擔任主席的陪審團就推估，費城地區每十戶人家就有一戶「販售烈酒」，且多數淪為「邪惡與荒淫的溫床」。此外，由於酒館之間彼此競爭激烈，因此各家酒館「不只招待行業學徒與一般奴僕，連黑人的生意都做」。

在美國，首先達成族群融合的公共場所，正是下層階級的酒館。早在聯邦政府立法禁止種族隔離以前，黑人、白人、印地安人便在各地的酒館因共通的欲望而聚集。雖然各殖民地的法律一律禁止黑人進入酒館，但是無論是業主、白人酒客、自由黑人，甚或是黑奴，泰半都無視此法。早期的法庭紀錄顯示，膚色界線在許多殖民地的飲酒場所中根本不存在。紐澤西柏林頓（Burlington）地區的陪審團在一七〇七年便指控一名勞工威廉．卡爾（William Cale）所經營的酒館「專門接待並且窩藏各種流浪漢、遊手好閒者、涉嫌從事不當行為者，以及鎮上許多居民的僕人與黑奴。」類似的指控在當時相當常見，不過執法單位所發動的攻勢，卻絲毫無法遏止有色人種在酒館出沒；而且，愈「不入流」的酒館，愈可能促成族群融合，尤其在紐約市陰暗的酒館裡頭更是如此。在美國的歷史裡向來都可以看到，社會最底層的「人渣」常常正是種族融合的先驅。塞林格就指出：「各殖民地都針對不良場所加以取締，而所謂不良場所，包含無照販售烈酒或者妓院等空間，不過紐約的狀況卻較為特殊，主要是以族群雜處為法辦對象。」此類場合所內含的高度自由，有時候如果不小心灑溢出來，進入大街小巷，就會驚駭到社會秩序的守護者。

約翰・胡森（John Hughson）是一名目不識丁的小偷敗類，卻也是拓展美國自由的眾多無名英雄之一。胡森所經營的酒館位於今天世貿中心的附近，髒亂簡陋，每天晚上都可以看見殖民時期紐約地區最底層的人在此流連忘返。這家酒館和其他同類型的場所一樣，本著自由與欲望聚集了娼妓、野蠻的移民、懶散且好色的奴隸等下層之流，一同唱歌、吼叫、咒罵、打諢、鳴鼓、拉琴、跳舞，毫不停歇，引發鄰里不滿。根據法庭紀錄，胡森的酒館以及許多其他場所都隨時提供黑奴與自由黑人「休憩與私下（蔑視法規的）娛樂」。根據一位法官指出，這些供酒者與皮條客，罪大惡極之處「不只在於給予黑人平等地位，更因為服侍其食宿起居，讓黑人的地位形同凌駕於白人之上」。逢年過節與週日，這群市井之徒在胡森的招待之下，還能享受帝王級的待遇。根據目擊者指出「桌上有鵝有羊有雞，還有兩大條麵包。胡森先拿出一大瓶蘭姆酒來放在桌上，調成兩大缸水果酒，有些人則是喝威士忌或其他烈酒，還講究地鋪了桌巾。」

一群奴隸也定期與胡森進行贓物買賣，一回胡森入手一批來自荷蘭的琴酒（Geneva Gin），之後便以琴酒俱樂部為集團命名。胡森酒館的二樓有數間房間出租，其中一間租給了「馬格莉特・索羅比羅（Margaret Sorubiro），又名莎林寶或凱莉，人稱佩姬或紐芬蘭愛爾蘭美人。」佩姬是一名妓女，偏好黑人客源，房租則是由凱薩（Caesar），即日內瓦俱樂部老闆支付，兩人育有一子。

一七四一年三月十八日，紐約地區行政長官宅邸大火，火勢蔓延周邊位於巴特利公園的柯林頓城堡。當時駐紮於此的軍人與公務人員由於擔心火勢引爆城堡內所存放的火藥，全數逃離現場。大火四處延燒，建築物接連遭到波擊，教堂、祕書辦公室與軍營一一陷入火海，等到太陽下山，城牆內的房舍已全數化為灰燼。一週後，英國海軍上校彼德・華倫（Peter Warren）寓所也遭逢祝融之災，接下來不出一個月，整座紐約城似乎都著了火，房舍、馬廄、倉儲，無一倖免，眾人開始將矛頭指向黑奴，地方司法官於是下令將所有新上岸的奴隸全數逮捕入獄。不久後，兩名女性聲稱看見三名黑奴邊手舞足蹈，邊唱著「大火大火燒呀燒」，於是三名黑奴很快就遭到逮捕、刑求，並以火刑處死。後來，胡森手下一位十六歲的契約傭工馬莉．波頓（Mary Burton）向當局揭發胡森、佩姬與凱薩一黨人意圖聯手將紐約化為灰燼的陰謀。所有被控涉案者，最後雖然都被判處絞刑或火刑，然而他們所催生的文化卻仍未斷決；後來也證明，他們所催生的文化，對美國共和制度底下壓抑式自治所產生的威脅，比起對過去舊王權下社會秩序所產生的威脅還要更加可怕。

私生子、妓女、美國（性）革命

費城是革命時期的首都，城裡約有數十間妓院合法公開經營，而栗樹街與第二、三街之間，亦即是亞當斯在第二次大陸會議期間下榻之處，便有三間。因此，亞當斯前往賓夕法尼亞殖民地政府廳開會的路上，不太可能沒遇過阻街女郎當街拉客，露著乳房問他是否要「來一炮」或者「爽一下」。這些娼妓族群相當多元，有黑人、印地安人、猶太人，也有許多來自愛爾蘭。娼妓在當時的美國社會中，屬於不在意膚色界線的一群人，就連白人娼妓也是如此，譬如一七六五年的一首詩便如此描述白種性工作者篩選客戶的狀況：「如果是黑人，也沒有問題，只要有錢花，就能度春宵。」根據史學家克蕾爾．里昂斯（Clare Lyons）指出：「不管什麼階層種族，都經常光顧酒館、妓院、黑人住所等地尋歡作樂。」根據《賓夕法尼亞公報》（*Pennsylvania Gazette*）指出，這些場所專供「城市裡遊手好閒、淫亂成性之徒——無論黑人、白人還是混血——提供其徹夜狂歡與放蕩之樂。」在這樣的場所裡，男男女女都能自由交歡，不受刑罰。這類場所多由非裔美人經營，譬如自由黑人約翰．約克（John York）所經營的妓院，便在費城相當有名，接待了許多白人主顧。

里昂斯如此寫道：在美國革命時期，「人與人之間的性關係甚為流動，而社會對此也能夠接受。」不論在文化上或者司法上，人們皆鮮少因性交易而受到懲罰；娼妓在當時雖然常常在舞台劇、歌曲、詩歌、農民曆故事中粉墨登場，或為英雌或為反派，卻鮮少在法庭文件或者社會新聞被記上一筆。自一七六〇以至七〇年代之間，費城上上下下僅有三位女性因從事性交易而遭到起訴。里昂斯指出，早期費城的性產業相當「繁盛」，性交易更成為「十八世紀末期費城人婚外性行為之大宗」。在革命以後的數年之間，遭法辦的娼妓人數也僅以緩慢的速度增加：一七九〇年代時，阻街女郎「充斥著大街小巷與妓院」，但是平均每個月也只有少於兩名女性因賣春而遭到起訴。許多造訪費城的外國旅客，皆提及革命首都裡娼妓隨處可見的狀況。一位年輕的巴西旅客就在一七九八年的日記中如此寫道：「費城娼妓數量之多，夜裡的街頭隨處可見，即便街上一個男人也沒有，也能一眼認出來。」一位法國旅人也在一七九〇年代寫道：「許多有婦之夫透過光顧妓院來奉行放蕩主義。」性交易的買賣，不只在妓院中達成，也在酒館裡的小房間、戲院、巷弄、監獄或者大庭廣眾之間上演，路人皆能見而觀之，美國革命時期的性，無恥地理直氣壯。

此外，女性特別不受「性羞恥」的侷限：當妻子無法自丈夫身上得到滿足，可以自由選擇離去。一七九七年，露意莎・拉維傑（Louisa Lovinger）不只犯了通姦罪，其自我辯駁的說辭，若是在稍早的清教徒時期很可能會招致死刑，而在稍晚的維多利亞時期，也將面臨入獄或者放逐的命運——當露意莎的一名鄰居問她是否為自己的行為感到羞恥，她回道：「不，因為他成天待在店裡，沒戲唱，我很快就會離開他。」愛蓮諾・萊特伍德（Eleanor Lightwood）則是在一七八八年離先生而去，原因是男方「又醜又矮」。另一位伊利莎・麥道格（Eliza McDougall）則是在老公出海工作時，與愛人相好並且產下一子；後來，一位不小心聽到以下對話的朋友指出，老公上岸返家後對伊利莎說：「親愛的，告訴我孩子的爸爸是誰，我就原諒妳。」結果伊利莎回道：「是誰不重要，就是比你好！」在後來的時期，女性即使只是短暫從事性工作，也會導致名聲永久受損，但是在美國建國早期，女性即便入了這一行，也不會因此損及尊嚴或者喪失婚配機會，有些人甚至還嫁入上流社會。譬如一八〇九年，賓夕法尼亞殖民地創始人之曾孫威廉．潘恩（Wlliam Penn）就娶了一位在費城人盡皆知的娼妓，然而此舉卻毫不影響他在當地菁英階層的地位。

早期眾多美國城市在性方面，可謂大同小異。一七七四年，一位英國旅人派翠克．莫羅柏茲（Patrick M'Roberts）來到了紐約後驚訝地發現，於美國定都紐約期間，在喬治．華盛頓（George Washington）的禮拜地點聖保羅教堂附近，出現與性相關的公開活動可謂相當正常。「超過五百位風塵女子寓居於教堂之鄰。這個區域屬教會所有，因此稱為『聖地』。寓居於此的女性，不乏容貌姣好、衣裝得體者，彼此之間相處相當和睦，在不列顛或者愛爾蘭的類似區域，娼妓之間很少能如此和睦。」位於這個區域內的國王學院（今哥倫比亞大學），座落於公園道與百老匯路口，裡頭許多有需求的年輕人受到了誘惑，成為許多當地性工作者主要客源。一位出身貴族的英軍中尉艾薩克．班斯（Isaac Bangs）在一七七六年勘查「聖地」，試圖找出為什麼旗下半數士兵都在此「於極為可鄙之人身上尋找溫柔鄉」。班斯一開始見著了這些娼妓，認為「這群人的厚顏無恥可謂無人能及，而愈是相處，愈是覺得她們可怕。」一位法國人摩羅．德聖美利（Moreau de St. Mery）在一七九四年造訪紐約後也寫道：「整條街充滿風塵女子四處拉客，而且各色人種皆有，尤其過了十點鐘，更可見眾人以極為淫蕩無恥的方式向男人兜售。」同樣的情景，也可見於巴爾的摩的菲爾角（Fell's Point）與波士頓北端的安恩街。

當時的美國城市可謂放蕩主義的避風港，而相關的證據就在街上「玩耍」——數以千計的非婚生子女在獨立時期出生，當時的人均私生子女數量遠遠超過其他時期。根據里昂斯估計，光是一七六七年至一七七六年之間的費城，每三十八名成人就有一名私生子女，情況到了戰後更為熱烈，自一七九〇至一七九九年間，每二十名成人就有一名私生子女，到了一八〇五至一八一四年間，在費城這座孕育美國自由的城市，該比例甚至來到每十名成人就有一名私生子女。在此時期，費城人口幾乎成長三倍，然而非婚生人口卻成長了十倍。

濫交的狀況，在早期的美國城市皆然。十八世紀後半葉，費城地區有超過一千名女性育有私生子女，然而卻只有五位與同一男性產下超過一名子女。上層階級的道德主義者認為私生子女人數愈趨增加的主要原因，在於下層階級恣意私通。這樣的說法其實並不過份，在當時能確定父母經濟地位的私生案例中，可以發現高達二五%的生父屬於完全不用繳稅的窮困階級，三四%只需要繳交最低稅率（一到二鎊），而另外三〇%的稅額雖然達到三至八鎊，卻多半從事屠夫、麵包師傅、木匠、雕刻師、金屬匠、細木工、帽匠、砌磚工、家具襯墊師、紡織工，以及學校老師等工作。事實上，如果約翰·亞當斯在費城、波士頓或者紐約等地造訪店舖或者書店，就會看到許許多多的物證，明明白白地指出這些市井之徒的生活，其實根本過得比他還風流：滿櫃的羊腸保險套、色情刊物、專治性病的藥丸與藥水等等。根據許多來源指出，上述物品在美國早期零售業裡是標準配備。

縱觀以上段落，難道許多早期美國城市裡的女性，特別是貧窮族群，都是蕩婦和妓女？而是否下層階級男性的獸性，當真超越上層階級？沒錯，的確如此；但如果我們珍視現在所享受的個人自由，那麼就應該視這群人為英雄。

如同與賣淫相關的法律一樣，禁止未婚私通與通姦的法律在革命時期多半受到忽略，其中整個費城在一七九〇至一七九九年間，僅有一對男女因為跨種族私通而被逮捕，兩對因為在公共場合通姦而上法院。至於白種成人兩相情悅單純私通者，即便人數眾多、明顯違反相關法律，卻連一個人也沒有遭到起訴。在離婚程序中所提出的通姦指控，最後未以刑事案件論者之比例高達七成。

即使是在新英格蘭這個清教徒大本營，婚前性行為的狀況也在十八世紀末期大幅增加。歐洲旅人來到此地，眼見老少兩代的自由放縱，常常都感到甚為驚愕。一七八〇年來到麻薩諸塞殖民地的一位法國軍人亞力山德．貝提耶（Alexandre Berthier）便如此寫道：「好幾次進了房間，裡頭水乳交融的男女卻絲毫不受打擾，繼續給予彼此毫不保留的愛。」許多旁觀者更是驚訝於長輩與父母一代，對於年輕人親暱關係的開放與容許。德國旅人約翰．薛普（Johann Schoepf）於一七八三至八四年間旅居新英格蘭，便指出即使家長知道了年輕人同床共枕的情事，「年輕女性的名譽也不會受到損害」。的確，當時年輕人鮮少覺得需要躲躲藏藏，也不覺得必須要先正式追求才能共度良宵；事實上，「父母事先都知情，而且此類型的相處，都是在雙方相戀、希望更進一步瞭解彼此的前提下發生。」青年男女共度夜晚時，當然並非總是無邪地相擁入睡。歷史學家估計，十八世紀晚期新英蘭地區約有三〇％到四〇％的孕婦尚未結婚。

女性在這個時期所享有的自由相當驚人，許多女性不只能夠也相當願意拋棄丈夫。由於王權與殖民時期的政府都拒絕規範婚姻，因此美國直到獨立成功後才出現離婚法。也許正是因為離婚不會導致嚴重後果，當城市規模在殖民晚期發展至一定程度，在無論是伴侶、職業，或者社會網絡等方面皆有相當多選擇的時候，大批女性都選擇了離開自己的丈夫。一七二六至一七八六年間，賓夕法尼亞殖民地首次通過離婚法，便有八百零一位丈夫登報公告離婚，宣布婚姻正式無效。在離婚這個範疇，我們再一次看到下層階級帶領了美國的第一次性革命——登報公告離婚的男性中，六二％來自城市底層的勞工階級。此外，更令人吃驚，同時也更顯開明的是，多數離婚婦女並未因此感到羞愧。在所有的離婚公告當中，僅有五％試圖為自己的行為解釋。自行離婚並且登報公告的普遍程度，正如里昂斯所言，清楚顯示了：「十八世紀社會上許多區塊皆認為婚姻並不一定永恆。對於這些夫妻與容許這種行為的社會而言，婚姻並非一輩子的束縛，它可以被打破。」

同期間選擇不婚的女性更大有人在，人數遠超過美國史上前兩百年間的任何時期。研究專家估計，殖民晚期的美國城市裡，至少有四分之一的女性未婚。革命時期住在費城的女性，可謂最不受傳統人妻人母的角色期待所束縛，超過三分之一的成人女性不只沒有結婚，更與無親戚關係者共居。

早在女性主義讓女性進入公領域工作的幾個世代以前，那些自由不羈的早期美國城市裡的女性，就已經深入各行各業，有的擔任鐵匠、屠夫、商販、水手、泥水工，有的在碼頭、釀酒廠、旅店、當舖、印刷廠、商店工作，有的則從事體力勞動、紅酒釀製、動物剝皮等行業。十八世紀的女性不只從事許多後來由男性所專職的職業，有的更經營許多之後的社會所認為極為不適合女性的產業。漢娜・布蘭娜（Hannah Breintnall）便是典型在早期美國寬鬆的性別框架底下，受惠良多的女性實業家。漢娜在先生過世之後投入酒館經營，選在費城的栗樹街上開設酒館「母雞與小雞」，這家酒館離許多美國開國元老的寓所不遠，也在後來催生美利堅合眾國的賓夕法尼亞殖民地政府廳附近。雖然漢娜為一介女流，當時的警長仍然選在母雞與小雞舉辦公開拍賣會，而絡繹不絕的賓客更讓漢娜在一七七〇年過世時，成為費城首富之一。獨立宣言起草的前二十年間，單單在費城就至少有一百一十位女性酒館業主以及超過七十五位女性老闆，經營各式零售商店。史學家估計，早期美國城市裡的各式店鋪，至少有半數由女性經營，而道德批判似乎也對這些反動的女性起不了作用，在自家酒館內經營妓院者大有人在。瑪格莉特・庫克（Margaret Cook）正是其中一位，而任何重視自身自由的女性，皆應頌提她的事蹟：一七四二年，庫克因接待「娼妓、流浪漢以及涉嫌從事不當行為者」以及「持續放任酒館失序」遭到起訴；二十年後，她依然我行我素，再度因一樣的罪名回到法院。

革命結束以前，美國酒館有相當高比例由女性業主經營，而這樣現象更可以在許多混亂無紀的海港城市裡看到。一七六〇年代的波士頓，約有四成的酒店為女性所有。革命前的十五年間，查爾斯敦地區的酒館則多數由女性經營；愈不入流的酒館，老闆愈可能是女性。

以精緻客群為目標的酒館，則幾乎一律禁止雇用女性，同時也不許女客進入。塞林格就指出，「上流優雅、提供良好娛樂的場所，鮮少由女性經營」。然而，幾乎整個十八世紀的美國社會裡，都可見女性在公共場所擔任侍酒員或者公開飲酒。多數上層階級的酒館的確都禁止女性進入，有一定身份地位的女性也的確很少上酒館喝酒，不過幸好多數酒館並不屬於上層階級，而女性則多半沒有那種身份地位。此外，現代男女約會的概念，也早在殖民時期的酒館就已經出現，許多男男女女來到此處，彼此社交、熟識。史學家估計，早期美國境內的烈酒，有八分之一到四分之一為女性所消費，早期的禁酒組織更聲稱當時約有十萬女性淪為酒鬼。

索多瑪與大海

約翰·亞當斯寓居費城的某一日，步行來到碼頭，他的身後雖然可見市街百姓集體尋歡作樂，眼前卻是德拉威河；此時，一股振奮湧上亞當斯的心頭，原來全新落成的德拉威號軍艦（USS Delaware），正在準備入水。亞當斯「站在碼頭上，欣賞美麗的船艦和入水儀式。」後來，他寫信給兒子查爾斯，信中就提到一個人從此情此景「可以看見一個新興國家，正在奠定人文藝術與工業製造之基石」。亞當斯接著造訪河岸街上的鑄造廠，裡頭許多工人正在製造船隻與加農炮。然而他也知道，只要工廠還營運一天，只要銅鐵仍然被熔融、鑄造、鍛擊成武器，暴民們便還有生存空間。一七七七年三月，亞當斯興奮地寫信給查爾斯，描述他在鑄造廠內所看見的「嶄新榴彈炮與銅製六磅炮」。但是就在他身後的碼頭，卻充滿著全美國最淫穢、最墮落、最充滿放蕩樂趣的聲色場所。

十八世紀初期，海盜的出沒使得全球海港城市成為現代早期自由與享樂的集大成之地；而隨著海盜而來的，是反工作、重享樂的思潮。人稱黑巴特的巴特羅繆．羅柏茲（Bartholomew Roberts）是一位著名海盜，蹤跡遍及大西洋沿岸、西印度群島與紐芬蘭等地，他曾經以一句話將海盜與一般合法職業相比，可謂貼貼切切地反應出所謂的海盜哲學：「誠實的勞動不只福利差、薪資低，還相當辛苦；但是我這一行不只所得豐厚、不愁吃穿，更能享有樂趣、輕鬆、自由與權力。」許多海盜退休之後，仍然留在海港周邊，也有許多人的子嗣後來成為造船匠、裝卸工、水手，或者其他海事相關勞工。因此，無論在波士頓北角的安恩街（今北街）、曼哈頓南端的華特街、巴爾的摩的菲爾角，還是亞當斯駐足欣賞造船盛況的費城河岸街，都可見上岸的水手將大把鈔票花在美酒、女人與浮誇的衣著上，舞跳著跳著，便從酒館跳到了大街上；各色人種龍蛇雜處，全混在了一塊。

海盜與其他喜好鬧事的海上勞工也共同推動了我們現在可能會稱之為同志解放的運動。亞當斯在費城探索大街小巷之時，很可能會經過暴露下體的男性，此舉為十八世紀大西洋地區男性尋找同性伴侶的暗號。亞當斯也很可能曾與安．艾爾外（Ann Alweye）和瑪麗．漢彌爾頓（Mary Hamilton）這兩位變裝者擦身而過，兩人身材魁梧、喉結突出，雖以男性為床伴，但其實是男性，只是好著女裝。丹尼爾．史威尼（Daniel Sweeny）則是費城早期另一位樂於扭轉自身性別的男性，他曾因「穿著女裝，造成困擾」而被捕。不過從只被關了四天看來，當時性別規範相當寬鬆。許多變裝癖者，都和史威尼一樣在公共紀錄上留名。一七八四年的《費城報》（*Philidelphia*）便如此形容陰柔的變裝者是如何充斥市內公共空間：

> 那街頭與巷尾／皆是俗豔之輩／像男人又不是男人／……／看他們羽毛翹得老高／眼裡驕傲／理智顛倒／……／一起來，教他舞怎麼跳／……／他身穿綠馬褲屁股卻一抹藍／衣著飄飄／後頭很嚇人，前頭則是用來取悅人

有趣的是，報紙所提及的兩位變裝者湯姆．塔格（Tom Tug）與傑克．亭索（Jack Tinsel），都是船員。約翰．亞當斯若是造訪費城那四座開國先賢們引以為傲的圖書館，很可能會發現借閱率最高的書籍當中，其中一本就是《羅德利克．蘭登冒險記》（*The Adventures of Roderick Random*）。這本小說的主人翁是史特拉威爾勛爵與威佛中尉，書中兩位氣質陰柔的公子哥穿紅戴紫、一身緞料珠寶，粉著臉、香著身子，和年輕男子大談古典時代男男雞姦之事，還強調其所能帶來的無比快感，藉此加以色誘。里昂斯就指出，這樣的角色「在十八世紀末期的費城社會裡頭，大抵上並未受到騷擾」。

在海盜將此風帶上岸以前，雞姦的行為（當時同性戀這個名詞與概念尚未出現）曾受到相當的懲罰與譴責，手段厲害且刁鑽多樣。麻薩諸塞灣殖民地創建人約翰．溫特羅普（John Winthrop）便曾提到，懲罰雞姦行為的原因在於它「破壞婚姻體制、阻礙人類繁衍」。男性如果被逮到「將種浪費在其他男人身上」，則必須受絞刑、鞭刑，或者烙刑，在十七世紀的所有殖民地都是如此。然而，隨著海盜自十七世紀晚期開始在大西洋大肆發展，愈來愈多將種浪費在彼此身上的男性其實都沒有受到懲罰。史學家B．R．柏格（B.

R. Burg）更聲稱在所謂海盜的黃金時期，幾乎所有的海盜都有彼此交媾的行為。海盜相當追求享樂，只要能獲得滿足，手段不是重點；因此，「三個世紀以前，在西印度群島海域的海盜船上從事同性性行為的男性，只是海盜社群中完全受到同化、社會化的一般成員，如此而已。」在十八世紀時，即使各殖民地的人口都呈現等比例成長，對於雞姦的司法起訴卻大幅減少；同時在革命時期的海港城市裡，把種誤用在同性身上的行為也幾乎不被追究。費城地區至少有兩成的成年男性曾於海上工作，然而自一七五〇至一八〇〇年間，卻連一件雞姦相關的起訴案件也沒有。

同性相親的行為，當然不僅限於男性。摩羅．德聖美利便因為費城眾多「年紀輕輕便懂得自尋其歡」的女性感到震驚。更甚者，「幾乎令人不敢置信」的是，「許多女性更願意向同性尋求違反自然的歡娛」。在一般市井小民之間，譬如在一般酒館或者店鋪內，主人的女兒在成年之後，也常和其他女性侍者同床。

烏合之眾

享樂與自由文化，不只對美國革命家而言相當危險，也對試圖維持社會秩序者產生威脅。這個道理，英軍便在一七七〇年三月五日，也就是美國革命揭開序幕的前一晚親身體驗。

那夜，酒館裡的酒鬼們聽見教堂鐘聲大響，於是紛紛放下手上的杯子，朝街上衝去。他們手裡拿著棍棒、石頭、冰塊，一路跑到了國王街的石子路上。到了現場，酒鬼們只見許多年輕男性對著海關局前手持步槍與刺刀的英軍一面大聲咒罵，一面丟擲雪球與馬糞。這支軍隊駐紮波士頓已經有兩年，其任務在於保護當時因為協助進口英國貨品而遭到騷擾、毆打，甚至塗柏油、黏羽毛(5)的海關關員。這共計約七百位的軍人，許多就駐紮在波士頓人民的住宅或者經營的酒館中，導致城裡幾乎每天都有人打架滋事。不過在三月五日當天，以放蕩主義者佔多數的波士頓市民，已經做好擴張反抗規模的準備，開始對著軍人大罵「狗娘養的」、「雜種」、「臭屄」等髒話。根據史學家艾德蒙．S．摩根（Edmund S. Morgan）指出，國王街當晚可謂充滿了各式各樣的「渾名與綽號」。隨著愈來愈多酒客抵達現場，叫罵與咆哮聲也更加絡驛不絕，等到廣場上聚集了好幾百位怒火中燒、酒過三巡的民眾，一名男性忽然向前一站，以手中的木棒擲倒一位英軍。其他英軍於是向眾人開火，造成十一位民眾倒下，五位死亡。

我們也許無法知道這群世稱為「波士頓大屠殺烈士」的男人當時究竟在想什麼，又為什麼起身對抗武裝軍隊，然而我們可以確定這群人來自城裡的各個酒館，膚色各異、有黑有白，而且絕非紳士。這群男人應該才剛剛喝了一夜酒、賭了一夜博，而且如果不意外的話，多半也和早期波士頓多數的酒客無異，剛剛才與娼妓共度春宵——這是一群肆無忌憚、滿口惡言、犯法行暴的暴民，而其中一位就名叫克里斯卜斯．阿塔克斯（Crispus Attucks），這位曾經身為奴隸的波士頓市民，就是普遍認為在當天晚上以木棍擊倒英軍的人。教科書一般喜歡將阿塔克斯與國王街上的暴民，描寫成與美國開國先賢站在同一陣線，這也無可厚非，因為他們的行為不只導致軍隊撤出波士頓，也更加深眾人對英方的敵意。而多數史學家也都同意敵意的加深，就是美國革命的開端。此外，波士頓大屠殺也進一步成為美國憲法第三和第四條修正案的立基，保障人民免受軍隊駐紮民宅以及無理搜索、扣押財物之擾。然而，美國國父們當時最大的擔憂，其實並不在市民的個人自由可能受到限制，而在於這樣的限制，特別是在反叛性如此頑強的殖民時期波士頓，將無可避免地導致社會失序。約翰．亞當斯在波士頓大屠殺後很快就指出，「駐紮於大城市的軍隊總會導致暴民，而每導致兩名暴民，卻只控制得了一名——軍人實在不是維持和諧的最佳人選。」

開國先賢比我們的教科書更清楚一件事情：當晚對著當局丟擲棍棒與馬糞的酒鬼，不只是讓英國頭痛，其實也是革命陣營必須面對的問題。事實上，鮮少人知道後來為英軍辯護的律師，正是約翰．亞當斯本人。在人民對上英軍的法庭訴訟其間，亞當斯恰當地將原告形容為「一群由莽撞的年輕男性、黑人、黑白混血兒、愛爾蘭人與水手所組成的烏合之眾。」亞當斯也準確地如此形容他們的行為：「喧嘩、欺侮，造成生命威脅……口哨聲、叫囂聲、吶喊聲不絕於耳……街上找的到的東西都拿起來砸。」亞當斯和其他開國先賢一樣，主要著眼於社會秩序的維持與臻善，他後來是如此向友人解釋：「當我向人民提出禁止暴動、騷動和不法集會的法律時，是本著良政與善法，因為治國領軍不能以暴民……混亂的狀態下何以論自由！」

最重要的是，亞當斯深知人民如果被軍隊的陰影籠罩，或者受到外來力量的控制，那麼社會失序再所難免。歐洲地區的國王女王，縱使擁有再多的軍隊、船隊與地牢，也無法遏止自由於美國殖民地的街頭流竄。事實上，歐洲地區的農民所享受的自由甚至更為寬廣，一批又一批的農民湧入倫敦、巴黎、阿姆斯特丹等地，將各大城市化為騷動不止的狂歡嘉年華會。

不過眾美國國父更厲害，他們知道人民必須被訓練，學會自我控制。

---

(5)（譯註）塗柏油、黏羽毛是過去的一種私刑，受刑人全身被塗上柏油，再黏上羽毛，是一種嚴厲的懲罰和羞辱對方的方式。

反革命

美國的建國者，是貨真價實的革命者——不過被革命的，其實是自由這個概念。

十八、十九世紀時，整個大西洋地區出現了一股浪潮，革命派試圖以共和制度下公民的自我內在限制，取代專制制度的外部控管，而美國眾國父們，正屬於此浪潮的一部分。此浪潮開啟了現代人口中的「現代」，而這波現代運動，不只要推翻王權，更需要壓制所謂「人的獸性」。根據這些革命份子指出，以絞繩、皮鞭、大刀等嚴刑重典來教化人民，最大的問題在於其維護社會秩序的效果遠遠不及人民的自我馴化。雖然我們在酒館與妓院所看到的廣大農民、奴隸以及殖民地人民，其手中並未握有正式的政治權力與自由，然而若是根據上述觀點來看，由於這群人完全沒有自我控制的理由，因此實際上是「太過自由」。有鑑於此，眾開國先賢便著手將自由重新定義為自我控制，並且據此打造出一個新的政治系統，名為民主。

為了解決隨處可見的失序問題，眾國父們抓緊了世界史上相當重要卻時常被忽略的矛盾——唯一讓人願意放棄自由卻還覺得自己自由的方式，就是叫人自制。約翰．亞當斯認為，政府若屬於人民，就能讓人民學會紀律、變得嚴肅、開始認真工作，並且放棄享樂，而這些特質皆為亞當斯所推崇，被認為有助於「大量成就高尚且崇高的人性美德，亦即力量、堅忍、行動、勇氣、堅強與實業。」反觀王權體系放縱人民享樂，反而矛盾地使人們享有太多自由，導致「太過強調品味與過度尚禮；衣著、家具、車駕皆太過雅緻；人人縱情音樂舞蹈、從事擊劍與滑冰、著迷牌桌與棋局、賽馬與鬥雞；同時，舞會與派對接續不斷、劇場與音樂會座無虛席，程度之甚光是想就讓我感到虛榮、輕浮與微渺。」亞當斯深知，民主將迫使人們放棄享樂，拱手交出個人自由，因為民主體制之下，管理社會的責任要人人共同承擔。「在管理良好的聯邦中，人民必須有德行、有智慧。在王權底下人們可以愚蠢、行惡，我行我素；不，他們不能如此……有一項挑戰我不知道如何克服：社會上各階層人民的德行與簡樸對於共和體制至關重要，然而現在美國各階層的人民都惡貫滿盈、行賄腐敗、貪得無厭、野心勃勃，還一味逐利，程度之甚令我懷疑當今大眾的德性是否足以支撐共和體制。」眾開國先賢體認到的，是我們選擇忽略的一項事實──民主實為個人自由之敵。

亞當斯對於王權所衍生而出的自由，其實相當熟悉。一七六〇年的某個晚上，正當亞當斯的政治生涯準備展開之際，這位年輕的律師與朋友在麻薩諸塞殖民地布蘭特里地區（Braintree）的泰爾酒館見面，而在酒館裡，亞當斯就看見各色各樣的人正享受著毫無保留的綜合樂趣。「黑人手持提琴，年輕男女則是忘情跳舞，好像要把地板給踩破一樣……男女老少在酒館同歡，唱歌、跳舞、拉琴、喝酒。」亞當斯就把這種輕浮行徑視為證據，認為其在在證明了酒館已經成為「城裡頭失序人民的永久集結處，因此非常不得體，極不適合招待旅人，就連最不拘小節的旅客也不例外。」他發現，最常出入泰爾酒館的，淨是一些微不足道、討厭、邪惡的人，因此他隨後就請求布蘭特里的城鎮會議，設法減少酒館數量，以矯正「國內與特別是布蘭特里地區廣見的墮落行為，匡正人民忽視自身宗教與文化責任的歪風。」雖然亞當斯的努力在一七六〇年並未見效，但是整個文化走向卻在獨立戰爭期間開始轉變，變得對他愈來愈有利。史學家馬克・蘭德（Mark Edward Lender）與詹姆士・馬汀（James Kriby Martin）就指出：「針對烈酒最嚴峻的批判，主要在革命以後出現，成為其時代精神的一部分。」

在美國革命年間，同時有另一項革命正在進行，也就是針對城市享樂文化的反革命。個人自由與感官享受，在民主革命的期間一併受到攻擊，不過這不是因為革命份子本身是清教徒，而是因為民主本身就帶有清教性格。

一般而言，我們將民主視為一個由權利與自由所組成的系統，這些權利與自由包括投票權、言論自由，以及法律之前人人平等。但是真正的民主，亦即眾開國先賢所衷心企盼的民主，其實不僅止於此。洛克（John Locke）在英語世界當中，普遍被認為是民主概念的發明者，也是美國民主革命黨人的精神依歸，他就把話說得相當清楚。在《教育漫話》（*Some Thoughts Concerning Education*, 1693）一書中，洛克就指出：「對我來說相當明白，所謂德行與卓越，其實就在於我們是否有能力拒絕理性所不容的欲望。」洛克深知，管理社會並非易事，需要極大的紀律才行。因此，如果要人民自己來管理社會，那麼人民就必須先學會放下個人自由；更重要的是，我們必須教化人民，使他們開始將私人欲望視為可恥的事情。「對於自尊與恥辱的概念一旦有所體會，便能成為驅策心智的最大誘因，因此如果能夠讓孩童喜好榮譽、憂懼羞恥，就等於已經在孩童的心中建立了正確準則，進而幫助他們不斷朝對的方向前行。」君王或者奴隸主人為了維持秩序和生產力所使用的刑罰（鞭笞、處決等），只能「在當下起表面作用，沒有辦法觸及問題深處。唯有真誠的羞恥感與對於不快的憂懼才是真正的繮繩，單單這兩者就足以控制孩童，使孩童遵守秩序。」開國先賢們帶著這樣的觀念，一邊與英軍打仗，一邊應付美國民眾的暴亂。

一七六四年，英國國會為增加財源以維繫全球各個殖民地營運，決定通過糖稅法（Sugar Act），針對糖、糖蜜、葡萄酒、咖啡以及高級服飾所需的布料與靛青染料提高進口稅，遂成為革命運動的導火線。法案通過後，美國殖民地的蘭姆酒工業幾乎停擺，華服的供應也大受影響。美國方面於是出現反對聲浪，抗議「無政治代表卻須納稅」，同時波士頓的商人也開始杯葛英國商品。不過，許多領導美國革命的領袖，事實上頗為樂見這項新稅法及其所引起的杯葛運動。理察．亨利．李（Richard Henry Lee）在評論糖稅法時就提到：「母國的這項政策，初衷應該在於壓迫我們，讓我們抬不起頭，好確保我們的依賴性，但此舉反而可能適得其反，因為對於那些滿腦子充滿英式自由(6)的人們來說，窮困與壓迫反而能促進德行與勤奮，帶來一系列慷慨且陽剛的情緒。」

在糖稅法危機期間，富蘭克林和其他知名賓夕法尼亞人士都不斷向殖民政府請願，希望政府能夠採取行動，遏止酒館與飲酒問題，但是未能獲得成果。富蘭克林於是如此提出指控：「許多法案都已經提交先後數任行政長官，希望能夠減少酒館數量，並且針對閒散與放蕩的溫床加以管制，但是都未能有所成效，從這點看來，顯然只要賓夕法尼亞殖民地的所有者要我們走向毀滅之路，我們也無可奈何。」查爾斯・湯姆森（Charles Thomson）原本是一位費城商人，後來成為大陸會議祕書，他也支持富蘭克林力求減少酒館數量的行動，並且指出美國的飲酒文化，其實無異於對英國的一種臣服，進而強化了富蘭克林的論點。湯姆森援引史例，指出古波斯的居魯士大帝（Cyrus the Great）在征服呂底亞帝國以後，「就是以廣設妓院和酒館的方式，徹底擊潰呂底亞人戰力堅強的民族性、瓦解他們的鬥志，並且將呂底亞人化為最卑劣的奴隸……我並不會說這是偉大祖國的如意算盤，但是顯然每一位酒館業主，都是殖民地所有者的幫凶，而美國人民愈柔弱、愈放蕩，也就愈適合受專制暴政統治。」

一七六五年，英國國會接著通過印花稅法（Stamp Act），法案通過後，殖民地舉凡報紙、手冊、帳單、法律文件、許可證、農民曆、骰子、紙牌等所有印刷品，皆須課稅。緊接在印花稅法後，國會又通過駐營法（Quartering Act），強迫所有殖民地居民提供英軍食宿。後來成為美國國父的幾位人士，此時皆向

—

(6)（譯註）此指來自英國的各種奢侈、墮落、喪德行為。

議會與國王喬治三世請願，表示「除非殖民地人民自行表達意願，或者透過代議士同意」，不然不應該強加任何稅賦。到了一七六五年年底，已經有超過兩百位商人加入抵制英國商品的行列。富蘭克林後來向英國議會提出警告，如果以軍事力量強行實施印花稅法，很可能將導致殖民地起義革命，喬治三世因此在一七六六年簽署法案，撤回印花稅法。然而就在撤回印花稅法的同一天，國會又通過公告法（Declaratory Act），確立英國政府「在任何狀況下」都具有「訂定有效實質法律，約束殖民地與殖民地人民的絕對權威與權力。」次年，國會通過稅收法（Townshend Revenue Acts），強迫殖民地居民協助負擔殖民地行政與軍事保護所需的經費。此外，也根據稅收法在波士頓成立新的海關總署，負責監督稅收業務。一七六七年十月，波士頓商人再次發動杯葛運動，抵制英國奢侈品。

對英國貨品的杯葛在當時成為殖民地反叛者最鍾意的戰略，部分原因就是杯葛貨品代表在生活上必須更加撙節。立場親革命的《波士頓晚報》（*Boston Evening-Post*）就抨擊美國人「近年來不智地被捲入高度的奢華與糜爛之中」，然而多虧於杯葛行動，人們開始「減少對於非必需物品的消費，同時更加勤奮地培植、強化國家優勢；這也許可以幫助我們保有自我以及自家土地，不用淪為他人的財產，同時也可以妥善保留我方的德行與自由，並流芳後世。」

一七六八年，不少殖民地議會紛紛公開表示支持山繆·亞當斯那封呼籲無政治代表就不需納稅的公開信，於是情勢驟然緊繃。許多海關人員在波士頓街頭開始遭到騷擾與攻擊，英方於是指揮戰艦駛入波士頓港，同時亦派遣兩個軍團駐紮市區，維繫秩序。次年，支持無政治代表即不需納稅的運動和抵制英貨的浪潮，傳遍各殖民地，不過一家親獨立派的報紙《維吉尼亞公報》（*Virginia Gazette*）卻因為其中的訓誡效果而相當樂見無代表卻需納稅的狀況：「華奢已經深植於美國人心中，因此若要戒除，可謂相當艱鉅的挑戰，也許世界上只有英國國會對付我們的手段，可以達成這個目標。」

前面已經提過，此時期的第一波暴力衝突始於一七七〇年的波士頓街頭，醉漢、惡棍、賭徒之流紛紛自酒館湧入廣場，朝英軍丟擲垃圾與馬糞，甚至加以攻擊。隨後所發生的大屠殺，引起社會廣大騷動，英方於是被迫將軍隊撤離市區並撤回稅收法，免除殖民地除茶葉以外所有進口貨品的關稅，同時停止實施駐營法。然而幾個月之後，山繆．亞當斯認為這樣還是不夠，他告訴友人「阻止我們得到自由的陰謀者，正在發揮其所有影響力，試圖分化人民……散播輕浮、奢華、好逸的惡習。」一七七二年，山繆．亞當斯組成通信委員會（committee of correspondence），宣布殖民地自治的權利，到了一七七三年底，維吉尼亞、新罕布夏（New Hempshire）、羅德島（Rhode Island）、康乃狄克（Conneticut）、南卡羅萊納（South Carolina）等殖民地也先後成立通信委員會。同年，英國國會通過茶葉法（Tea Act），該法保留殖民地茶業進口關稅，並且給予英屬東印度公司在茶葉銷售上的獨佔地位，此舉導致一群革命份子登上停泊於波士頓港的貨船，將船上的茶葉全數丟入海中。然而在此同時，另一份親革命派的報紙仍將無代表卻需繳稅的情形視為一種精神良藥──《新港水星報》（*NewPort Mercury*）如此寫道：「美國人至此除了衣食無虞，還過得相當享受；然而眾所皆知，財富增加將招致華奢、敗德與褻瀆，現在天意運行，介入人事，迫使人們放棄享樂，以保自由。」

針對波士頓茶黨事件，英國國會於一七七四年通過一系列強制法案（Coercive Acts），下令關閉波士頓港，收回麻薩諸塞地區的各種自治權，並允許英軍駐紮殖民地建物。不久之後，麻薩諸塞殖民地便進入軍政府狀態。有鑑於此，革命黨人遂於費城召開第一次大陸會議（First Continental Congress），召集五十六位代表，僅喬治亞殖民地缺席。會議成員保括約翰．亞當斯、派翠克．亨利（Patrick Henry）、喬治．華盛頓、山繆・亞當斯以及約翰・漢考克（John Hancock）。該次會議決議，強制法案「不應予以遵守」，並呼籲地方組成民兵單位，同時全面抵制英國商品進口、禁航所有對英出口船隻。此決議中杯葛抵制的範圍，不僅限於英國貨品，也包含一切英式享樂。眾代表宣布：「我們將於各自的崗位，倡導節儉、撙節、勤奮等美德，並且持續遏止各種浪費與放蕩的行為，尤其要禁止各類賭博、鬥雞、戲劇表演，及其他耗費金錢的消遣與娛樂。」同年，一封由「節儉」寫給《新港水星報》的信中，更延續將自由重新介定為私我否定的論述：「我們可以高論自由，但是終究只有勤勞節儉的人才能獲得自由。」約翰・亞當斯之妻艾比格爾・亞當斯（Abigail Adams）在丈夫出席大陸會議期間所寫的家書中，也提道：「如果我們希望繼承祖先的祝福，那麼就要先回歸他們簡樸的生活方式，不能陷入羞恥的安逸之中……這樣的美德要到鄉間尋找，因為在都市地區只能見到微弱星火……我則會心甘情願的用雙手勞動，織毛線、縫麻布；的確，各行各業皆有如此之時。」

當時與獨立戰爭所同時進行的，是一場道德戰，而兩者後來都發展到無可返回的地步。一七七五年，英軍與殖民地民兵在康科德（Concord）、列星德（Lexington）與邦克山（Bunker Hill）戰役短兵相接。同年第二次大陸會議於費城召開，推舉約翰・漢考克出任主席，指派喬治・華盛頓擔任新大陸軍的將軍總司令。

次年，在大陸會議正式簽署獨立宣言的翌日，約翰・亞當斯就以充滿期望的口吻表示眼前還有更艱鉅的挑戰等著國人，「上天之意，也許是要美國遭逢更嚴重的傷亡與更可怕的挫敗，如果當真如此，也不全然是壞事，至少可以帶給我們許多德行，而我們正缺少德行。更多傷亡與挫敗可以匡正錯誤與愚昧等意圖擾亂、羞辱、摧毀我們的惡行。痛苦的熔爐，能鍛煉精化國家與人民。」幾個月後，亞當斯則哀悼地指出美國人尚未吃足苦頭──「即使是在共和的初生時期，仍然有太多的腐敗」，亞當斯說。「德行尚未流行，惡行卻未有臭名。」一七七七年，獨立宣言簽署者之一，同時也是大陸會議參與者的大陸軍軍醫處長班傑明・

羅許（Benjamin Rush），就擔心戰爭會在人民學會自我控制以前結束——「我希望這場戰爭，可以持續下去，直到我們學會和祖先一樣節制欲望、穿戴簡樸、行商公正、尊敬上帝。」該年秋天，約翰．亞當斯在豪威將軍帶領英軍兵臨費城的時候，也對妻子透露希望費城淪陷的私願，因為如此一來，「美國人邪惡、浮誇、陰弱的品味、激情與陋習就能獲得治癒。」一個月後，英軍在豪威將軍的帶領之下，成功佔領費城，迫使大陸會議移師賓夕法尼亞的約克（York）召開。但正如我們所見，美國人仍未被治癒。

一七七八年，法國加入戰局且支持美方的喜訊傳來，然而街頭巷尾卻仍充滿噩耗——人民持續縱情享樂，令革命人士相當憂心。譬如當山繆．亞當斯聽聞波士頓人還是穿紅戴紫，惡習不改的時候，就認為光是這樣的行為就足以導致獨立運動失敗，他說：「就我看來，華奢與浪費將摧毀德性，而德性卻對於自由與人民福祉的保存非常重要。」不過，這股由革命人士所帶動的道德羞恥，很快就開始在一般人民之間流傳，並且深入美國大眾的自我認同。

許多早期美國罪犯甚至高舉自己所受的刑罰，將視之為遏制邪惡與保存共和的必要手段。一七七八年，被叛謀殺罪的詹姆士．布加南（James Buchanan）、以斯拉．羅斯（Ezra Ross）以及威廉．布魯克斯（William Brooks）等一干人，就把自己所即將面臨的絞刑，標舉為給美國人的一記警告，認為這能使大眾看清自由與享樂所可能帶來的危險。這三位罪犯更共同發表宣言，表示「我們的確有罪……因此必須放棄我們的生命，交由公義發落。」若要避免走上這條絕路，美國年輕人必須避免「誤交損友、過度飲酒、恣意咒罵、無恥放蕩、頂撞父母、不守主日。」

一七七九年到一七八〇年之際，英國方面似乎在這場軍事衝突中獲得優勢，成功拿下沙瓦那（Savannah）、喬治亞、查爾斯敦等地，而同期間進行的德行保衛戰亦是每下愈況。亨利．羅倫斯（Henry

Laurencs）是南卡羅萊納殖民地的代表，也是第二次大陸會議主席，他當時就時常因為自己同胞所展現的物質主義傾向而感到非常憂心，相較之下好像反而還比較不擔心把國土輸給英軍。他在一七七九年寫道：「讓我們全都回歸貧困，並且阻斷、限制那瓦解愛國情操的毒素：買賣交易；如此一來，我們很快就能重拾愛國心。然而，要讓富裕、貪婪之人全心皈依愛國的國度，談何容易？」羅倫斯特別厭惡佳節慶典，甚至認為奧林匹克運動會「以及其他愚蠢的行為正是導致希臘覆亡的原凶。」

清醒之屋

一七八一年，革命黨人在北卡羅萊納以及維吉尼亞的約克鎮（York Town）獲得關鍵勝利，一舉扭轉戰局。次年，英美雙方在巴黎簽署初步和平條約，英軍則於一七八三年正式停止武裝行動。一七八四年，巴黎和約正式生效，美國獲得獨立地位，然而這前殖民地卻陷入災難式的經濟蕭條。喬治・華盛頓於是如此呼籲：「財富與權勢導致奢華，而奢華則進一步導致罪惡；我們必須妥善規管貿易，使其不再受這些罪惡的影響。」許多開國先賢其實都樂見經濟危機的發生，因為經濟危機能夠迫使美國人放棄奢侈行為，湯瑪斯・傑佛遜（Thomas Jefferson）就認為奢侈行為「比戰爭期間親英思想還要更毒、更邪惡」。當時，傑佛遜及其他同胞也都相當樂於全面打擊飲酒。

一七八四年，美國開國醫師班傑明・羅許發表《烈酒作用調查報告》（*An Inquiry into the Effects of Spiritous Liquors*），後來成為眾開國先賢在建國初期所提的諸多反享樂宣言中，相當重要的一份，並且在接下來數十年間，以超過十七萬本的數量流通。羅許身為當時美國醫界的最高權威，就認為飲酒與民主兩者不可能共存，更發展出慢性酒醉其實是一種生理疾病的看法。「從喝醉酒的歷史中可以看出來，酒醉是會發作的，就好像其他疾病一樣，某個特定時間就會發作，而間歇期可長可短。」雖然「飲用烈酒一開始只是個人自由行為的表現」，但是很快會變成一種「必須」、一種「心志的疾病」。由於酒醉會完全佔有病患，因此只有一種解決方法——「根據我的觀察，酒精上癮的人，應該要立即完全禁酒。」「想要治療飲酒惡習的人，家裡所有的酒瓶應該都要寫上別嘗、別碰等字眼。」雖然當時無法以科學驗證，這些看法卻成為了十九世紀戒酒運動（temperance movement）和二十世紀早期禁酒運動（Prohibition movement）的基礎，同時也奠定了二十世紀末期盛行的酒精戒斷治療「科學」；更重要的是，認為只有禁酒能治療問題飲酒的看法，也是由羅許而來。其實今天戒酒中心的概念，也是源自於羅許把醉漢全抓起來送到費城清醒之屋（the Sober House）的提議。不過有趣的是，那些追隨羅許的戒酒運動人士其實知道，在羅許的文章出現以前，完全找不到任何與因飲酒而失控有關的醫療或者法律紀錄。

美國眾多開國先賢的酒其實喝得不比別人少，不過卻都一致同意酒精以及其所帶來的肉體享樂，應該都要加以打擊與限制。南卡羅萊納地區的大陸會議代表大衛．蘭塞（David Ramsay）就如此警告：「酒醉的誘惑既強烈又普遍，其中有部分是氣候所致，而要打擊這樣的誘惑，需要極高的自制力、謹慎與剛毅，同時也需要嚴格地規範感情與欲望，才能理智地保存理性的國度。」一七八七年，羅許在各殖民地代表抵達費城召開立憲會議（Consitutional Convention）以前，便曾寫過共和理想與個人肉體之間的衝突，比起戰爭有過之而無不及：

> 美國戰爭已經結束，然而美國革命卻尚未完成。這齣偉大的戲只演完了第一幕……暴政的廟堂有兩扇門，其中一扇我們已經加以封鎖，但是另一扇卻仍然暢行無阻，因為我們忘了去圍堵自身的

> 無知與荒淫所帶來的惡果。

會議代表們完成新憲起草後不久，亞歷山大・漢彌爾頓就發行《聯邦主義者文集》（*Federalist Papers*）這份倡導承認新憲法的刊物的第十二冊《聯邦主義者十二》，提倡課徵烈酒稅，他寫道：「如果減少烈酒飲用，對於農業、經濟，以及整體社會的道德與健康，都能有正面幫助。我國揮霍無度的最大宗，莫過於這些烈酒。」

漢彌爾頓的友人譚區・柯克斯（Tench Coxe）也表達了許多立憲會議代表所共有的希望：透過鼓勵人民從事生產，迫使人民限制個人對感官享樂的追求。在前四位主席底下都做過事的柯克斯就說，美國產業能「再一次復興節儉與勤奮等美德，帶領我們走上德行的康莊大道。這些美德是人類惡行的解藥，能夠拯救我們脫離境外風俗的暴虐控制，遠離奢侈行為的毀滅洪流，使我們真正獲得自由。」而正當眾人起草憲法之際，抨擊飲酒與奢侈行為不落人後的湯瑪斯・傑佛遜也給女兒寫了一首獻給勞動的頌歌，其內容只有最嚴苛的清教徒才寫得出來：

> 我所在乎的，是妳未來的幸福，而要獲得幸福（除了必備的道德正直以外），最重要的就是養成勤奮與勞動的習慣。破壞幸福的所有元凶當中，最不知不覺也最利如毒牙的，就是好逸惡勞。現在就立志，永遠不放任自己閒散。如果一分鐘也不浪費，就用不著抱怨沒有時間。若是我們時時刻刻都在努力，所能成就的將令妳嘆為觀止。

一七八八年，當各州正在通過聯邦憲法的時候，班傑明・羅許提出建議，認為應該停止舉辦市集、賽馬、鬥雞，以及其他週日娛樂活動，因為他們會造成「賭博、飲酒、不潔」等問題，以及「好逸惡勞，熱愛享樂的習慣」。此外，酒館以及「各類從事『餵養』的俱樂部（餵養這個詞特別適合用來形容獸欲的滿足），也都對道德有所傷害」。次年，國會完成獨立共和國的建制，選出華盛頓與亞當斯為正副總統，而當時大部分的州政府都已經在各州憲法中，明文指出國家興亡，取決於能否「堅定奉行正義、節制、克己、儉樸與德行等原則」，形同正式發動共和國對於肉體享樂的戰爭。

一七九〇年，居住於酒館林立的都市地區的美國人，共計超過十萬人，而財政部長亞歷山大·漢彌爾頓則在同年成功推動威士忌生產稅。漢彌爾頓對國會指出，此舉可以一石二鳥，一方面可以創造國庫收入，鞏固聯邦政府，一方面可以緊箍民眾道德：

> 烈酒的極大量消費，顯然主要是因為價格便宜，而且對於個人健康、個人道德以及地方經濟都產生不良作用。如果可以透過課稅來減少酒類消費，那麼所產生的影響在各方面來說都是正面的。因為如此而省下來的錢，也可以讓人民不再這麼捉襟見肘，還可以進一步促進貿易平衡。

次年，權利法案（Bill of Rights）獲得通過，正式納入聯邦憲法，班傑明·羅許也發表〈酒鬼的表徵〉（"The Drunkard's Emblem"），譴責飲酒無度的行為。羅許也寫信給湯瑪斯·傑佛遜，表示威士忌與蘭姆酒兩者都是「反聯邦」的產品，根本是「各種使我國陷入臭名與奴役的惡行黨羽」。

雖然下層階級的美國人持續造訪酒館，領導美國革命的菁英卻正在進行一場激進的自我改革。上層階級的殖民地人民在獨立戰爭以前，暢快飲酒的情況其實比起地位較低的人，可謂有過之而無不及；然而等到建國以後，境外旅客就時常指出如今要在上流晚宴喝到一杯酒，已經不如當初容易。此時的美國菁英開始放棄酒精，改喝咖啡，然而其他階層卻沒有跟進。喬治·華盛頓、詹姆士·麥迪遜（James Madison）、羅柏特·摩里斯（Robert Morris）以及其他許多建國先賢，都在革命以後，支持透過酒類貨物稅來控制飲酒問題。然而這些提案，多數並未獲得投票通過，因此也沒有執行。政府於一七九四年試圖在賓州西部課徵國家威士忌稅，此舉甚至還引起威士忌暴亂（Whiskey Rebellion），整個地區的暴民不只拒絕支付威士忌稅，更把稅吏抓來塗柏油、黏羽毛。

有好一段時間，反飲酒的運動看似胎死腹中，每年每人純酒精的平均攝取量甚至從一七九〇年的五．八加侖攀升至一八一〇年的七．一加侖，然而這場以享樂為主要打擊對象的長期內戰，已經點燃戰火。

純真國度

革命領導人確信，對於這個由自制人民所組成的新興國家而言，性欲所造成的威脅甚至要大過酒醉。這也就是為什麼傑佛遜會認為任何美國人都不應該造訪歐洲，因為「如果去了，就會被最強烈的情感所誘惑，進入女性的溫柔鄉，對自己及其他人的福祉造成傷害，或者進入娼妓的懷抱，殘害自己的健康。而無論進入女性的溫柔鄉或是投身娼妓的懷抱，都會使人誤以為對婚姻的忠誠，反而不是紳士應有的行為，並且認為要三妻四妾才能得到幸福。」班傑明．羅許也非常適切地解釋了美國之所以必須打擊感官享樂的原因。情欲以及自由人所組成的共和國兩者之間，其實具有本質上的衝突，而羅許畢生對於這個主題有相當多的書寫和演講。羅許於一七八八年如此寫道：都市享樂文化「對於道德有惡性影響，將導致我國陷入悲慘與奴役之中」。

接下來所發生的，正是史學家克蕾爾．里昂斯所謂的「非婚情欲進攻計劃」。

首先第一步，加強取締非法性行為：在費城地區，因從事性交易而被捕的個案在美國獨立後二十年間，成長六〇%。接下來則是「矯正」：一七九〇年的費城地區，出現了南沃克區停止惡行打擊無德協會這個組織，是為美國建國後數年間所成立的「反惡組織」第一人。這些組織主要以賭場、妓院、舞廳、下層階級酒館為打擊目標。

這波反暴民的浪潮，在美國建國後的第二個十年，因為矯正收容所數量的快速增加而獲得體制上的奧援。抹大拉社團（The Magdalen Society）成立於費城與紐約，宗旨為「釋放、贖回那些在德性的路上走偏的不幸女性」。社團成員不只拜訪娼妓，也鎖定在獄中或者收容所裡那些性關係開放多元的女性，同時試圖說服她們加入社團的收容所。加入後社團即提供食宿及醫療服務，而這些女性則必須放下情欲，接受強調守貞、家務、嚴格控管、道德為重的教化。這些收容所成立的目標，在於使「墮落的女性」重新成為賢妻良母。許多女性因患有性傳染病，別無他法，只好加入收容所，可是一旦加入以後，卻發現自己出不了收容所：大門總是深鎖，院所四周更架起圍牆，只有管理階層能決定誰進誰出。有些女性成功越牆逃脫，但是多數則必須等到成為「高尚」而準備好進入社會的「純潔」女性，才能離開，整體淨化過程自數個月到一年不等。

革命以後的美國街頭，對於跨種族性行為的取締也開始增加。原本在十八世紀時，不同種族發生性行為的情形相當常見，而且不受懲罰，但是到了立國早期，許多女性卻因為和其他種族的男性發生性行為而遭到逮捕——芭芭拉．克里佛德（Barbara Clifford）在一八〇一年因為「與黑人男性共枕」而在費城遭到逮捕；伊莉沙白．佛蘭甘（Elizabeth Flanagan）在一八〇二年被控「時常與不同黑人男性上床」。瑪格麗特．費雪（Margaret Fisher）則是在一八〇三年因為「同期間與黑人及白人男性發生性行為」而犯下重罪。妓院業者也開始因為跨種族性混雜這個確切的罪名遭到起訴——一八〇二年，蕾秋．懷特（Rachel White）因為「經營妓院，允許黑人男性與白人女性發生性行為」而被捕；黑人女性羅莎娜．格羅維斯（Rosanna

Grovis）則因為所經營的妓院裡「藏有各種族的娼妓」而被扣上犯罪之名。

更顯著的是，在革命之後的數十年間，開始出現許多醫學文獻，要人們不得從事各類非婚性行為，就連配偶間的某些性行為也最好敬而遠之。文獻當中鉅細靡遺地形容許多行為，並且為這些行為貼上「離經叛道」的標籤，同時也建議男性將精力轉化為工作動力，並且向女性灌輸女人其實天生就無情無欲，尤其「善女」更是純潔守貞。在一八一〇與一八二〇年代，班傑明．羅許為新建立的美國撰寫了一系列的性教育手冊，指出肉體享樂的行為「如果不知節制，就會成為身體與心靈的一種疾病」。若是縱情性愛，可能導致頭暈、癲癇，以及「精虛、陽萎、肺結核、疑病症、記憶喪失……甚至死亡」。即便是自我歡愉的行為，也在不少醫師的口中突然變得危險可怕。美國獨立初期，各類新發明器物，就屬反自慰用品最為多產。到了十九世紀中期，市面上用來控制自慰欲望的裝置與藥物可謂琳琅滿目，有給男性用的貞操籠，也有給女性在睡眠時戴在手上的無指手套，而光是讓女性無法張開雙腿的裝置，當時就有二十項發明取得專利。

至於婚姻這個主要規範情欲的機制，我們知道殖民時期的政府基本上認為離婚一事是地方社群以及夫妻之間的私事，與政府無關。但是由於受到眾開國先賢的影響，許多州在建國初期都廢除了原本不足且模糊的離婚相關法律，並且用較為嚴格而精確的規範加以取代。這樣的作法，終結了十八世紀許多男女私下離婚的風潮。正如史學家南西．柯特（Nancy Cott）指出：「革命以後的立法者，試圖針對部分人民在原本地方政府容忍之下的一些行為，重新主張治權。」賦予人民離婚權力的作法，一般被視為是給予人民更多的個人自由，但是喬治亞州卻看得更清楚，當地的州議員深知其實給予人民離婚的權力，反而讓政府更能夠控制人民的私人領域。喬治亞州政府知道自己無法控制「什麼樣的情況會導致婚約這個最神聖且強力的合約必須解除」，所以在一八〇二年通過新離婚法，表明「婚約的解除不應由私人意志決定，而應由立法機構加以干預，因為共和國對於人民私人事務抱持高度關切的態度。」根據柯特指出，在獨立以後，只有當離婚者向法庭有效證明自己的行為符合「合意配偶應有之行為」，且另一半有通姦、性無能、長期不見蹤影之實，才能在法律上成功離婚。自此，婚姻當中不滿的任一方，都不能兀自走出婚約。「若是妻子提出離婚訴求，即使正在受苦，也必須先證明自己對家庭照顧周到、對丈夫百依百順，但是遭到了不當對待（當然也要證明自己的忠貞）。對男方而言，重點則在於是否能提供家庭經濟上的支助。」

〈罪惡實錄〉（"True Crime"）手冊在十九世紀早期開始廣為流傳，當中所蒐羅的犯罪行為，自然包括了賣淫、雞姦、婚外通姦、未婚性行為等性犯罪。在〈罪惡實錄〉手冊所收的故事裡，產下私生子的女性時常被描繪成道德淪喪，而其子女則多被描寫為健康不良。在建國早期，美國政府停止了對未婚母親的公共救濟（社會福利），改設立專收私生子的收容所。以未婚狀態產下子女者，一律被迫將小孩交給國家，國家則正式為這些非婚生子女貼上「私生」的標籤。這些住在收容所的小朋友，唯有在家長清償所有開支之後才得以離開。如果家長付不起，收容所則會要求小朋友從事勞動，直到債務清償為止。許多非婚生的私生子女，最都成為一輩子的孤兒。

全新的戰爭

約翰・亞當斯一度在美國政界平步青雲，但最後卻以失望告終。亞當斯在擔任華盛頓的副手之後，於一七九六年代表聯邦黨（Federalist Party）出馬競選美國總統，險勝民主共和黨（Democratic-Republican Party）候選人湯瑪斯・傑佛遜，然而四年之後，傑佛遜反轉情勢，反過來以些微之差打敗亞當斯。亞當斯在一八〇〇年敗北之後，退出美國政壇，回到麻州昆西（Quincy）的老家種田，並且與來自維吉尼亞州的傑佛遜重修舊好，於一八一二年展開長期的書信友誼。當時，許多美國民眾已經開始奉行開國先賢的思想與哲學，全心擁抱民主生活所必須的嚴謹。然而，雖然眾國父使出全身解數，希望訓練人民自我治理的能力，「墮落」與「罪惡」卻還是未從獨立初期的美國消失——飲酒問題不減反增，城市的規模則連同酒館、娼妓、非法交媾等問題，以極高的速度成長。大量製造的新商品更使得普通人也能奢華度日；而貧困階級，甚至是奴隸，更全都開始穿紅戴紫，許多新興富人更頗有歐洲貴族的排場，而這一切罪惡背後的驅動力量，正是令亞當斯、傑佛遜，以及其他開國先賢感到駭怕的一種全新經濟秩序。

今天，政治光譜上較為保守的陣營，都喜歡將開國國父們視為自由市場經濟的擁護者，而偏左派的陣營則認為眾國父早已淪為新興商人階級的鷹犬。然而，兩派人馬其實都不了解一項事實，那就是市場經濟其實一直以來都是暴民的朋友，道德守護者的敵人。在許多美國人畢生都還住在偏遠農場的時代，任何必需品都得靠自食其力或者透過以物以物的方式取得，人們完全不可能上酒館喝啤酒或者到聲色場所買春，也無法在街角雜貨店裡買到避孕商品和色情刊物，更沒有辦法從英貨進口商買到五顏六色的華服。在那個年代，不管是要跳舞、賭博，還是尋找愛侶，根本無處可去，所有人都必須靠土地生活，日出而作，日落卻還不能息。這就是為什麼許多開國先賢，其實都希望美國人可以都待在農場上，遠離城市與商業。這也是為什麼傑佛遜會說：「如果上帝選了一群人作為選民，那麼一定會是在土地上勞動的人們」，還有：「城市裡的烏合之眾對於建立純潔政府的貢獻，就好比疼痛之於我們的身體。」而亞當斯之所以會警告：「商業、奢侈、貪婪，摧毀了每一個共和政府」，並且譴責借貸行為，是因為他認為信用貸款養成了一般人購買奢華商品的習慣，進而導致奢侈與愚昧，就要對美國人民造成殘害。也是這個緣故，多數開國先賢堅持州政府只能讓土地所有者投票以及擔任公職，為此可確保控制政府的人不是商人、銀行家、製造業者、消費者等等之流，而是農夫。不過雖然如此，亞當斯所謂的「普世貪婪之疽」仍然在政府之下的大街小巷蔓延擴張。

亞當斯在世的最後幾年，曾寫信問了傑佛遜一連串問題，口氣顯得哀怨：「可不可以告訴我，要怎麼樣才能避免財富成為節制與勤奮的必然後果？可不可以告訴我，要怎麼才能讓財富不致於導致奢華？可不可以告訴我，又要如何讓奢華不致於成為陰柔、酒醉、揮霍、罪惡、愚昧的肇因？」這些問題，傑佛遜也沒有答案。這場享樂與紀律之間的戰爭，沒有贏家。在革命期間，美國人民開始針對民主的陰暗面所帶來的各種義務與犧牲，展開長期對抗，暴民於是對上了紀律主義者，只是直至今日，雙方仍然未有人能佔上風——這場由美國建國所點燃的戰火，至今仍未停歇。

二　奴隸的自由

丹・艾姆特（Dan Emmett）將自己白色的臉龐以燒黑的軟木塗成黑色時，他其實深知奴隸的祕密；當他在台上以平常絕對不會使用的方式扭動身軀，他也懂得廢奴主義者所不敢言說的事實；而當他在台上以歌唱緬懷過去閒散日子的閒情逸致，或以黑人方言講述黃色笑話讓台下笑聲如雷時，他心裡知道的更是教科書至今仍然說不出口的祕密——艾姆特是表演形式黑臉藝團（由白人扮演黑人）的創始人之一，他深知奴隸所享受的許多樂趣可是白人得也得不到的，他更知道在當時的美國，奴隸時常是眾人欣羨的對象。

白人扮成黑人在台上表演是美國最古老的娛樂橋段。當初，在那一艘又一艘將黑奴運往新世界的船上，來自歐洲的船員就已經在甲板上與他們所擄來的人質一同快樂跳舞。而在美國南方殖民地，奴隸的主人和工頭也時常在奴隸住所與奴隸一同狂歡。不過，這個有趣的現象在一八〇〇年代早期，卻因為蒸汽船以及鐵路的出現，一舉躍升舉國著迷的餘興節目，原本散布各地的美國白人如今得以搭汽船乘火車，以前所未有的方式輕鬆抵達南方，親眼見識活生生的黑人究竟長得是什麼樣子。

在一八一〇年代，槳輪船開始在河道上航行，將旅客從匹茲堡與辛辛那提載往聖路易與曼菲斯等地，途經密西西比三角洲，最後抵達紐奧良。不出多久，白人表演者就開始學唱黑人歌曲、跳黑人舞蹈，而類似的演出在主要城市的大街上都可以經常見到。到了一八四〇年代，便捷的交通更讓旅客可以從紐約搭火車到匹茲堡，再轉搭渡輪，抵達密西西比州的棉花田。此時，全美各地的白人沒有人不在模仿黑人。根據民族音樂學家戴爾・卡克雷爾（Dale Cockrell）估計，到了一八四三年，曾經出現白人扮成黑人角色的表演場次，至少就有超過兩萬場。「事實上，黑臉藝團在當時極為普遍，而且觀看的機會相當多，一個晚上就可能有好幾家劇院同時演出可以選擇；觀眾都懷著極大的興緻前往觀賞。」

一八四三年二月六日晚上，紐約市包厘區（Bowery）破舊而嘈雜的共和露天劇場上（Amphitheatre of the Republic），艾姆特與其他三名白人男性以維吉尼亞吟唱詩人（Virginia Minstrels）為藝名，將黑臉藝團演出化為一種全新藝術形式。當天晚上的節目，前所未見地從頭到尾都是黑臉藝團的表演：四個人穿著奴隸服飾，以黑人的方言唱歌、講笑話，並且用盡全力，將艾姆特在辛辛那堤的大街上、肯德基州的莊園裡、航行俄亥俄河的汽船上所見過的各式舞步，悉數跳出。這場表演受歡迎的程度，讓共和露天劇場立即決定往後只承接黑臉藝團的表演。到了一八四〇年代中期，紐約地區的主要劇場刊物《時代精神》（*The Spirit of the Times*）就指出：提供黑臉藝團表演的劇院「是紐約人最常造訪也最賺錢的娛樂場所」，反觀義大利歌劇院的計劃最後「宣告破產，來自伊索比亞的歌劇卻是蓬勃發展，極受歡迎」。許許多多的黑臉藝團在紐約各大舞台粉墨登場，有的甚至舉辦全國巡迴演出，在一八六〇年代的美國更是幾乎所有主要城市都看得到劇院呈現此類表演。到了十九世紀末，黑臉藝團已經為廣為大眾所接受，成為人們常見也能登大雅之堂的娛樂形式。幾乎每一位美國大眾文化史學家都指出，黑臉藝團在十九世紀的美國可以說是一種無與倫比的娛樂表演形式。

今天，黑臉藝團被視為一種反黑人的戲仿，不過雖然部分演出的確如此，但是學者近來也開始認為丹・艾姆特和其他表演者的演出類型，所想要表達的其實是許多人對於奴隸文化中那份自由的渴望。研究所謂「白人性」（whiteness）的首要史學家大衛・羅迪格（David Roediger）就說：「這樣的舞台演唱讓白人可以暫時成為黑人，同時卻還維持自己的白人身份；透過黑臉藝團的表演形式，工業革命以前的各種樂與趣，得以在工業時代的紀律腳下倖存。」艾姆特早期的一首歌曲〈船工之舞〉（"De Boatman's Dance"），主要就是對在老南方汽船上工作的奴隸與自由黑人致敬。艾姆特相當佩服黑人對於享樂的擁抱，也欣羨他們對自身身體所擁有的自由，還有其對工作的態度——對他們而言，工作只是享樂的一種途徑：

嘿吼，看那船工把船划，
讓船兒在俄亥俄這條河上滑。

足蹈手舞、高歌引吭，
船工啊什麼都好玩，
等到船工上了岸，
把錢花光再上船，

跳舞啊跳舞，
船工啊跳舞，
跳到黑夜變白天，
天亮了好帶姑娘把家回。

然而對於丹．艾姆特而言，這首歌的悲劇，亦即所有白人黑臉藝團的成員以及其他自由白人所共同擁有的悲劇，就在於這樣的自由是短暫的：

前些天兒我也上了船
聽聽船工把話談；
我把一切放開玩
結果他們把我牢籠關。

這次我上船，以後不再來
放我走啊，我上岸後就不再來。

如果我們只將這些把臉塗成黑色的白人，看成是搞不清楚狀況的種族主義者，那麼我們很可能會錯過他們所真正（即便只是在潛意識上）希望傳達的——亦即自由美國人在生活中有所欠缺，而這些生活上的種種欠缺，幾乎都可以在奴隸的現實生活中找著，這一點很快我們就可以看到。不過，美國人也深知，如果希望在別人眼中成為良好公民，那麼就一定得和非裔美人文化所代表的一切保持距離。因此，對自由美國人而言，黑人的樂趣再誘人也只能透過間接、代替的方式來加以體驗。

這樣的論述，並不是在為奴隸制度背書，而是希望能夠說明兩件事情：一，我們今天所珍視的各種自由，在美國早期只有奴隸能夠享受；二，在當時尚屬年幼的共和體制下，公民的概念本身即帶有許多侷限。這樣的論述，同時也能解釋何以奴隸及其後代所創造的文化，向來不只受到白種美國人的嚮往，更受到全世界的欣羨。

艾姆特首度遇見奴隸後不久，就開始以想望農莊生活為主題寫作歌曲。他在一八三四年離開俄亥俄州中部的家鄉，來到辛辛那堤。這座城市的地理位置相當特殊，剛好座落於奴役世界與自由國度的交岔口。

由於位於丘陵之上，這座城市可以俯瞰山下的俄亥俄河，以及河對岸那一座又一座位屬肯德基州的農莊。身為南北界線上唯一一座大型北方城市，辛辛那提可以說是美國境內最適合同時觀察自由與奴役社會的地方。抵達此地的旅客，一天以內就可以看見各色各樣的不同族群：有逃亡中的奴隸、自由黑人、各階層的白人以及外來移民——各路人馬在這座城市裡一同工作、打鬥、跳舞，晚上也睡在一起。因此，幾乎所有黑臉藝團界的元老大家，都曾經在這座被稱為「西部之后」的城市住上一段時間。

譬如美國黑臉藝團之父湯瑪斯・達茲矛斯・「老爹」萊斯（Thomas Dartmouth "Daddy" Rice）當時就從紐約出發，延著俄亥俄河來到辛辛那提。在這座城市裡，萊斯偶然聽見一位黑人車夫所哼唱的一首〈吉姆・克勞〉（Jim Crow），因此獲得靈感，創造出美國戲劇史上最經典的角色之一。同樣的，史提芬・佛斯特（Steven Foster）也是在來到辛辛那堤以後才開始寫歌。為了替兄弟的渡船公司工作而來到辛辛那堤的佛斯特在創作上相當多產，著作包含〈坎普敦的賽馬〉（"Campton Races"）、〈史瓦尼河〉（"Swanee River"）、〈我的肯德基老家〉（"My Old Kentucky Home"）等曲目。至於丹・萊斯（Dan Rice）則深受林肯總統（Abraham Lincoln）的喜愛，可以說是十九世紀最著名的黑臉藝人，其所模仿的黑奴和前黑奴，靈感都來自於他在俄亥俄河一帶當騎師和汽船賭徒所遇見的真人真事。部分黑臉藝人則是更進一步深入南方，與黑奴共同起居。譬如在艾姆特的藝團裡擔任班鳩琴手，因而聲名大噪的比利・惠特拉克（Billy Whitlock），就曾經造訪南方農莊，而他在農莊的時候「還會偷偷跑到黑奴居住的小屋聽他們唱歌、看他們跳舞，並且帶上一瓶威士忌，讓大伙玩得更開心。」

艾姆特在抵達辛辛那堤後不久就選擇從軍，駐紮在河對岸位於肯德基州新港（New Port）的一處軍事基地。從艾姆特的日記中可以得知，他在軍中加入了樂隊，而且「不停地練習打鼓」。一年以後，艾姆特被轉調至黑奴人口佔總人口數高達十五%的密蘇里州；在一八三五年夏天，艾姆特自軍中退伍，回歸平民身分的他，再度回到辛辛那堤，但是我們從他所寫下的歌詞，卻可以看出艾姆特的心已經離不開奴隸，對他們念念不忘。而每當艾姆特自俄亥俄河北岸向南望去，觸目可及的也就成了那應許之地。

剛來到鎮上，為了找點事兒做，
我把事情都辦完，
卻覺得街上好冷，
真希望我在約旦河(1)的另一頭。
脫下大衣，
捲起袖子，
因為約旦這條河可不好過。

一八三〇年代末，艾姆特加入了巡迴馬戲團，開始從事黑臉表演，模仿他曾經見過的黑奴與前奴隸。艾姆特有時與維吉尼亞黑臉藝團一起上台演出，有時則是自己唱獨角戲。而在他的音樂中相當常見的一個主題，就是怨嘆自己的自由身。艾姆特的劇團最有名的一齣戲叫做〈困難時刻〉（"Hard Times"），裡頭主要就是在描寫自由生活的箇中滋味；在這齣戲裡，艾姆特所扮演的梭曼，是一位「不願意工作的小伙子」。到了內戰期間，艾姆特更寫下了〈到里奇蒙的路上〉（"Road to Richmond"）一曲，以歌詞描寫一位奴隸在加入

(1)（譯註）在舊約聖經中，約旦河的另一頭即為應許之地。

北方聯邦軍後，如何感到百般懊悔：

年輕氣盛的時候，
從沒做過辛苦活兒，
是得工作，但可以慢慢來。

艾姆特大約就是在內戰期間，靠著這首名曲一舉獲得全國性的地位，這首歌現在被認為是代表南方種族歧視的「國歌」，不過對艾姆特而言，這首歌純粹是在表達希望成為一名奴隸的想望：

啊！如果我身在南方，那該有多好！
吼嘿！吼嘿！
在南方，我將站穩步伐，
生在南方，死在南方
我要離去，離去，
前往南方，
自由對我來說算什麼！

史提芬·佛斯特離開辛辛那堤數年後，於一八五一年在匹茲堡完成底下這首〈再見了，我親愛的莉莉〉（"Farewell, My Lilly Dear"），歌詞也表達了類似的遺憾：

主人放我走了，
莉莉再會了！
再會了我的真愛，

再會了田納西。

丹・艾姆特則只是眾多把黑人男性視為欲望對象的作詞人之一，這點可以從這首〈卡羅萊恩的丹迪・吉姆〉（"Dandy Jim from Caroline"）看出來：

我的老主人告訴我，
郡裡最帥的黑人就是我，
照照鏡子，沒有錯，
主人說得沒有錯！
美貌雖然膚淺得很，
但是蒂娜小姐這個大美人；
最後還是和我姓，
成了卡羅萊恩的丹迪・吉姆夫人。

雖然當時的人偶爾會提到黑人的五官長相怪異，而且這點已經有不少相關討論，但是黑臉藝團的曲目——特別是在蓄奴時期所下的歌曲——更常描寫的是眾人對農莊裡黑人美女的愛慕。班傑明・韓比（Benjamin Hanby）所寫的〈親愛的奈莉・格蕾〉（"Darling Nelly Gray"）在一八五〇年代相當受到歡迎，歌詞就是以肯德基州的田園之美為背景來講述愛情：「當月亮爬上山頭，群星閃耀，／我將帶著奈莉・格蕾，／一同乘著我的紅色獨木舟順流而下，／而我將一邊彈著班鳩琴。」那個年代的作詞者，時常將女性黑奴的美麗與惠雅，比擬為自然之美。譬如史提芬・佛斯特的〈美琳達・美〉（"Melinda May"）就是如此：

可愛的美琳達和陽光一樣閃耀，

比雪花還白，
笑容像河畔盛開的玫瑰，
歌聲像空中飛翔的鳥兒。

約翰．歐德威（John P. Ordway）的〈親愛的，閃耀的星星正在笑〉（"Twinkling Stars are Laughing, Love"）也是一樣：

當妳的明眸看著我，
就好像那星星一樣。
而那金色的光，
在妳身上閃耀；
宛如夜后一般，
妳用愛填滿最深的夜。

對二十一世紀的聽眾而言，這樣的浪漫歌詞聽起來也許自然稀鬆平常，但是對維多利亞時期的美國人來說，如此這般對於身體欲望的清晰表達，無論用再美的詞藻包裝，都很有失高尚、流於低俗，而且是黑人才有的行為。

黑臉藝團當年在美國雖然相當流行，卻還是難被重視，不過這種表演形式之所以受到道德撻伐，並不是因為人們認為有種族歧視之嫌，而是因為這種表演形式相當狂野、情色而且代表自由。其實，只要看看當時的衛道人士如何對黑臉藝團大加抨擊，就可以清楚證明這種表演形式裡頭，的確內含了高度自由。以高尚讀者為客群的報紙，就說黑臉藝團根本是「失序的惡魔」，把「夜晚變得面目可憎」。《時代精神》

週刊上就曾刊載許多大力批評黑臉藝團的評論，其中一篇就如此寫道：

我們很難真的相信可敬的觀眾會喜愛或鼓勵黑人俗趣歌曲，只能希望他們不會。社會有義務去斥責各種腐化大眾品味的事物。

《紐約鏡報》（*New York Mirror*）也呼籲觀眾應該好好給予黑臉藝團「應得的待遇——丟東西把他們趕下台」。在紐約市，更有一群衛道人士因為黑奴模仿秀登台而大為警戒，索性在一八三二年將當初演出的劇院買下來，改建為福音教會。白人的美國，如今陷入了一場內戰，《波士頓郵報》（*Boston Post*）於一八三八年如此寫道：「現在全世界最紅的兩個人，一個是維多利亞」——那位代表中產階級壓抑性的英國女皇——「而另一個就是吉姆・克勞」。

但是創造出吉姆・克勞這號人物的T・D・萊斯（T. D. Rice）卻在底下這首著名的歌曲中，揣測了多數維多利亞時期人民心中的想法：

還好我是黑人
我想你一定很羨慕
因為如果你也是黑人
演個吉姆・克勞就會很有名

我的黑人兄弟啊
我們不可以
嘲笑那些

天生是白人的人
這是他們的不幸
他們啊不管要花再多錢
為了成為黑人
都沒關係

看到他們如此羨慕我
我的心都要碎了

文化評論家W・T・拉蒙二世（W. T. Lhamon Jr.）在不少鉅作中講述美國文化中的種族議題，而他也認為黑臉樂曲中的黑人形象，確實屬於刻板印象；不過他也提醒：所謂「準確」或者「真實」的黑人文化呈現其實並不存在。此外，拉蒙也指出：奴隸文化對黑臉藝團的愛好者以及黑臉藝人而言，代表了享樂與自由；不過對於良好公民來說，卻隱含著相當的危險。在早期的黑臉藝團表演中，白人得以「在黑人身上找到一種象徵，而這樣的象徵所代表的，是基督教青年協會YMCA（主要負責灌輸都會青年行業紀律）與其他福音組織所試圖壓抑的一切。在內戰以前的時期將臉塗成黑色的暴民「無疑對於黑人的機智與姿態，表達了相當的想望」。

丹・艾姆特以及其他第一代黑臉藝人所開創的一切，到了今時今日早已成為世界潮流——現在，藍調、爵士、R&B等曲風受白人歡迎的程度更甚於黑人，而被通稱為「自由樂音」的這些曲風，在歐洲與日本的愛好者，人數也都超過了美國本土。同樣的，喜歡嘻哈音樂的白人和外國聽眾，人數也遠遠超過非裔美人——無論是橘郡（Orange County）、斯德哥爾摩、約翰尼斯堡還是雅加達的廣播電台，都可以聽見來自布朗克斯（Bronx）、亞特蘭大（Atlanta）以及康普頓（Compton）等地的黑人音樂。不過，這種羨慕之情究竟從何而來？為了找到答案，我們必須追本溯源，回頭檢視早期美國的自由白人是如何生活，以及殖民地農莊的當年樣貌。

無盡的勞動

身為一名自由美國人背後所代表的意義，丹．艾姆特可以說是再清楚不過。艾姆特生於一八一五年禁止蓄奴的俄亥俄州，而他成年的先後幾年，剛好也是自由的意義在美國逐漸成形之時。艾姆特很快就發現，美式自由的背後，其實各種是難以理解的重擔與限制。當然，他的父母在他出生以前，對這個道理早已經有所體會。大約在十七世紀早期，艾姆特的雙親長途拔涉抵達位於俄亥俄河與伊利湖（Lake Erie）之間的平原，定居於當時還只是森林與幾棟小屋的維農山莊（Mount Vernon）。如同其他早期為了取得美式自由根基——土地——因而西進的美國人一樣，艾姆特的父母亞柏拉罕與莎拉（Abraham and Sarah Emmett）很快就發現，所謂的自由其實就是含辛茹苦以及日夜勞動：亞柏拉罕負責砍樹、將樹幹製成木材，然後再以之為材料，以雙手打造家園。為了生活，亞柏拉罕還成為鎮上唯一的鐵匠，日日夜夜將金屬燒紅，鍛造成各式器具與武器。至於身為家庭主婦以及四個小孩之母的莎拉，其辛苦的程度也絕不亞於亞柏拉罕。

在維農山莊這種邊疆小鎮裡過生活，幾乎就是無止盡的辛勞。從殖民時期以至十九世紀，觀察者相繼指出早期美國拓荒者每日驚人的勞動量。一六二〇年代維吉尼亞地區的官員在向英國回報時就提到，殖民地居民每天都必須面對「無盡的勞動」。麻薩諸塞灣殖民地創建人之子約翰．溫特羅普二世則是鉅細靡遺地羅列出在荒野中建立文明生活所需的各項勞動：「在農莊上要自給自足相當困難，一開始的工作多得不得了，首先要蓋房子、立圍籬，而且土地要開劈、要翻動、要整理，果園也要栽種，同時還得造橋鋪路、建設防禦工事，要做的事情不勝枚舉，就好像創世之初一樣。」然而，就為了擁有自己的一片土地，許多美國殖民拓荒者心甘情願地辛勤勞動，比當時地球上的所有人都還要認真。

普利矛斯殖民地（Plymouth）的行政長官威廉．布萊佛德（William Bradford）就如此回憶道：當時，政府才一宣布拓荒者將可以獲得土地私有權，「女性就馬上心甘情願地帶著小孩下田工作，栽種玉米。婦孺下田，原本代表了男人軟弱與無能，而且在以前，強迫女人和小孩下田是暴政與壓迫的行為。」或為生活所需，或為生活獨立，或出於清教徒工作觀的奉行，第一批美國拓荒者徹底放棄了各種母國人民所從事的娛樂活動——民族舞蹈、歌唱慶典、村鎮晚宴與遊戲以及各類節慶。到了十八世紀，勞動變得更加辛苦，原本季節性的工作模式如今成了終年延續不停的辛勞，此情此景在當時殖民經濟的各個部門皆然。到了十九世紀初，大部分的家庭除了原本的農業苦活以外，多半還額外投入家庭製造業。

英國作家法蘭西斯．特洛普（Frances Trollope）在一八二〇與三〇年代的俄亥俄邊境地區住上了幾年，就以非常驚訝的口吻描述當時與莎拉．艾姆特同處境的女性是如何過生活：她們除了要煮飯、灑掃、照顧小孩，還得自己織布幫家人做衣服、製作肥皂與蠟燭，或者把自製奶油帶到市場上換取雜貨。特洛普指出：當時女性的生活「充滿困苦、窮困與勞動」。無論家中農場是自己自足、多產外銷或是兩者皆是，在農場上生活的人除了睡眠以外的每分每秒，幾乎都得辛苦勞動。這群「自由人」不比奴隸，必須完全為自己的生計負責，因此常常就算工作做完了，腦袋裡卻也還繼續盤算著與工作有關的事。十八與十九世紀的農民日記裡頭，通常都詳細記載了當日完成以及尚待完成的工作，另外日記主人也還會再加上幾句強調勤奮、節儉、紀律等德行的勵志小語。

的確，在尚未工業化的國度裡要過上良好的生活，辛苦勞動再所難免，然而在美國文化中，辛勤工作本身早已經昇華為一種值得追求的德行。在當時的世界上，就屬建國初期的自由美國人最辛勤工作、最厭惡閒逸，也最為了這些特質而感到自我驕傲。來自維也納的移民作家法蘭西·格倫德（Francis Grund）在十九世紀早期造訪美國的時候，就和許多歐洲旅人一樣指出美國人根本染上了「工作病」，並且指出「世界上沒有其他人民和美國人一樣把商業當樂趣、把工業當娛樂」。格倫德也提到，對美國人來說，工作是「快樂的主要來源」，而且「沒有工作就快要活不下去」。

從清教徒拓荒時期以至丹·艾姆特的年代，美國人不斷在童書、學校課本、報紙社論、詩歌、手冊、教會講道內容、政治演講等管道上，被灌輸辛勤工作為上帝所喜悅，而閒散則甚為不該的觀念。新英格蘭清教徒教士與作家卡頓·馬德（Cotton Mather）就告訴家長要讓小孩持續地有事可做，如此一來才能「讓小孩脫離閒散的誘惑」。另一位著名清教徒教士湯瑪斯·雪普（Thomas Shepard）對兒子所說的一段話，也體現了當時所有清教徒的觀念：「你覺得把一小時浪費在酒醉上有多羞恥，就要以同等的程度懼怕一個小時的無所事事。」十八世紀的時候，富蘭克林更提出許多非常著名的格言，將清教徒的工作觀轉而應用到資本主義時代，告訴美國人白天的每分每秒都要工作，如此才能成就尊嚴與尊重。他在自己出版的《窮理察年鑑》（*Poor Richard's Almanack*）裡如此寫到：「勞動的人就是快樂的人，閒散的人就是悲慘的人。」十九世紀時，大規模工業生產抬頭，對勞動的驕傲與對閒散的羞恥，也成為了這個年輕國度中，良好公民的重要指標。

丹・艾姆特的母校所使用的教科書，很可能就是一八三〇年代的標準課本《新圖畫書》（*A New Picture Book*），而這本書開章就是底下這首短詩：

小小蜜蜂，
時時刻刻都在努力；
採每一朵花的蜜，
讓每個小時更有意義；
無論粗工或細活，
我都要保持忙碌；
因為閒散的人，
會有魔鬼來搗蛋。

艾姆特在主日學所使用的課本，也很可能就是《給乖小孩的短詩》（*Littele Verses for Good Children*），而當中可能也會出現類似的內容：

全力工作吧，
這是上帝的旨意：
讓工作與禱告
一同進行。

誠實的勞動
上帝會祝福：
讓我的生命
永不閒散。

十九世紀早期的美國學校，教導學生要遠離輕浮、躲避玩樂，並且透過自我否定，使自己成為有用的人。《美國拼字課本》（*The United States Spelling Book*）中的一課就說：「別眷戀這個世界以及這個世界上的事物，因為凡那屬世的、那屬肉體與眼目情欲的，都不是上帝為我們所預備，而是屬於這個世界。」此外，丹．艾姆特一定也讀過諾亞．韋柏斯特（Noah Webster）的《美利堅拼字手冊》（*American Spelling Book*）。這本書是十九世紀銷售量最佳的學校課本，裡頭就告訴年幼的讀者：「聰明小孩喜歡讀書，只有愚笨小孩選擇玩玩具。」

不能說的祕密

深知奴役祕密的人，不光只有從事黑臉藝團演出的白人，許多黑人，譬如朱尼厄斯．夸托包姆（Junius Quattlebaum）自然也知道得很清楚。一九三七年，一位名叫亨利．格蘭特（Henry Grant）的白人帶著一台買來的錄音機，拜訪夸托包姆。夸托包姆住在南卡羅萊納州哥倫比亞（Columbia）近郊，一處位於磚頭工廠附近泥土空地上的木造小屋裡。格蘭特是當時聯邦作家計劃（Federal Writers' Project）所雇用的一名作家，聯邦作家計劃是小羅斯福總統（Franklin Roosevelt）新政的一部分，宗旨在於記錄前奴隸對於蓄奴時期的回憶。「先生，您是要我談談蓄奴時期的那段美好日子，對吧？」夸特包姆如此問道。「我說美好，是因為那樣的好日子後來就再也沒遇過了。」夸特包姆的說法，在兩千三百位受訪的前奴隸之間相當典型。的確，許多受訪者都提到了從前飽受笞刑折磨，不少受訪者的工頭也都像虐待狂一樣可怕，更有人經歷親人被賣至遠方的遭遇；許多人在當時也的確朝思暮想著，希望可以獲得自由身。但是有一件事實我們還是必須正視，那就是這些前奴隸回想當年的訪談中——不論當年是從事家庭幫傭或是在外做粗活——男男女女對於蓄奴制度其實都抱持著正面看法，許多人更直言希望能夠回到當年受奴役的日子。

這樣的史料，後來被種族主義者拿來印證黑人的低劣性，也被我們的課本忽略。不過，我們其實大可以正視奴隸對蓄奴時期的想望，並且用之以翻轉種族主義者的說法。

朱尼厄斯．夸托包姆在訪談中提到：「南北戰爭之後，我工作得比從前當奴隸的時候更辛苦。」這句話是許多前奴隸的共同經驗。當然，蓄奴的農莊絕對不是什麼天堂樂園，不過對於許多當過奴隸也嘗過自由滋味的人而言，身為奴隸的日子確實是比較好過的。「奴隸雖然辛苦，但是從來不用過度勞動，而且工作的時候心情輕鬆愉快，因為他們知道主人會好好照顧他們，確保他們衣食無缺，給他們溫暖的家，讓他們不必受寒受凍。」夸托包姆最後針對奴役與自由生活之間的差異，下了一個結論，而這樣樣的結論則和黑臉藝人所吟唱的內容不謀而合——「白人每天只有一半的時間過得輕鬆寫意，但是黑人每天都輕鬆自在，真的就是這樣。」

南卡羅萊納州萬寶路地區（Marlboro）的瑪莉．法蘭西絲．布朗（Mary Frances Brown）生來就是奴隸，不過她也堅持：「以前的日子相當快樂」。針對農莊上的飲食她則說：「充裕的程度」在獲得自由身之後，「就再也沒見過了。當時的日子真是好」。布朗在受訪時還唱了一首歌，說是前奴隸之間相當流行的一首曲子，而內容也和黑臉藝團的歌曲相當類似：

在那裡我們有棲身之處
來吧我們走吧
來吧我們走吧
在那裡享樂永不止息
讓我們前往那恆久享樂之處
享樂永不止息
來吧我們走吧
前往那恆久享樂之處

一次又一次，前奴隸在訪談當中似乎都表達出獲得自由的後悔。「到了戰後，什麼事都不對了。」威廉．科提斯（William Curtis）在回憶時如此說道。科提斯原先在奧克拉荷馬州（Oklahoma）當奴隸，他說：「沒錯，我們是自由了，但是卻不知道接下來怎麼辦，我們不想離開老主人，也不想離開老家。」多數受訪者對於聯邦軍隊其實感到既害怕又憎惡，許多人更暗中搗亂，破壞北方「解奴者」的行動，譬如密西西比州的蓋柏．伊曼紐爾（Gabe Emanuel）就說：「聯邦軍吃光了主人的食物，喝光他的酒。有一次我們燒了北方佬進入農莊的橋，他們懶得滅火，只好乾脆駐紮在對岸……老天，我還是奴隸的時候，過得真快樂。」

亨利．尼卡斯（Henry Necaise）在三十歲以前都是密西西比州帕斯基督（PassChristian）地區的奴隸，而他的看法也和前面看到的受訪者相似：「我當奴隸的時候，過得比現在好。以前家裡不缺什麼東西，現在什麼都得自己來。」對許多前奴隸而言，被鞭笞、販售的經驗雖然歷歷在目，他們卻仍然希望可以回到當初「美好的日子」。像密西西比州丹佛爾（Danville）地區的戴夫．哈潑（Dave Harper）就直截了當地說：「我當初值七百一十五塊錢，變成自由人以後，我倒想給人七百一十五塊，讓我回去當奴隸。」同樣的，阿拉巴馬州（Alabama）的克拉拉．揚（Clara Young）也持相同態度。她在二十歲的時候被解放，被販售與鞭笞的情景依然記憶猶新，不過在被問到對蓄奴有何看法時，她說：「小姐，我告訴你，我多希望蓄奴制度捲土重來。我們當年過得好多了，北方佬要是別插手，我們今天一定過得比較好。」許多受訪者自己也知道他們的感受與回憶和二十世紀對蓄奴制的主流觀點大相逕庭。詹姆士．魯卡斯（James Lucas）曾經是傑佛遜．戴維斯（Jefferson Davis）的奴隸，他就說：「我想蓄奴制的確是個錯誤，但是我真的記得以前的日子過得快樂……我所知道的是不少奴隸到了戰後生活都過得差多了……現在他們不工作的話，就是死路一條……當年雖然得工作，但也還有休息時間，而且不愁吃穿，正午可以睡午覺，我們總等著起床號響起，再回到田裡工作。」

許多受訪者也都還記得這首歌在內戰期間最受到奴隸歡迎：

傑佛遜．戴維斯是總統
亞柏拉罕．林肯則是笨蛋
戴維斯騎著灰色駿馬
林肯則是騎著一頭笨驢。

這裡我們所看到的，和有關解奴的主流看法剛好相反——許多奴隸即使有機會離開農莊，反而會選擇留下。莉娜．杭特（Lina Hunter）在被解放時所保留的記憶，就和許多受訪者相似：在北方人來到以後，「自由一開始並未為我們帶來太多改變，因為大部分的奴隸選擇留在原處，一切依如往昔，和戰前一樣」，莉娜在回想時說道。「主人說大家自由了，不過想要留下來的人，主人還是會和戰前一樣照顧。結果也沒有多少人離開，因為主人對我們真的很好，沒有人想走。」計量歷史學家保羅・D・艾斯科特（Paul D. Escott）在計算所有前奴隸的訪談內容後，就發現有九・六％的奴隸在獲得自由後仍與主人同住一段時間，時間長短無法確定。確定待上至少一到十二個月者佔十八・八％，一到五年者佔十四・九％，而超過五年者則高達二二・一％。另一方面，解放後立即離開主人的比例只有九％。

這些統計數字以及幾百位受訪者對當年的懷念，所指出重點的並不是奴隸在被奴役之餘，竟然還能創造出令白人稱羨的文化，而是指出了奴隸之所以能創造出白人欣羨的文化，正是因為其受到奴役。事實上，奴隸與當時的自由人相比，尤其是那些以成為良好美國公民為己任的人，可以說具有相當多優勢，而奴隸所參與的活動也更加廣泛，同時還擁有更多元的自我表達方式。當時的奴隸無論與早期美國的哪個族群相比，都可以說是如此。

生活勝於工作

丹・艾姆特搬到辛辛那堤的時候，很可能曾經在路上與希爾多・德懷特・韋爾德（Theodore Dwight Weld）擦肩而過。韋爾德是名年輕的神學院學生，也是廢奴主義者。和當時多數廢奴主義者一樣，他的態度和我們今天一般假設的相反，認為蓄奴制的弊病反而在於養成懶散習慣。他的論述如下：由於奴役制度底下的勞工並無勞動誘因，因此不只導致「無知與愚笨」，更造成「奴隸慣於小竊小盜，沒人在旁監督不行」，同時讓人無法自願發揮勞力，而是「不情不願地效勞」。

蓄奴制的反對者，其實在許多議題的看法上都有出入，譬如是要立即禁止還是逐步廢除，不少人就持有不同立場；在蓄奴究竟是政治議題還是道德議題上，眾人也莫衷一是；對於黑人是否較為低等，也是各有不同態度。然而，在這麼多歧異的同時，所有人卻都同意一件事情，那就是蓄奴這個「特殊體制」，使得人民好逸惡勞。驅使北方宣戰的共和黨人，就認為奴隸與主人的懶散，正對自由地區認真工作的普遍文化產生威脅。共和黨內一位重要黨員在一八六〇年時如此指出：「自由勞動一旦與奴役競爭，好像就變得無力而使人尊嚴盡失。」他說，「閒散、窮困與惡行，逐漸在許多屬於非蓄奴者的階級中，取代勤奮、節儉與德行。」黨的領導人更匯整許多統計數字來印證奴隸勞動的生產力不及自由勞動，同時將北方旅客在南方對奴隸工作習慣的觀察，編輯成文加以出版。

一八五〇年代，費德烈克．羅．奧姆斯塔德（Frederick Law Olmsted）旅行南方一年後，將所見所聞寫成三冊記實，而其中最令奧姆斯塔德吃驚的，就是奴隸工作效律的低落，他寫道：他們看起來似乎「動作緩慢而不協調」。奧姆斯塔德見過的奴隸，只要能避掉的工作就一定避掉，譬如他在查爾斯敦附近的一座農場裡就看見：「工頭騎著馬監督進度，手上拿著皮鞭，不斷地指揮、鼓勵奴隸工作，但是我和同伴好幾次都看見以下情形：工頭一跑到另一頭監督，這頭的奴隸就停下雙手，等到工頭回頭才又開始工作。」奧姆斯塔德說：「奴隸一般所從事的勞動，對北方勞工而言並不難。事實上，要是叫勤勞的北方工人來做，多半下午兩點鐘前就能完成。」

蓄奴者在公開場合上，一律否認反蓄奴者的指控，強調奴隸的工作效率並不低落；不過，他們私底下的看法卻和反蓄奴者一致。北卡羅萊納州的一位農場主人，就詳細解釋了蓄奴制度何以導致勞動生產力不彰。他說：奴隸們「和白人相比，缺少用心與勸奮；白人是為自己勞動，但奴隸不是。奴隸對自己的工作漫不在乎，因為主人可能獨斷而反覆無常，而且他們所受的教育，也無助於培養榮譽與感恩的情操。」十八世紀維吉尼亞地區的一位農場主人，也時常在日記裡抱怨奴隸的無能：「奴隸們完全不在乎他們在一件事上花了多少時間，做起來也不夠用心……要讓黑人把工作做好，幾乎是不可能的事——沒有任何命令可以鞭策他們，沒有任何鼓勵可以說服他們，也沒有任何刑罰可以迫使他們。」大部分的蓄奴者都不願承認他們不如上自由勞工的雇用者，而把奴隸的無能歸咎於黑人先天上的低劣。

當時的奴隸工作效率的確低落，但是如果將他們的生活品質與自由勞工互相比較，則不禁讓人納悶是否奴隸才是較為優越的一群。

研究美國戰前南方史的多數學者，現在普遍都同意美國人全心投入勞動的精神，並未能在奴隸身上體現。而丹・艾姆特之所以如此羨慕黑人，關鍵也就在於蓄奴制度裡，這個美好的諷刺——奴隸雖然身為奴隸，卻享有食物、衣著、住宿、醫療、兒童照護等各種保障，有些奴隸甚至可以擁有奢侈品與金錢，而且他們在享受這些好處的同時，並不用像「自由」勞工一樣否定自我需求的存在。

無論到了哪一座農場，奧姆斯塔德都發現至少一名以上的奴隸「因為抱怨自己身體不舒服、太累、瘀血或者受傷」，所以不用工作。根據奧姆斯塔德指出：「如果奴隸不想工作，譬如特別被惡待時，或者純粹與主人不合，都可能會假裝生病，甚至讓自己真的患病或跛腳，以求不用工作。」關於這點，我們可以從十九世紀早期密西西比州三處農場上的統計數字中，找到實質證據。在韋爾斯農場（Wheeles plantation），每七個工作天，就有一天因為奴隸聲稱自己不舒服或者不能工作而憑白損失。在包爾斯農場（Bowles plantation），一年總病假天數一百五十九天中，只有五天是請在原本工作量就少的星期天。而在只有三十名奴隸的里以農場（Leigh plantation），一年所累計的總病假天數竟然高達三百九十八天。在這些農場上，生病請假的機率通常在週六或者播種、收成季等工作量最大的時候達到高峰。這種抗拒工作的行為，根本不可能在必須自食其力的白人身上出現。對一般美國人而言，抗拒工作是相當可恥的事情，但是奴隸卻幾乎沒有這樣的包袱。

「假期」的概念，以及相信個人有權暫時放下工作、離開家裡的看法，在自由美國人之間，可是要到內戰後好一段時間才出現。在這個面向上，奴隸雖然尚未正式形成放假的概念，但是在行為上卻已經開了「渡假」的先河。一位名叫羅倫佐・艾薇（Lorenzo L. Ivy）的前奴隸在回憶時如此提到：「有時候，奴隸會離開農場，跑進森林裡，讓自己休息一到兩個禮拜，然後再回到農場上工作。」另一位前奴隸莎莉・史密斯（Sallie Smith）也常常給自己放假，不過她和多數自由勞工不一樣，並不會因此感到羞恥——「有時候，我會離農莊遠遠的，找個聽不到牛叫雞鳴的地方」，她如此說道。當時，擅離職守的行為在蓄奴者的口中稱為曠奴（truancy），曠奴的現象非常常見，只要是紀錄保留完善的農場，幾乎都可以發現長達數天、數週、數月，甚至數年的曠奴行為。奧姆斯塔德也指出，許多蓄奴者因為「擔心奴隸集體離開農場（貪財的主人隨時都受到這種威脅）」所以不敢增加奴隸的工作量。史學家也從許多文件中發現，決定不處罰曠奴行為的蓄奴者，在數量上幾乎和決定加以處罰者相當，這也進一步讓我們看出奴隸其實也對蓄奴者握有一定權力。曠奴的奴隸，時常在森林或者鄰近農場停留，或者前往其他城鎮，直到主人承諾不多加責罰，才安心回到工作崗位。奴隸之所以能在農場以外待上好一段時間，主要是受到其他奴隸的接濟，提供食宿起居上的照應，其他奴隸也會轉達來自原農場的消息，或者在巡邏人員接近時警告提醒。一位南卡羅萊納州的法官就如此感嘆：「再嚴格的看守，也無法完全避免奴隸造訪認識的人。」有些奴隸甚至就搬到了鄰近農場定居。在當時，奴隸間慣性逃跑者人數之多，讓山謬・卡特萊特醫生（Samuel Cartwright）甚至認為奴隸患了一種黑人特有的疾病——「出逃狂」（drapetomania），這種病的主要症狀，就是「擅離職守，潛逃他方」。

即便奴隸本身，也同意自己本性不愛工作。許多奴隸甚至和主人抱持一樣的看法，認為黑人生理上就是不喜歡工作。「黑人天生就比較懶散，你知道吧」，詹姆士・強森（James Johnson）如此說道。而他的看法在受訪前奴隸之間也確實相當普遍，他說：「黑人要這樣子講話也跟行為一樣，就是覺得每個字都要講清楚很麻煩。」當時，許多人甚至相信要讓奴隸認真工作，唯一的方式就是肢體脅迫，珍恩・強森（Jane Johnson）就說：「來了以後，黑人被白人要求要工作，黑人覺得不情願……因為黑人天生懶散……等到一發現非工作不行，就開始暗自厭惡白人。」

認為黑人天生就不愛工作的看法，後來遭到著名黑人社會學家W・E・B・杜柏（W. E. B. DuBois）加以駁斥。杜柏說，這種現象是人們被迫勞動所產生自然結果：「觀察者都說奴隸的動作緩慢而粗魯，不只浪費材料還喜歡假裝病痛，以求休息。但是他們能不如此嗎？這不是種族問題而是經濟問題，一群勞工若是被逼入絕境，自然就會有這樣的後果。他們也許必須勞動不停，但是沒有任何力量可以迫使其認真勞動。」杜柏甚至進一步主張，這樣的狀況其實是奴隸「相對於自力更生的白人所具有的內在優勢——美國奴隸與北歐勞工相比，較不容易被化簡為機械般的畜力，也比較不容易主動接受各種工作相關的道德制裁。對奴隸而言，他們只傾向在勞動成果合意的時候勞動，一旦勞動的精神報酬不足，就會拒絕勞動或者試圖加以拒絕。也因此，他們被冠上懶散之名，並且被當成奴隸鞭策；可是事實上，奴隸其實在現代勞動的框架底下，促使了人們重新思考生命的價值。」沒錯，杜柏似乎就是在告訴他的白人讀者：既然奴隸不相信工作比生活更重要，你們又為什麼要如此認為？

曠奴以及佯病，也是脫離主人的有效作法——許多奴隸的工作效率實在太過低落、不符成本，因而遭到主人變賣。在那個年代，多數自由美國人都住在自家農場上，因此所謂雇主即父母，既然如此，在道德上便根本沒有離職的餘地。循此脈絡，我們完全可以在比較黑白雙方之後，合理地指出，職業流動性對當時的奴隸而言，其實要比一般自由美國人更高。

綜觀以上原因，最後的結果就是奴隸不只在工作集約度上，較自由美國人來得低，工作時數也較少。經濟歷史學家就估計，平均而言每年北方農民的工作時數就要比奴隸多上四百小時。而事實上，十九世紀美國工業部門勞工的工作時數，也是世界上有史以來最高，無人能出其右。那些在美國早期工廠裡上班的倒楣鬼，每天不僅工時長達十四小時，一週還要工作六天；一個禮拜下來，超過一百個鐘頭的工時也只是稀鬆平常。(2)

鞭長莫及

到此為止，讀者可能已經被說服，同意奴隸其實相對於自由勞工而言，較為不辛苦，而且還享有許多美國公民所不可得的樂趣。然而，更進一步的質疑仍然存在——綜合分析而言，奴隸所承受到的肢體刑罰，仍應使他們的生活相對悲慘才是。不過對此疑問，何瑞斯．蘭恩（Horace Lane）的故事就提供了相當直白的答案：蘭恩出生於一七八八年，在七歲以前就不斷遭到鞭打對待；七歲以後，蘭恩被迫下田工作，並且時常遭到工頭毒打；成人之後，蘭恩還是時常因為怠忽職守以及小竊小盜，遭受嚴厲鞭刑。事實上，很少有奴隸必須承受這麼多肢體刑罰，而這麼說是因為蘭恩根本是來自紐約州的自由白人。蘭恩本人的回憶錄《飄零之子》（*The Wandering Boy*）只是蓄奴時期描寫自由人頻繁遭受肢體懲處的眾多文獻之一。

直到十九世紀中葉以前，自由的美國家庭與學校皆相當提倡體罰，同時也頻繁地加以執行。家長與老師以木棍、木竿、鞭子，或者徒手等方式實施體罰，讓小朋友的行為不致逾矩。由於丹．艾姆特別喜歡跳舞與各種遊戲，因此韋柏斯特那本《美利堅拼字手冊》裡頭所提到的，「不把心思放在書本上的小朋友，會走上錯誤的道路，所以要打到他們改正為止」，艾姆特一定感同身受。一位史學家就說：早期美國學校「迴盪著棍子打人的聲音」。學校老師除了使用木棍打人，也會用九尾鞭和皮鞭。學童如果在上課講話，嘴巴馬上會被塞住，互相講話的同學，也會被老師用一種叫做「愛說話棒」（whispering sticks）的器材，從脖子被綁在一起。至於貴格會的成員，由於其宗教信仰規定不能使用暴力，因此在賓州地區的貴格學校裡頭，上課講話的學生，會遭受頸手戴枷鎖、雙腳配腳鐐的處份，或者直接以布袋吊起來。十九世紀早期美國所出版的育兒叢書中，九本裡有六本提倡體罰，而政府當局對這樣的狀況也幾乎沒有採取任何行動。麻州地區一位法官的裁決在當時便相當具有代表性：他認為體罰是學校「勢在必行的責任」，如果校園要「獲得良好治理……並且確保學生服從」，體罰甚為必須。

許多在蓄奴時期出生的美國英雄，挨的鞭子絕對不比多數奴隸少——戴維．克拉克特（Davy Crockett）的父親天天用山核桃棍打他；拉拔羅柏特．李（Robert E. Lee）長大的阿姨，認為教小朋友最好的方法就是「打完禱告，禱告完再打」。另外，約翰．洛克菲勒（John D. Rockerfeller）則是常常被母親綁在樹上打；

(2)（作者註）經濟學家羅伯特．佛格（Robert Fogel）曾指出，奴隸比自由農民產出更多，但也承認這可能是因為大型農場的專業分工結果，也因為南方農場佔有北美大部分肥沃地區所致。Robert Fogel, *Without Consent or Contract: The Rise and Fall of American Slavery* (New York: W. W. Norton, 1989). 第二到四章。

而林肯總統的父親除了用拳頭打他，還會用馬鞭來教訓林肯。這裡最值得注意的，就是這些英雄偉人之中，沒有一個覺得受到體罰有什麼不對。史學家伊莉沙白・佩拉克（Elizabeth Pleck）在整理一八五〇年以前自由白人所撰寫的日記與自傳時，就發現光是內文提及體罰者就高達五十八篇；不管南北，無論行業——商人、農場主人、教士、農夫、律師、工匠、學校老師——人人都在打小孩。自一七五〇至一七九九年間出生的小孩，多半曾被長輩以外物體罰，而最常使用的工具就是鞭子；至於一八〇〇至一八五〇年間出生的孩童，則有八成至少被大人手持外物懲罰過一次。在工匠界，以體罰的方式訓練兒童或者青少年學徒，也相當常見，毫無不妥。

在自由白人之間，由當局所施加的嚴重肢體刑罰（包括死刑）亦頗為常見。殖民時期，除了謀殺、強姦以外，其實縱火、通姦、肛交、巫術等罪名也都是死罪。根據十八世紀維吉尼亞地區的法律，偷取豬隻者，初犯判處鞭刑二十五下，再犯判處佩戴頸手枷鎖示眾兩小時，再以釘刑貫穿雙耳，至於三犯則直接送上絞刑架。麻薩諸塞地區則是以烙刑在犯人額上留下B字（代表竊盜burglar），做為竊盜初犯的處罰，若是二犯，則在烙刑之上再加以鞭刑；若是再三犯罪，代表犯人已無藥可救，因此將受死刑制裁。在各殖民地中，鞭刑、烙刑，以及其他殘害軀體的刑罰，都被用來懲處不守安息日、輕微竊盜或者煽動叛亂等罪行。不少殖民地的法律，更規定年滿十六歲的子女，若以言語咒罵父母，或者對其拳腳相向，亦可判處死刑、鞭刑或監禁。至於欠債不還者、酒醉者、有犯罪或道德淪喪嫌疑者，則一律安上枷鎖示眾，遭受路人吐口水、丟石頭，任人拳打腳踢，以茲處罰。至於軍隊裡，直到十九世紀末期以前，酒醉、爆粗口、不服上令等行為，也都還是以鞭刑為標準懲罰。

美國建立以後，新式現代化的刑罰愈趨受到歡迎，然而與奴隸的經驗相比，這些刑罰依然更加殘忍、更加使人尊嚴盡失，也更加全面——這些刑罰，專門是用來對付自由公民的。最早的美國監獄，牢房又擠又黑，通風不良，環境髒亂還沒有窗戶；有些監獄甚至是由廢棄礦道改建而成，任由受刑人在地底下自生自滅。由於疾病、強姦、毆打、謀殺、暴動等問題在監獄裡頭層出不窮，十九世紀的改革者遂發展出一套新的矯正體系，進一步反映出美國式的自制理想。然而這套新的體系，若與原有的監獄相比，則是有過之而無不及。

十九世紀的美國有兩種監獄：運氣好的犯人，會被送到以紐約奧本州立監獄（Auburn State Prison）為代表的第一類監獄。在這種監獄裡，一間牢房只住一個人，而且受刑人之間嚴格禁止交談，連眼神交會也不被允許。托克維爾（Alexis de Tocqueville）在一八三一年造訪奧本監獄時，就因裡頭生氣全無的情形大感驚愕：「一切都在寂靜之中進行，除了犯人的腳步聲還有工作坊裡傳出來的聲音，其餘一點聲響也沒有。」當犯人回到牢房後，「廣大監獄裡的寂靜，猶如死亡般地靜默」，這樣的情形，讓托克維爾和旅伴兩人差點以為自己「來到了地下墓穴，裡頭雖然住了好多人，卻是一片死沉孤寂」。在這種完全的靜默與孤絕中，犯人每天必須進行一週六天，每天長達八至十小時的重覆式勞動。至於另一群較為不幸的受刑人，則被送往以賓州東方州立監獄（Eastern State Penitentiary）為代表的第二類監獄。在第二類監獄裡，孤獨更加絕對，尤其新進的犯人還得帶上頭套，以確保他們在進入牢房的過程中，不會看見任何人也不會被任何人看見。在此類監獄裡，犯人必須在牢房裡獨自工作，而且除了《聖經》以外什麼也不能讀；和奧本監獄一樣，這裡的犯人彼此之間也不許互相交談。以上兩類監獄或有不同，但是目的都在於以外部強迫的方式，讓尚未內化美式紀律的自由人，學會這種生活方式。希薇亞·卡農（Sylvia Canon）是一位南卡羅萊納州的前奴隸，在黑人獲得被關入監牢的「權利」以後，她如此回憶道：「以前的日子絕對過得比較好……解放以前沒有黑人坐過牢。」

至於奴隸所受的肢體刑罰，路易斯安納州的班奈特．巴洛（Bennet Barrow）農莊紀錄，恰恰提供了最可靠的計量證據。根據不同史學家的計算結果，在一八四〇年代的某兩年間，每名奴隸平均受鞭打的次數為〇．七次或一．〇三次。當然，對二十一世紀的我們而言，一輩子即使只要被鞭打一次，就已經是非常可怕的事，但是在這裡無論是〇．七還是一．〇三，應該都還是小於自由白人（尤其是孩童）遭受肢體刑罰的次數。史學家現在普遍認為，蓄奴者在對奴隸施加體罰至一定程度以後，所能達到的懲戒作用就會開始遞減。一位蓄奴者就如此解釋鞭刑的內在限制：「就必須工作的黑奴而言，我們認為他們若不是為了避免受罰，一般不會勞動；而他們所願意做的，也只剛好達到可以讓他們不受懲罰的程度而已。無論再多處罰，都沒有辦法讓他們以認真、用心的態度工作。」事實上，過度處罰奴隸只會導致奴隸拋下工作責任，走向反叛的道路，反而對蓄奴者不利：「在農場上，即使他們知道會被處罰，還是會盡其所能，故意破壞農具，或者惡待牲畜。」一位在一八四〇年代負責報導南方農業的北方記者如此觀察：「再多的鞭打，也沒有辦法讓奴隸比他們認為自己該做的，或者比自己習慣做的，再多做一點。」美國國父華盛頓對於管理奴隸的難處，亦有相當瞭解，因此也深知上述道理。他在一本農業教學手冊裡如此寫道：「工頭一轉過身，大家就開始偷懶，或者直接停下手邊的工作，這種問題是沒有辦法用懲罰解決的，有時候加以懲罰反而會導致其他更加嚴重的問題。」

鞭打奴隸所導致的結果之一，就是喪失難以計數的人工時數。每年，通緝逃亡奴隸的公告達數以千計之眾，而從公告中可以看出來逃亡者都才剛被懲罰。一位蓄奴者就向朋友如此建議道：奴隸沒有辦法接受「被嚴苛地對待，不然就會逃跑；而一旦養成了逃跑的習慣，就很難改正。」除了逃跑以外，有些奴隸則是透過其他方式讓主人付出代價，譬如德州的安迪．安德森（Andy Anderson）在第一次遭受鞭打之後，就如此覺得：「被打之後，我就無心幫主人工作了，如果我看到牛隻跑進了玉米田裡，我也不把他們趕出來，就假裝沒看到。」

而那些鞭打奴隸的人，常常必須付出更高昂的代價。一八四六年某日，密西西比州某農場的工頭詹姆士．華德（James Ward）在責打一名叫做大衛的奴隸時，打了太多下，結果慘遭大衛以斧頭砍擊後腦勺慘死。同樣的命運，也發生在密西西比州另一位相當殘忍的工頭馬修．萊斯里（Matthew Lassley）身上，萊斯里的頭骨，最後被一位叫做比爾的奴隸，用斧鋒砍進了三吋之深。不過有時候，奴隸的仇則是在暗地裡報的。前奴隸安東尼．亞柏克倫比（Anthony Abercrombie）在回憶當年時，就想起當年的一位工頭，就是某天晚上在溪邊被殺死：「最後凶手還是沒有找到，但是主人吉姆始終認為就是田裡的人幹的。」除了男性之外，女性黑奴也會對工頭展開報復。希薇亞．杜柏（Silvia DuBois）就說她當時「用拳頭全力」打了一名工頭。在類似的案例中，被奴隸報復所導致的羞辱有時候太過強烈，因而使得蓄奴者不願插手干預。一位蓄奴者就曾經對一位被女性奴隸毆打的工頭如此說道：「管人管成這樣，這口氣我看你也只能吞下。」此類案例的確切數量我們不得而知，不過可以確定的是，美國南方的各個地區，都曾出現過奴隸因為遭受鞭打而暴力反叛的案例。不過更值得注意的是，在許多案例中，反叛的奴隸最後都存活無恙，有的甚至完全沒有遭受處罰。與自由白人相比，奴隸的優勢在於他們被所處社會視為相當珍貴的財產，也因此即使是挺身向白人報復的奴隸，蓄奴者也多半不願意將之殺害。

太過自由

蓄奴制度最鮮為人知的祕密，大概就是反對蓄奴的人其實也就是在反對自由。廢奴主義者所延續的，是開國先賢的偉業，意圖以嚴格的自我紀律取代加諸於民的外在控制，因此許多反蓄奴者，其實也大力反對肢體懲罰。教育家希爾多．德懷特（Theodore Dwight）在自己的一本育兒著作中就指出「小朋友應該學會成為自己的紀律導師」。同時，麻州地區的學校改革者也如此寫道：「如果在去除外在以及專斷的限制後，沒有來自內在的道德控制加以取代，人民就無法成功主宰自己的情感，反而會淪為情感的奴隸，深受其害。」希爾多．德懷特．韋德（Tehodore Dwight Weld，其與Tehodore Dwight沒有關係）同時是反蓄奴運動與學校改革運動的領導者，他就恰當地指出內在控制「是文明社會的網絡經緯」。

威廉．艾勒里．查寧（William Ellery Channing）是推動廢奴主義運動的重要知識份子，他自己就清楚地指出，廢奴運動其實內含了一個醜陋的諷刺，亦即奴隸的問題，就在於奴隸太過自由：

> 我們要認清，奴隸就是會臣服於放縱淫亂以及感官縱欲。奴隸生來注定就是要為他人的身體放縱而活；奴隸不熟悉任何非感官的享樂，同時又缺少自尊心，在人生當中也別無可求，如此看來，我們又怎麼能要求奴隸好好控制自己？……對奴隸而言，當下的欲望控制，無法在未來換得益處；其他人之所以願意暫緩欲望滿足，正是因為知道未來將因此過得更好，然而這點並不適用於奴隸。因此，即使是理性與輿論（即自由人所受的另一種限制），也無法將如此卑下的階級，從無度與低下之中拯救出來。

在奴隸所享有的各種自由當中，又以性自由為廢奴主義者所特別關注。曾於雷恩神學院（Lane Seminary）

就讀的廢奴主義者亨利・史丹頓（Henry Stanton）就如此寫道：「奴隸的道德狀況，尤其是荒淫與放蕩的問題，相當令人作嘔。」詹姆士・湯姆（James Thome）是肯德基州一位農場主人之子，後來也在雷恩神學院加入了廢奴運動；他就說他從小所看到的奴隸生活景況宛如目睹「索多瑪之城」。湯姆是少數在農場上生活過的廢奴主義者，而根據湯姆指出，奴隸在農場上所享有的樂趣實在是太過無度，奴隸們「在村莊的街道上漫行，大開低俗玩笑、大唱歡淫歌曲，讓路人聽了覺得震驚；有的則是開放自家廚房招待左鄰右舍，徹夜賭博、跳舞、喝酒，進行最下流的談話，直至深夜，然後再以毫無差別的淫逸交融結束整個夜晚。」而究竟是什麼因素，導致了奴隸間這種令人難以啟齒的「自由」呢？湯姆說，不是因為種族差異，而是因為奴隸並不是自制文化的一份子。「這個問題是蓄奴制度所導致。黑人的性格和白人並沒有什麼不同，根本的原因在於他們的奴隸身份。」早期的一份廢奴期刊《全面解放精神》（*Genius of the Universal Emancipation*）就在一八二六年哀悼：南方的法律「完全不處理奴隸間私通、通姦、亂倫、多重配偶等問題」，而也因此，「除了黑人原本僅有的自制以外，感官欲望可以透過毫無節制的縱欲與放縱，自由地受到滿足。」

辛辛那堤地區一份主要廢奴期刊《慈善家》（*Philanthropist*）就解釋道：因為奴隸不懂得「上帝的律法與人類的體制」，所以被「內體的欲望與淫蕩的行為所奴役」。威廉・羅伊德・嘉里森（William Lloyd Garrison）所創辦的《解放者》（*Liberator*）是廢奴運動最激進的一份刊物，而這份刊物就支持了以下這項論點：主人若是過度依賴外在強迫，反而會放縱奴隸的情感。此外，當時一位在喬治亞地區報導的記者就指出「除了基於恐懼而必須遵守道德規範以外，若無道德的奉行」，奴隸會「易於放棄貞節，變得非常好色，而且喜好使用下流的語言和笑話，還會不經思考地死盯著經過的所有人看……而當皮鞭無法嚇阻他們，奴隸的性格會變得邪惡、傾向變得怪趣，還會小惡多端，未來更可能變本加厲。他們的好色極端而駭人。」

奴隸真實的狀況，大概沒有廢奴主義者想像的那麼誇張，不過奴隸所享有的性自由，確實比自由白種美國人更加寬廣；多數美國白人在十八與十九世紀時，都在忙著對自己的身體欲望宣戰。

正如我們先前所見，美國革命以後，無論是醫師還是政治領袖，都相信國家繁盛的前提在於人民必須先嚴格控制自己的身體。舉例而言，班傑明．羅許在提倡廢奴的同時，也鼓吹禁止自慰。他為了反對奴隸交易而寫了不少短文，然而更多時候，羅許也以文章為媒介，描述「自我尋歡」為共和國所帶來的傷害，而他在指出「應將心智用於正事與各類學習，以防墮落」時，其實可以說就是代表了整個美國醫界發言。不過，病人如果還是臣服於自己的欲望，羅許給的處方籤就是：「多食蔬果、減酒、身體勞動、洗冷水澡、避免情色、訴諸音樂、研讀數學、追求功勳，而如果這些都沒有用的話，就用蓖麻油。」

由於任何形式的性皆被視為危險，性開始受到獵殺與監禁。根據美國重要性史著作《親密要事》（*Intimate Matters*）的作者艾絲黛爾．B．費里曼（Estelle B. Freedman）與約翰．戴密里歐（John D'Emilo）兩人指出，在十九世紀早期，「許多性相關的指南文學著作……大量灌輸美國人底下這個概念：身體如果要健康，個人必須一定程度地控制自己的性欲。」確實，許多自由白種美國人都違反了性自制的規範，其中又以新興都市勞工階級為嚴重，但是這些人向來在眾人眼中並不配成為美國公民，同時也被認為是對國家的威脅，這兩點我們已經在美國早期階段看過了。

不過這些「反性」警告的力量究竟有多大？首先，許多私通者和其他「品性不名譽者」（賓州法律就是如此指稱這群人）都開始遭到逮捕和起訴，譬如費城的一對夫妻在一七九七年就因為「生活荒淫，恐將造成其他公民道德腐化」而遭到定罪，而上千名「墮落的女人」——不只是妓女，也包含涉及非婚性行為者——也都被關入收容所接受訓練，學習壓抑一己之欲望，以成為高尚家庭的僕人，或者名望人士之妻。此外，許多歷史學家也都將十九世紀驟降的出生率，歸因於當時的文化氛圍：除非以生兒育女為目的，否則連婚內性行為也受到管制。

至於奴隸的性生活，晚近的學者則推翻了一九六〇與一九七〇年代之際，許多自由派歷史學家的推斷。當時的自由派歷史學家認為，奴隸的性生活和白人一樣值得尊敬，因此也受到相同程度壓抑的推斷，可是雖然部分奴隸確實奉行白人的性規範，高舉一夫一妻制的婚姻，視父權核心家庭為最佳形式的親密關係，然而根據史學家布蘭達・史帝文生（Brenda Stevenson）指出，多數奴隸「所展現出的關係形式相當多元，這使得他們與歐裔美國人相當不同。」有些奴隸的確選擇締結婚約，這類非正式的婚約雖然在法律上不被承認，但仍然是以白人的婚姻文化為藍本；然而也有不少奴隸選擇以「收情人」（"sweethearted" and "took up"）的形式來建立非婚關係。所謂「收情人」通常指非一對一的情感關係，根據史學家安東尼・凱伊（Anthony Kaye）指出，此類關係是一種「暫時的締結，其所蘊含的權利大於義務，同時也伴隨著許多新的感受與樂趣。」這些情人之間多半育有子女，然而這些非婚生子女卻不若白人文化中的私生子女一般，必須一輩子承擔父母不法交媾所招致的恥辱，也完全不受汙名所害，反而常被稱為是「情人之子」（sweetheart children）。與白人相比，奴隸較不願意讓自己的關係受到社會的規範與檢視；根據凱伊指出，情人之間偏好「將兩人的關係視為私事；普通伴侶多半會設法找來其他奴隸或者主人，一同參與婚姻儀式，或者想辦法讓其他奴隸與主人知曉兩人的同居夫妻身份，然而所謂的情人之間，則是想盡辦法低調不張揚。」

這裡的一大諷刺在於：認為奴隸天生即較一般人次等的普遍想法，反而給了奴隸許多優勢，而其中之一即奴隸在性方面，並不受南方白人必須遵守的諸多壓抑法律所限，譬如禁止私通、通姦、淫亂等規定。

一位來自馬里蘭州的律師就如此解釋：

一般而言，奴隸也會受到法律所規範，但在兩性往來方面，我們卻不認為他們應該受到相關法律的限制……對奴隸而言，兩性之間的傾向已經和一般人一樣熱烈而難以抗拒，即使要他們為後代著想，也無法迫使他們停止繁衍；在其他人的權益並未受害的情況下，逞樂的行為既然法律並未加以規範，因此也不加以懲罰。

此外，奴隸自己也選擇將自己排除於許多白人的不成文規定之外。譬如說，與自由女性相比，女性奴隸並沒有在結婚前必須保有處子之身的包袱；假若發生婚外性行為，也不會為人鄙薄；同時，已婚奴隸也不會因為不得離婚，而必須忍受糟糕的婚姻品質。根據美國奴隸史大家尤金．傑諾維斯（Eugene Genovese）指出：「對奴隸而言，沒有道理一個人必須持續擁抱自己所犯下的錯誤。」因此，奴隸的離婚率比自由人高出許多，同時生育率也比較高。不過，對許多人來說，這似乎只證明了黑人對性較不容易感到羞恥，因此是比較低劣的種族。但是，雖然黑人較不會為了性而感到羞恥的說法是不爭事實，但這是否就意謂著文化的高尚與否，則完全是讀者自由心證。

行文至此，即使讀者同意奴隸與白人相比，確實享有更多性自由，也可能還是會認為蓄奴者對手下女性奴隸的身體控制，必然使得女性奴隸的生活較自由女性更為不堪。然而，在此我們又一次看到，奴隸制度的結構、美式自由所具有的壓迫性，以及其他諸多證據，都在在告訴我們事實並非如此。根據經濟歷史學家羅柏特．佛格（Robert Fogel）以及史坦利．英格曼（Stanley Engerman）指出：「美國蓄奴制度底下的經濟誘因結構，反而遏止了『優生學的操縱』以及性虐待；亦即這些傷天害理的行為，並無益於經濟利益，反而會帶來經濟損失。」來自農場上的文獻中，不少篇幅都是蓄奴者在告誡工頭不得與奴隸「非必要的過於親近」。一位路易斯安納州的農場主人就完全禁止工頭與奴隸發生性行為：「如果和我手下的女性奴隸有任何牽連，沒有任何理由與藉口，一律開除。」而且，如果哪個工頭逾越了這條界線，要再找到工作可謂難上加難，譬如德州地區的農場主人查爾斯・泰特（Charles Tait）就如此告誡他的兒子：「絕對不要雇用和女性黑人同進同出的工頭……除了道德後果以外，所產生的問題罄竹難書，無法一語道盡。」一份寫給蓄奴者看的刊物也如此警告：「要想盡辦法避免與奴隸發生性行為，否則會有損主人地位，導致奴隸不滿。實務上而言，家中應該只留年長的奴隸，並讓年輕貌美者下田務農或者從事其他人力勞務。」

統計數字也顯示，農場上的強暴事件其實相當少見。當時南方絕大多數的混血兒，身份為奴隸者，多半是來自跨種族性行為較容易發生的都市地區，不然就是自由人。根據一八六〇年的人口普查顯示，南方城市裡二〇%的都市奴隸以及三九%的自由黑人具有混血身份。不過佔總奴隸人口達九五%的鄉間奴隸中，卻只有九・九%是混血兒。至於整體奴隸人口，混血比例在一八五〇年只有七・七%，到了一八六〇年也只有一〇・四%。此外，一九三〇年代羅斯福新政之公共事業振興署（Works Progress Administration）針對前奴隸所進行的訪談中，只有一・二%的受訪者表示曾遭主人強暴，五・八%的人曾聽聞其他奴隸受到強暴，而父母中有一位為白人者也只有四・五%。根據佛格與英格曼兩人指出，所有證據在加總後，顯示「農場上父親為白人的黑人孩童平均只佔約一%到二%」。即便是對佛格與英格曼最嚴厲的批評者，也承認這個數字最高不會超過八%。此外，相關證據也顯示白人男性與奴隸女性間的合意性行為並不罕見，因此由強暴而產下的孩童數量比例將再更低。

雖然當時沒有法律可以保護奴隸不被強暴，但蓄奴者與工頭基於諸多原因，並不會強逞獸欲於女性奴隸身上。首先，如此之惡行必定招來報復，不論是受害者本人、受害者伴侶、加害者之妻，還是周遭社群，都有可能採取報復行動。此外，憤怒的奴隸絕非勤奮的奴隸，因此若有女性奴隸遭到強暴，也可能會導致農場工作停擺。密西西比州某大農場主人海勒．諾特（Haller Nutt）就在他的〈工頭工時管理方針〉（"General Rules to Govern Time of an Overseer"）裡頭提到：

> 首先要避免的，就是和黑人女性發生關係，否則會造成更多麻煩、疏忽、懶散、惡行、偷竊與撒謊，農場上的問題也將愈來愈多……這種事情一定要避免，完全不能容許。

許多奴隸女性其實也會在肢體上攻擊加害者，不過當然較為普遍的反應還是逃跑，而雖然逃跑不能逃一輩子，卻還是可以長達數天、數週或者數個月。史學家史戴芬妮．坎普（Stephanie Camp）就找到不少農場紀錄，顯示逃跑的奴隸中有十九％到四一％為女性，而逃跑期間平均則長達六天。此外，憤怒的奴隸也是危險的奴隸——除了奴隸採取致命性報復手段以外，還有許多主人慘遭下毒，或者奴隸將玻璃磨碎後摻入食物的故事；同時也有白人孩童在奴隸女性照料下離奇死亡的案例。

此外，奴隸情婦的存在也不是代表主人可以自由地滿足其性需求。與奴隸女性私通有時可以為社會所容忍，但卻總是被視為羞恥之事，而且必須保密。根據首位就此議題書寫的史學家凱薩琳．克林頓（Catherine Clinton）指出，白人男性「在公領域的生活上，必須恪遵農場文化中有關性別與種族的嚴格規範。」許多南方士紳階級中頗具名望的人物，在和奴隸的關係被公諸於世後，都失去了他們在「正當社會」的地位。一位密西西比州富有的農場主人之子湯瑪斯．佛斯特二世（Thomas Foster Jr.）就被家人下達最後通牒，若不斬斷與女性奴隸的情事，就得從家庭與南方社會中被放逐，而佛斯特二世最後選擇了愛情。又譬如美國總統馬丁．范柏倫（Martin Van Burn）的副手理察．強森（Richard Johnson），如果當初不是因為混血情婦的醜聞爆發（兩人還育有兩子），很可能可以贏得總統大位；事發之後，范柏倫拒絕在形式上否認這項「可怕的傳聞」，因此遭受「三緘其口，態度輕蔑」的攻擊，被視為是要將族群的「融合」帶進白宮。

至於白人女性，又有多少人是在違反其意願的情況下，被迫發生性行為？女性奴隸相對於白人女性的優勢，在於女性奴隸的加害者必須每天與面對他的受害者，並且為承擔其暴行所導致的恥辱、憎恨、擾亂與暴力威脅。然而，白人女性受害的案件則多半未受到舉報，不只案件未解，犯案者也逍遙法外。根據史學家莎倫．布拉克（Sharon Block）指出，這使得「強暴在早期美國四處可見，卻又難以真正被看見」。事實上，對自由女性而言，強迫性行為可謂司空見慣，畢竟十九世紀的自由女性，幾乎所有人都結過婚，而其丈夫在法律上則對她們的身體擁有絕對主權。直到二十世紀，美國與婚姻相關的法律和風俗，都還是源自於英國一六三二年《女性權益決議法》（*Lawes Resolutions of Women's Rights*）中之所言：婚姻「如鎖般連結兩人」，妻子的身份因此為丈夫所有，丈夫就是「她的上級、她的同伴、她的主人」。英國法律著作《刑事法專論》（*A Treatise of the Pleas of the Crown*）在美國一八〇六年出版的版本中，也宣稱「基於妻子在結婚時已同意婚約，既然婚約無法收回，丈夫在法律上因此不可能因為強暴妻子而被定罪。」一八三〇年代的一本流行指南書籍就告訴美國年輕女性：「在女人的一生當中，無論處於什麼樣的景況，性格都要服從、脾氣都要柔韌、心智都要謙卑。」這種「已婚婦女一切權利歸屬丈夫」的覆蓋式婚姻概念（coverture），不只意謂著丈夫擁有家中的一切財產，根據當時的法律與美國文化，丈夫也「不可能」強暴其妻。

毫無疑問地，奴隸販賣導致了許多家庭破碎，這個現象是奴隸生活中最殘酷的面向之一。雖然究竟有多大比例的家庭因此支離破碎，一般仍然未有定論，但光是在蓄奴制仍存於美國的那段期間內，至少就有上萬名奴隸被迫與家人分離。不過，無論確切數字為何，也都還是少於被迫離家，或者基於義務必須離家的自由人。當時，相當大比例的自由美國人，至少有五百萬名，被徵召或者自願參與獨立戰爭、一八一二年戰爭(3)、美墨戰爭與美國內戰，而當中超過六十萬人未自戰場歸來。在此同時，經濟上的轉變也迫使上百萬人必須離家——內戰之前，美國大規模商業化農業興起，製造業蓬勃發展，使得許多家庭農場成員四散，家中的男女老幼不得不遷徙至其他地區以賺錢養家活口；有時候，農家直接關閉農場，舉家遷往都市，但有時候則是由有能力工作的子女單獨前往都市。

一份一八三四年的報紙便如此哀悼：「上千戶顯赫家庭，皆被迫寄人籬下、進入工廠勞動，或者到有錢人家的廚房裡幫傭，較為幸運者則是前往較遙遠的大西部。」自一八三〇年代起，來自新英格蘭地區的青少年與年輕女性也紛紛離開家庭，進入美國最早的工廠，亦即紡織廠裡工作；而更有不計其數的男性（多已為人父）被迫離開家園，前往大西部尋求更好的生活，只是其中多數人並未能帶上自己的妻小。

奴隸與自由美國人相比，最大的優勢，也許就在於他們不受所謂公民的終極義務所囿。一八六五年以前，自由美國人光是在戰場上喪命者，就有六十多萬人，而受傷人數也相當是六十萬，其中許多人瞎了眼、斷了腿、沒了四肢，身體受到嚴重殘害。至於奴隸方面，除了極少數被迫加入戰局，以及更少數自願加入戰事的人以外，多數奴隸幾乎倖免於難；受到戰火所苦的人，幾乎都是自由美國人。

往南方去

早期黑臉藝團普遍而看似奇幻的一個主題，就是奴隸角色身上誇張的衣著。丹・艾姆特所寫的一位船工角色就穿著「天藍色的外套，戴著油布帽」，另一個角色「吉姆公子」則身穿寬鬆燈籠褲。許多歌曲的樂譜，譬如像是著名的歌曲〈齊普・庫恩〉（"Zip Coon"）(4)裡頭就可見黑人「公子」頭帶高帽，身穿燕尾服，也可以看見衣裝雕琢的「女公子」。這些公子角色們身穿燕尾服、頭帶高帽、領鑲波浪蕾絲、身揣懷錶、手戴白手套，可以說是黑臉藝團中的家常角色；不過，這些角色形象的來源其實觀察多過於想像，譬如尚恩・懷特（Shane White）與格蘭・懷特（Graham White）這兩位非裔美人表現文化史領域中最完整著作的作者，就研究了上千份奴隸逃跑的告示（通常會一併詳述逃跑者的外觀）、整理了白人觀察者和奴隸自己的說法，並且從中找到證據，提出「奴隸的服飾變化多端，幾乎難以想像」的結論。兩位作者也發現，奴隸時常穿得比自由白人還要好看。許多奴隸逃跑的通緝告示，幾乎形同早期美國衣著極緻的服裝型錄。根據通緝告示的撰寫人指出（這些人必然是以最寫實的方式來描述在逃者），逃跑奴隸的基本行頭包含了進口西裝背心、襯裙、絲絨製斗篷、皮草帽、絲製淑女罩帽、滾紗鑲羽的帽子、宴會禮服、高跟鞋、麻製襯衫、皺褶蕾絲、銀製袖扣與皮帶頭、金色蕾絲、褲襪，以及其他極精美質料所製成的各式衣物配件。

如此精美的衣著，其來何自？根據尚恩・懷特與格蘭・懷特指出，許多證據都顯示不少黑人的確有偷衣服的習慣，不過很多蓄奴主其實也都會將衣服送給手下奴隸。此外，奴隸也會用自己的錢買衣服，這些錢是他們在農場外頭工作自己賺來的。事實上，史學家普遍認為這種在外打工的工作模式在蓄奴時期的南

(3)（譯註）一八一二年戰爭，又稱第二次獨立戰爭，為美國與英國於一八一二至一八一五年間之戰事。

(4)（譯註）美國當時除吉姆・克勞外，另一家喻戶曉的虛構黑人典型人物。齊普・庫恩與吉姆・克勞所代表的鄉間農村風情不同，其衣著華美，談吐有致，頗有公子風味。Zip 有精力充沛之意，Coon 則為對黑人的貶稱。

方相當普遍，而且奴隸所賺取的工酬通常可以部分或者全部保留。最棒的是，他們和自由勞工不同，奴隸工作完以後一定有地方住、有東西吃，還享有醫療與兒童照護。而且他們也不若一般「良民」，奴隸認為享受自己勞動的果實，並沒有什麼好羞恥的。

創造出模範美國公民形象的人士，在服裝方面所給予的設定相當簡樸。譬如富蘭克林就說：「應該要穿的是最簡樸的鄉林穿著……外套粗製，看來老舊，內衣為自家所製，鬍子也許是留七天左右的長度，而鞋子則是厚重；身上所穿的衣服也應如此簡單。」正如我們所見，美國草創時期的領導人都相當堅定地認為，美國人雖然應設法生財，但卻不應享受財富。革命作家喬爾．巴洛（Joel Barlow）在一七八七年就警告：「一旦民主各州背離高尚的共和價值，拋棄那些使政府卓越、給政府活力、讓政府穩固的美德，不再勤奮、節儉、有度，轉而助長華奢、糜爛、鋪張之風，我們就知道毀滅將近……沒有德性，就沒有聯邦。」荷西基亞．奈爾斯（Hezekiah Niles）是一位記者，也是為美國獨立發聲的重要人士，他就深深了解享樂與蓄奴制度之間的關係，也熟悉紀律和所謂自由之間的連結：「一個國家的自由若是完全被剝奪，那麼她一定已經因為各種惡而先成為適宜奴役的溫床。」

打擊浮誇的行動在建國早期仍未停歇，到了一八四三年，柯尼琉士．馬修斯（Cornelius Mathews），亦即「青年美國運動」的代表詩人，就將「共和良民」的生活形容為「在日常之路上樸素行走／不受無度之害」。女性則是被教導要穿著「比清簡更清簡」的服飾，而擁有一定地位的都會男性則必須像一份一八五〇年代的商業目錄所說的一樣，成為「無名的騎士，身著素樸的黑色鎧甲」。一八五三年，美國第十四任總統富蘭克林．皮爾斯（Frankly Pierce）的國務卿威廉．馬西（William Marcy）就命令美國外交官必須穿著「美國公民所穿戴的簡樸衣裝」，如此才能有效展現官員對於「共和體制的忠心。」

至於當時的奴隸，則是完全不必遵守對國家的義務。一七四四年，即南卡羅萊納地區發佈命令，限制黑人服裝款式後的第十年不到，一組陪審團就針對奴隸對此命令漫不在乎的態度表達擔憂：「顯然，黑人女性特別不照法律規定，在衣著方面有所節制，仍然衣著浮誇，僭越己份。」然而，過了二十五年以之後，奴隸仍然我行我素——一封《南卡羅萊納公報》（*South Carolina Gazette*）上的投書就抱怨：「許多女性奴隸的衣著，比起小康以下的白人女性更加高雅。」一位加拿大旅客於一八四五年造訪查爾斯敦時看到了奴隸的衣著，大感驚訝：「如此衣冠精緻的公子、如此服裝華美的女子，我從未見過——全都是衣著太過誇張的人！卻全部都是奴隸！」同樣地，旅人費德烈克·羅·奧姆斯塔德也指出許多維吉尼亞州里奇蒙（Richmond）地區的黑人在禮拜天都「穿著極盡鋪張，而且大多非常入時」。至於較為富裕的社區更可見「穿著好看高尚的有色人種，人數還要多於白人；而黑人士紳之間，精美的法國服裝、繡花西裝背心、仿皮革鞋、艷麗胸針、絲製帽子、小山羊皮手套、百花水等物件，皆非常常見。」奧姆斯塔德另外也指出奴隸們「非常喜歡鮮豔與對比的顏色，也很喜歡音樂，所有人好像都懂上一點；不論是顏色或者音樂，很少白人有一樣的興趣。」在內戰期間，一位北方人就在休士頓（Houston）看見「不計其數的黑人男女在大街上昂首闊步，身著最華麗鋪張的服飾」，完全超越了白種女主人「樸素的衣著」。

最令白人稱羨的，莫過於奴隸們福至心靈的音樂長才。在這方面，不少黑人確實也相當同情那些試圖模仿他們的白人。一位名叫索羅門·諾瑟普（Solomon Northup）的黑人負責在主人的晚宴上拉奏小提琴，見識過白人舞步的他，同情心不禁油然而升，他說：「這些悠哉的男男女女想要尋找樂趣，但是在漫長而拖遢的舞會上，腳步卻好像蝸牛般僵硬無力。說是如詩一般的手舞足蹈也許話說得滿，不過如果想看看人們如何在純粹的喜悅之中，手腳伶俐，恣意舞動，那麼就一定要到南方，到路易斯安納去，看看當地奴隸如何在耶誕夜的星光之下盡情舞蹈。」事實上，不少白人確實特地造訪南方，就為了看奴隸跳舞。他們有的來自美國北方，有的來自歐洲，有的則是來自各地的農莊大宅。在南方，他們所看見的是一種完全異於己身經驗的快樂。來自費城的蘿拉．湯恩（Laura Towne）在內戰期間來到南卡羅萊納州，負責被解放者的教育與開化。對於黑人文化，她感到相當驚駭，尤其是她所看到的歡樂更是令她害怕：

今天晚上我參加了「吶喊儀式」，就我看來，這完全是古老偶像崇拜行為的某種殘留。儀式中，黑人們開始進行合唱，其中有三個人分別站著，負責引導和拍手，其他人則是一個接一個，隨意地圍著這三個人移動繞圈，沒有什麼規律性可言。偶爾他們會轉圈或者跪下，並且用雙腳跺地，弄得地板都搖晃了起來。我從沒見過這麼野蠻的活動，他們說這是一種宗教儀式，但我覺得根本只是一般的嬉鬧。

畫家艾爾．克羅（Eyre Crowe）和作家威廉．薩克萊（William Thackeray）這兩位英國人一起遊歷了美國南方，而克羅在查爾斯敦參加了一場奴隸宴會之後，驚訝地如此說道：

我們相當幸運，受邀參加了這類節目……樂師們全身穿著綠色，彈奏著華爾滋和方塊舞曲，眾人則是縱情跳舞，整個大廳充斥著開懷笑聲……黑人的晚禮服非常驚人，除了頭巾、禿鸛羽毛，還配戴了紡錘和其他形形色色的飾品。

《南卡羅萊納公報》則是在〈黑人的鄉村舞蹈、騷亂，或者說是朋黨陰謀〉（"Country Dance, Rout or Cabal of Negroes"）一文中，難掩欣羨之情：

大約有六十人，其中大概有五十個人來自鎮上，每個人手上都拿著東西，像是各類烈酒、蘭姆酒、舌頭、火腿、牛肉、鵝肉、火雞、各類家禽，有的處理過了有的還沒，其他還有各種桌上的佳餚，

> 像是甜點、醃漬物，還有……
>
> 於是大家開始跳舞、賭博、口出穢言、吵嘴、打架——都是些現代紳士應該感到羞恥的行為。

許多白人觀察者都提到奴隸跳舞時，會曲著膝、彎著肘跳舞，而根據史學家彼德・伍德（Peter Wood）指出，這是因為西非的信仰相信「直挺挺的膝、肘與髖關節」（三者皆為歐洲舞蹈的特色）代表的是死亡與僵硬，而「彎曲的關節則代表能量與生命」。奴隸本身其實也意識到了這個差異，在一處農莊上，「奴隸們會戲仿『大宅』裡白人的高貴儀態，但是觀看奴隸作樂的主人們卻不知道自己被嘲笑了。」

雖然奴隸們會如此嘲諷主人，但是農場主人卻還是打造看台，以便觀賞奴隸跳舞。許多描繪農莊的畫作都可見白人在這些看台上，或者更靠近地觀看奴隸渡過歡樂時光。來自喬治亞州的一名前奴隸伊倫・坎柏（Ellen Campbell）在接受公共事業振興署訪問時，就提到很多參加此類活動的白人男性，不只是受到音樂和舞蹈的吸引——「從前在週六晚上我們會舉行大型活動，來自哈蒙莊園、腓尼西莊園、夏娃莊園、克雷頓莊園、德雷格莊園的黑人們，全聚集在一起跳舞玩樂。很多年輕的白人男子也會加入，把男黑人推開，和女黑人跳舞。」來自南卡羅萊納地區的法蘭克・亞當森（Frank Adamson）和許多奴隸一樣，都不滿白人也來湊一腳，他就還記得當時主人的兒子就喜歡來「認識奴隸活動中的美女」。

多數農場上的奴隸每週六晚上都會舉行舞會，但是他們在週間晚上集會時，甚至是在日正當中，不應玩樂的時候，也會即興來一場舞蹈。在殖民時期的馬里蘭地區，白人時常向司法當局抱怨奴隸在「主日喝醉酒，鳴鼓聚眾，號召大量黑人於定點聚集」的行為。一位造訪紐奧良的訪客在一七九九年就提到他在禮拜天看到「大量黑人奴隸，不分男女老少，跑上堤防，圍成一圈一起跳舞。」一八〇四年，另一位城市地區的白人也看到黑人「在週日大量聚集於堤防」。在十九世紀早期的聖路易（St. Louis）地區，奴隸與自由黑人在週日的歡樂活動規模之大、哄鬧之甚，使得當局不得不派遣軍隊鎮壓。至於南卡羅萊納州的埃其菲爾德（Edgefield）與巴恩威爾（Barnwell）地區，同樣也出現了未經核可的奴隸娛興活動，其程度之甚令蓄奴者在一八四〇年代中期組成了「沙瓦那河反奴隸偷渡協會」，以遏止奴隸飲酒，避免其擅自參加夜間聚會。「不誇張，每天晚上的每時每刻，都有好幾百名奴隸潛行於四方。」而更大的問題在於這些奴隸因此無法在白天正常工作：「黑人的身體狀況根本無法工作」，「夜晚的活動導致他們好幾天都萎靡不振。」

喜歡此類歡樂活動的白人，常被指控為浪漫化了奴隸文化，但是黑臉藝團對這些奴隸聚會的想像，其實和親身參與者之的描述甚為相似。貝蒂．瓊斯（Betty Jones）曾經是肯德基州亨德森維爾（Hendersonville）亞維斯農莊（Alvis plantation）的奴隸，她在回憶奴隸住所周遭的派對活動時，就如此說道：

> 每個女孩都有舞伴，音樂又很棒！兩把提琴、兩只鈴鼓、兩把斑鳩琴、兩組骨製響板，還有一個叫喬的男生會吹口哨。那些壞男孩會在中途離開，我和珍妮則馬上跟了上去。

維吉尼亞州的范妮．貝瑞（Fanny Berry）在形容男男女女如何成雙跳舞時，其描述也和上述相似：「兩人先向對方深深鞠一個躬，女的就把手放在自己臀部，男的則是眼珠子邊打轉嘴巴邊笑，兩人一起腳踏節拍，動作相當熟稔。」一位前奴隸在一九三〇年代受訪時，回想起當年男女主人分送禮物給奴隸以後，農場上舉行慶祝活動的盛況，其描述就令訪問他的白人吃了一驚：「禮物送了以後，大家快樂得很，在農場上到處又唱又跳。省省吧你這白人，別告訴我那樣的生活，對農場上的奴隸來說不是踏往天堂的下一步！直到今天我還會看到、夢到那段美好的時光。」

雖然丹．艾姆特從來沒有經歷那個年代，但是他一輩子都想望著那樣的情景。內戰以後，艾姆特離開紐約，前往芝加哥，並且繼續在黑臉藝團裡唱歌拉琴。到了一八八〇年代，黑臉藝團逐漸褪去俚俗的外衣，開始受到主流文化一定的尊重。艾姆特於是成為北方的民俗英雄，譬如在芝加哥的音樂學院以及歌劇院，都開始有表揚紀念他的表演；類似的發展也在南方出現，不過卻也造成了一些問題。在內戰期間，名曲〈迪西〉（"Dixie"）為南北軍雙方所傳唱，當時的軍人顯然並不因為艾姆特把這首歌的敘事者寫成黑人奴隸而覺得有何不妥。不過，當南方邦聯成為歷史，變成「白人」（whiteness）的象徵以後，這首歌竟然被戰敗方拿出來利用再造。一九〇四年，在艾姆特逝世前不久，邦聯國之女聯合會（United Daughters of the Confederacy）、邦聯國退伍軍人聯合會（United Confederate Veterans）與邦聯國之子聯合會（United Sons of the Confederacy）共同宣布將以〈迪西〉為南方邦聯代表歌，並且將原歌詞裡的不妥字辭加以修改，讓歌曲的敘事者變成一名軍人。然而，艾姆特在得知自己的歌曲被南方白人利用之後，他說：「如果我知道這首歌會被拿來做此用，當初就絕對不寫了。」

〈迪西〉以及其他上百首類似歌曲，寫來當然不是為了要替種族仇恨發聲，而是在表達對黑人文化的想望。雖然看似矛盾，但如果我們暫時放下現代的道德觀，就可以發現這樣一個對生命充滿熱愛、感染力如此強勁的文化，確實只能出自奴隸之手。由於奴隸並不受「公民概念」的限制，也難怪他們可以如此自得其樂；由於沒有養活自己與下一代的重擔，也難怪奴隸能以白人前所未見的喜悅縱情唱歌跳舞；而少了美國社會的常規與侷限，也難怪黑人後代的音樂成就，能夠成為美國對全球文化最重要的貢獻，這樣的音樂完全與西方樂理架構背道而馳，不只頌揚即興的精神，其節奏更是令人禁不住舞動全身！自始至終，從未完全成為美國一部分的奴隸，正是美國最早的暴民反叛者。

三　自由的奴役

每天天未亮，自由人約翰就得起床梳洗，旋即出門上工，一週七天，天天如是。工作時，約翰將自己推到體力極限，然而從事哪個行業不重要，薪酬多寡也不是重點；他鎮日工作，同時將放假休息的時間降到最少，只為求身體正常運作和週日上教堂而休息。每天在長達十四到十六小時的勞動以後，約翰才鬆一口氣便馬上起身回家，可是回到家裡以後他既不喝酒抽煙，也不跳舞。他衣裝素樸，粗茶淡飯，絕不在享樂用途上花一毛錢，也不出門找樂子，至於和老婆的性生活，也僅限於傳宗接代而非逞欲。至於約翰的妻子自由人克蕾莎，則是每天同丈夫清晨即起，接著鎮日灑掃、煮飯、熨衣，並且在晚飯後不久隨即上床入眠。克蕾莎從不出門，從未為奢望個人享樂，一身衣著剪裁平板、素衣素服，她的一生全為丈夫及其八名子女而活，也幾乎從未為了享樂而行房。

我們的教科書告訴我們，所謂的重建計劃——亦即當初聯邦政府與同盟各方在內戰期間與戰後試圖將前奴隸化歸為美國公民的努力——由於遭到中斷因此以悲劇做結。關於這場重建計劃，一九九〇與二〇〇〇年代的主要大學教科書如此形容：重建計劃為「前奴隸爭取公民與經濟權力的道路上，微小而重要的一步」(1)，不過「當計劃最後在一八七〇年代畫上句點時……解放後的奴隸卻發現自己已經遭到聯邦政府拋棄，必須獨自面對以勞動償債為主的經濟體系，並且在法律上承受次等地位。」艾瑞克．馮納（Eric Foner）的《重建計劃：未竟的美國革命一八六三～一八七七》（*Reconstruction: America's Unfinished Revolution 1863-1877*）

是現今關於重建時期史實的權威學術史述，馮納在書中便主張「對黑人而言，該計劃的失敗所造成的災難性後果，即是放在其長期建樹的脈絡下檢視，也不容忽視。對於整體國家而言，重建運動的崩解形同一場悲劇，並且對美國日後的發展方向產生深遠影響。」不過，史學家在此刻意忽略（或者說看不見）的是，重建計劃說穿了其實就是要收回所有美國人（包含前奴隸與白人）的自由，當然這是假設白人原本即享有自由，不過事實是否當真如此呢？

約翰與克蕾莎這對自由人夫妻，其實是當時公立學校教科書所杜撰出來的角色，其目的在於教導前奴隸學會「自由人」的思考和行為方式。這對夫妻所代表的一切，正是重建計劃給予黑人的承諾，但同時也是計劃對於黑人的要求。事實上，約翰與克蕾莎兩人除了膚色以外，若是與美國各地白人學童被迫閱讀的教科書裡那些主角相比，並無不同。

重建計劃的推動，大約從內戰初期，即一八六一年秋天，北方聯邦軍首度拿下南方莊園時，即開始進行。部分北方政治領導人認為，甫經解放的奴隸，應該要永久居留於農莊，並由白人地主加以管理；其他人則主張應該不分南北城鄉，一律讓奴隸在就業上與白人自由競爭；至於重建時期裡最大膽的一群，即所謂「激進共和黨人」，則是提倡政府應該協助前奴隸取得農場所有權。然而，不論屬於哪個陣營，幾乎所

---

(1)（作者註）一九七〇年代之際，原先有關重建計劃較為老舊且充滿直接歧視的詮釋遭到推翻，此後引號內文即成為主流看法。在此之前，舊有詮釋主要由約翰・柏格斯（John Burgess）一九〇二年的著作《重建計劃與美國憲法》（*Reconstruction and the Constitution*）所奠定，後由威廉・登寧（William Dunning）之《政治與經濟重建：一八六五～一八七七》（*Reconstruction, Political and Economic, 1865-1877*）所普及，登寧一書於一九〇七年首度出版，幾乎整個二十世紀的大學教育中，有關重建計劃之內容皆以之為教科書。在柏格斯與登寧眼中，重建計劃的之惡便在於將權力賦予野蠻且幼稚的黑人。

有聯邦方的領導人都認為政府應將解放後的奴隸訓練成善盡職責的公民。隨著林肯總統於一八六三年發表「解放黑奴宣言」（Emancipation Proclamation），聯邦軍在內戰期間大舉佔領南方領土，同時美國各州相繼於一八六五年通過憲法第十三條修正案（立法禁止蓄奴與非自願性奴役），化前奴隸為良民的任務愈趨顯得急迫。到了內戰落幕之際，已有多達四百萬名在文化上與美國公民理想諸多面向皆格格不入的奴隸，歷經解放，重獲自由。

因此，當北方聯邦軍官以征服者的姿態，騎著馬進入農莊，與一群甫經解放的奴隸面對面時，他們時常會說：你們現在已經是自由人了，而自由所代表的，就是要放棄你們在農莊裡為自己所創造的諸多樂與趣。從現在開始，身為公民的你，要比以前當奴隸時更加努力工作，而且還要犧牲己欲，以成就對國家之義務。有些奴隸樂於擁抱這種奇特的自由，紛紛加入聯邦軍隊，或者成為公僕與農人，變成心繫家庭的良民。然而其他人則把解放者的話當耳邊風，開始四處遊蕩、拒絕工作，他們不願意結婚，也不願意為這個逕自納其為民的政府做出半點犧牲。於是，當戰爭在一八六五年結束時，國會只好在軍隊體系中，另外設立被解放者事務管理局（Freedmen Bureau），專司奴隸事務，確保其衣食無缺，不必露宿街頭。只是不出多久，前奴隸就發現，民主制度下的公民雖有其權利可享，但同時也必須善盡責任；若要換取政府對於公民權利的保護，個人必須付出高昂代價。這樣的代價願意付、想要付的人自然不少，但是與那些自美國獨立以來便不斷抗拒義務、不願犧牲的白人暴民持相同看法，認為這個代價太過高昂者，同樣也所在多有。這些人照樣投票選舉，但是民主所伴隨的其他一切，卻都為他們所拒絕。

自由地工作

奴隸一般只視工作為生財之道，不過在解放以後，美國人卻告訴奴隸：即使是無人感謝、毫無報酬的工作，只要是工作，其本身就是一種德性。被解放者事務管理局在教導甫經解放的奴隸時，就如此叮嚀：「你們必須勤勞，必須節儉……恐怕有人誤會，以為自由就代表可以恣意閒散，有這種想法的人在法律上即為流浪者(2)，他們錯誤的觀念必須立刻改正。」一位名叫查爾斯．索爾（Charles Soule）的管理局官員在南卡羅萊納州橘堡（Orangeburg）地區對一群甫經解放的奴隸講話時，便以言鞭取代皮鞭：

你要記得，家中的老人、小孩和殘疾者，現在都得靠你照顧，而他們能夠獲得多少，就取決你的工作能獲得多少報酬。假如你開口要求更多，譬如收成的一半，或者三分之一，那就是要多了，要的可比自由人一輩子能得的還多。也別要求禮拜六休假，各地的自由人禮拜六都得工作，他們不休，你也沒有理由休。如果雇主願意讓你休半天，或者給你輕鬆的活做，讓你可以早點下工，那是他們善良，記得感謝他們，別以為這是你應得的。工作的時候，記得要認真，而且要及早開始，日出而作，中午休息時間最多也只能兩小時。

記得你在工作的時候，時間屬於你的雇主，因此若未經過同意，即使是為了照顧小孩或者探訪配偶也不得離開工作崗位……若是一日未到職或者生病請假，由於沒有勞動就沒有報酬，雇主年底

(2)（譯註）根據法律定義，流浪者 vagrants 一詞意指擁有工作能力卻拒絕工作，轉而依賴救濟者；也指沒有固定住所或固定經濟來源，到處遊蕩的游手好閒之人。

發的薪水定要相對較少……

當大批前奴隸進入被解放者事務管理局所辦的學校就讀時，他們所期待的應該是學習讀書、寫字以及算術等技能；當然，這些技能並未被排除於課程以外，不過當學校老師在課堂上講解《自由人約翰一家人》等故事書時，卻傳達了一種相當不同的教訓——在自由人約翰這則故事一開始，農場男女主人倉皇逃難，而奴隸們則以「歡樂大叫」以及「最興奮地大吼、大笑、跳躍與舞蹈」來慶祝自己獲得自由身。此時，主角約翰提出一句嚴肅的警語，告誡其他被解放者自由絕非鬧著玩，他說：「現在我們自由了，就得工作。」此話一出，眾人都安靜了下來。

「各位，我們已經為了獲得自由身向上帝表達感謝了，接下來就要思考下一步以及獲得自由的意義。自由絕對不像森林裡被野放的山豬，在沼澤地四處覓食，走一步算一步。現在我們成為人了，而且是自由的人，就要做自由人該做的事。環顧四周，所有的自由人不論種族，都得為了生活而工作。所以我說我們要工作，而不是在樹林裡四處亂嗅亂挖。」

故事裡還有另一位名叫王子的角色。王子懶散成性、粗心大意，非常排斥這種新的工作紀律而相當懷念從前較為輕鬆的奴隸生活。故事裡，約翰和其他被解放者都頗為輕視他，而且講課的白人老師還會特地把這個角色挑出來，好給學生們上特別的一課：

「王子啊，每個人都得工作。上帝創造人類，就是要人類工作。亞當和夏娃被創之初，就是要負責打點照顧伊甸園。上帝知道如果有事做，人會比較快樂，而為了讓人們快樂，上帝便把勞動變成人應盡的責任。」

其他被解放者，聽完約翰一席話也都表示同意，認為工作這件事本身就是好的，不過「王子卻不發一語。」

被解放者的課本作者和重建計劃領導人，若是與今天的教科書作者相比，兩者差別在於前者深知民主的黑暗面，而後者則否。在自由人約翰這則故事裡的最後轉折處，只見一位北方軍官如此對一群前奴隸說道：「朋友們，你們已經脫離綑綁，現在可以享受自由的祝福，獲得美國政府的保護……不過要獲得國旗的庇蔭，首先要願意對國旗善盡義務。」而當群眾裡有一個人宣示要為軍官效力，他說：「這就對了；我們要互相幫助，遵從上帝造我們的旨意，視彼此為手足。國家對各位的唯一要求，就是重勤勞、守秩序，做到這點，國家就會好好照顧你。」這裡所說的一切，既適用於黑人，也適用於白人，沒有雙重標準，因為自革命時期開始，白人也不斷被告知一樣的訊息——唯有當個人服從民主的要求，犧牲自制，其權利方能受到政府保障。無論是早已成為公民者還是即將成為公民者，所接受到的訊息並無無二致：在工作上花愈多時間，在自己身上花愈少時間，就愈有資格獲得國家保護。

其他被解放者的課本，則極為清楚地強調工作倫理是成為公民的必要元素。克林頓．B．費斯克（Clinton B. Fisk）曾經是一位廢奴主義者，也是北方聯邦軍的上校和被解放者學校的資深官員，他所寫的公民手冊《給被解放者的直白建言》裡（*Plain Counsels for Freedmen*），就提到：「我自己從孩提時代就開始努力工作，因此我對今天要講的主題擁有一定瞭解。」費斯克接著自比為模範美國公民，寫道：「朋友們，我熱愛工作，對我而言最大的懲罰，就是強迫我不得工作。我寧願勞動十天，也不願意一天無所事事。」他對工作的忠誠與投入，極為全面而毫不留情：「與其讓我所有的孩子在無所事事中成長，我寧願他們全部失去性命然後埋葬入土，因為無所事事就是暴露在謊言之中了。」如是，費斯特與重建計劃悄悄地將蓄奴者手中的外在皮鞭，偷偷換成了內在教條。

善者與偉人都是辛勤工作的人。一個自由的國家要如何富強起來？除了上帝的祝福以外，最重要

> 的就是耐心、誠實地工作……自由勞動的意思，並不代表你可以三天捕魚兩天曬網，或者態度怠慢，偷雞摸狗；也不代表你的雇主必須默默承受這些行為。從前的你身為奴隸，也許養成了習慣：在不被打的大原則下，事情能做愈少愈好。但是現在的你自由了，不應再以恐懼為勞動的動力，而要找到更高貴的原則做為推手。

落在前奴隸皮膚上的外在皮鞭，並沒有辦法讓他們用心工作，但是打在良心上的羞恥之鞭，卻能讓他們甘心做牛做馬。對這些前奴隸而言，這是人生裡頭一遭發現如果不工作，就是壞人。

部分前奴隸接受了這種新的工作倫理，譬如《南方勞工》（*The Southern Workman*）這份由被解放者事務管理局人員所協助出版的一份雜誌，內文就時常出現前奴隸投書，向同胞傳頌勞動的福音。推崇工作倫理不落人後的黑人，最著名者大概就是前奴隸布克．T．華盛頓（Booker T. Washington）。在內戰以後的幾十年間，華盛頓不斷傳揚「勞動的尊嚴」，甚至阻攔對於平等權利的追求。而且，不少早期的民權運動領導人，其實也都在為這種價值觀大力宣傳，譬如費得列克．道格拉斯（Federick Douglass）這位現在被視為美國最偉大的自由鬥士，也相當推崇北方勞工的刻苦耐勞：

> 我所見到的，是刻苦耐勞、不吵不鬧，而且自動自發，不用鞭打。南方港口的船隻在裝卸貨的時候，四周總是充滿歌聲與叫罵聲，但是這裡沒有，一切就好像精工校準的機器一樣順利運作……這裡的男人對於為期四年的捕鯨航程毫無怨言，不像在我的家鄉，短短四個月的旅程就吵吵鬧鬧。

另一位早期民權運動的重要人士伊達．B．威爾斯（Ida B Wells）也是工作倫理的提倡者，她認為自己當初在被解放者學校裡所接受的教育，好比來自上帝的禮物：「每一位老師都是來自北方的可敬白人，戰爭才結束沒多久就來到南方教書，帶來了光亮與知識。從他們身上，我看見了基督的勇氣。」許多雇用被解放者的業主，也都樂於指出手下的勞工已經習得勞動的真諦，譬如密西西比州一位農場主人就發現「農場上的黑人工作勤奮又有效率，在勞動方面幾乎沒有什麼值得抱怨的」，並且因此感到相當高興。另外兩位曾經擔任聯邦軍官的阿拉巴馬州農場主人也驚呼，表示他們「從未雇用過這麼順服、勤奮、好脾性的人」。然而，當時的情況卻顯示似乎有更多前奴隸，並不買工作倫理的帳。

戰後，許多北方人買下南方農場，希望可以善加運用南方便宜的土地與勞力。他們認為眾多前奴隸會和北方的勞工一樣勤奮，不願意和種族主義者一樣相信黑人無法像白人認真工作。他們主張：「黑人兄弟」是完全的人，因此自然也會擁抱新的工作倫理。然而，他們所不理解的是，將人生完全奉獻給勞動根本一點也不自然。

當時，被解放者事務管理局開始將前奴隸安置於北方人所擁有的農場上工作，勞工的工時與工作內容都受到有效管制，可是不到幾個月故事就開始流傳，許多都是關於「黑人在讓自己受雇於北方人這件事情上，產生無法解釋的抗拒。」一位在喬治亞州農場上工作的前奴隸，就對北方雇主提出相當好的問題：一個人在獲得自由以後，「如果比以前當奴隸更辛苦」，獲得自由到底有何意義？另一位被解放者法蘭克・史密斯（Frank Smith）在離開阿拉巴馬州後來到了北方的伊利諾州，不過他卻一點也不喜歡眼前所看到的自由：「我不喜歡北方人，他們總是要你不停工作，但是我從小可不是這樣被帶大的。」查爾斯・史登斯（Charles Stearns）是一位白人廢奴主義者，他和妻子在戰後從麻州搬到喬治亞州的一處農場，希望可以協助教化解放後的奴隸，不過他卻發現，手下黑人員工竟然不斷抗拒規律性與紀律性的要求。譬如說，史登斯的手下堅持下田時身上要配槍，而且還表示如果看到獵物經過，就要讓他們停下手邊工作，好讓他們加以追擊。對史登斯而言，若是順員工所願，農場生產力將大大受限，然而當他和員工表示自由勞工並無此習慣的時候，員工卻告訴他若不變通規則、不允許他們打獵，那麼就是相當嚴重地侵害了他們身為自由人的權利。就連史登斯的廚娘瑪格莉特這位曾經在南方大宅裡工作過好幾年的奴隸，在工作上也要人持續監督，才能確保工作及時而有效率地完成。不過，瑪格莉特也不是省油的燈，某次她威脅辭職的同時，還如此主張：「北佬比起以前的南方主人更壞，迎合他們一點意義也沒有。」更甚者，許多在北方農夫眼裡稀鬆平常的工作條件，前奴隸卻也都不願意接受，著實令許多北方雇主感到震驚。譬如說，一位北方雇主某次要求員工在惡劣的天氣裡清除阻塞水溝的棉花，就遭到拒絕；員工們說「他們是自由人，因此不會為任何人在泥水裡打滾工作」。

在南方各處，皆可見解放者為了工資、工作條件、工時以及主管言行等問題，發起組織性罷工。而同時間許多雇主也發現黑人員工一旦認為工作量太大或者薪資太低，便會頻繁而無預警地恣意停工。史登斯就語帶反感地指出他的員工只要「為了身體著想而覺得必須休假，就會直接放假，絲毫不把雇主意見放在眼裡。」不少被解放者還會訴諸極不符合美國精神的作法來為自己「加薪」——南方各地的自由勞動農場，都曾發生肉品、玉米、牲畜、衣服、珠寶、棉花、園中蔬菜等財物神祕消失的事件，就算雇主將儲藏室、燻肉間、穀倉與家中大門緊緊鎖上也無濟於事。一位農場主人就指出：「不管我們再小心，黑人還是會偷東西；只要他們不偷太多，我們就謝天謝地了。」

史學家的假設是被解放者普遍希望得到土地，而證據的確也指出不少前奴隸皆力求成為自耕農。當時，部分重建計劃領導人主張授予被解放者土地，畢竟給人一塊未經栽種的土地營生，是馴化人最快而徹底的方法——必須完全依靠自耕以求生計的生活，就是勞苦不斷的生活。塔迪斯．史蒂文斯（Thaddeus Stevens）這位激進共和黨人的領袖之一，就主張如果授予前奴隸「一小塊土地讓他們自行栽種」，就能「提升被解放者的人格高度。」

要人成為良好公民的最好方法，就是讓他成為自耕農；讓南方產量加倍的最好方法，就是將大片土地切割成小型農場；而要人勤奮而良德的最好方法，就是教人覺得自己高於俗欲之餘，還是土地的主人。這對白人居民也有好處，因為如此一來就會有充足的勤奮勞工，個個都想要以勞力換取合理工資。

部分奴隸認為這種生活就是自由，但是多數奴隸更感興趣的則是金錢這種可以立即取得、立即享受的東西。不少前奴隸雇用者就發現員工不斷爭取加薪，甚為困擾，譬如農場主人艾德華．費爾布里克（Edward Philbrick）就因為大部分人都要求今年薪水「要比去年多很多」，否則不願意繼續工作，因而招工不足。懷特羅．雷德（Whitelaw Reid）則是抱怨「黑人性格最典型之處」，就是要從他身上「不斷榨取更多薪資」。詹姆士．華特斯（James Waters）是一位路易斯安納州的農場主人，也因為黑人員工持續要求加薪而甚感苦惱。「總有許多人咕噥抱怨，或者放肆無禮，有些還因此而哭泣（都是女性），起因都是覺得自己薪水不夠多。」根據史學家勞倫斯．N．波威爾（Lawrence N. Powell）指出，前奴隸「領薪水時每每要與主人爭論數目。」而且只要工時一超過合約時數，馬上就會要求加班費。在南卡羅納海洋群島（South Carolina Sea Islands）上，就曾出現只超時工作十五分鐘，就要求雇主支付加班費的情形。被解放者對於土地的需求，就波威爾看來較為零散，「然而對於金錢的索求，在那幾年間則是全地區皆能看見。」在多數前奴隸眼中，工作似乎僅是達成目標的一種手段，並非值得追求的德性。

當時，大量奴隸因為「遊蕩」與「流浪」被捕，再次證明了前奴隸並不願接受美國文化的要求，而這裡在文字上美其名曰「遊蕩」與「流浪」，其實說穿了就是「存心失業」。戰後新立的各州法律，皆不乏「黑人條款」（Black Codes），該條款授權地方官員逮捕看似失業的黑人，並且針對其遊蕩行為科收罰金。在此法之下，數以千計的黑人男性因為拒絕工作遭到逮捕，而其中無法支付罰金者（幾乎所有人），都發落私人雇主，以勞動償還罰金。許多北方人都認為該作法無異於泯滅被解放者的人性，他們相信，解放者若被允許憑己意工作，自然就會工作。當時，控制國會、領導重建計劃的激進共和黨人，眼見南方各州在安德魯．強森（Andrew Johnson）這位出身田納西的總統協助之下，立下許多惡法，因此只要是被強森「整頓」過或者禁止黑人投票的南方州別，激進共和黨人一律拒絕其國會代表入席。此時的激進共和黨人，已準備好向各方展示化奴隸為公民的理想絕不是鬧著玩。

一八六六年四月，美國國會通過民權法案（Civil Rights Act），宣布非裔美國人亦為美利堅合眾國公民，並賦予聯邦政府在非裔美人權利遭到州政府限縮時，代表非裔美人介入的權力。接著在一八六六年七月，國會通過被解放者事務管理局法（Freedmen's Bureau Bill），此法不只延長管理局壽命，任何前奴隸因各州黑人條款被迫簽下的工作契約，管理局也都有權廢止。雖然這兩項法案在強森總統的否決之下依然通過(3)，不過被解放者事務管理局的地方官員，卻抱怨始終未見前奴隸自動自發的工作意願，而被解放者對於自由的誤解，也使得管理局甚感挫折，管理局因此轉而鼓勵州政府逮捕無所事事的黑人，並且強迫他們簽署農場勞動契約。

雖然拒絕工作的前奴隸難以細數，但是沒有任何證據能證明黑人拒絕工作是生物上的「種族」因素所致。究竟黑人何以不願接受美國所提供的自由而改求他種自由，我們也許永遠不得而知，然而可以確定的是，若非這群暴民代替我們向前衝撞，今天的我們再怎麼自由，也只能和自由人約翰一家人一樣「自由」。

重建計劃的領導人齊力提倡工作倫理之餘，也以同樣力道對性大加撻伐。內戰期間，美國國會成立美國被解放者調查委員會（American Freedmen's Inquiry Commission），旨在進一步了解如何處置被解放後的奴隸。在委員會的聽證會上，一位負責管理密西西比州維克斯堡（Vicksburg）黑人難民營(4)的威廉．派爾（William Pile）上校提出下列證詞：

> 根據我的判斷，管理黑人最大的問題，出在忽略家庭關係的重要……我認為要管理這些人，並且使他們成為良好公民，學會自我保護、自立自強，首先就要灌輸家庭義務觀念。

該委員會向戰爭部（國防部前身）所提交的報告中，雖然抱持白人社會的普遍看法，認為黑人缺乏文明，卻也推翻主流假設，改主張黑人並非無法教化。美國政府在革命以後，教會了白人如何自我鞭策，而政府及其黨羽現在將再一次對黑人故技重施。對於甫經解放的奴隸而言，「法律可以取代主人在奴隸心中地位，不過不同之處在於奴隸對法律的服從將比對主人更為甘心樂意，而且不失尊嚴。」而達成此目標，最有效的機制非婚姻莫屬，「透過婚姻，被解放的男女，能夠被高高舉起，並且做好準備成為良好公民。」

被解放者調查委員會的建言在獲得北方聯邦領導人一致支持後開始實行。管理難民營的聯邦官員於是接獲指示：「該做的事情很多，譬如使被解放者活出幸福、對社會有所貢獻，但是也要讓他們學正確的原

---

(3)（譯註）根據美國政府體制，參眾議院投票皆過三分之二門檻時，可推翻總統對法案之否決。

(4)（譯註）原文作 contraband camp，contraband 指南方逃往北方的奴隸。

則與行為，落實恰當的社會關係。」對受到北方政府照顧的眾多前奴隸而言，非婚性關係不再為法律所允許。一八六三年四月，聯邦難民營總管約翰．伊頓（John Eaton）在報告中指出：「所有進入營區的前奴隸，若是彼此向來有意如夫妻同住，一律得舉行恰當形式的婚姻……此項規定有效提升了營區秩序。」後來的黑人難民營管理者也都表示：「基督傳統的婚姻儀式與婚姻的嚴格遵守，產生了正向影響力，使營區秩序與居民行為得以改善。」戰爭部長艾德溫．史丹頓（Edward Stanton）後來也正式為伊頓的作法背書，命令被解放者事務管理局員工「為被解放者確立並實行婚姻儀式。」同時地方主管也在上級命令下強迫前奴隸結婚，以達教化目的：

被解放者過去的婚姻，即使曾舉行正式儀式，其效力仍不足以讓錯誤行為依法受罰或有效解決遺產問題。如今，這套過時的體系不應再繼續發展，這個迫切的問題不能不解決。任何無文件佐證婚姻的夫妻或者未婚同居者，不論是當事人雇主或與當事人相關及知其情事者，都應要求兩人再次結婚。我們必須表示清楚，獲得了這麼充足的協助後，如果假以時日還未結婚，就會受到法律追訴及處罰。

被解放者事務管理局在內戰末期成立以後，首要目標之一就是剝奪奴隸的性自由。一八六五年夏天，成立不到數個月的管理局即推出「婚姻守則」，以「幫助被解放者了解婚姻的神聖義務，使其虔誠地加以遵守。」此舉不僅賦予了前奴隸結婚的法定權利，守則細節也樹立了婚姻相關規則（如結婚與離婚資格）。最重要的是，婚姻如今在黑人眼中因此和在白人眼中一樣成為義務：「唯有雙方在法律上正式完婚，否則不得以夫妻之名同居。」

管理局的官員如此警告前奴隸：「對婚姻較為隨性的既定想法，都要去除」，而且「不論種族，人類若要彰顯人性高度，首先便不能不結婚就淫亂同居。」當時，管理局老師在課堂上朗讀的書籍，常常都在攻擊非婚性行為，譬如《給被解放者的直白建言》中就提到：「你還是奴隸時，時常與人發生關係，也沒人告訴你打破上帝的婚姻律法有多麼不對」，「但是過去只能追悔，新生活還有待開始，一切要以純潔為出發……通姦和私通等行為，上帝可不會再睜一隻眼閉一隻眼。」以前黑人女性還是奴隸時，發生非婚性行為並不會受到懲罰或羞辱，不過現在卻被嚴肅警告：

> 妳的首要目標，就是成為真正的女人。絕不能讓任何男人以任何藉口奪走德性。羞恥的烙印落在不貞女的眉宇之間；她將受仇視，就連與她同等可惡之人也一樣仇視她；沒有男人能再愛她……還是奴隸的時候，如果曾在道德上疏忽大意，自由了以後就要成為自由的基督女性，以行為駁斥黑人女性皆非善類的謊言。
>
> 避免和犯惡的男女相處，別和不在乎女人德性的男人打交道；遠離賭徒，也絕不和不在乎自己名譽的女人同行。淫蕩的女人將帶妳直奔地獄。
>
> 如果想從磐石而起，想與自己和好，如果想正視所有男人，想與上帝和好，那麼就要保持純潔，遠離一切惡行，特別是社會良法所不容者，更要保持距離。

在奴隸眼中，對一段關係如果不滿意，離婚並不會帶來汙名，但是一般美國人就沒有這麼幸運；不過雖然如此，前奴隸還是被教導永遠不應離開伴侶。譬如自由人約翰就在被解放的那一天，如此對妻子克蕾莎說道：「白人結婚的時候，有聖經、有神職人員，還有一套儀式，過程中男女雙方點頭說我願意，在上帝的見證下締結婚約，爾後共同生活，永不分開。讓我們也效法白人，以自由人的身分從新開始。」

許多前奴隸全心接受了白人的工作倫理，而同樣的不少前奴隸也心甘情願、甚至熱切地擁抱了新的性倫理。內戰以後，主動結婚的男女達千計，無數個完美的黑人家庭因而誕生。此外，黑人政治領袖與神職人員更一同為新的性規範背書，譬如一位神職人員就如此建議信眾：「讓我們注意行為，別讓兩個種族間已經熄滅的偏見之火，再次燃起。記住，我們正在國家與世界的眼前受審……必須證明我們配得自由與自治。」

可是，即便領導人與庇護者不斷諄諄教誨，許多被解放者對婚姻、兩性關係與性仍然保有個人看法。大量管理局幹員回報局裡的文件，都在抱怨被解放後的男男女女如何我行我素，不願放棄令人噁心的行為，譬如「未正式結婚就以夫妻之名同居」，或者「只要雙方覺得沒什麼問題，就住在一起以夫妻相稱」，此外，重婚或通姦行為也依然比比皆是。一位幹員如此寫到：「在許多情況中……兩個人也許合法結了婚，但卻只同住一段時間就分開，改與他人結婚或同居，似乎對婚姻毫無責任感。」一次又一次，幹員不斷抱怨黑人「和解放以前一樣……壞的習慣改不掉、敗德的個性無法去除。」另外讓許多幹員也感到挫折的，是許多人持續隨意發生關係，卻不願意做出一生的承諾。主導管理局在密西西比州事務的亞文．吉倫（Alvan Gillem）在一八六八年如此說道：「為了增進他們的福祉，必須改變的事情很多，然而就屬這件事最根深蒂固，難以改變。」

由於眾多被解放者遲遲不願遵守法律要求，即便知道法律細則也仍加以忽略，導致許多被解放者事務管理局幹員頻繁向上級反應挫折感，譬如密西西比州的一位地方幹員在一八六七年就說他時常：

> 聽到男人離開妻子，與其他女人私奔他鄉，或是女人離開丈夫，與其他男人在一起。我敢說，這些行為絕不是在不知法的情況下進行，而是因為他們根本不覺得需要守法。通姦的法律規定我已經向他們解釋過了，但一點效果也沒有。

另一位局裡的官員，則是在發現被解放者認為多重性伴侶是「無人可干預的權利」後，覺得不敢相信。阿拉巴馬州蒙特格馬利（Montgomery）地區出任被解放者事務副主管的隨軍神職人員C・W・巴克利（C. W. Buckley）就在報告中指出，前奴隸的性關係讓他「每日心痛」：「夫妻離異、改從他人的比例相當高，也常見男人與兩到三位妻子同居。雖然這是黑人的風俗，也是當地歷來的習慣，但從理性眼光看來，這不就是一座龐大的娼妓體系？」不過，對無意過自由人生活的前奴隸而言，脅迫手段效果有限，維吉尼亞州的官員就指出，即便管理局大力馴化被解放者，「黑人對婚姻必須註冊仍然不買單，或者感到抗拒，這主要是因為無論男女，都傾向破壞婚姻，而且其獸性之強，讓他們看不見後果。」當然，許多奴隸在被解放後都試圖找回從前被賣掉的伴侶，不過另一位管理局官員指出，「許多被解放者竟然開始利用新得的自由，以兩人當初並未『按聖經儀式結婚』為理由，將原本的妻子換掉。」一位維吉尼亞州的官員就說，許多前奴隸對法定婚姻都相當不滿，認為新得的自由反而縮限了原本的自由。由此看來，當時情形可見一斑。

甚感挫折的管理局幹員，後來成功遊說南方州的立法者規定黑人伴侶必須結婚。在重建計劃時期，許多州的「民權」法案都附帶史學家凱薩琳・富蘭克（Katherine Franke）所說的「自動已婚條款」（the automatic marriage statute）。密西西比州於一八六五年通過民權法，其內容就相當具有代表性：「所有被解放者、自由黑人與黑白混血兒，若此前曾如夫妻般同居，從今起將直接在法律上視為已婚。」當時，被解放者事務管理局幹員會監控前奴隸的生活與性關係，若有通姦、重婚、私通之嫌，便向地方主管機關舉報，以當地刑法發落。主導密西西比州管理局事務的吉倫，就要求當地執法官員將從事「可鄙」行為的前奴隸打入大牢。他在一八六八年如此向管理局的華府辦公室解釋：「我已經採取必要步驟，讓這件事情交由民事法庭處理，現在我強烈呼籲，不守法者必須受審受罰。」吉倫指出，管理局制定婚姻相關規定的目的正在於「為成千上萬被解放者落實婚姻制度。」一位和丈夫在蓄奴時期就已算是夫妻的女性，在被問到何以再次舉行法定婚姻時表示：「不舉行儀式會被抓走。」

黑人在內戰以後與早期美國白種公民的處境一樣，一夕間未婚生子成了刑罰對象，上千名未婚黑人父母因此遭到逮捕、罰款、監禁，甚至是「吊姆指」(5)。此外，更有不計其數的黑人孩童被貼上「私生子」標籤，送往孤兒院受國家監護。在蓄奴時期，未婚生子根本毫無可恥不當之處，因此現在的刑罰規定對被解放者而言，其陌生可想而知。

白人的重建

重建時期，白人身上所背負的道德教條可不比黑人寬鬆，尤其孩童就不斷在道德威令下被迫勤勉奮發。《麥克菲讀本》（*McGuffey's Reader*）是十九世紀中期最常見的教科書，內容收錄許多兒童故事與短詩，其中一則〈懶惰鬼奈德〉的主角「從不追尋勞動果實，只知蹉跎日月，一輩子都害怕累人的上坡路，結果最後變成笨蛋死去。」該讀本也警告學童別做「懶惰學生」的選擇，懶惰學生「什麼事情都懶散成性」，所以現在「在街上討麵包吃」。另外也不可以像遊手好閒的人一樣，不然最後會「被所有人鄙視……可憐的流浪漢，沒錢也沒朋友。」這些故事的目的，都在教導美國孩童「懶散是何等罪惡、有害之事」，以創造出處處勞動、時時勞動的文化：

懶惰的小孩，又窮又慘，勤勞的小孩，快樂又富足。不過你可能會問：「上帝難道會注意還在上學的小朋友嗎？」當然！如果你不夠勤勞，不好好利用時間，就代表你的心沒有和上帝同在一起。

> 人生在世就是要善用時間提升自我，年輕的時候要做好準備，未來好成為有用的人，不這麼做的話，就是對創造你的上帝犯了罪。

一本常見的女童讀本裡收錄了一首叫做〈勤勞勸善〉（"Exhortation to Diligence"）的詩，讀來相當令人晦氣：「含笑任勞！讓勤奮／為妳明快的四肢注入活力！／雙手不動就是死亡，就是完全陷入／懶惰的泥淖，讓人毫無喜樂，無所為傲；心如鉛塊之人，就是與死相愛！」

成年以後，各種敦促勞動的道德命令仍不斷轟炸美國人，而林肯總統和當時幾乎所有的政治領袖都受害甚深，譬如內戰前夕林肯寫給友人的一封信中就提到：「工作，工作，工作，才是重要的。」一八七六年，重建時期進入尾聲，經濟蕭條導致北方產業不振，此時，北方被解放者教育運動領導人兼勞動改革推動者華盛頓．格萊頓（Washington Gladden）以一本書向白人勞工階級勸善，其內容正與被解放者的課本內容雷同：「鏟土、鋸木，任何誠實勞動都行，切記拒絕懶散。」「當今困難處境的唯一解脫，就是勤奮與儉樸；我們要馴化人對生命好高鶩遠的想法，陶冶出更素樸的品味與更知足的靈魂。」一八七八年，一位麻州地區的鞋匠雇主試圖維護當時長達十至十一小時的工作日，其論點就相當具有代表性，他說：「最能使人免於放縱與犯罪者，莫過於勞動，勞動到累了，便只想回家享受天倫之樂，善盡家庭職責。」這樣的看法受到政府領導人普遍認同，譬如俄亥俄州勞動局就在一八七九年指出：「勞動並非詛咒，並非以日復一日的工作時數讓人筋疲力盡，而是讓人不把時間花在無謂的耗散之上」，給人「許多事做，並且讓人花時間做事，

---

(5)（譯註）一種將犯人姆指擊繩，吊起全身的刑罰。

就能使身體與道德都獲得提升。」

收工走人

違反重建時期社會規範的美國人不只黑人，畢竟遊手好閒與無所事事並非黑人的專利。當時，許多白種美國人雖然已經成為世界上最勤奮的勞工，但令人欣慰的是，不少白人打從重建計劃一開始就選擇忽略、抗拒工作倫理。美國第一批工廠建成之時，勞動相關規定較為制式，工時也長，許多白人勞工於是成了惡劣員工。漢彌爾頓公司（Hamilton Company）在麻州羅威爾（Lowell）的廠坊是美國最早的工廠之一，只雇用女工，不過在一八二五年成立後不到兩年，就有高達半數員工遭到開除，原因羅列如下：

行為不當而遭開除者：六位
暴動謀反而遭開除者：五位
不服命令而遭開除者：三位
對工頭不敬而遭開除者：一位
行為輕浮不當而遭開除者：一位
怠忽職守而遭開除者：一位
撒謊、扭曲事實、撒播不實謠言遭開除者：五位
斤斤計較，愛抱怨遭開除者：一位
逃跑遭開除者：一位

歐斯底里遭開除者：一位

姓名後寫下「永久完全開除」者：一位

麻州林恩地區（Lynn）最早的製鞋工廠裡，鞋匠雇工習慣停下手邊工作，一起玩遊戲、討論政治、互讀報紙，或者到附近的酒館喝酒。一位麻州奇克比地區（Chicopee）的工廠廠長就曾抱怨員工「鮮少穩定工作」。

私下的暴民行為多半能為人們在生活中衝撞出巨大的自由空間，譬如木桶工人（木桶製造業為早期美國經濟主要產業）正常一週得工作六天，可是多數木桶工人在週六早上就開始暢飲啤酒，然後「把桶子翻過來坐著玩撲克牌」，「四處瞎耗」，等著領取當週薪水。根據木桶產業史學家指出，工人的歡樂活動一路延續到晚上，尤其「週六晚上對老木桶工而言更是大日子……玩樂常持續到週日，導致勞工週一狀態不佳，難以好好工作。」因此，「憂鬱星期一」當天工廠幾乎沒有工作進度可言，「而就產量來說，這一天可以說是白費了。」由此見得，木桶工的懶散習性等於讓他們一週放了三天假。

十九世紀時，許多雇主都常為類似行為感到頭痛。重建時期，當大批勞工離開歐洲尚未現代化的文化地區來到美國，問題又變得益加嚴重。紐約市的造船廠裡，新來的移民勞工習慣擅自休息，在上班時間享用蛋糕甜點，或者到酒館喝威士忌，午餐更是吃得悠悠哉哉，惹得許多工廠主人大為光火。紐澤西州的陶器工廠裡，許多英裔勞工的工作態度一曝十寒，可謂人盡皆知。此外，移工也延續了美國早期「週休三日」的傳統。一位雇主就說：「禮拜一……都用來放蕩享樂。」一位雪茄製造商也在一八七七年抱怨，認為員工打混的時間比工作多：「許多雪茄同行的難處都一樣，工人們早上到店裡上班，捲了幾支雪茄之後，就跑去酒館喝啤酒玩遊戲，……一天下來只工作了兩、三小時。」

出門找樂子

內戰以後，廢奴主義者和重建計劃領導人啟動了另一項計劃，不過成果和改造奴隸一樣並未完全成功。戒酒運動由於受內戰影響遲遲無法前進，一直到南方投降後才再度起飛，這波新運動的領袖最後於一八七四年互相匯聚，基督教婦女戒酒聯合會（Women's Christian Temperance Union）於是誕生。以「將惡魔般的蘭姆酒」完全自美國清除為目標的運動人士，其主要努力方向不僅包括持續遊說政府，敦促立法禁酒，同時也突襲酒館，要求酒客永不再貪戀杯中物。酒客眼看這群不速之客，有的朝他們丟擲蔬果、雞蛋和地板上的木屑，有些則是大開粗口、以暴力相脅、放狗咬人，甚至以整桶啤酒幫踢館者「施行洗禮」。在酒氣盛行的辛辛那堤，基督教婦女戒酒聯合會眾就曾威脅要讓一家露天酒吧(6)關門大吉，結果酒吧老闆「在入口處放了一只加農大炮，揚言要是這群婦女再次出現，就要把她們全炸上西天」。

內戰以後，美國人的酒精攝取量的確較之前的超高水準含蓄不少，但整體而言，美國仍然可以說是「酒精共和國」。自一八六五年被解放者事務管理局成立起，一直到一八七四年基督教婦女戒酒聯合會誕生，共計十年期間，美國公民和努力成為公民的前奴隸都不斷被教導別去充滿罪惡的公共空間，同時還要放棄個人享樂；不過在此同時，卻也有高達六千兩百萬加侖的烈酒被美國人吞下肚裡。到了聯合會成立之後的十年，全國累計酒精攝取量已攀升至七千六百萬加侖。

內戰以後，另一個由前廢奴主義者和重建計劃支持者所組成的改革機構，正是基督教青年會（Young Men's Christian Association），該協會以「保護新興都會大眾不受都市罪惡之害」為宗旨，其挑戰之艱鉅可想而之。根據基督教青年會一八六六年的統計，光是紐約市區就有多達八千家酒館、七百間妓院、四千名性工作者以及難以計數的情色刊物商人。內戰以後，美國享樂文化宛如歷經文藝復興，數以百萬計的美國民眾不只對公民道德充耳不聞，還以金錢與實際行動助長酒館、妓院、舞廳、撞球間、歡樂園(7)、音樂沙龍和綜藝劇場的繁盛與猖獗。其中音樂沙龍與綜藝劇場就被一位歷史學家形容為「提供免費或廉價娛樂的酒吧，裡頭隔成許多房間、廳房與劇場等娛樂空間」。當時的音樂沙龍主要營收來源是酒類銷售，不過「賣淫收入也是另一條重要輔助錢脈」。此類場所「地板上全是花生殼和灑出來的啤酒，空氣裡則都是菸草的味道」，許多道德改革者就精闢指出此類場所形同通往不當性行為的大門。這些場所的主要賣點除了妓女以外，還有美國最早的職業脫衣舞者在台上的淫穢演出。史學家提摩西・J・吉佛爾（Timothy J. Gilfoyle）就稱一八三六至一八七一年間為美國商業化性活動的盛世。

共和黨人的承諾

重建計劃的領導人以一系列激進政策，向各界證明他們化奴隸為良民的目標可不是鬧著玩的。美國廢除黑人條款前不久，共和黨佔多數的美國國會提出憲法第十四條修正案，讓所有在美國出生或成功化歸

---

(6)（譯註）原文作 beer garden，指提供酒類、飲料與食物的戶外區域。

(7)（譯註）原文作 pleasure gardens，意旨提供大眾娛樂休閒的戶外公共空間，常有現場演奏與娛樂設施。

者都享有公民權利。該修正案內容也明言，所有公民皆應全面享有憲法所保障的「特權與豁免權」，而其中最重要的一項，就是法律（無論州法或國家法）之前人人平等，同受保護。修正案通過以後，多達四百萬名美國人在一夕間脫離奴隸身分成為美國公民。一八六七年冬春兩季，國會接連推翻強森總統對三條激進重建法案的否決，成功立法。這些法案將美國南方劃分為五大軍事區域，並將各區至高管轄權交由美國陸軍（唯獨田納西州在通過施行第十四條修正案後獲准重新加入聯邦，倖免此難）。更激進者，這批重建法案規定只有未曾參與內戰的黑人與白人男性能擁有投票權，導致南方在戰後初期約有四分之一的白人男性無法投票，好幾個南方州裡黑人皆成為選民多數。此外，國會更進一步規定，除非各州在州憲法中加入條文保護黑人投票權，並通過施行第十四條與第十五條憲法修正案，否則不得重新加入聯邦（第十五條修正案規定政府不得因人民之「種族、膚色，或曾經為奴」而拒絕給予投票權）。如此發展之下，到了一八七〇年，曾經屬於南方邦聯的所有州別，最後都對重建法案妥協。此發展最直接的影響，就是所有曾經蓄奴的州別皆可見黑人在重建時期擔任公職。就民意代表部分，美國眾議院當時共有二十位黑人議員，參議院有兩位，至於州議會中的黑人代表則數以百計，此情此景對於南方政治而言確實是相當重大的轉變。

在其他方面，此時期亦有眾多規模與願景令人讚嘆的成就。首先，被解放者事務管理局在此期間內共計設立多達四千所學校，造福將近二十萬名前奴隸，使許多人得首次接受正規教育。同時，共和黨主政的州別裡，政府開支開始以幾何式成長，南方各地皆可見政府大興土木，造橋樑，鋪道路，蓋醫院、建監獄，同時也設立孤兒院、瘋人院與公立學校等施設。雖然各州政府皆配給前奴隸極少量的土地，但南卡羅萊納州政府本著塔迪斯．史蒂文斯的想法，認為獨立農耕能「提升被解放者的人格高度」，因此給了一萬四千戶黑人家庭土地所有權。同時，共和黨人也極力保護前奴隸免受私法暴力之害。一八七一年，時任總統的尤里西斯・S・格蘭特（Ulysses S. Grant）簽署通過三K黨法案，賦予聯邦軍隊權力逮捕三K黨成員，並規定相關案件必須交由聯邦法院審理（聯邦法庭上的陪審團通常以黑人為多數），此舉促使上百位三K黨成員遭到起訴與監禁，有效瓦解了三K黨的組織。

不過，眾人對重建計劃的支持也在一八七〇年代開始江河日下，許多共和黨人開始指責前奴隸未能負起良善公民之責任。前廢奴主義運動者、同時也是記者的詹姆士・S・派克（James S. Pike）在造訪南卡羅萊納州後，就難過而失望地指出：雖然管理局的老師與幹員不斷重申一週至少要工作六天，查爾斯敦的前奴隸「平均每週僅工作四天」。不少被解放者也仍然不改「偷竊與納妾」之惡習。派克認為，將公民權賦予一群尚未準備好在文化行為上接受相關限制的人，結果就是「無知、野蠻與惡行當道」。派克的報導在共和黨政治人物間廣為流傳，導致許多共和黨人放棄希望，認為黑人暴民朽木不可雕也。共和黨重要參議員卡爾・舒茲（Carl Schurz）起先雖然支持重建計劃，但卻在一八七二年指出：「將政治權力賦予為數眾多、未受教育、公民經驗不足的階級，其必然後果就是損害社會整體的經濟利益，導致政治腐敗喪德，財務崩壞。」

時至一八七二年，化奴隸為良民的努力實在受到太多挫折，被解放者事務管理局因此宣告關閉。接下來的五年中，共和黨人一個又一個失去了改革南方的意志，民主黨於是逐漸重掌權力。一八七六年，總統大選結果出現爭議，兩黨為選舉人票數孰多孰寡爭執不下，於是交由國會定奪；此時，士氣盡失的共和黨人便以聯邦軍隊撤出南方為代價，換取民主黨對共和黨籍候選人路得佛・B・海斯（Rutherford B. Hayes）的支持。到了一八七七年底，原本協助重建勢力掌握州政權的軍事力量，已完全自南方撤出。

一般認為，共和黨後來自己背叛重建計劃，代表黨內原本潛藏的種族主義露出了馬腳，而胎死腹中的重建計劃，也證明共和黨從未真心想化前奴隸為良民。不過，這種解讀的背後假設了前奴隸皆為恪遵公民規範的良民；倘若如此，共和黨人的背叛的確是擺了前奴隸一道，使其最終無法獲得應有的社會地位。可是事實上，就算共和黨人的所作所為源自種族主義（部分黨人的確如此），也無法掩蓋一項事實——舒茲與其他共和黨人對被解放者行為的抱怨，句句是真，字字不假，多數（很可能是所有）前奴隸根本沒有負起公民應盡之責任，不但不願縮限個人自由、拒絕將生命奉獻於工作，還無視一夫一妻、節儉、紀律等重要價值。

美國開國眾先賢所發動的是一場讓人民與自身自由為敵的建國大計，這項工程由開國先賢所起，由解奴主義者所延續，如今又由重建人士所充實。所幸，廣大奴隸的態度與行為，有效拖緩了工程進度；而也正因為如此，我認為奴隸應得眾人的頌揚。

奇妙之禮

廣大奴隸獲得解放時，似乎也有些什麼跟著奴隸一起被解放了。史學家杜伯在《美國黑人重建》（*Black Reconstruction in America*）一書中，就將這個什麼稱為一種奇妙之禮：

一首偉大的歌曲於是應運而生，海的這岸未曾孕育出如此之美。這是一首新曲，未曾有人傳唱，雖然它充滿古老黑暗大陸的搏騰與悸動，然而它並不來自非洲；而雖然這首歌的粗俗環繞之音深植於美洲，但那塊蒼白、生硬、薄弱的土地也不是它的家鄉；它的家鄉不是西印度群島、不是南方的暖、不是北方的冷，也不是西部的沉。這是一首未曾有人傳唱之曲，其深遠哀戚之美、韻律起伏、野性魅力，都在世界的耳畔悸動，如雷乍響，傳唱著世人之所鮮少傳唱……南方的白人雖然聽見了，卻聽不見其義，所以睥睨它；北方的白人雖然聽見了，卻不用耳朵聽，所以侵犯它、玷汙它。然而這首歌的生命並未因此停歇，它不斷成長，不斷膨脹，始終生生不息，如今，它就坐在上帝的右手邊。這首歌是美國對美的唯一真實貢獻，是奴役的唯一救贖，是奴役的糞渣中所開出的花朵。

對杜伯而言，奴役的枷鎖反而讓非裔美人不受白人的壓抑文化所囿，而也正因如此，廣大奴隸所匯集而成的文化，自由得相當特別。在這種文化裡，享樂重於工作，自由先於從眾。杜伯認為，雖然部分奴隸在解放後淪為自由人約翰，但是很多人並未走上這條路；在杜伯眼中，被解放者的文化對美國、對世界，都是一份奇妙的禮物。事實上，在重建時期，許多前奴隸紛紛逃離鄉村，進入城市，學習吹奏銅管樂器，組成「禧年」(8)樂隊。不少人則開始接觸鋼琴，發明散拍（ragtime）這個新的音樂形式，讓數百萬白人舞動的雙腳停不下來。也有人開始彈奏吉他，藍調於是誕生。在這波音樂的煉金術裡，一份奇妙的禮物應運而生，安慰了所有厭惡工作、性喜享樂，自小就渴望自由的人。根據杜伯指出，重建計劃最大的悲劇，就在於廣大的白人竟然拒絕了這份大禮，並且對黑人文化表達不屑與嘲笑，視之為次等。杜伯和今天多數史學家一樣，仍然希望前奴隸都可以成為美國公民，只是杜伯所不了解的是，何以自由人約翰和其他選擇成為良好公民的前奴隸，也都拒絕了這份禮物，好像兩者只能取其一一樣。重建計劃倘若成功了，今天各種奴隸所掙來

(8)（譯註）原文作 jubilee bands，應指 jubile qurtets，為二十世紀上半葉盛行的非裔美人音樂團體，多以人聲演唱宗教歌曲。

的自由與樂趣都不可能存在，而被解放者若全成為了良好公民，也就不可能有後來的爵士樂。

四　妓女與女性解放運動的起源

十九世紀時，如果一位女性擁有財產、坐擁高薪、享受婚外性行為、為他人口交也接受口交、採取避孕措施、還與其他種族男性交媾，同時喝酒跳舞、獨自出沒公共場合、塗抹胭脂、施灑香水、穿著入時，並且不因上述各種行為而感到羞愧，那麼這個人基本上就是妓女。事實上，今天女性視之為理所當然、但當時女性卻無法享受的各種自由，幾乎都是靠妓女爭取而來。

性工作者在野蠻、法律鞭長莫及、暴民氣氛濃厚的西部新興小鎮裡，特別如魚得水。當時，多數職業皆僅限男性，已婚女性在法律上也無權擁有財產，然而西部有好幾位所謂的鴇母，其所累積的財富卻足以資助地方上的灌溉系統與道路建設，為新興大西部奠定發展基礎。同時，早在美國雇主提供員工健康保險數十年以前，大西部各地的鴇母早就已經提供旗下妓女免費醫療服務。而當社會告訴時下女性她們無法在暴力中自保，同時也不應該設法自保，而且又說妻子若遭丈夫強暴，在法律上並不能採取任何行動時，鴇母卻雇請警方來保護手下女性，其中持有槍械還懂得如何用槍的鴇母，更是所在多有。

當女性主義者還在設法解放女性脫離父權婚姻時，妓女的結婚年齡已經開始向後推，離婚頻率也比任何美國女性還高。在當時，避孕措施仍實質上被禁止，然而妓女的存在卻創造了需求市場，讓避孕相關藥品與器材得以生產分銷。此外，當時的女性不斷被灌輸女人屬於「私領域」的觀念，不過妓女卻得以四處旅行，常常還是單槍匹馬，明目張膽地成為「公領域」的一份子。早在公共場所的女性社交舞蹈為社會接受以前，眾多性工作者就已經發明出許多舞步，在日後一九一〇與二〇年代的舞蹈盛世中大放異彩。而在多數女性仍不得賭博與公然飲酒的年代，妓女更已成為西部酒館風情的重要一份子，也是美國史上最厲害的賭徒之一。最諷刺的是，妓女的妝容、服飾、髮型，雖然都曾經因為昭然的性感成分而受人指責（口紅更被視為阻街女郎的紅色羞恥），但妓女風格後來卻在美國女性之間大為流行，到了今天已經完全褪去負面色彩，連第一夫人也不多加避諱。

女性如果想脫離當時國內維多利亞式的眾多限制，除了前往所謂的邊疆地區以外，基本上無處可去。不過也正是邊疆地區經濟與人口雙重力道的相互結合，為暴民女性帶來許多別處沒有的優勢。

蓬勃發展

一八七〇至一九〇〇年間，美國境內農場數量雙倍成長，耕地面積擴張幅度也超越此前的兩個半世紀，並以西南部大平原為主要成長地區。除農耕蓬勃發展以外，其他產業也在十九世紀下半葉的大西部地區快速起飛，其中最興盛者為加州、洛磯山脈、部分西南地區等地的煤礦業；平原區的牧場業；靠太平洋的西北部林業；加州內陸山谷的大規模蔬果栽種，以及德州、奧克拉荷馬州（Oklahoma）與南加州的石油開採。當時，各產業間之所以能互通有無，美東與歐洲市場也可以暢貨無礙的重要功臣，就是鐵路建設。到了十九世紀末期，美國西部已有相當程度的鐵路覆蓋，而鐵路交通發展之所以出現爆炸性成長，主要得歸功聯邦政府以巨額開支打造橫跨密蘇里河與西海岸之間的大陸鐵路（Transcontinental Railroad）。不過，政府的其他基礎建設計劃，譬如公路、水霸、大範圍灌溉系統等的重要性也不可或缺，若是少了它們就不可能有今日我們所知道的西部。

當時，新興小鎮可以在一夜之間出現，山區如果發現貴金屬、沙漠發現原油、森林出現伐木工廠，或者附近剛好有牲畜蹤跡或火車站，都可能孕育出新城鎮。有些新興市鎮後來發展成為大都會，變成今天的舊金山、洛杉磯、丹佛與西雅圖等大型城市。不過由於最早的工作機會都是極為粗重的體力活，並不適合女性從事，因此城鎮裡一開始的男女比例都相當失衡。譬如一八五〇年時，加州的非原住民人口男性比例就高達九三%，而內華達州（Nevada）的康斯塔克銀礦區（Comstock Silver Lode）也在一八六〇年人口普查中，統計出男女各為二三〇六人與三十人。這些男人沒有家庭，沒有土地，沒有財產，孑然一身，也沒有地域性的牽掛，哪裡有錢就往哪裡去；此外，由於這些城鎮都才剛剛建立，因此法律機制也都還相當不成熟，於是種種因素相加作用之後，美國西部就成了一座滋生惡人的大溫床。

娼妓當道

十九世紀美國的道德守護者會如此擔心西部這群王老五，絕不是沒有道理。一位清教徒教士就指出：「若不多加管理，這群男人將快速退化，變得粗劣而邋遢，甚至變得野蠻。」這位教士說的沒錯，可是諷刺的是，這群男性絕大多數雖然身為白種美國公民，卻對於良好公民應盡的責任與必須遵守的個人節制視若無睹。一位蒙大拿州（Montana）的道德改革者就如此形容採礦小鎮的生活：「鎮上的男人目無法紀，對社會觀感不理不睬，沒有家累負擔，因此想喝酒就喝酒，只要有錢有閒就喝酒……於是人變得粗俗而沒有規矩……蘭姆酒則讓情緒更容易失控，形同火上加油；而為了撥亂反正，手槍就出現了。」一位於科羅拉多州（Colorado）萊德威爾（Lead Ville）的銀礦小鎮早在一八七九年時就有多達一百二十間酒館、十九間啤酒吧與一百八十八間賭場，至於教堂卻只有四間。

在這個背景下，一群深諳市場供需原則的女人走向了西部的新世界。根據美國勞動部一九一六年一份研究指出，女性所能合法從事的職業（百貨公司店員與輕工廠作業員）平均週薪為美金六．六七元，這在當時大約只夠自己自足。而且，這類產業所提供的就業機會本身就不多，再加上其他產業幾乎都禁止女性就業，因此開放產業裡的勞力需求不高，供給卻過於豐沛，供需失衡於是導致薪資降至最低水準。反觀選擇從事性工作的女性，其勞動市場則極為優渥，不只需求高而穩定（特別是西部地區），供給也因為多數女性早已內化了性工作的汙名與恥辱，所以人數相對稀少。根據美國性工作社會史先鋒、史學家露絲．羅森（Ruth Rosen）指出：「平均而言，妓院女子和阻街女郎」──該行業中的初階職位──「每次交易酬勞為美金一到五元，只要一個晚上的收入就等於其他職業婦女一週的薪水。」根據一份一九一六年的研究指出，性工作者的週薪大約落在美金三十到五十元之間，反觀當時隸屬行業工會的男性技術勞工，一週薪水大約也只有美金二十元。喬治．M．布萊克波恩（George M. Blackburn）和雪曼．L．利卡德（Sherman L. Ricards）在研究內華達州維吉尼亞市（Virginia City）時，就發現一八六〇年代的新興小鎮裡，性工作者的年齡不若刻板印象中那般年幼，並非「淪為奴隸的白人」。事實上，她們的年紀反而要比克羅拉多、愛達荷（Idaho）、內華達等西部礦業大州的女性平均年齡還要高。「從性工作者的年齡資料看來，這些人的心智已經成熟，並不是不知道自己在做什麼，此外就年齡而言，若是當初選擇結婚，應該也已經是已婚婦人的歲數了，畢竟該地區並不缺乏單身男性。根據以上理由，我們認為這些女性是以經營事業的心態從事性工作，並且以取得經濟成功為目標。」一位在墨西哥出生的女性，原本在德州艾爾帕索（El Paso）擔任家庭幫傭，一週工資僅美金三塊錢，後來她為了多賺點錢而辭去工作，「決定成為妓女」。這位女子後來回憶道：「我花了好一段時間，才習慣讓男人在我身上細細探索。當然，一開始的罪惡感是有的，不過一看到積蓄愈來愈多，也就不再覺得怎麼樣了。」

即使是在市場較為緊縮的美東地區，性工作者的報酬也相當優渥。根據史學家提摩西．吉佛爾指出，紐約市出現了一群「有錢但來自外地的性工作者，發展得非常好」，「工廠與家庭裡」普遍低薪的情況，「使得性工作者成為十九世紀城市裡收入最高的女性勞工」。根據一九〇〇與一九一〇年代紐約地區的研究指出，只有十一％的性工者表示自己被迫入行，同時將近二八％的受訪者列舉收入為入行主要原因。芝加哥地區的惡行改正委員會（Vice Commission）成員和許多反娼妓的道德改革者一樣，在面對性工作者所累積的財富時，都尖銳地問道：「靠著雙手每週只賺六塊錢的女孩，如果發現這個市場確實存在，而男人也願意付錢，因此決定以每週二十五塊錢為代價出賣肉體，你能怪她嗎？」一位芝加哥地區仰賴性工作供養全家的妓女，便給了我們答案，她在受訪時表示：「我現在一晚就能賺個五、六塊錢，可能還不只，難道我要回去工廠做一整個禮拜也才賺一樣薪水的工作？更何況薪水那麼少，代表一分錢也沒辦法花在自己身上！」史學家露絲．羅森就「一次又一次聽到性工作者表示自己的工作既輕鬆，又較其他生計不具壓迫性。」

早期的美國女性主義者有所謂「僕役女性之體系」一說，不過若要指出誰是掙脫該體系束縛的第一人，那麼便是性工作者無誤。夏綠蒂．柏金斯．吉爾曼（Charlotte Perkins Gilman）是十九世紀末、二十世紀初首屈一指的女性主義知識份子，她就說在所有物種當中，「只有人類才有一個性別必須在經濟上完全仰賴另一性別的現象」。由於正當職業的薪酬實在太低，當時女性獲得財富的唯一方式就是找到金龜婿。然而根據十九世紀美國各州的規定，已婚女性甚至幾無財產權可言，因此就算是嫁入豪門的女性，自己名下的財產若是空空如也，也是稀鬆平常。唯一的例外就是壞女人，就只有她們可以靠著自己過上不錯的生活。

在性產業中扶搖直上成為鴇母者，除了比國內任何女性都還有錢，根本名列全國首富，尤其在西部地區的鴇母更是富甲一方。人稱「鑽石潔西」的潔西．海蔓（"Diamnd Jessie" Hayman）從一八八〇年代起開始在內華達山脈（Sierra Nevada）山腳下的金礦區從事性工作，後來遷至舊金山，成為舊金山有史以來最成功的妓女之一。海蔓在舊金山市的田德隆區（Tenderloin）擁有一棟三層樓高的妓院，裡頭有三座壁爐、一間酒館、一座香檳酒窖，還有十五間套房，一間又一間全擺滿了進口家具。此外，她給手下妓女的治裝預算更高達美金六千元，一身行頭包括一件狐皮大衣、四套訂製套裝、八頂帽子、兩件正式大衣、十二雙鞋、十二雙手套、七套晚宴服，還有七件薄紗睡衣。此外，海蔓賺的錢多到讓她在市區買了好幾塊地。一九〇六年舊金山大地震災情慘重，海蔓與其他鴇母於是出錢出力，為上千名流離失所的災民提供食物與衣服。一九二三年海蔓過世時，身家共計美金十一萬六千元。

而被譽為「科羅拉多地下皇后」的珍妮．羅杰絲（Jennie Rogers），則在丹佛市（Denver）擁有數座豪華妓院。這些妓院裡頭不但鑲滿和樓層等高的鏡面，更配有水晶吊燈、東方風地毯、大理石桌與豪華鋼琴。羅杰絲同時還為旗下妓女請來個人專屬髮型師與服裝設計師，就是要確保她們是世界上最入時的女性。羅杰絲後來更用賺來的大把鈔票買下大筆丹佛精華地段的土地，同時還入股許多重要的灌溉水庫計劃。這些投資不僅為她帶來可觀的股利分紅，羅杰絲所投資的基礎建設更讓丹佛的水源不虞匱乏。至於羅杰絲的一大競爭對手瑪蒂．席爾克絲（Mattie Silks），一開始只是德州亞伯連（Abilene）和堪薩斯州道奇市（Dodge City）的阻街女郎，後來卻平步青雲，十九歲就成為妓院老闆。她在一八七六年遷居丹佛後不久就買了一棟樓高三層、房間數達二十七間的大宅，除了裝潢極為講究，還找來交響樂團在大聽演奏，讓賓客一進門就如沐春風。席爾克絲後來另外又開了三家妓院、買下一座賽馬馬廄。退休以後，席爾克絲曾在報紙訪問中如此說道：「當初我入這行不為別的，就是為了做生意。那個年代女人要賺錢，入這行是其中一條路，而我也的確成功賺了大錢。當時的我覺得自己是商人，現在的我也還是如此覺得。」席爾克絲的員工是當時收入最多的美國女性，「她們來找我，和我找她們來的原因一樣，就是有錢大家賺。」

西部的其他地區，也有不同鴇母佔地為王，譬如愛蓮諾拉・杜蒙（Eleanora Dumont）就在洛磯山脈和內華達山脈當地淘金採銀的新興小鎮買地置產，開設妓院、酒館、賭場等場所，賺取大量利潤。至於人稱「芝加哥喬」的喬瑟芬・艾芮（Josephine "Chicago Joe" Airey）則是在一八七〇與一八八〇年代憑著經營妓院所得，大量購入蒙大拿州海勒那（Helena）地區的不動產。另一位露・格蘭（Lou Graham）也是如此，她不只是西雅圖早期最有份量的妓院主人，也是當地首富之一。格蘭在一八八八年抵達西雅圖，不久後就在先鋒廣場（Pioneer Square）開設妓院，裝潢更是美侖美奐。為了打廣告，她和旗下女郎搭馬車遊行過街，也大量投資股票市場和房地產，成為歷史學家口中的「太平洋岸西北地區最大的土地持有者之一」。這位「紅燈區女王」(1)也大力支助西雅圖地區設立公立學校體系，在一八九三年的經濟大恐慌(2)之後，更出手拯救許多地方世族，使其免於破產命運。還有一位安娜・威爾遜（Anna Wilson）則是持有奧馬哈（Omaha）大

(1)（譯註）原文作 Lava Beds，西雅圖紅燈區舊名之一。
(2)（譯註）一八七三年鐵路過度建設、融資不當，導致銀行倒閉的一場經濟恐慌。

量房地產，被人稱為「奧馬哈地下皇后」。威爾遜在過世之前，將她的二十五房大宅捐公，成為奧馬哈地區第一座現代急診醫院以及傳染病治療中心。

在十九世紀的美國，最有錢有權的黑人女性大概別無他人，就是人稱「媽咪」的瑪莉．艾倫．普雷森特（Mary Ellen "Mammy" Pleasant），和人稱「寶貝」的莎拉．B．康納斯（Sarah B. "Babe" Connors）。普雷森特出身奴隸，但是卻在舊金山早期成為最有影響力的女性之一，她所經營的出租旅舍專門接待富裕商人，而且除了住宿服務以外亦安排妓女陪伴，是為旗下主要事業。普雷森特另外也將旅舍所得部分投資礦業股票，部分以高息放款給舊金山當地的菁英階級。此外，她也要求政府取消市區街車的黑白隔離制度，因此堪稱加州的「民權運動之母」。至於康納斯在聖路易所經營的數家妓院，生意則是中西部地區最好的。康納斯這幾家人稱「城堡」或「皇宮」的妓院，不只鋪滿了豪華的地毯與布幔，還以藝術品和水晶燈妝點門面，其中「皇宮」妓院的大廳，更是以其特殊的全鏡面地板聞名；至於康納斯本人則滿身珠寶，還以黃金和鑽石鑲牙。當時，散拍曲風（晚近爵士樂的先河）的流行曲目裡，有許多都是一位人稱「露媽」的萊蒂莎．露露．阿格莎．芳恬（Leititia Lulu Agatha "Mama Lou" Fontaine）所創作，而這位「露媽」的表演，正是康納斯妓院裡的鎮院名秀。

市場頂端的妓院業主或鴇母，並不是唯一賺大錢的性工作者。一位內華達州維吉尼亞市的中產階級道德人士，便語帶鄙夷地指出地方上的妓女衣著「總是最為華貴」。史學家布萊克．波恩與利卡德認為，雖然維吉尼亞市的妓女並非當地最有錢的人，但是她們「所累積的財富確實多過大部分上門的客人。此外，如果和地方上其他女性相比，白人妓女已經相當富裕了，因為已婚婦女幾乎沒有財產，而擁有財產的未婚女性也相當稀少。如果說妓女們到西部是為了在經濟上與其他女性競爭，那麼成果可以說是相當不錯。」

史學家寶拉．佩特里克（Paula Petrik）也發現，一八六五年至一八七〇年間在蒙大拿海勒那地區活動的性工作者，大約有六成「擁有個人財富或地產，或兩者皆有」。此外，光是鎮上的「風塵女子」所進行的地產交易，就佔所有女性地產交易的四四％；至於當時核發予女性的二十筆貸款，則全數是由這群性工作者所取得。不過最令人印象深刻的，還是當地妓女與一般鎮上男性收入的懸殊。根據佩特里克估計，「在伍德街一帶活動的風塵女子」每月收入為兩百三十三美元，反觀當時的磚匠、石匠、木匠等勞工，一個月的收入則只九十到一百美元，即使是銀行行員，每個月也只賺一百二十五美元，若是「與女性銷售員中收入最好的一群相比（每月六十五塊錢），性工作者的收入更是相當可觀。」在重要女性主義者不斷倡導女性經濟獨立的年代，海勒那的紅燈區早已創造出佩特里克所謂的「以女性財產及資本為基礎的女性經濟」。

今天的女性律師若要尋根，也同樣可以回溯到這群西部的妓院業主。當時的鴇母不只得時常出庭為自己辯護，還時常打贏官司。佩特里克發現，許多海勒那地區的法庭案例，不乏妓女之間為了「田德隆地區重要人士無法解決的小事情」彼此興訟，也有不少是針對「攻擊、洗劫、恐嚇自己的男性提出告訴」。而在妓女提告男性的所有案例中，「法官判決站在性工作者一方的比例高達半數」。佩特里克也指出，海勒那地區在道德改革人士尚未大舉出現以前，「法律與司法鮮少過問性交易的問題」。性產業雖然連續二十年都是城中經濟的重要環節，「而且警察局就位於紅燈區，但是在一八八六年以前卻沒有任何女性因為從事性工作或經營妓院而遭到逮捕」。這個時期，性產業不但受到法律寬容，海勒那地區的妓女也並未展現出一般假設裡性工作者特有的自毀傾向。「一八八三年以前，海勒那地區因自殺而死亡的妓女人數為零」，而雖然鎮裡的娼妓「大量飲酒用藥，海勒那地區在一八六五至一八八三年間，卻沒有妓女因酒精或藥物過量而喪命」。

有些鴇母的確會惡待手下妓女，或者以勞務償債的方式加以剝削，不過有此情形者，多半是較不成功的妓院老闆。由於西部新興城鎮的紅燈區裡都有好幾家妓院，因此競爭相當激烈，若要吸引女性前來，鴇母不只得開出比其他行業要高的薪水，也得一併付上免費避孕、醫療照護、法律協助以及食宿等福利。十九世紀的勞工無論男女，鮮少能獲得如此優渥的待遇。

到了十九世紀中期，許多都市地區的道德改革人士眼見妓女有錢有勢、氾濫成災，開始警告若是舉國允許「娼妓當道」，必將威脅國家的德性操守。喬治・佛斯特（George Foster）在一八五〇年的小說作品《塞里奧：地上與地下紐約》（*Celio: or, New York Above-ground and Under-ground*）裡就如此形容：鴇母們帶著「法律規章自成一格、組織良好的一群竊賊」，領導著「地下宇宙」。另外喬治・艾靈頓（George Ellington）在一八六九年的報導作品《紐約女性：偉大城市的地下世界》（*The Women of New York: or, the Underworld of the Great City*）中，也將鴇母形容為「喪失所有人性美善價值、最為糟糕的女惡魔」。更可怕的是，她們還能「進入城市裡的社交圈」，「選擇結交地方上最富有、最有智識的人士」。

不知羞恥

維多利亞時代的意識型態充滿了性壓抑，尤其女性更是受害甚深，不過娼妓卻完全沒有這種包袱。丹佛市議會曾試圖通過一項行政命令，要求「所有不名不譽的女性」配帶黃色絲帶，以羞辱地方上的性工作者；不過當地鴇母非但不受影響，反而刻意和手下員工一起穿戴黃色，全身上下無處不黃。此舉一出，反讓城市裡的阻街女郎愈加受人矚目，市議會自知受辱，只好撤回命令。此外，丹佛地區的妓院經營者也透過刊登廣告來證明她們完全不受限於中產階級道德規範，而許多廣告皆登在廣為流通的刊物《丹佛紅冊：休閒去處集錦》（*Denver Red Book: A Reliable Directory of the Pleasure Resorts of Denver*）上頭。另一本涵蓋整個科羅拉多州的《科羅拉多夜間旅遊樂指南》（*Traveler's Night Guide of Colorado*）則是於一八九五年出版。至於舊金山地區的娼妓也同樣大鳴大放，每週都會穿上最為華美的衣服，在市場街（Market Street）舉辦大遊行，為自己的行業大打廣告。另外，德州甜水城（Sweetwater）在進行人口普查時，地方上最著名的妓女，人稱「松鼠牙愛利絲」的莉比・湯普遜（Libby Thompson）就毫不害臊地在職業欄裡寫上「在黑暗之中打滾嬌喘」。

我們一般都假設應召業在本質上具有令人尊嚴盡失的成份，因而認為心理正常、經濟不成問題的女性絕對不會走上這條不歸路。這種想法預設了性相關的勞動會比其他肢體勞動造成較大的身心傷害（即使兩者都是靠身體賺錢）。不過，這個假設卻在十九世紀性工作者接受訪問時遭到反駁。

一八五九年一項針對兩千位紐約市區女性娼妓的調查中，威廉・桑格（William Sanger）博士如此向受訪者問道：「為什麼成為性工作者？」結果發現約有一千一百位的答案符合博士的猜測，分別列舉「走投無路」、「為情所誘後慘遭拋棄」、「父母、親人或者丈夫的惡待」與「交友不慎」等因素作為入行原因。不過另外卻有四分之一以上，共計五三一位娼妓的答案讓桑格相當驚訝，認為簡直「不可置信」。根據這群人指出，她們入行是因為「志趣所在」。事實上，許多受訪娼妓根本不認為性產業是一份工作：一八一位受訪者表示入行原因為「自己喜歡喝酒」，一二四位則認為性產業「輕鬆又好賺」。其中更有二十九位堪稱美國史上最了不得的暴民，表示自己「太懶散，不適合工作」，所以才成為妓女。史學家吉佛爾認為：「對這些女性而言，性交易並不是偏差或罪惡行為，而是一種比工廠苦活或家庭勞役更輕鬆的替代方案。」

內戰以後，紐約開始依法取締性交易，不過在此以前，紐約市的妓女「並不認為自己是墮落的女性」。在法庭及新聞報導中，「她們公開為自己的道德正直與私有財產辯護，不受暴力恫嚇，拒絕成為正義的亡徒。」

在性方面，當時的妓女可謂挑戰了所有束縛自由女性的禁忌。原本早期美國城市中流通的節育裝置，約在十九世紀中期開始受人撻伐，不過避孕措施在當時仍然廣泛被使用，尚未成為羞恥的記號。一位一八七二年造訪波士頓的旅客指出，當時「幾乎所有報紙都刊載相關平面廣告，各家藥局櫃台上也都直接擺放各式『妙方』，毫不避諱。」史學家安德莉雅·東恩（Andrea Tone）指出，「避孕措施導致性愛娛樂化後，相關產品的生產與分銷於是成為新產業，該產業雖然涉及各類不法產品與享樂，但是卻相當強健，能見度也逐漸提升。由於這個產業讓性愛不必再拘限於婚姻與生育，因此也達成性解放、鼓勵性自主的目的。」十九世紀中期，數量不斷增加的娼妓滋養了這個新市場，而當道德改革人士威脅全面禁止避孕措施時，娼妓的存在也確保這個產業得以繼續生存。一八六〇與一八七〇年代，諸如《鴿巢中的蛇蝎》（*Serpents in the Doves' Nest*）與《社會中的撒旦》（*Satan in Society*）等書不斷大肆撻伐節育行為，指責避孕形同冒犯「上天律法」，根本是「來自地獄的發明」，猶如一頭存心消滅美國家庭的「多頭妖怪」。一八七三年，美國國會通過俗稱康姆斯塔克法（Comstock Law）的「禁止淫猥書籍、敗德物品貿易流通法」（Act of the Suppression of Trade in, and Circulation of, Obscene Literature and Articles of Immoral Use），法案通過後，上述對節育行為的反對與攻擊於是正式成為法律的一部分（康姆斯塔克法一名，出自反淫猥戰士安東尼·康姆斯塔克（Anthony Comstock）；自此以後，美國民眾無法再透過郵政系統傳播任何「淫猥、下流、情色」的內容以及「任何用來避孕或誘發流產的物品」。

當時，康姆斯塔克口中的「邪惡之徒」、「狡滑猶太人」、「道德癌症散播者」與「女惡棍」等地下暴民，仍繼續生產、銷售、購買避孕用品，有效確保性自由一命尚存，不致遭到扼殺。不過，避孕用品最穩定也最大宗的消費族群還是性工作者。一八七〇年代，性工作者人數約佔美國都市女性人口的五%到一〇%，而這上百萬娼妓人口正是節育產業的最大客戶。這群「女壞蛋」的存在讓地下節育市場得以撐過一八七三年至一九二〇年代，直到避孕措施的生產與傳播再次合法。根據東恩指出，這段期間內：「美國的保險套貿易相當競爭，人多手雜，私商更是所在多有。」其中最具代表性者，非喬瑟夫·貝克拉許（Joseph Backrash）及地下工廠莫屬。貝克拉許的工廠就位在他布魯克林的自宅裡，屋子裡除了夫妻倆外，還有七位子女。一八八〇年代左右，貝克拉許的工廠每年已能生產上千份保險套、「男用避孕蓋」與「女用子宮罩」。

貝克拉許在當時有許多競爭對手，其中一位就是同為德裔猶太移民的朱利亞士·史密德（Julis Schimid）。朱利亞士原本在香腸工廠工作，卻因為負責清理動物內臟而看見這塊市場。一八八三年，朱利亞士將上百條腸子帶回家自行創業，成立後來著名的朱利亞士·史密德股份有限公司，生產富雷克斯（Fourex）、拉母西斯（Ramses）與席克（Sheik）等品牌保險套。一八九〇年，由康姆斯塔克召集的紐約罪惡打擊小組前往史密德位於曼哈頓四十六街的寓所逮人（史密德的工廠兼寓所位於紐約最大的紅燈區內，位置相當理想），起出多達六九六條預防用「羊皮保險套」以及「用於量產的單一模型」。史密德後來在「販售避孕物品」的罪名之下遭到監禁罰款。不過由於大量惡民所組成的市場實在大得誘人，史密德並未就此金盆洗手，在著名的瑪格利特·桑格（Margaret Sanger）成立第一家節育診所二十六年以前，史密德就率先引進德國技術，成為美國量產橡膠保險套第一人，躍居產業龍頭。第一次世界大戰期間，史密德為英、法、俄、義等國軍隊提供保險套，不過由於美國當時仍然禁止避孕，只教導士兵在面對娼妓時用「道德」來解決問題，史密德的客戶因此獨缺美軍；結果，高達一〇％的美國大兵在戰爭期間染上性病。二戰時，避孕在美國解禁，史密德遂成為美軍指定的保險套供應商。

十九世紀時，口交仍普遍被視為罪惡行為，唯有在妓院裡，男人不用多加施壓就能稱心如意。即使是二十世紀大半期間，醫用性行為與婚姻指南若不是徹底忽略口交行為，就是視之為「病態」與「變態」行為。晚至一九五〇年時，女對男口交（即使在夫妻之間）仍被多達四十八個州視為重罪，而男對女口交則被四十一個州視為重罪。當然，這不代表美國人都不口交，不過如果有誰膽敢大張其鼓、毫無羞恥地口交，大概也就是妓院裡的娼妓。芝加哥一九三四年的一份娼妓調查就發現，單純提供所謂「正常性交」者只有五位，而提供口交服務者則超過一百位。該調查發現，在所有交易當中超過九成都「附帶噁心變態的服務」。因此，性工作者誠可謂美國性革命的先驅，率先為美國人拓展情欲生活。要知道，就連到了一九七〇年代，當許多觀察者都宣稱其實「人人都在口交」的時候，異性口交仍被視為娼妓特有的行為。

就連一九一〇與二〇年代的跳舞風潮，也是源自各地妓院。在此以前，入流的社交舞蹈仍然以上流社會所舉辦的舞會為主。根據史學家路易斯・A・艾倫柏格（Lewis A. Erenberg）指出，這種上流舞蹈的特色是「自制、規律、動作重複」。以十九世紀高尚舞蹈中最受歡迎的華爾滋為例，「舞步必須要一定程度上的統一，以求動作一致」，舞伴之間也必須在肩部保持三到四吋的距離，愈往下半身要離得愈遠。艾倫柏格口中的華爾滋，恰恰反襯出奴隸、黑臉藝人、娼妓等美國暴民在模仿白人時所跳出的舞步，究竟具有多大的革命性：

> 華爾滋所體現的，是十九世紀無法竟成的情愛。當然，華爾滋已經帶有不少情感，但是華爾滋的舞步，就和當時的社會一樣，把男女兩性隔得遠遠的。

如果是太過性感的舞步，一般會被認為是黑人與娼妓獨有，此外，跳舞就當時觀點而言也屬於私領域的事情，應在規範良好的空間裡進行。杰西・拉斯基（Jesse Lasky）是雜藝表演（vaudeville）藝人，也是好萊塢首座電影工作室的創辦者，他就表示一九一一年的時候「在公共場合跳舞還是相當驚世駭俗的行為」。不過到了二十世紀的第二個十年，暴民的樂趣與自由，就從臭水溝底向上竄升，開始普及。

美國良民還在跳華爾滋的時候，壞人與暴民就已經在全國各地的不良場所裡，大跳下流舞蹈。所謂的「音樂沙龍」大概在一八四〇與五〇年代左右出現於城市裡，在十九世紀極度受到大眾歡迎。一九一〇年時，舊金山的紅燈區裡，亦即俗稱芭芭利海岸（Barbary Coast）一帶，光是六個街區的半徑以內就有多達三百間音樂沙龍，而芝加哥南區（South Side）的沙龍更有高達二八五家。至於紐約包厘區與田德隆區（朱利亞士・史密德就住在這裡）還有紐奧良的法國區裡，類似場所也都高達上百間。

音樂沙龍主要做的是四門生意：烈酒、音樂、跳舞與性。根據史學家羅素・B・奈伊（Russel B. Nye）指出，「時常造訪音樂沙龍的女性幾乎都是妓女，其中有的是專職娼妓，其他則是業餘賣淫。」這些音樂沙龍和大西部地區的妓院有一項共同之處，那就是上門的客人族群混雜，不分膚色。許多大城市的音樂沙龍，經營者其實都是非裔美人，而客人也多半來自各個不同族群。就連相當溫雅的場所，當時也都開始提供原本只有妓院才有的樂趣與自由，譬如說一九一二年時，紐約百老匯的咖啡館就曾舉辦午後舞蹈的活動（常被稱為「探戈午茶」），讓單獨前來的單身男女可以趁機一同跳舞，就連店家找來陪女客跳舞的牛郎，也會一起同樂。這樣的活動後來受到熱烈歡迎，而道德改革人士就鞭辟入裡地指出，這個現象與風潮，正是由社會上的人渣所引領。其中一位在紐約地區推動禁舞，要求全面停止公開與感官跳舞行為的道德改革者貝爾・莫斯科維奇（Belle Moskowitz）就表示：「這基本上就是一種由下向上，朝其他社會階層擴散的邪惡景況。」《紐約世界報》（*New York World*）曾精闢指出：這股歪風「從貧民窟漫延至廟堂，從廟堂漫延至食肆，再從食肆漫延至家庭，酒館舞蹈的魔掌已經抓住了還不懂事的年輕人和早該懂事的成年長者。」

根據史學家估計，光是一九一〇年代就有超過一百種舞步在大雅之堂與公共場所廣為流行，徹底翻轉維多利亞時代僵硬的性教條。根據艾倫柏格指出，新的舞步「讓舞伴之間不必再和以前一樣正經八百，彼此的觸碰與距離都有更多不同可能性，體現了當時的人對異性親近與異性相吸的重視。」而其中令道德改革者最為驚愕的，就是「舞伴雙方時常靠得很近，緊緊摟著對方的腰或頸子，就好像在擁抱一樣……像是一步踏（one-step）或者兔子跳（bunny hug）等新興舞步，跳起來都好像在長相依偎。」當時最具影響力的新興舞步包括火雞步、狐狸步、查爾斯敦與德洲湯米步，而許多學者都認為，這些舞蹈正是搖擺舞與初期搖滾舞中旋轉動作的起源。不少研究美國民間舞蹈的史學先驅都指出，這些舞步其實都是南方前奴隸及其後代所發明的，後來經由舊金山芭芭利海岸娼妓的傳播，始於白人之間流行。艾倫柏格認為：「富裕的城市人在追求文化再生時，無論是從動物世界、黑人文化，還者紅燈區找尋能量泉源，其實都在尋找自我解放的方式，以釋放內心較為狂野、自然的氣質傾向，掙脫溫雅禮教的束縛。」

手槍與彩妝

美國娼妓不只推翻了維多利亞時期女性天生「無性無欲」的想法，同時也打破了女性無法在暴力當前自我保護的迷思。事實上，只要是當時的一線鴇母，傳記中幾乎都可以找到持槍自保嚇阻男性攻擊者的故事。譬如潔西・海蔓的口袋裡就總是放著一把槍，她總說：「不能讓顧客跑了，但槍更不能離身」，「許多爭端就是靠著這把槍解決的」。人稱凱德的凱洛琳・湯普遜（Carline "Cad" Thompson）是內華達州採銀城鎮維吉尼亞市的地下皇后，有一回凱德的老公威脅要致她於死，她便用槍抵著他的頭，使其無法進犯，直至警方抵達。另一位人稱大鼻子凱特的凱特・何倫妮（Kate Horony）則是年僅十五歲時就以斧柄一棒打昏意圖強暴她的惡徒，後來在聖路易成為性工作者後，更因為替帶她入行的鴇母報謀殺之仇而聲名大噪。還有一位愛蓮諾拉・杜蒙在西部巡迴期間也為求自保而殺害許多男性，有一次甚至救了蒙大拿州（Montana）密蘇里河畔小鎮全體居民一命。當時，一艘乘客患有天花的蒸汽船試圖靠岸，杜蒙二話不說拿起手上的德倫加手槍（derringer pistol）瞄準甲板上的船長，朝其腳邊幾吋不到之處連開兩槍。杜蒙如此解釋道：「開第二槍的用意是要告訴他第一槍的準頭絕不是靠運氣」，「意思就是說，船再不調頭，下一顆子彈就會貫穿腦門」。船長見狀，只好將汽船調頭，加速向下游駛去。

今天的女性主義者與各界人士時常抨擊社會上的「愛美文化」，認為女性對時尚與美妝用品的追求形同對男性欲望伏首稱臣，不只強化華而不實的風氣，更是一種從眾、自戀與自我施加的壓迫。然而，這種批評口徑在今天不只了無新意，最初如此批判的人也不是女性，而是十七世紀高舉道德大旗的英國男性。清教徒教士湯瑪斯・杜克（Thomas Tuke）在一六一六年寫成的《反色彩妝抹論》（*A Discourse Against Painting and Tincturing*）中就警告，化妝品是「魔鬼的產物」，其目的要使女性陷入自我崇慕，由於它讓女性得以重塑自我，因此違反了自然秩序——「女人本為上帝所造，然而現在卻成為自己的創造主，好像在做畫一樣。」杜克建議任何還想保有美名的女性，應「將這種卑賤的技藝留給娼妓，她們最適合，讓她們透過這種骯髒手法來引人注目。」英國早期以及美國初建國時，彩妝一直是專屬性工作者的工具。史學家凱西・佩斯（Kathy Peiss）指出，「對多數美國人而言，面帶妝容的女子就是妓女，只有她們才以胭紅和眼線毫不避諱地大加宣傳自己喪德的職業。」十九世紀時，「無論報紙、勸世短文或歌曲，皆可見彩妝與娼妓形影不離，以致彩妝成為了一種比喻」，代表了「惡之美」。

娼妓也是美國首批身著鮮艷顏色的女性，其中紅色更代表整體性產業。霍桑（Nathaniel Hawthorne）的短篇小說〈我的親戚莫里納上校〉（"My Kinsman, Major Molineux"）中，故事主人翁就憑著女子身上的「猩紅色襯裙」認出這位眼帶醉意者是妓女。一八五〇年，文字作者兼社會評論家喬治．G．佛斯特（George G. Foster）在描寫街頭生活的著作《瓦斯燈下的紐約》（*New York by Gas-Light*）中，也寫到一眼就看出是妓女的「兩位女士」，兩人全身珠光寶氣，衣著「極為入時」，披肩更是「看了就令眼睛沉醉的美艷猩紅色。」至於小說家奈拉．拉爾森（Nella Larson）一九二八年的著作《流沙》（*Quicksand*）中，一位參加教會培靈會、身著紅衣的女性也被認出是妓女：

> 裸露的雙臂與頸子，自紅色的洋裝中露出，右邊正搖擺的男子一看，不禁一陣顫抖，至於前方正跳著舞的女子，則是皺著眉，露出責備的神色，尖聲說道：「全身猩紅的女人！回到耶穌面前吧，可憐的耶洗別(3)！」

到了二十世紀早期，愈來愈多女性離開鄉村進入不斷擴張的城市，享受各種都市人的自由。佩斯指出：「這些都會女性將這種放蕩的公共風格挪作己用。」

佩斯也發現，一九〇九至一九二九年間，「美國香水與化妝品製造商數量成長將近一倍，而產品的工廠價值更呈十倍成長，自一四二〇萬元一路上升至一億四一〇〇萬美元水準。」在當時，最先採納娼妓風格與品味的女性分別位居經濟量尺的兩端：一端為百貨公司的女性銷售員、工廠女工等族群，另一端則為上流社會的社交名媛。在新興的都會舞廳裡，主要客群皆為「勞工階級年輕女性」，腮紅、粉底、唇膏等化妝品毫不受限，儼然成為一種「普遍風俗」。許多報紙也指出，當時最富有的女性也開始沾染阻街女郎的時尚品味，譬如《紐約世界報》一八九〇年的報導就指出「名流仕女也開始擦脂抹粉」，連身處「最頂層社交圈」者也不例外。當化妝不再是禁忌，「開始不顧傳統與權威恣意化妝者，正是上流中的上流仕女」。根據佩斯指出，到了一九一〇年代，「舞會上仕女與妓女的衣著風格已難以區別」。一九一七年，紐約地

在名譽良好的女性還不能抽菸、裙子不能高於踝的時候，這張二十世紀早期照片中來自阿拉斯加育空地區的性工作者，就已經一派輕鬆地吐著煙圈，露出雙腿。圖片取自麥克布萊德育空史博物館（the MacBride Museum of Yukon History）。

(3)（譯註）舊約人物，嫁作以色列王后的腓尼基公主，被猶太傳統視為拜偶像的假先知，後引申為邪惡女子。

區某舞廳的侍者就對風紀調查員如此表示：「現在的女性每一個都穿得像妓女。」

當然，這場由娼妓所發起的運動並非絲毫未受挑戰。一九一二年就有女性就向《巴爾的摩太陽報》（*Baltimore Sun*）投書抗議，指出以前「上了妝的面容，毫不保留代表著女性的操守與職業」，但是「現在上流社會的女性不論長幼，全都化了妝才上街蹓逛」。社會改革家兼女性主義者莉莉安・D・華爾德（Lillian D. Wald）也在一九一五年的回憶錄中抱怨紐約下東區的勞工階級女孩竟然都穿得像妓女一樣，「服裝一點也不謙遜」，再加上「跳舞、談吐的方式以及隨性的儀態，讓她們顯得相當刺眼」。一九二〇年，洛杉磯某青少庭法官就要求一位犯罪少女「禁止化妝，不得再持續違反母親意願使用胭紅與眉筆」。一份一九三七年的研究發現，超過半數的年輕女性皆曾為使用唇膏而與父母起爭執。根據佩斯指出，使用化妝品在許多年輕女性眼中是獲得自由的方式，能夠帶來樂趣，也代表她們對自己的生命有主導權——「青少女如果突然塗起了唇膏、擦起了胭紅，通常也會開始要求保留更多工資以供己用、試圖自己決定交往對象、設法獲得更多休閒活動的自主權。」

雖然性保守份子動作不斷，由娼妓所引領的時裝潮流到了二十世紀中期不但已經能登大雅之堂，更早已為稀鬆平常之事。娼妓風格約自一九一〇年代開始廣泛普及，只見許多名譽良好的女性首次大方露出頸部以下肌膚。史學家詹姆斯・R・麥克高文（James R. McGovern）指出：「這個時期的主要特色，就是女性以前所未見的方式公開展現身體。」這時候的女性不只裙襬愈來愈短，襪頭也低得露出了腿部；此外，連身裙的上身剪裁也愈趨低胸，乳溝於是不再被衣料覆蓋。《仕女居家期刊》（*Ladies' Home Journal*）在一九一七年表示，「所謂時尚，就是夜晚外出服必須是無袖……午後的外出服則應該具有半透明的肩領與雙袖。」這樣的時尚建議如果再早個幾年，很可能只能從鴇母口中聽見。此外，從前在大庭廣眾下抽菸飲酒的女性，若不是尚未歸化的德裔移民就是性工作者，然而公開飲酒在此時期「卻在上流社會已婚婦女間愈趨流行，並且逐漸擴散至其他階層。」

一九二〇年代最著名的飛來波（flappers）髮型特色為長度短、修剪清整、捲度如波，因而被許多人視為一種反叛，好像故意和維多利亞時期強調母儀的女性氣質背道而馳，拒絕按照社會期望將一頭長髮精心盤於頭頂。對許多飛來波女郎而言，維多利亞時代的髮型不只厚重，其維持與整理更相當費時，因此無論在象徵或具體層次上，都大大限制了女性的自由。不過鑽研性工作史的學者發現，最早出現短髮風格的地方是妓院。一九一二年攝影師E・J・貝洛克（E. J. Bellocq）為紐奧良地區的性工作者留影，相片中就可見許多女性的髮型正是後來一九二〇和三〇年代主流髮型的先驅。同樣的，一份一九一三年的費城風紀報告也提到一位黑人妓女剪了「黑色鮑柏頭」。不過，短短的二十年之間，原先由性工作者所開創的造型風格，竟已普及到連胡佛總統夫人（Lou Henry Hoover）和愛蓮娜・羅斯福總統夫人（Eleanor Roosevelt）都在各自的官方肖像中以此風格留影。

一九三三年，《時尚》雜誌（*Vogue*）宣稱，擦唇膏是「二十世紀的代表姿態」之一。史學家佩斯發現，一九三〇年代時期的許多母親會在美妝習慣上向女兒學習，其中少數婦女「擁抱熱火青春與現代風格的程度，甚至超越了女兒」。社會學家華特・萊克萊斯（Walter Reckless）在一九三三年的芝加哥性產業研究報告中就精闢評論：妓女「事實上是一群被社會所流放的人，有著自成一格的舉止、服裝與風格」，居住在「兩個世界的中間」，「可以自由行事，不用像名譽良好的女性一樣受禁忌所限」。街上「擦脂抹粉的女人」，個個「大擦腮紅、頭髮染得金白、香水更是濃烈，這些都是引起性趣的手段」。然而到了一九二〇年代，「妓女的風格，不論在服裝、舉止、居處等方面，已不再和其他女性有太大不同……現代女性的各種活動舉措，舉凡為好奇而出入貧民窟、享受夜生活、衣著浮誇等，都消弭了原本娼妓與貞女之間的外顯差異。」

即使是原本娼妓專屬的「羞恥猩紅色」後來也成為美國高貴女性的代表色。譬如二〇〇五年開跑的心臟病慈善活動「第一夫人紅裙展」（First Ladies Red Dress Collection）開幕時，小布希夫人（Laura Bush）在代表六位歷任第一夫人致辭時，就如此表示：

雷根夫人喜愛紅色可謂眾所皆知，這也許是因為英俊的雷根當初就是在洛杉磯一間餐館的紅色沙發椅上向她求婚。美國歷來不少第一夫人在不少場合都選穿紅色，強森夫人（Lady Bird Johnson）歡慶八十歲大壽時就身穿紅色晚宴服，福特夫人（Betty Ford）與卡特夫人（Rosalynn Carter）也特別鍾情紅色衣著，另外老布希夫人（Barbara Bush）出席國宴時也是配戴珍珠首飾，一襲紅衣，希拉蕊．柯林頓（Hilary Clinton）更在情人節應景地穿了一身紅，至於我出席莫斯科大劇院芭蕾舞團演出的時候，也是一身紅色。這幾套紅色衣服陪著我和幾位夫人走了好多地方，現在我們要把它們捐出來，協助提升大眾意識、促進女性健康。

雙色齊聚

在吉姆．克勞當紅之時，也就是十九世紀晚期至二十世紀早期，美國南方每個禮拜都有村民動用私刑，即使在北方私刑也並不少見；不過，在大西部蠻荒城鎮的妓院中發生性行為的上千位黑人男性與白人女性，卻都不受處罰。事實上，十九世紀美國西部的妓院、酒館與舞廳可謂全球最為族群融合的地方，而若是考量西部的黃金年代其實恰逢政府實施族群隔離政策，那麼這樣的成就也就更令人驚嘆——幾乎所有早期的西部新興小鎮皆可見黑人、白人、亞洲人、美州原住民比鄰而居，而土生土長的美國人和來自眾多不同國家的移民更是並肩工作。許多西部居民或遊人，都一再指出酒館與舞廳裡的社會組成猶如「萬花筒」一般；此外，不少人也提及尤以妓院為主的頻繁跨族種族性行為（不過此現象不僅止於妓院）。當時，所謂的「雙色場所」(4)，亦即同時雇用黑人與白人性工作者的妓院相當常見，而即便是奉行隔離政策的場所也都在紅燈區域裡頭互相為鄰。丹佛、舊金山、洛杉磯等西部大城裡，一般妓院甚至除了黑人與白人娼妓以外，還有來自中國、日本、墨西哥與歐洲各地的性工作者。至於鴇母的身份則是有猶太人、義大利人，也有切羅基人（Cheerokee，美國原住民部落名）；華裔與墨裔鴇母更是控制了早期舊金山與洛杉磯的大半個性產業。此外，坐擁財富、權力與名氣的鴇母當中更不乏出身奴隸者。

在種族融合方面，所謂墮落女性可以說是打了頭陣先鋒。來自南達科達州（South Dakota）戴德伍德地區（Deadwood）人稱「金髮女郎之后」的茉莉．強森（Mollie Johnson）就打破了美國維多利亞時代施加白人女性的各式障礙：為慶祝旗下妓院生意興隆，她引領車隊上街遊行，身上還穿著最入時的服裝；此外，強森和她手下的性工作者也時常因荒淫行徑上報。一八七八年，強森下嫁當地一位劇場表演者，即人稱「荷蘭黑人」的路．史賓塞（Lew Spencer），然而嫁作人婦的她並未金盆洗手，一位史學家就說她「的言行舉止完全不像已婚婦女」。

蒙大拿州歷史學會（Montana Historical Society）的數位檔案保管員在研究十九世紀普查資料後，也發

---

(4)（譯註）原文作 black and tan，原指一種由淺色白啤酒與深色黑啤酒混製而成的調酒飲料。

現蒙大拿州當時的黑人並未像美國其他地區一樣被隔離於完全不同的社區，而是與白人為鄰，有時甚至還住在同一房舍，與白人平起平坐。至於早期洛杉磯的紅燈區除了是出名的萬惡淵藪外，更以其居民族群混雜的程度聞名。一八七六年，一份市政法令將性產業發展限縮於貧困與多族群社區，使得數十年來洛城警方鮮少干涉紅燈區事務，進而助長了紅燈區的暴民性格。根據史學家馬克．懷爾德（Mark Wild）指出，上述情形「促使性產業的參與者（勞工與顧客）不分族群匯集於前述社區中」。因此，洛杉磯白人雖然「在其他的社會脈絡下皆將自己與其他種族隔離，但在買賣性服務時，仍與洛城其他族群靠得相當近。」然而，欲望方面的「整合」不只發生於黑人與白人之間。一九〇三年，清教徒神職人員發起廢除洛城紅燈區，當時為「拯救」娼妓所發放的傳單除了英文版本以外，更有中文、西文、葡文、德文、法文版本。一九一七年，加州移民與住房委員會（California Commission of Immigration and Housing）就形容市區最大的紅燈區為「洛城內最具都會特質的區域」。一年後，紅燈區內隸屬衛理會（Methodists）的傳教組織萬國榮耀教會（Church of All Nations）也在鄰近區域統計出高達四十二種不同國籍。

當然，上述種種並不代表娼妓是以道德為出發點追求族群正義，事實上，上述事實反而再次證明所有稱職的暴民其實都不受道德觀念所囿。一九三〇年代早期，兩名性工作者分別接受大學研究人員訪問，在被問及為何對各種族來者不拒時，白人娼妓表示：「並不是說我對有色人種特別有興趣，而是我能從他們身上賺到更多錢。」另一位黑人娼妓也是受到同一誘因驅使，她說：「我和白人做生意，是因為他們錢付得比較多。」

一戰期間，許多白人離開工作崗位加入軍隊，使得大量工業就業機會釋出，非裔美人於是大舉自南方鄉村遷往城市，展開規模可觀的「大遷徙」，並於一九二〇年代達到人口移動高峰，同時也助長了跨種族性行為。在芝加哥與紐約地區，道德改革者紛紛指出越來越多妓院的生意買賣都觸犯了美國最大的禁忌——根據史學家凱文．J．孟佛德（Keven J. Mumford）指出，此時期有些市區妓院「專門服務白人，有些則專門服務黑人」，然而「最大宗還是以雙色場所為體制前身的黑白俱樂部」。這些場所多半「迎合特別的黑白二元需求，不論是黑人男性尋找白人娼妓，或是白人男性尋找黑人性工作者，皆可在此獲得滿足。」一九二八年，亦即馬丁．路德．金恩二世（Martin Luther King Jr.）出生前一年、民權運動展開前數十年，妓院酒管臥底調查員就發現種族融合隨處可見。紐約一處生意興隆，名為史班妓院（Spann's）的場所，就主打「為其他膚色的男性提供白人娼妓」。另一場所則被調查員形容為「雇用白人娼妓，專為其他膚色男性服務」。一位芝加哥的道德改革者造訪黑白俱樂部後就發現，「九位白人女性有八位在陪伴黑人男性」。而眼見白人女性以舞蹈媚惑黑人男性，那「性味盎然、下流、墮落、情色的舞步」，更令這些深入地下巡查的衛道人士大感驚駭。另外一位芝加哥的風紀調查員也提到某俱樂部裡隨處可見「黑人男性與白人女性共舞」，並指出「這些人的行為」實在「相當噁心」。當然，最糟糕者莫過於服務黑人顧客卻還樂在其中的白人娼妓，譬如一位紐約酒館中出沒的女子，一面在「百老匯夜店擔任女侍」，卻同時在哈林區兼職，「與黑人男子交媾」，還宣稱自己較偏好「有色男性的技術」。

北方城市裡黑白俱樂部的經營者其實與西部新興城鎮的鴇母並無二致，都是純正的反叛者，毫不在乎道德社會成規，也無視整體社群意見。有一位鴇母就說，「有錢者為顧客」。這群人正如其他暴民一樣，為無數美國人民開啟了各種自由。孟佛德認為，「社會禁忌的力量的確強大，落實時也相當嚴格，然而對當時移居北方的黑人男性而言，明明身處都市中黑人佔多數的區域卻能尋得白人娼妓，這勢必代表原本吉姆．克勞式的生活已經出現重大轉變——原先在南方最為人所欲求也最為禁忌的白人女子，到了北方卻只要是口袋裡有個五、六塊錢的非裔美人男子就能親近。」

娼妓所鬆綁的各種樂趣與自由，後來都成為正當美國文化的一部分，然而她們可不是沒有受到懲罰。

社會淨化

自一八七〇年代起，性產業開始受到一波又一波的攻擊。部分醫療當局及警方官員意圖強迫娼妓向州政府註冊，以利醫師與警方嚴密監控。這群主張規範性產業的「規管派」認為「墮落與荒淫……早已無法救贖」，性交易因此不可能根除。不過在當時，較為成功的陣營還是主張全面禁止性交易的「廢除派」——全美境內各種相關組織紛紛成立，不只致力根除性交易這項人類最古老的邪惡行為，也主張打擊另一項較為近代的邪惡產物，亦即色情刊物（對這些組織而言，色情刊物的定義相當廣泛）。這場後來被稱為「社會淨化」的運動，除了在精神上延續美國開國先賢所秉持的德行共和主義（virtuous republicanism），在概念上也繼承了廢奴主義者對蓄奴制及其荒淫內蘊的撻伐，同時也和被解放者管理局致力教化前奴隸的想法一脈相承。這場運動的主要領頭者不是別人，正是那些創造現代女性主義的女性們，譬如婦女基督教戒酒聯合會（Women's Christian Temperance Union）與國家淨化協會（National Purity Association）等組織，日後都成為婦女投票權運動（suffrage movement）的訓練搖籃，並且在一八七〇年代以至一戰年間成為極具影響力的遊說團體。當然，淨化運動並不缺乏男性參與，此外也不是每一位淨化派人士皆支持女性投票與財產權，但正如史學家露絲．羅森指出：「女性主義與社會淨化兩運動密切交織，常見兩陣營之成員互相支持彼此的目標。」

一九一〇年代，幾乎各大美國城市皆可見半合法的風紀委員會以「完全殲滅社會邪惡」為宗旨成立，並且採用各種凶惡名號，譬如新英格蘭看守與監管協會（New England Watch and Ward Society）、紐約十四人委員會（New York Committee of Fourteen）以及洛杉磯道德效率委員會（Los Angeles Morals Efficiency Committee）等。類似組織以具名望的男士為首，然成員多為女性社工，主要透過臥底探員進行探察，並將查獲情事刊載於地方報紙，同時也在市政府及州政府層級積極遊說官方打擊妓院、鴇母、娼妓與嫖客。一九一〇至一九一五年間，共計約有三十五個風紀委員會在書面報告中直言性交易為「生命中無可忍受之事實」。官方為處理這波以性產業為告訴對象的法律訴訟而成立了不少特別法庭，譬如費城的家庭關係法庭、芝加哥的道德法庭，以及紐約的婦女法庭等。不少州別更成立娼妓教養院，規定成員必須從事縫紉、清掃、煮飯等活動。不過，法官更常在娼妓被定罪後將之送往郡設濟貧院(5)。一九一〇年，聯邦政府通過曼恩法（Mann Act），算是為這場運動盡了一份力。曼恩法又稱「反白人奴隸販運法」，明文禁止為「不道德目的」跨州運送婦女。

一九〇九年至一九一七年間，共計三十一州通過「紅燈區打擊法」，授權法院關閉為「不道德目的」而設立的場所。接下來在一九一〇年代，多數州更進一步立法禁止人民經營「不良場所」以及任何形式的性交易仲介。當然，沒有任何城市因此成功消除性產業。不過根據史學家羅森指出，「多數案例中，警察首長面對民眾施壓的作法就是直接下令關閉（紅燈）區域。」此舉導致西岸至東岸的各大城市裡，娼妓被

(5)（譯註）原文作 county workhouses，專門收容窮人與無法自力更生者，為其提供住所與勞動機會。

迫在街頭營生，妓女當街遭到逮捕的案例數量因此「在國內大幅攀升」，而且多數妓女被逮捕後，皆被送往娼妓教養院或者濟貧院。性工作者少了鴇母與妓院的保護，又必須面對不懷好意的警方與具有虐待傾向的顧客，只好轉向男性罪犯尋求協助。羅森指出：「上述狀況自然使男性皮條客自然成為性產業的主導者。」如此一來，遭放逐以後的性產業已不再是女性權力的表徵，只能淪為男性權力的傀儡。雖然原本在妓院裡並非全無剝削情事，不過當時「鴇母與妓女相對於客戶而言還是權力較高，可是如今性工作者卻成為組織犯罪與男性皮條客的禁臠，娼妓所面臨的肢體暴力也因此急速增加。」

當時的衛道人士認為罪惡行為是先天基因所致，而在此思潮之下，到了一九一三年已有十二個州別通過相關法律，給予法官規下令罪犯、變態、白痴、弱智者絕育的權力。一般認為上述四項類別皆適用於性工作者，譬如一位麻州的調查員就形容：

> 麻木不仁，膽大包天、自我膨脹、性好虛榮、喜愛汙名、毫無羞恥、不知悔改，對子女毫無關愛與同理心便罷，連表面功夫都嫌麻煩，同時還不顧後果一味追求眼前享樂，對未來更是不多想也不擔憂——這些都是智能問題者的主要病徵，而上述特性在所有……

莫德・麥納（Maude Miner）是重要女性主義者與女性投票權運動人士，另外也在紐約地區一家名為華佛利婦女之家（Waverly House of Women）的教養院擔任主任。麥納就聲稱婦女之家所庇蔭的娼妓中，四分之一的行為和態度皆遺傳自「某種作用強烈的邪惡元素，或者說是一種顯然相當墮落的性格傾向——酒醉或者性交易」。一九〇七年至一九五〇年間，共計約有四萬名美國女性因從事性交易而被迫絕育。

於是，娼妓加入了都市暴民與反叛黑人(6)的行列，變成犧牲自我的烈士，為今日的大眾換來自由。

(6)（譯註）原文作 bad niggers，壞黑鬼，為相對於 good niggers 好黑鬼的概念，前者指反叛性強、不服現狀之非裔美人，後者則多指逆來順受，臣服現實的非裔美人。

第二部
白人如何丟了韻律與節奏

Part 2.
How White People Lost Their Rhythm

五　無韻之國

就正式定義而言，美國這個國家向來都無韻無律，而美國「良民」更是不知跳舞。事實上，最早來自歐洲的定居者其第一項成就就是讓自己自絕於舞蹈。

清教徒當初之所以離開英格蘭，大抵是要逃離人人皆以身體取樂的社會。若說男女未婚交媾是人類各種使用身體方式中最為罪惡的一種，那麼緊追在後的就是以性感而輕浮的方式舞動身軀。一五八三年，清教徒作家菲利普·斯特柏斯（Philip Stubbes）如此寫下對跳舞的看法：

> 如果你希望自己的兒子變得軟弱、陰柔、不潔又油腔滑調，還喜好淫穢、毀謗、說話低俗而下流——如果你希望兒子變成女人或者更可怕的東西，開始喜好娼道淫邪與一切可憎之事，那麼只要送他去學舞蹈、讓他去學音樂，上述目標一定能達成。同樣地，如果你希望女兒變得淫亂、汙穢而不潔，希望她滿口粗言穢語，我敢以性命打賭，只要讓她在音樂與舞蹈中成長，目標也一定能夠達成。

另一位清教徒思想家威廉·普林（William Prynne）也在一六三二年抨擊：

> 許多先哲先賢、現代基督徒以及古代異教徒作家與國家都認為，所有男女之間陰柔、好色、多情的舞蹈，在基督徒與貞德、清醒之人眼中看來，都是不法之事。然而現在跳舞卻如此普及流行，人們也趨之若鶩，許多人在跳舞上所花的時間都超過禱告甚至是勞動的時數。

因此，清教徒一抵達美國，眼看創造完美世界的機會就在眼前，馬上便著手將肢體舞動的禁令寫入上帝的律法中。譬如一六三五年時，麻薩諸塞灣殖民地的主要牧師之一約翰．科頓（John Cotton）就宣布在這塊新的土地上，「淫穢的舞蹈、放蕩的短歌、情愛的恣態與放肆的調情」都應該禁止，因為「我能作證，這些行為都是煽動性欲之火的原因」。同年，羅德島殖民地（Rhode Island）創建人羅杰．威廉斯（Roger Williams）也在印地安人的舞蹈中看見了難以抵擋的危險誘惑——「有一次我造訪印地安人的住所，看見了他們的崇拜儀式之後，我再也不敢親眼目睹，否則很可能就會一同虛造與崇拜撒旦，違反〈以弗所書〉第五章十四節的教導。」(1)

清教徒朝聖者在這場冒險的早期就面對了也許是美國史上反叛性最強的阻力。一六二五年，一位名叫湯瑪士．莫頓（Thomas Morton）的英國人在普利矛斯（Plymouth）北方，即今日麻州昆西地區（Quincy）建立了一座非清教徒的移民聚落馬里蒙特（Merrymount）。就各方面而言，馬里蒙特都代表著清教徒所害怕的一切事物，不只威士忌與啤酒暢流無礙，白人與印地安人更一同尋歡、彼此交合、快樂跳舞，一群人圍著五月柱（異教徒產物，當時已於英格蘭各地村莊成為玩樂閒散的象徵）大肆玩樂。莫頓後在回想時，也如此描述馬利蒙特居民：

> 依據英式風俗，設計出狂歡享樂活動；他們準備在節慶日架起五月柱……釀了一桶精釀啤酒……讓所有參加者飲用……到了五月節（異教徒傳統中迎接夏季到來的節慶），眾人就把五月柱移往指定地方，連同許多張鼓、許多把槍，以及其他節慶相關物件一同運往該處。抵達定點後，許多野蠻人前來見識我們如何享樂狂歡，在他們協助之下，五月柱於是立了起來。

英格蘭與新大陸的清教徒都曾呼籲禁止五月柱與五月節慶，然而馬里蒙特的人口的成長速度卻令人擔憂，鄰近的普利矛斯殖民地清教徒遂於一六二八年派遣邁爾斯．史丹迪許上尉（Miles Standish）帶領武裝軍團，一舉摧毀放蕩的馬里蒙特聚落。

不出多久，新英格蘭地區當局便立法禁止男女於跳舞時互相觸碰；十七世紀時期的許多城鎮也下令不得舉行集體舞會。研究早期美國休閒活動的史學家布魯斯．C．丹尼爾斯（Bruce C. Daniels）指出：「事實上，新英格蘭地區的第一世代殖民期間，幾乎不見集體舞會或兩性共舞。」然而即便神職人員相當憤怒，同時法律也加以懲戒，跳舞這項活動仍然無法根除，人們持續在家中或森林深處私自跳舞。

接著，法國人也來到新大陸。一六七〇年代，墮落的法國人民抵達新英格蘭時也帶來了淫趣的舞步，法國人甚至還設立學校，教導殖民者宛如男女交媾的舞步。新英格蘭當局在發現如此淫惡的學校後，直接下令關閉學校、起訴經營者。不過，法式舞蹈學校仍在各大殖民地持續存在。一六八四年，麻州殖民地重要人物，同時也是清教徒教士的英克里斯．馬德（Increase Mather）為遏止這股歪風，寫了一本著作，標題可謂下得極為費心：《自聖經的顫抖中抽出的一把反褻瀆和淫亂舞蹈的箭》（*An Arrow Against Profane and Promiscuous Dancing Drawn out of the Quiver of the Scriptures*）。馬德指出，並非所有的舞蹈皆屬罪惡，如果是「男性身著盔甲，展現力量與活力」的舞蹈，或者是「男人之間或女人之間嚴肅而莊重的舞步」，自然全無不妥之處（馬德沒有料想到同性之間的舞蹈之後也會出問題）。然而馬德接著表示，他在「狂歡活動、舞會和眾人狂醉的耶誕節期間所見的男女放蕩舞蹈，竟然已在基督徒之間習以為常，光想就覺得害怕。」馬德並向建議當局，要求政府宣布此類跳舞活動「完全違法，不應在新英格蘭受到容忍，否則就是犯罪。」

(1)（譯註）〈以弗所書〉第五章十四節：「所以主說：『你這睡著的人當醒過來，從死裡復活！基督就要光照你了。』」

然而，所謂「舞者間邪惡而不貞的觸碰與姿態」究竟指的什麼，要清楚明述還具有一定挑戰性。我們當然可以說任何涉及男女互相觸碰的舞步就是邪惡，不過究竟是什麼樣的肢體動作才會讓一個人下地獄？就馬德看來，答案就是「矯柔步」，根據聖經權威定義，矯柔步意指身體快速而重覆地搖擺，而馬丁·路德（Martin Luther）則將之定義為一種「擺動」或者「搖擺」，近似於「女性賣弄風情的矯柔步伐」。這種舞步甚為陰柔，毫無規律，沒有秩序，還充滿性暗示，顯然為透過女性身體所展現出來的撒旦產物，不過這樣的舞步，正是所謂的韻律與節奏。

雖然許多美國人仍然持續跳舞，但在官方層次上卻並非如此。賓州殖民地創建人威廉·潘恩（William Penn）曾於一八六二年與一六九七年著作《政府框架》（*The Frame of Government*）與《不經十字架難得冠冕》（*No Crown, No Cross*）(2)中抨擊享樂文化，並確切譴責跳舞行為。潘恩這兩本著作普遍被視為美國憲法藍本，著名史學家柏納德·貝林（Bernard Bailyn）也說兩書對美國國家體系而言，「極具強烈的根基性與構成性」。首先，潘恩在《政府框架》中堅持「舞台劇、紙牌、骰子、五月節遊戲、面具、狂歡、狗鬥牛等活動……會讓人變得粗魯、殘忍、道德鬆散、背棄宗教，所以應該加以遏止、嚴格懲罰。」至於在《不經十字架難得冠冕》中，潘恩則是原封不動地引述早期基督講道的冗長文本，主張「跳舞是惡魔的道路，因此跳舞之人便是走上了惡魔之道，任由惡魔導前、居中又顧後；一個人跳了多少步舞，就是朝地獄前進了多少步。」一七〇〇年，英克里斯·馬德之子卡頓·馬德（Cotton Mather，此人可謂清教美國的最佳體現）同樣也出版書籍，以因應各種正式舞蹈與舞蹈學校在美持續廣傳。卡頓·馬德在《反對舞會與跳舞之見證雲集》（*A Cloud of Witness Against Balls and Dances*）中就呼籲人們應停止這場跳舞熱潮，「因為跳舞如今太過普及，特別是在舞會上或易使年輕人兩性關係流於無度的場合中，更是如此。」數十年後，身為「大覺醒運動」（Great Awakening）(3)的領導者、同時也是史學家口中為美國革命奠定道德自律基礎的喬治·懷特費爾德（George Whitefield）就表示音樂和跳舞是「惡魔般的娛樂」，因此要人們加以遠離。一七四〇年，懷特費爾德在南卡羅萊納州巡迴講道，某天晚上他便試圖在當地一間酒館規勸滿室的舞者：

> 那晚我不是去做客。當時正值新年期間，不少附近居民都來酒館找樂子，跳著鄉村舞蹈。我在同伴的建議之下與他們同行，然後看見一名女子正跳著吉格舞。我一進去就先試圖指出這種娛樂活動有多愚昧，並且告訴那位女子她所跳的每一步舞，都讓撒旦更加洋洋得意。起初她不願聽勸，提琴手也持續演奏，不過最後還是被我說動了，樂手也放下手中樂器……基督戰勝了撒旦，一切很快就歸於寧靜。

那些聽從懷特費爾德警告的人，自然較有可能接受眾美國開國先賢接著馬上就要開始提倡的紀律要求。然而，並不是所有改邪歸正者都不會故態復萌。有些人「太執著於享樂，即使聽我說了這麼多，待我一就寢，音樂和跳舞聲又再次響起。」數個月後，懷特費爾德在費城地區進行打擊跳舞活動的講道，其結果不只同樣好壞參半，還有些令人莞爾。當地的一家報紙如此報導：

> 懷特費爾德先生在本地傳道過後，跳舞學校、跳舞集會與音樂廳等場所皆因有違福音之道紛紛關閉。即便有心人士設法讓相關場所重新開業，然據本報所悉上一個集會夜晚並未有任何人出席。

---

(2)（譯註）作者在原書中此將書名誤植，原書名應為 *No Cross, No Crown*。

(3)（譯註）美國基督教復興運動，共計出現數次，延續新教的宗教改革精神，奠定了美國宗教文化。

懷特費爾德的努力在新漢普郡的普茲矛斯地區較有斬獲。根據一位觀察者於一七四〇年造訪當地後指出，「音樂與跳舞皆已擱置一旁，原先能聽見歡愉樂音、褻瀆歌曲的地方，如今皆已充滿獻給上帝與耶穌基督的聖詩與讚詩。」白人當中最遠離文明者，應屬最傾向無恥跳舞的那群人，譬如一位上流社會旅者在一七二九年造訪北卡羅萊納州窮鄉僻壤後，就觀察記錄了一群「次等」的蘇格蘭裔殖民者：

這些人都喜歡跳舞，只要能找到一把提琴或風笛，就能聚在一起跳上好幾個小時。他們對此活動的喜愛，已達到就算找不到樂器，自己哼唱也沒問題的程度。音樂和樂器在卡羅萊納地區相當罕見。

喬治・懷特費爾德巡迴南卡羅萊納州偏遠地區各村莊時，也絕望地發現：

每座小鎮裡頭都有一位跳舞大師長居，但卻一位教士牧師也沒有，這樣的狀況對新成立的省份而言具有相當可怕的後果。若純就人政而論，行政首長必須改正此問題，因為跳舞這類娛樂只會弱化人民心靈，使人走向柔弱之途，因而不再能承受開疆闢土、臻善家園所必經的艱難與疲憊。純粹的宗教能使國家崇高，反觀如此罪惡的娛樂活動甚為羞恥，終究只會為人民帶來毀滅。

康乃狄克州的牧師喬瑟夫・貝拉米（Joseph Bellamy）是另一位大覺醒運動的領導人，同時也是眾開國先賢在宗教上的主要盟友，他同樣也反對「跳舞這張有害的網羅」。美國革命以前，貝拉米就提出警告，明言跳舞是「放蕩與腐敗的溫床」，將導致「閒散與荒淫的生活型態」，使人「只知追求肉體與感官享樂」。貝拉米所傳講的言論對眾開國先賢而言必定相當了然於心；貝拉米指出，跳舞正如其他感官享樂一樣，會使人民「虛榮無度、難以治理」。

而倘若殖民地人民一受「原始擺動蠱惑」，旋即就會受到當局懲戒。喬治亞殖民地創建人詹姆士・阿格索普（James Oglethorpe）於一七三三年帶隊遠征，隊上成員之一就曾提到以下故事：有一回，眾人靠岸後不到一小時當地原生居民便「生起大火，圍繞跳舞」，以歡迎客人遠道而來（當年的靠岸處後來發展為今日喬治亞州的薩凡納市（Savannah））。根據該成員指出，有些船上的英國人對於印地安人的「各種姿勢、歌聲、打節拍、腳步與手勢」深感厭惡，不過也有些人看得入迷，甚至還有人加入土著的行列：

> 成員中最老的一位里昂醫師在營地外睡了一覺，喝了點酒，竟一路找到了印地安人的小鎮，和他們一起跳舞，還模仿著印地安人古怪的舞步。得知此事後，我傳喚他來見我，要他現在馬上回營，不然我就向阿格索普先生舉報他的愚蠢行為。他一聽連忙答應，但大概是酒喝多了，竟然又跑回去和印地安人一起跳舞，我知道以後馬上派幾個在場的白人去把他架回來。

阿格索普隊上另一位成員的說法則與先前其他殖民者類似，亦即印地安人的舞蹈與英格蘭的「莫里斯舞」（Morris）相當類似。莫里斯舞是一種民俗舞蹈（很可能自北非摩爾人舞蹈發展而來），其特色為踏步韻律性強、手肘與膝蓋彎曲，與美國黑奴和原住民舞蹈實則相去不遠。莫里斯舞在英格蘭受清教徒抨擊，同時在新英格蘭各殖民地遭到禁止。

德裔的拓荒者對這種「原始」而「性感」的舞步看法也同樣分歧。歐洲殖民者與六族印地安人一七四四年在賓夕法尼亞蘭卡斯特（Lancaster, Pennsylvania）簽署條約後，一場慶祝舞會緊接而來，而殖民方代表在看見若干德國女性「舞跳得比印地安人更狂野」時就大感不悅，並且表示：「這些女人（還稱不上女士）令人望之生厭。」一七五〇年代，喬治亞殖民地邊界一座名為貝坦尼（Bethany）的德國小鎮裡，一位當地校長的妻子就因為聽到洋琴的音樂「而起了想跳舞的欲望，而且還真的付諸實行」，最後遭到公開譴責，丈夫更因此丟了職位。

然而，許多白人殖民者的舞步（尤其是身處南方者）卻仍不斷受印地安人與奴隸啟發。一七五九年，一位英國國教的教士眼見維吉尼亞地區的白人學習黑人，以失序舞步跳舞自娛時，就感到相當不安：

他們非常喜歡跳舞，事實上跳舞是他們唯一的娛樂。不過，這些人的舞步雖然千方百計想要表現出品味、優雅與從容，但卻適得其反，這些特質在他們身上一點也看不出來。常常到了夜晚將盡，大家如果土風舞都跳累了就會改跳吉格舞。就我所知，吉格舞原先是黑人的舞蹈，跳起來一點方法與規律也沒有，男女雙方分別站起來，在房間裡四處舞動，一位先是做勢要退下，另一位則要追上去，然後或許再以一種毫無規律、甚為荒誕的方式重逢。

另一位駐足維吉尼亞地區的英國旅人尼可拉斯．克烈斯威爾（Nicholas Cresswell）也在一七七五年以同樣鄙夷的口吻提出類似觀察：

昨晚我去參加舞會……在場大約有三十七位衣著華美、妝容動人的女士，有幾位非常漂亮，在必要範圍內極盡虛榮。她們都喜好跳舞，但我卻覺得舞步有失優雅。在不同支土風舞之間，眾人會穿插一首我所謂「無止盡的吉格舞」。一對男女會先站起來，開始就黑人音樂跳吉格舞，然後下一對男女再來取而代之，直到小提琴手拉完為止。這種舞步自然相當能促進人際交流，但就我看來卻不太像溫雅集會應有的舞步，比較適合酒神節。

湯瑪斯．傑佛遜的弟弟蘭道夫（Randolph）正是維吉尼亞地區其中一位喜好這種不名譽舞蹈的人。根據傑佛遜家的家奴指出，蘭道夫「常與黑人同處，不只拉提琴，大半個晚上都在跳舞」。不過，湯瑪斯與蘭道夫非常不同，根據某湯瑪斯傳記作者指出，湯瑪斯對自家及其他奴隸的音樂「似乎一點興趣與好奇也沒有」。不少學者就相信家奴莎莉．海明斯（Sally Hemings）所產下之子，其父應不是湯瑪斯而是蘭道夫。

美國殖民時期的白人之間，甚至也有不少群極端的暴民舞者。一七七九年，波士頓《獨立紀事報》（*Independent Chronicle*）針對佩普利爾（Pepperell）地區的「一個教派」報導，指出該教派「以宗教之名，進行裸體舞蹈等行為。證明了『人若受錯誤的良心與熱情所促使，的確會走向極端無度』。」此外，麻州西部也有所謂的「震教徒」（Shakers），其成員在美國革命某段期間「進行宗教活動時，全都衣不蔽體，以不受浮華與異教服裝玷汙的純潔身體出現在神面前，裸體跳舞、轉圈、跳動、翻滾、扭轉、蠕動」。

小心音樂，小心舞步

美國眾開國先賢從他們的思想泉源約翰·洛克（John Locke）身上學到，孩童若要學習跳舞，所學的舞步應該要「一輩子都促成優雅動作，並且符合陽剛氣質」。洛克指出，舞蹈老師應遠離「如猿猴般矯柔的動作」以及「吉格舞步」，不然會使小朋友背離「完美的優雅儀態」。此外，眾開國先賢也擔憂感官樂趣將破壞紀律，導致以人民自我管理為基礎的共和國頓失所依；至於破壞紀律最嚴重者，莫過於特定舞步中野獸般的忘我失控。譬如約翰·亞當斯在聽聞自己姐妹及其丈夫改變心意，決定不送小孩上跳舞學校時就甚感歡喜——「多麼突然而完全的轉變啊！……形同放下虛榮，轉而擁抱智慧，從愚昧走向清醒與穩健。」亞當斯還如此寫道：「我見過舞跳得好的人，其他事沒一樣做得好。」那些會跳舞的人，「學習能力與德性」並未因此增加。不過，亞當斯並未禁止「跳舞、西洋劍、音樂」等娛樂活動，而是撰文要美國人「別沉溺於這些活動，要對他們一無所知」。某次他看見了查部·海沃德（Zab Hayward）這位白人在酒館裡與「暴民」和「拉提琴的黑人」跳舞，就因而大感驚駭：

> 十五年來，他以世上最厲害的舞者聞名這些城鎮。曾經有幾個人想挑戰他，卻沒一位成功；他的腳步靈敏無人能及，但他卻不懂舞蹈的優雅、氣質與規律。他跳起舞來荒謬又狂野，斷斷續續、毫無章法，正如他的面容既卑下又可鄙。簡言之，這位舞者的面容氣質與肢體、雙手、頭部的動作，全都極為愚蠢、矯柔而粗鄙。

有些開國先賢私底下明明對感官享樂相當眷戀，但在檯面上卻又不得不對樂與趣大加抨擊。亞當斯的同儕約西亞．昆西二世（Josiah Quincy II）曾寫下好幾份最為重要的親獨立短論，他就在日記中吐露自己曾在造訪紐約時看過不少場喜劇舞蹈表演，而且「看得樂在其中」。此外他也提到：「如果我在城裡待上一個月，有表演的晚上我就一定上戲院捧場。」不過，「身為美國公民與社會道德幸福之友，只要在我所屬的州別，我都應該努力防止劇場的進入甚或設立。」另一位設計美國國會大廈的「美國建築之父」班傑明．拉特羅普（Benjamin Latrobe）也曾在看過白人大跳維吉尼亞吉格舞後稱其為「可憎有餘」。至於美國第六任總統約翰．昆西．亞當斯（John Quincy Adams）則有一位名為伊利莎白．克蘭琪（Elizabeth Cranch）的表親，克蘭琪曾以文字表達她對於跳舞的熱愛，但也描寫她害怕因此招惹亞當斯的怒火，因為亞當斯「對人類愚蠢的態度毫不寬容」。縱觀上述，眾開國先賢對此議題的態度可見一斑，我們也因此可以合理認為大陸議會一七七四年勸阻「一切無度與放蕩行為」的宣言（一般皆認為涵蓋性感舞蹈），可謂正式確立了美國人民就是「毫無韻律」的事實。正如史學家布魯斯．丹尼爾斯所言：「清教徒式的禁欲主義假借共和的簡樸外衣找到了全新出口。」

眾所皆知，著名的〈洋基歌〉（Yankee Doodle）正是在革命期間喪失生命律動。鮮少美國人知道，這首美國代表歌曲其實有著相當暴民的起源。洋基一詞為十七世紀的英國軍人所發明，原先用來形容西印度群島上好色淫穢的荷蘭人，然而該詞首先出現在美國殖民則是一七二五年南卡羅萊納地區一份奴隸名單上名為洋基的黑奴。隨後，英國人便開始以洋基一詞來取笑新格蘭地區「目無法紀」、「荒淫狎亂」的土包子。在美國獨立戰爭的頭幾次交鋒中，英國軍人開始傳唱一首歌，其內容為「通心粉（macoroni，俚語中用來形容浮誇、享樂為上的公子）進城」找「女孩」，而且「雙手不安份」。這首歌的主角就姓「Doodle」，在當時的意思是「傻子」、「笨蛋」或者「陰莖」。為了強調嘲諷之意，英軍在唱這首歌時會刻意學美國人跳吉格舞。可惜的是，許多獨立戰爭期間的美國人未能脫離敵人觀點，也認為Doodle的角色刻畫對自己是一種汙辱，因而動手將Doodle重新塑造成一名軍人。配上殖民時期軍中鼓笛隊「咚咚」、「咚咚」那沉重而規律的伴奏，這首曲子原先自由奔放的切分音如今已全然消失，原本的舞曲成了行進曲。同時，新填的歌詞也告誡軍人要「注意音樂、小心腳步」，同時向「讓世界萬千人民排排站」的「華盛頓將軍」致敬。

同樣的發展也可見於革命時期的舞蹈學校，各校在廣告中紛紛開始強調自己「只傳授最有教養的舞步」。建國早期最具影響力的舞蹈老師約翰·格林菲斯（John Griffiths）在紐約與新英格蘭地區開班授課，同時也寫了一本廣為傳閱的手冊，羅列各種「兩性青年皆應謹慎避免的不當動作及其影響」。根據格林菲斯指出，此類動作包含「雙臂擺動與各類怪異手勢」、「雙腳咚咚踏地或者互相牽手」、「傾向不雅的各種行為」、「未經良好判斷的各種親暱舉措」以及「所有可能被視為放蕩隨便的動作」。十八世紀時，唯一被視為高尚的民俗舞蹈只有行列舞（contra dance），其動作大致上僅遵循既定模式僵硬行走，完全缺少臀部動作。一位在美軍服役的法國將軍夏斯特呂侯爵（Marquis de Chastellux）就注意到費城地區的舞會上男女舞姿皆相當生硬：

> 常言舞蹈是歡樂與愛的表徵，然而在這裡跳舞似乎卻象徵了儀法與婚姻。之所以說儀法，是因為

至少就顯著部分而言，行列舞充滿許多規定，每一步皆預先思量而且經過算計，一切都有規可循。至於說象徵婚姻，則是因為每位女士皆有一位舞伴，而且必須從一而終、不得更換……這種舞的一切都已經事先安排好，舞者輪番上場。

美國革命時期的舞會，多有一位「總管」負責。夏斯特呂侯爵就認識一位總管，「每當方塊舞陣裡有年輕女孩顧著和朋友聊天，忘了輪到自己，總管就要上前大聲敦促女孩：『快點！專心跳舞！妳以為妳是來玩的嗎？』」

這當然不代表美國舉國對肢體律動的管制大獲全勝。一位華盛頓麾下的士兵就在日記中提到一七七八年罕見寒冬結束之後，大陸軍於佛吉谷（Valley Forge）紮營慶祝，只見古老的暴民傳統獲得重生：

五月一號，昨晚五月柱
豎立於營地裡每個軍團
起床號響時我被三聲歡呼吵醒
原來是紀念塔馬尼王(4)
一整天在歡笑中度過
軍中兄弟一齊遊行
帶著鼓與笛
喊著「喝！殺！」經過五月柱
帽子上別著白色花朵
接下來是第三軍團

五月一號
這天的行進
首先一位士官
身穿印地安服裝
扮演塔馬尼王
接著有十三位士官
身穿白色左手持弓
右手持
十三支箭……
不過這群認真扮演印地安人的軍人，接著突然被華盛頓拉回文明世界：
這群以上述方式集結
進行軍團遊行的
士官與士兵
在自己的五月柱前

—

(4)（作者註）十七世紀時德拉威谷（Delaware Valley）地區倫尼萊納佩族（Lennie-Lenape）之族長。

大呼三聲
然後前往總部
向將軍致敬
但正準備下坡時
一位侍從出現
告訴他們
將軍不悅
希望他們返回
他們守份聽令
打道回府
安份有序

即使是華盛頓麾下的軍官，也曾經破壞美國的新規矩——曾經，一群高階軍官佔領紐澤西地區某反獨立者大宅後，便被目擊在宅邸「與衣著俗麗的女子跳呂爾舞」。不過，美國人以性感的方式跳舞時，內心其實都知道這樣的行為有違國家利益，這可能也正是為什麼這麼多愛國者的舞都跳得極其差勁。

正如我們所見，到了十九世紀時，部分奴隸開始可憐起不會跳舞的白人，其他人則看了覺得好笑。事實上，不少人都曾描述過奴隸如何嘲笑白人的肢體動作，譬如報媒就曾報導過一場一七七二年查爾斯敦附近奴隸舉行的舞會，派對上最主要的娛樂活動就是「男人模仿男主人的舉措儀態，女人則模仿女主人，此外眾人也分享光怪陸離的奇聞軼事，互相娛樂」。一位前奴隸在回憶時提到：「奴隸眼中的白人舞會，賓客會先跳小步舞曲，然後再一起踏步行進，男士與女士接著朝不同方向離去，然後再回頭重逢，兩人手拉著手一同朝中央走去。我們也有樣學樣，然後嘲笑他們的動作，有時候白人見狀，卻好像也覺得喜歡，我猜他們可能以為我們的舞就只跳這麼好。」

六　愛爾蘭人：從白猩猩變成道地美國佬

十九世紀時，大量舞跳得不得了的白人抵達美國。

首先抵達的是愛爾蘭這個惡名昭彰的民族。早在抵達美國以前，愛爾蘭人就以「骯髒、在罪惡中打滾」著稱（引自一位十二世紀的英格蘭作家），並且過著「野獸般的生活」，甚至「不避諱近親通婚」，而且「生活習慣仍然停留在田園時代，毫無長進」。詩人艾德蒙·史賓塞（Edmund Spenser）在一五九六年寫道，愛爾蘭人「生活在世上最為野蠻可憎的狀態中……各種野獸般的行為皆有……他們不分敵我，一併欺壓掠奪，同時慣於偷竊，既殘忍又嗜血，心中充滿仇恨，喜好殘忍刑罰，並且相當淫亂，不只滿口粗言，更好說褻瀆神的話語，此外還是女性的強暴者、孩童的謀殺者。」英國史學家湯瑪斯·卡萊爾（Thomas Carlyle）於一八四九年造訪時發現愛爾蘭是「深深跌睡於泥土中的酒醉之國」。他說愛爾蘭人「性好吵鬧、無可理喻」，根本是「一群人豬」，一群「黑暗雜亂、吵鬧迷信的野蠻人」。教士查爾斯·金斯利（Charles Kingsley）造訪愛爾蘭後也有同樣感受，他在一八六〇年給妻子的信中如此寫道：「我仍忘不了那可怕國度的人形猩猩……看見白膚色猩猩是多麼可怕的事，如果他們膚色是黑的，也還不會看那麼清楚，但是他們的皮膚如果不是晒過太陽，可跟我們的一樣白。」兩年後，英國雜誌《打擊》（*Punch*）宣稱愛爾蘭人其實是人類與類人猿之間的過渡人種：

> 大猩猩與黑人之間的確有一道裂開的斷層，而在非州的森林荒野中，也確實找不到中繼物種，然

而這裡的問題正如許多其他狀況一樣，哲學家白費力氣在國外尋找，殊不知答案就在自家裡——大猩猩與黑人之間的過渡物種，就住在倫敦與利物浦最低下的區域，這個物種來自愛爾蘭，不知何故成功遷徙移居，他們正屬愛爾蘭野蠻人其中一支，即最為低劣的愛爾蘭野人，他們講話時滿口胡言亂語，而且慣於爬行，常常可以看見抱著一盒磚頭，在梯子上爬。

此外，一八六二年民族學家約翰·貝多（John Beddoe）在《黑之索引》（*Index of Negrescence*）中量測不同歐洲人究竟有多「黑」，結果發現「黑度」最低者為勤奮、克己、優越的盎格魯撒克遜人。至於最黑的民族，則為愛爾蘭的塞爾特人（Celts），愛爾蘭人並且在書中被貝多以帶有身體感官與野獸色彩的語彙描述。貝多指出，塞爾特人「多半有發達的腿足，其大腿相對較長，腳背高，腳踝形狀良好、尺寸適中，腳步輕盈而富彈性。」在部分美國人心中，愛爾蘭人可謂取代了非裔美人，成為社會上最低層次的族群。譬如著名的日記家喬治·坦伯頓·史特隆（George Templeton Strong）便在日記中寫道：「塞爾特人的肌肉發達未及大猩猩，至於道德方面雙方則幾乎不相上下。」《哈潑》雜誌（*Harper's*）在一八五一年也形容「塞爾特人的面相」為「近似類人猿，牙齒突出，鼻短而外翻」。此外，美國顱相學家薩姆爾·羅伯茲·威爾斯（Samuel Roberts Wells）在一八七一年著作《新面相學》（*New Physiognomy*）中，也指出愛爾蘭女性受到「鄙下或獸性的情感」掌控，多「在身體與獸性中尋找歡愉」，而且只要是「不能下肚的、無法滿足身體欲望與情感的事物」就不懂得欣賞，而且性情「無禮、蠻暴、粗野、無知又殘忍」。另一位主張愛爾蘭人天生即較為次等者則是牛津大學歷史教授詹姆士·安東尼·佛洛德（James Anthony Froude），他表示愛爾蘭的鄉下人「比起人類，更像骯髒的猿類」，而且「野蠻的愛爾蘭人」正如「水一般不穩定」，反之英格蘭人則是守秩序、懂自制。

此外，愛爾蘭人也相當遊手好閒。由於被普遍認為愚笨懶惰、不適技術勞動，首批愛爾蘭裔移民抵達美國以後只好從事挖運河相關工作，為美國工業革命奠基礎。譬如一八二七至一八五三年間，挖運河的主要勞動力皆為愛爾蘭勞工，當時美加地區就有高達五十七次罷工事件，以及九十三起勞工暴動。此外，愛爾蘭勞工若不滿薪資或工作條件，也會破壞相關設備器材，甚至以炸藥摧毀運河。一八四二年，一群愛爾蘭工人原本獲得承諾，能到連接伊利湖（Lake Erie）與安大略湖（Lake Ontario）的威蘭運河（Welland Canal）幹活，不料後來期望落空，只好自己採取行動——根據估計，最後約有一千位暴動者上街擄掠，自當地磨坊中搶走麵粉、從經過的船隻上奪取豬肉。根據史學家指出，早期愛爾蘭裔美國勞工的暴動情事多半未經事先規劃，較為興之所至，而且訴諸手段與正當美式「白人」抗爭相當不同。史學家諾亞·伊格納提耶夫（Noel Ignatiev）就指出「最重要的是，愛爾蘭人的罷工更像是農場上的奴隸所為。」

此外，也有許多雇主反應愛爾蘭勞工會「佯病曠職」。一位美國慈善家就聲稱愛爾蘭移民「不求其他，只求群居於汙濊與混亂之中，以及舞會、節日與各種嬉鬧活動不受打擾。」英國作家兼旅人詹姆士·希爾克·白金漢（James Silk Buckingham）曾經造訪伊利諾（Illinois）與密西根（Michigan）運河的工作營地，並在事後提出以下結論：愛爾蘭人「無知而貧困（不過之所以如此並不是他們的錯，只是他們較為不幸），但還是喜歡酗酒、生活骯髒、個性無恥、性情暴亂，因此任何愛爾蘭人群聚之處，免不了成為眾人嫌惡與害怕的區域。」此外，麗都運河（Rideau Canal）的監工約翰·麥克塔加特（John MacTaggart）也直言愛爾蘭人無法成為「有用的勞工」，因為他們懶得讓自己成為可敬的對象，「即使在愛爾蘭人面前擺上清澈的水、馨香的肥皂，他們還是不願意洗臉；就算給他們製成的衣服，他們也還是不願意好好穿」，只知一味「抽煙、喝酒、吃馬鈴薯、吵架、鬥毆，甚至放火把整棟房子燒成灰燼，就算安排固定槍械與哨兵持刺刀看守也制不住他們。」

多數運河作業的雇主若不在上工時持續提供酒類，基本上也留不住愛爾蘭裔勞工。平均而言，愛爾蘭運河工每工作日的酒類消耗量為三到四及耳（gills），約等於十二到二十盎司。許多愛爾蘭移民都將自己的處境怪罪於那些「可憐又酒醉的愛爾蘭」同胞身上。安德魯．列里．歐布萊恩（Andrew Leary O'Brien）是一位受訓成為神職人員的愛爾蘭人；曾經也在運河上待過一段時間的他就發現，賓夕法尼亞運河（Pennsylvania Canal）上的勞工急需傳教：「工地裡充滿烈酒……晚上聽得見野蠻的愛爾蘭人飲酒作樂，打架、唱歌、跳舞等活動聲響鎮夜不絕於耳。」史學家科比．米勒（Kerby Miller）指出，上述情形之所以出現，主要是因為早期愛爾蘭裔移民根本「不諳於歸化國的勞動習慣」。

至於不挖運河的愛爾蘭人，大部分則都住在貧民窟裡。一位在紐約市最貧窮的五岔路地區（Five Points）傳教的教士，就認為裡頭的愛爾蘭人墮落之深，甚至拖累了周遭的非裔美人。他指出，黑人只要和愛爾蘭人混在一起，就會在骯髒與閒散之中沉淪，然而「自己群聚的黑人則相當清潔，而且也試圖勤奮工作、腳踏實地自力更生。」另一位教士也宣稱：「五岔路地區的黑人遠離酒類、居處得體，在這兩方面較愛爾蘭要好上百分之五十。」一八五七年，某政府調查小組就自五岔路一帶的房東口中得知，「就狀況較好出租房而言，房東較偏好出租給黑人而非愛爾蘭裔或德裔窮人。為取得屋況相對良好的房舍，許多黑人比起處境類似的白人，更願意保持個人清潔，妥善照料住所。」試想非裔美人在多數白人心中的地位本來就已經不高，一般對愛爾蘭人的看法更可見一斑。

美國戒酒運動在一八四〇與一八五〇年代高速擴張，主要就是為了因應大批嚴重酗酒的愛爾蘭移民。當時各大城市紛紛設立戒酒樓，道德改革者也開始在移民社區大步遊行，高喊口號，要求這批新住民莫再貪戀杯中物。然而愛爾蘭人壓根尚未做好成為美國良民的準備，不少戒酒樓遭人縱火，有時是個別縱火犯單獨行動，不過更常是愛爾蘭移民的志願「消防隊」所為。這些志願消防隊的背後，常常就是相互爭奪貧民窟地盤的愛爾蘭幫派。費城地區一份一八五三年政府的縱火調查報告就指出：「所有進入司法程序的暴動案件，幾乎全是出自志願消防隊及其成員與追隨者之手。」早在數年以前，《合眾國公報》（*United States Gazette*）就曾指責這些消防隊「趕跑了尋求舒適與安逸的資本家，使得城市無法受惠於資本家落腳所帶來的好處」。不過，這些消防隊除了大肆犯罪，卻也保護愛爾蘭移民免受反移民幫派攻擊與衛道人士侵擾。譬如反飲酒遊行者就曾在大街上遭到愛爾蘭幫派反擊，而這些幫派多與消防隊有關，或者受其支助。曾有剛從酒館裡走出來的男性被問及愛爾蘭人為何要以暴動反抗戒酒運動，他說：「這是自由的國度，愛爾蘭人自然覺得想做什麼別人管不著。」

一八一〇至一八五〇年代之間，共有超過一百萬名愛爾蘭人為逃離貧困與饑荒來到美國，卻在抵達後被人稱為「外白內黑」，或者直接說成是「白種黑人」。不少美國觀察者皆在愛爾蘭人與黑人之間找到相當強烈的文化相似性，其程度之甚讓不少人開始稱黑人為「燻黑的愛爾蘭人」。一八六四年，一份民主黨的競選文宣就警告：「我們有強烈的理由相信，這個國家的第一波族群融合必將發生於愛爾蘭人與黑人之間。」而事實也的確如此，族群融合早已展開多時。

由於愛爾蘭人一抵達美國就被迫進入城市裡最貧困的社區，他們馬上就必須與黑人共享生活空間。許多證據都顯示，共享生活空間很快就會發展成為更加親密的關係。一八三四年，紐約市一群於美國出生的白人，耳聞跨種族性行為大行其道，遂決定大鬧紐約市第六區（the Sixth Ward），沿街攻擊黑人與愛爾蘭人，並強拆聖菲利普非洲聖公會教堂（St. Philip's African Episcopal Church）、火燒黑人寓所、愛爾蘭人寓所，與愛爾蘭酒館。費城地區同樣也發生種族融合引發眾怒的問題，譬如一位當地傳教士就曾抱怨太常見到愛爾蘭女子與「骯髒的黑人同住」。一八四七年，費城地區負責非裔美人人口普查的普查員就說：「眼前所見使我的心感到噁心、靈魂感到恐懼……這些人竟然大部分都與愛爾蘭人同居。」費城的某陪審團也在一八五三指出市區最窮困的區域裡，常見愛爾蘭人與非裔美人混居，其中一間酒館和旅舍裡頭「男女黑白雜居，為數眾多，胡亂全擠在一塊，在光溜溜的地板上或蹲或躺。」當代學者路易·霍頓（Lois Horton）與詹姆士·霍頓（James Horton）在研究美國內戰前住在波士頓的黑人時，就發現有大量白人住在黑人社區，或者與不同膚色者聯姻，而這些白人幾乎都是愛爾蘭人——「波士頓的住宅模式讓社會最底層、最受壓迫的各個族群更容易交流，一方面導致人與人之間摩擦增加，另一方面卻也促成更多友善的人際關係。」紐約市大報《世界報》（*The World*）曾於一八六七年報導：「本市最為常見的景觀，便是下層階級彼此黑白雜處、通婚生育……特別的是，雖然一般認為愛爾蘭男性與黑人男性時常相互憎惡，但是愛爾蘭女性與黑人男性之間卻確切存有一份親近；在多數跨種族通婚生育的兩人中，一方通常為黑人，另一方則為愛爾蘭人。」

族群混雜的情況在第六區的五岔路最為明顯，根據《紐約黑幫》（*Gangs of New York*）作者，即記者賀柏特·亞斯貝瑞（Herbert Asbury）指出，該區域住滿了「被解放的黑奴以及低下階層的愛爾蘭人」，兩大族群「不分你我擠在五岔路的老舊貧民窟裡」。一位造訪五岔路某租戶的傳教士則是遇見一位「黑人站在炭火盆前」，而同一間房裡：

> 一堆破布之下……一位滿頭亂髮的愛爾蘭女子抬起頭來……『先生你看看這條小傢伙』，語畢，她翻開破布堆，從中抱起一個才幾週大的混血嬰孩，黑人看了開心大笑，露出滿嘴象牙般的牙齒。

根據該傳教士指出，這位非裔與愛爾蘭混血嬰孩的命運已定：「喝的第一口藥是蘭姆酒，學的第一堂課是偷竊，自己住的第一間房子是監獄，最終安息之處則是亂葬崗。」五岔路地區最大的租戶樓是一棟名為「老釀酒場」（Old Brewery）的建築物，這棟大樓可以說是跨種族婚配的聖堂。亞斯貝瑞寫道：「這棟大樓最名聲遠播的期間，裡頭住了超過一千名男女與小孩，幾乎全都是愛爾蘭人與黑人，雙方比例各半。」地窖裡大部分的房間，「住的都是黑人和他們的白人妻子」，然而整棟大樓裡「跨種族婚配早已是為眾人所接受的事實」。記者喬治．佛斯特的作品《瓦斯燈下的紐約》第一手描繪了五岔路地區的景況，書中不只提到黑人與愛爾蘭人間的情感關係相當常見，佛斯特所觀察到的愛爾蘭女性更視黑人男性為「理想的伴侶與愛人」。再一次，我們看到美國的率先達成族群融合的暴民又是來自社會的最底層。

內戰以前，黑人與愛爾蘭人之間的確互有不滿，然而事實上性與各種享樂活動卻更為常見。根據史學家格蘭．霍吉斯（Graham Hodges）指出：愛爾蘭人與黑人稱霸第六區期間，「兩族群間的暴力事件少得驚人。」「即便愛爾蘭裔人口不斷上升，而第六區裡的跨種族愛侶、黑人教會、廢奴主義者又未曾離開，區內居民卻未加入後來發生的反黑人暴動……早期五岔路口最主要的娛樂就是跳舞，因此眾多舞廳很快就在天堂廣場（Paradise Square）周邊街道開張營業。」當時社區裡最受歡迎的舞廳是由彼特．威廉斯（Pete Williams）所經營，根據他人形容，威廉斯「不愁吃穿，膚色如炭，靠著經營舞廳賺進了可觀財富」。一位光顧威廉斯舞廳的上流社會人士就因為以下景象而大感吃驚──「數位美貌的混血女性身處眾人之中，另外還有幾位『到處尋歡作樂的年輕男子』，都與黑人混在一起，看上去就是一幅我從未見過的族群融合之景。」《紐約剪報》（*New York Clipper*）的一位記者也認為橘街（Orange Street）「從外觀看來是一片族群融合」。根據當時五岔路地區的中產階級記者與傳教士指出，這類跳舞場所的邪惡程度，直逼性這件事本身。五岔路「勤奮之家孤兒院」（Five Points House of Industry orphanage）的路易斯．皮斯牧師（Lewis Pease）某次便在樂隊急促演奏時看見此景：

> 提琴愈來愈快，鈴鼓撞擊著頭踵膝肘，舞者互相碰撞，舞蹈的靈魂完全甦醒，興奮之情喧染全場。每隻腳、每條腿、每雙手、每顆頭、每張唇、每具身體，無不舞動，汗水、咒罵、提琴、跳舞、喊叫、跺踏，全沉浸在煙霧、浮塵與腐臭的空氣之中。

根據喬治．弗斯特指出，眾人的舞蹈有時甚至宛若高潮已至：

> 舞步已經忘光了，每一次跳躍、跺踏、尖叫與吶喊都是興之所至……跳舞的人變得狂野而興奮……開始像狂吼的苦行僧般瘋狂四處跳躍，以手臂緊緊抓住舞伴，許久後一切才在熱烈的混亂與失序之中畫上句點。

許多舞台上最早的黑人戲仿藝人都是愛爾蘭裔美國人，包括黑臉藝人明星丹．艾姆特、丹．布萊恩特（Dan Bryant）、喬爾．沃克．史溫尼（Joel Walker Sweeny），以及E．P．克里斯提（E. P. Christy）。至於史提芬．佛斯特（Stephen Foster）這位顯赫的黑臉藝曲作曲人，祖先同樣是來自今天歸屬北愛爾蘭的德里（Derry）。史學家米克．莫羅尼（Mick Moloney）就指出，當時約有「上千位愛爾蘭或愛爾蘭裔美人的黑臉藝人」。「黑臉表演舞台上的愛爾蘭裔美國人幾乎列不完，」對史學家諾亞．伊格納提耶夫而言，「這麼多的黑臉藝團先驅都是愛爾蘭後裔，絕非巧合，因為愛爾蘭人與黑人的關係最為密切，而黑人的言談、音樂、舞蹈，無論受到黑臉藝人如何扭曲，都是黑臉表演的基礎。」

另一件絕非巧合之事，就是史學家康斯坦斯．洛克（Constance Rourke）所謂「黑人似乎輕輕鬆鬆就學會愛爾蘭人的音樂風格」。一位造訪五岔路地區黑人酒館的旅客，就見識到了一種揉合雙方風格的音樂：

「在黑人的旋律中，可以聽見一種自蘇格蘭或愛爾蘭曲風演變而來，相當和諧、歡鬧的風格。」學者愛瑞克．洛特（Eric Lott）也注意到「黑臉藝團所使用的樂器，也有類似現象：斑鳩琴與奇哈達（Quijada）(1)等樂器雖來自黑人傳統，不過提琴、骨片響皮與鈴鼓（推測自框鼓（Bodhran）演變而來）則有著愛爾蘭血統。」部分最常演出的黑臉藝曲，事實上都直接比較了愛爾蘭移民與黑人的經驗，例如〈離開馬鈴薯的故鄉真難過〉（"Tis Sad to Leave Our Tater Land"）就是一首以仿黑人方言唱成的愛爾蘭思鄉歌曲，而〈愛爾蘭與維吉尼亞〉（"Ireland and Virginia"）及其他數首愛爾蘭愛國歌曲，也都由扮成黑奴的愛爾蘭人所演唱。此外，洛特也提到，許多黑臉演出皆「以相同手法描寫愛爾蘭人與黑人」。譬如著名黑臉藝曲〈黑人的哀嘆〉（"The Darkey's Lament"）就是寫來諧擬另一首歌曲〈愛爾蘭移民的哀嘆〉（"The Irish Emigrant's Lament"）。

此外，愛爾蘭裔黑臉藝人也為美國大眾引進了吉格舞、呂爾舞以及「乘雙舞」（the double）等舞步。一位造訪愛爾蘭的旅客就如此形容乘雙舞：「快速以腳跟和腳尖踩踏地板，或者輪流使用雙腳腳尖。這個動作要做得好，除了速度要夠快以外，更要帶有一種狂性。」早期美國最厲害的黑人舞者之一——人稱「大師」的約翰．戴蒙（John Diamond）——本身就是愛爾蘭人。他是P．T．巴能（P. T. Barnum）旗下巡迴演出團中的表演者，而他所表演的四支舞蹈，即「黑人坎普鎮角笛舞」（Negro Camptown Hornpipe）、「老維吉尼亞踩腳曳步舞」（Ole Virginny Breakdown）、「烟屋舞」（Smokehouse Dance）以及「鎮外五里舞」（Five Mile Out of Town Dance）等，其精彩程度之甚，讓巴能向巡迴所到之處的舞者下戰帖，一起來場「黑人鬥舞」。根據一位劇場經理指出，戴蒙「能將雙腳與雙足扭曲成我當時從未見過，至今也不曾看過的型態。」今天，舞蹈史學家普遍認為戴蒙與其黑人對手「朱巴大師」（Master Juba）就是踢踏舞的創始祖。

不過踢踏舞可不是愛爾蘭暴民的唯一貢獻——只要是美國人，不論身份為何，日常生活用語當中必有許多用詞源自十九世紀愛爾蘭裔美國人這群骯髒又未開化的原始人。例如英文當中的「babe」（寶貝）、「buddy」（夥伴）、「cute」（可愛）、「freak」（怪胎）、「giggle」（格格地笑）、「slogan」（標語）、「yell」（大喊），甚至還有許許多多各式各樣的俚語、俗話，都是受早期愛裔美人影響，譬如年輕人叫做 young buck，起爭執說是 have a beef with someone，吵了架後要把人趕走叫 to bounce someone，滿口屁話叫做 talk bunk，要人別管閒事說 mind your own bees' wax，說自己住的街區是 block，城市是 burg（堡），海盜是 buccaneer，大便是 caca，和人同伙幹壞勾當叫 in cahoots with someone，親信密友是 crony，被人修理慘電說是 get knocked on your can 或 have your clock cleaned，丟球說是 chuck a ball，謬論歪理是 crank theory，心情躁怒是 cranky，玩骰子是 play craps，有人掛了叫 someone croaked，工作不要了叫 ditch a job，被人扣薪水說是 have my pay docked，和人決鬥是 duke it out with someone，稱別人老兄是說 dude，以不當手段達己利的動詞是 finagle，手上有的是錢叫 flush wish cash，被人陷害是 got framed，驚嘆我的天啊時說 by golly 或是 gee whiz，古怪笨拙是 gawky，脾氣不好是 grouchy，古怪老人叫 geezer，胡言亂語是 gibberish，牛飲是 guzzle，形容政治人物以權謀私叫 hack politicians，受收政治賄賂叫 take graft，心裡的直覺叫 hunch，中大獎是 jackpot，爵士樂叫 jazz，罵人混蛋說 jerk，稱嫖客為 john，管酒吧叫 joint，說小孩是 kid，看人不爽就叫人 kiss my ass，和朋友為了共同目的各自出錢籌款叫 put money in a kitty，因為犯法而跑路叫 on the lam，打架時海扁對方叫 lick someone in a fight，混帳叫 mug，搶匪是 mugger，濕熱的天氣是 muggy weather，

(1)（譯註）以動物下顎骨製成的打擊樂器。

穿衣時尚叫 natty，用手從脖子把人拐過來叫 give someone a noogy，管瘋子叫 nuts，稱撲克牌為 poker，寵物叫 pet，說人做作叫 phony，龐克族是 punk，娘娘腔是 pussy，形人行為奇特是 queer，不按排理出牌是 quirky，發生吵鬧騷動叫 racket，好玩又開心地不得了叫 have a rollicking good time，說人菜鳥叫 rookie，支持某人或替某人加油叫 to root for someone，騙局叫 scam，被騙的笨蛋叫 sap，把不速之客趕走叫 shoo，設法瞭解狀況叫 get the skinny on，勝券在握之人叫 shoo-in，逃離城市叫 skip town，偷懶是 slack off，灌飲是 slug，拍打平面叫 smack，而用拳頭教訓人也可以說是 slug，另外嘴巴又叫 smacker，貧民窟是 slum，公平妥當的交易叫 square deal，勞動階級叫 working stiff，小題大作叫 create a stink，笑到不能自已是 in stiches，遇到豪華名貴的東西就克制不住說是 I'm a sucker for swanky stuff，甚至連叔叔的說法 uncle 都是受早期愛裔美人影響。

字典學者已能證明，上述語彙中，部分由勞工階級的愛裔美人所發明，部分是愛裔美人自蓋爾語源（Gaelic）借用調整而來，而其餘則是舊詞重賦新義，或者是原本較少用，卻因愛爾蘭人而普及。(2)而和愛爾蘭人一樣對今日美國語言有同樣貢獻的，就只有一群人，這群人正是與愛爾蘭人同處社會底層的非裔美人。

愛爾蘭人變條子

愛瑞克．洛特及其他學者相信，愛裔美人歧視黑人的行為，諸如一八六三紐約市徵兵暴動中愛爾蘭人對黑人施加的私刑、「coon」（指稱黑人的歧視用語）這個字的發明，或者黑臉表演中對黑人故意蔑視等等——這些種種行為，事實上都是為了隱藏「兩個族群在階級與族群方面的相似」。正如諾亞．伊格納提耶夫所言：「白皮膚雖然給了愛爾蘭人躋身白人的資格，但資格就只是資格，實際上還是得靠後天努力。」

一八四四年，費城地區一連發生數起由愛爾蘭人帶頭的暴動，而同年稍晚寫成的一首黑臉藝曲，就點出一場白種移民的大改造，正要展開。

喔，上面的人開始害怕，
覺得這把火燒得太近，
只好召開會議以求和談，
把所有白人都變成警察。

而其中一位變警察的白人，就是費城裡人稱「公牛」的威廉．麥克莫倫（William "Bull" McMullen）。麥克莫倫是愛裔美人黑道組織殺手幫（the Killers）的首腦，同時也領導殺手幫的姐妹組織，莫亞孟辛地區消防隊（Moyamensing Hose），從小就和「燻黑愛爾蘭人」以及「白黑人」在城市裡的貧民窟打滾。一八四〇年代，麥克莫倫開始參與市區暴動，某次還射殺了一位反移民者，後來更因為意圖持刀攻擊警方並造成另一員警受傷而遭起訴。為避免受審，麥克莫倫與其他殺手幫成員選擇入伍從軍，被派去參與墨西哥戰爭，

(2)（作者註）上述例舉來自丹尼爾．卡西迪（Daniel Cassidy）的《愛爾蘭人如何發明英文俚語》（*How the Irish Invented Slang: The Secret Language of the Crossroads*）一書，然少數評論者並不認同該書部分較為廣褒的主張，然而光是可得證據的數量之多，就強烈暗示著勞工階級的愛裔美人至少相當程度地形塑了美式英文。

沒想到出發後不久，殺手幫成員竟然群起造反，推翻原指揮官，並由麥克莫倫取而代之。從各方面證據看來，麥克莫倫及其同黨後來都在墨西哥成為了完完全全的美國人，不只紀律嚴明，對國家也相當忠誠，而他們在墨西哥城的英勇事蹟更讓他們成為「大勇」楷模。正如許多愛裔美人，麥克莫倫不久後即放下墨西哥戰事，回國轉戰市政。一八五〇年，麥克莫倫獲選為費城民主黨基石會（Keystone Club）會長，負責動員愛爾蘭居民把票投給某位親愛爾蘭的市長候選人。該候選人當選後，旋即任命六位莫亞孟辛消防隊員加入警方，其中麥克莫倫因為貢獻不小，遂成為莫亞孟辛監獄審查委員會成員。次年，麥克莫倫當選市府參事，這個職位讓他得以招募大量愛爾蘭人加入費城警方。

同樣的發展也出現在紐約；當地的愛爾蘭人同樣在十九世紀時將自己從「白黑人」改造成為「白人公民」。當時，愛爾蘭黑幫在紐約發動攻勢，以軟硬兼施的手段試圖奪取權力，獲得正統。一方面而言，愛裔黑幫的暴動、縱火及其他放罪行為，迫使市府官員大舉擴編警消人力；另一方面，黑幫對移民人口所進行的政治動員（愛爾蘭移民「總是把票一早」就投給黑幫首腦鍾意的候選人）也迫使市長和警方首領讓愛爾蘭人填補新創警缺。早在一八四〇年愛爾蘭人開始大舉移民美國時，紐約市警力幾乎沒有愛爾蘭人，不過後來市長費南多．伍德（Fernando Wood）在一八五五年憑藉多數愛爾蘭選票當選後，隨即宣布擴編警力二四六員，其中半數皆由愛爾蘭人擔任。是年底，紐約市警力已有超過四分之一為愛爾蘭人；到了十九世紀末，愛爾蘭裔員警人數已過半，消防員則有四分之三為愛爾蘭裔。此外，檢查官、法官與獄卒等職位的種族比例，也逐漸嚴重傾向愛爾蘭人。不出多久，愛爾蘭裔警察已經成為美國文化中時常出現的固定角色。原本以「猩猩般的野蠻人」著稱的愛爾蘭人，如今已經變成無私又愛國的公務員。

整個十九世紀以至二十世紀，愛裔美人社群領袖發動了相當成功的美國化運動，根據愛爾蘭系報紙《波士頓領航員》（*Boston Pilot*）指出，這場運動的目標就是要創造「冷靜、理性、可敬、信奉天主教的愛裔美人」。該運動自草根而起，由紐約被稱為「小刀約翰」的約翰．休斯（John Hughes）主教，與波士頓的約翰．約瑟夫．威廉斯（John Joseph Williams）主教和威廉．亨利．歐康諾（William Henry O'Connell）主教等愛爾蘭裔天主教士領導。這些教士運用了天主教會與宗教道德的力量，成功讓許多移民學會新家園的生活方式。研究北美愛裔移民的主要歷史學家科比．米勒指出，天主教規與美國道德觀對人民的要求其實相當一致，「傳道演講和教區學校讀本所反應的各種教訓，都要求移民及其子女奉行勤奮、節儉、警醒、自制等美德，這些習慣不只能杜絕靈魂毀壞，也能塑造良好公民與成功商人。」眾多愛爾蘭裔教士在運河興建時期便開始教化信徒；當時，不少雇主會聘請教士來指正行為懶散、不守紀律的勞工，譬如威蘭運河上的勞工在一八四三至一八四四年間持續滋事反動，麥可多那神父（Father McDonagh）便「以神職人員的權威鞭笞勞工」。而當安大略地區加洛普斯運河（Gallopes Canal）上的愛裔挖掘工集體放下鏟子，自發性「出動」時，詹姆士．克拉克神父（Father James Clarke）也向運河經理承諾將提供「任何能力所及的協助，以維持您手下勞工的秩序」。克拉克神父於是針對勞動義務向罷工群眾說教，而根據說法之一指出，神父最後成功說服眾人回到工作崗位，眾人也「非常平和」。

米勒表示，此時期多數愛爾蘭裔教士「所反應出的是天主教會對秩序、權威，以及屬靈遵從的重視，但也同時反應出中產階級父母對社會穩定及其子女貞潔的強烈執念。」愛裔教士因此「譴責傳統守靈活動、精靈信仰、男女共學、愛爾蘭路口舞蹈（crossroads dancing）以及其他各種可能威脅教士與中產霸權的行為……這種『鐵一般的道德觀』讓大饑荒之後的愛爾蘭人成為世界上信仰最虔誠、性事最克制的天主教徒，不過在這個過程當中，許多為農民生活增添色彩與活力的古老習俗也因此遭到摧毀。」

在美國，教會的世界觀，成功與許多愛爾蘭移民義無反顧追求美國化的決心無縫融合。休斯主教協助紐約地區愛爾蘭人美國化的貢獻可謂無人能及，而他就堅持「天主教會是紀律的教會」。為達此目標，休斯主教連哄帶騙，說服數以千計的愛裔紐約人加入禁酒組織，同時還協助成立愛爾蘭移民協會（Irish Emigrant Society），該協以替新移民安排工作為宗旨，同時監控移民是否勤奮工作並且全心奉行「工作倫理」。勞工若是行為不當，將受到移民協會與教區教士公開羞辱。休斯另外也安排一群修女堅守重要執行崗位，譬如管理醫院、學校、孤兒院以及教會社團等。這些修女在崗位上除了傳講天主教訓以外，更強調「瑪利亞教條」（Marian doctrine）。據此教條，年輕女性不只要過貞潔的人生，同時也應協助確保他人純潔生活。當時，全美境內許多休斯及其他愛爾蘭裔教士成立的天主教學校，也會懲罰使用「閃語」（flash talk）這種創造出諸多美國俚語黑話的孩童，要求學生嚴格遵守「正統」可敬的英文語法。

到了十九世紀末，上述努力顯然已經獲得相當成功，讓愛裔美國報紙得以針對愛爾蘭人的「生理特徵」提出全新主張。當時，愛爾蘭人的「民族性」已在本質上與美國同步：塞爾特人成為了天生就努力工作、謹守秩序、為人忠誠，而且絕不荒淫放蕩的族群。《康乃狄克天主報》（*Connecticut Catholic*）就宣稱，在此世紀交替之時，愛裔美人已經成為「行為相當良好、謹守秩序」的民族。從前「懶散、邋遢、邪惡」的野獸，如今「相對具有良好公民素養……其第二代成員也已經在本能上徹底美國化」。

上述種種道德教化與民族性的重新定義，似乎對愛爾蘭人本身也產生不少影響。十九世紀末之際，多數愛爾蘭人已脫離赤貧；就比例上而言，上個世代仍在揮汗開闢運河的愛裔美人，如今已鮮少擔任最低薪職業，而且大舉進入警消體制，或者擔任教師、職員、記帳員等工作，成為白領階級。一八八〇年，紐約市選出愛爾蘭裔市長，至於波士頓和芝加哥也分別於一八八四年和一八九三見證愛爾蘭人贏得市長大選。

二十世紀的頭二十年間，羅德島、伊利諾、麻薩諸塞以及紐約等州，更相繼選出愛爾蘭州長。縱而觀之，這的確是非同小可的成就，只是這一切的背後是否有其代價？

從吉格舞到踢正步

正如全體愛裔美人的命運發展，派翠克．吉摩爾（Patrick Gilmore）、愛德華．哈里根（Edward Harrigan）與瓊西．奧卡特（Chauncey Olcott）等三人的職涯發展，皆可謂自黑而始，至白而終。

派翠克．吉摩爾於一八四九年自加爾威（Galway）抵達波士頓後不久，就組織了「奧德威的伊奧利亞人」（Ordway's Aeolians）黑臉藝團。不過十四年以後，吉摩爾卻在北方軍服役之際，改編了愛爾蘭反戰歌曲〈強尼我幾乎不認識你了〉（"Johnny I Hardly Knew Ye"）——該曲原先唱的是一位戰後返家的老兵，雙眼已瞎、兩腿已殘，然而吉摩爾卻在曲中融入在街上聽見的黑人靈魂樂元素，並且「為曲子妝點一番，起了個新名字，再找到一些新韻腳，讓曲子更符合時事」。這首曲子正是後來美國史上最偉大的親戰愛國歌曲之一〈強尼邁步而歸〉（"Johnny Comes Marching Home Again"）。除了這首曲子以外，吉摩爾還寫下數首內戰國歌，例如〈上帝拯救聯邦〉（"God Save the Union"）、〈回到亞柏拉罕懷裡〉（"Coming Home to Abraham"）、〈來自家鄉的好消息〉（"Good News from Home"）以及〈約翰．伯朗之軀〉（"John Brown's Body"）等歌曲。根據一位史學家指出，「吉摩爾美化波士頓市民對愛爾蘭人的印象，成果比誰都好。」

至於愛德華．哈里根這位愛爾蘭移民之子，成長的地方離五岔路一帶不過一箭之遙，生長年代更正逢當地跨種族尋歡作樂的全盛時期，他還是青少年的時候，就學會了如何彈奏班鳩琴（班鳩琴由奴隸所發明，後來成為黑臉表演的重要樂器）。一八六〇年代，哈里根遷居舊金山，爾後在當地為自己的黑臉表演事業打下一遍天，最為擅長用黑人方言講笑話。到了一八七〇年代，哈里根搬回紐約，接著以紐約下層階級生活為主題，進行喜劇創作與表演。時至一八八〇年代，哈里根已經成為那時代最成功的劇作家與劇場製作人，並且成功改善社會對愛爾蘭人的觀感。他的表演提供了「純粹的樂趣」，成為當代性娛樂以外的另一種選擇（性娛樂當時在其他綜藝劇場中相當明目張膽，詳見第四章）。事實上，正如一位史學家指出，「哈里根在商業舞台上為愛爾蘭族群注入正面印象，成功打破以盎格魯清教徒為代表的族群與種族階級架構。」哈里根的不少劇作中，常有非裔角色的蹤影，這些角色多半被刻畫為未開化族群，與愛爾蘭人兩相對立。十九世紀文學批評家威廉·迪恩·霍威斯（William Dean Howells）就觀察到，愛爾蘭人在哈里根的角色書寫中雖然已脫離原始狀態，但非裔美人卻仍停留原處，尚未脫離原本的困境：

> 這位藝術家在處理愛爾蘭族群各種生活面向時，態度與手法皆相當親和，不過他的名字一看就有愛爾蘭血統，因此並不令人意外；然而，在他的描寫之下，有色人種的命運卻相對不幸。他的劇作雖不至於將每一位愛爾蘭人都描繪為好人，但每一位有色人種確實都是壞人，不只景況晦暗、身上總帶著剃刀武器，還好說短視的謊言，時常一急就忘了誠實的重要，總是令人生趣，卻生性叛逆多謀；反倒是公認中黑人陽光般美好的特質，都不見蹤影。

哈里根靠著嘲笑愛爾蘭人喜歡喝酒鬧事，搏取了不少觀眾的笑聲，不過他的劇本卻總是安排讓愛爾蘭人朝高尚之路邁進。譬如哈里根最著名的系列劇作中，那位一八四八年自愛爾蘭移民美國的主角丹·莫里根（Dan Mulligan）就曾經加入內戰，並且在戰後買下一間雜貨店，最後當上無私的政治人物，造福鄉梓。

不過，哈里根筆下的愛爾蘭人最後雖然都走向可敬高尚的彼端，但卻也同時失去了原本韻律與節奏。

哈里根與其創作夥伴大衛．布拉姆（David Braham）（曾經也是一位黑臉藝人），兩人以愛裔美人生活為主題寫成的共同創作歌曲，雖多半以吉格舞形式寫成，但是速度卻慢了許多，而且節奏聽起來反而更像是在行軍；曲子的目的似乎不再是營造動感，而是喚醒哀愁。於是，充滿韻律的切分音，最後成為「步態舞」（cake walk）或者「慶祝曲」等曲類專屬，演唱者淨是黑人角色，譜出黑人表演傳統當中的經典曲目，例如〈為那蛋糕而步行〉（"Walking for Dat Cake"）、〈那檸檬口味的結婚蛋糕〉（"Dat Citron Wedding Cake"）、〈瑪莎的新婚夜〉（"Massa's Wedding Night"）、〈老穀倉的門〉（"The Old Barn Door"）以及〈查爾斯敦藍調〉（"The Charleston Blues"）等。

另一位音樂人瓊西．奧卡特則和哈里根一樣，一開始都是黑臉藝人，以在臉上抹炭表演起家。奧卡特的母親是移民，自小在伊利運河（Erie Canal）沿岸的「稻田營」（paddy camp）長大，曾經數次為了加入黑臉藝團而逃家，最後在一八七〇年代成為頗富盛名的黑臉藝人之一。不過，到了一八八〇年代，透過追本溯源來改善愛爾蘭人名聲的各種努力如火如荼，有人於是請奧卡特以歌劇美聲演唱「道地」愛爾蘭樂曲。根據史學家威廉．H．A．威廉斯（William H. A. Williams）指出，奧卡特在一八八〇年代到愛爾蘭走過一趟之後，一口愛爾蘭口音「濃得就算幾百場表演也夠用，確立了自己在美國劇場裡第一愛爾蘭男高音的地位」。奧卡特的專長是感時傷月的抒情曲與濫情演技，他同時也開創了「舞台上愛爾蘭人的新型態」。這種新愛爾蘭人的特色在於情操高尚，一點也不瘋顛古怪。奧卡特「遠離稻田裡過度飲酒的惡習」，是「一位英俊、聰明、富吸引力而多愁善感的英雄，也毫不介意為母親和祖國流下男兒淚……他是位脾性良好的英雄，一方面膽大無懼，一方面卻又在吟唱情歌與安眠曲時最感到如魚得水。」事實上，許多抒情曲目的歌詞皆由奧卡特所填，譬如〈我狂野的愛爾蘭玫瑰〉（"My Wilde Irish Rose"）以及〈當愛爾蘭的眼睛微笑時〉

（"When Irish Eyes Are Smiling"）。這些歌曲都象徵著原本的「白人猿」如今已經成為清醒、浪漫、貞潔、不跳舞的新愛爾蘭人。「奧卡特以及他在音樂界的同行，為愛爾蘭裔美國人編織了一段光榮歷史，讓愛爾蘭族群有了穩固基礎，得以打造受人敬仰的名聲。」

無傷大雅

一九一七年時，一位青年保護協會（Juvenile Protective Association）調查員參與了一場「以愛爾蘭人為主」的舞會，地點在芝加哥第十三區的威遜俱樂部（Woodrow Wilson Club）。舞會上，該調查員目睹了不少飲酒行為，也有少量的「親吻與擁抱」，「但舞廳裡未有不入流之事發生」。至於眾人所跳的舞步也是「無傷大雅」。根據調查員所述，舞會的「舞風相當現代」，以狐狸步為主，但頗有「木鞋舞（clog dance）的效果」。這股遠離傷風敗俗、拒絕濃厚性暗示的舞風發展，在當時相當普遍。一九一〇與一九二〇年代之際，商業舞廳雖盛極一時，卻極少有愛爾蘭裔年輕人出入。(3) 當時，多數愛爾蘭年輕人都只出入單純演奏「傳統愛爾蘭音樂」的俱樂部。這些俱樂部都屬於當時蓋爾聯盟（Gaelic League）所發起的運動的一部分，該聯盟在全美主要城市皆有據點，其宗旨為去除愛爾蘭人在美國人心中的刻板印象，重新賦予愛爾蘭文化相當溫雅、沉穩、可敬的面貌。該聯盟憤怒主張，真正的愛爾蘭舞蹈自始至終皆不「粗俗」，而是相當「優雅、精準、謙遜，對生活與心理的影響甚為良好」，任何「放蕩享樂」的舞步對愛爾蘭人而言都「相當陌生」。聯盟的許多分支也在總部的命令下，禁止在舉行活動時「貓步、步態舞，以及各種外來的惡劣舞蹈」。聯盟成員更宣誓遏止愛爾蘭人參與「純樂廳舞蹈」，因為那「是不應被容忍的外來習俗」。當時，愛爾蘭人在未受規管的商業舞廳裡，跳的是「跳鹿舞（bucking-jumping，一種與愛爾蘭水手和美洲黑奴有關的舞蹈），這種舞充滿力量，但在執行上卻毫不優雅，對位勢也不講究，老道的跳舞大師所說的五種位勢都沒有，對步伐也不重視，簡單來說就是吉格舞，有時候也稱為木鞋舞。」（跳愛爾蘭木鞋舞的時候，舞者身穿木鞋，以腳跟及腳尖踏擊地板，形成切分音式的「弱拍」或「強拍」節奏。木鞋舞蹈在十九世紀為許多非裔美人所採行，同時也是踢踏舞以及黑人兄弟會裡「步踏舞（stepping）」的基礎。）

令人難過而諷刺地，精力旺盛的吉格舞和呂爾舞雖遭蓋爾聯盟強烈譴責，但根據史學家海倫·布列南（Helen Brennan）指出，這兩種舞蹈才是祖國村莊裡「真正的地方傳統舞蹈」。而另一位研究愛爾蘭舞蹈史的史學家約翰·P·克里南（John P. Cullinane）則指出，聯盟試圖以「一種在表現上嚴格、僵硬」的團體舞蹈取代吉格舞。「在此以前，這些舞蹈的個人表現色彩較強，步伐更是興之所至」，可是後來「舞步遭人奪去樂趣與率性，手腳動作變得非常僵硬。」因此，當「費城四省樂隊」（Four Provinces Orchestra in Philadelphia）以及「波士頓奧李瑞愛裔吟遊者」（O'Leary's Irish Minstrels in Boston）等二十世紀早期的「傳

(3)（作者註）大衛·納索（David Nasaw）所著的《外出：公眾娛樂的興衰》（*Going Out: The Rise and Fall of Public Amusements*）以及路易斯·艾倫伯格（Lewis Erenberg）的《步出戶外：一八九〇～一九三〇紐約夜生活以及美國文化的轉變》（*Steppin' Out: New York Nightlife and the Transformation of American Culture, 1890-1930*），還有露絲·亞歷山德（Ruth Alexander）的《女孩問題：一九〇〇～一九三〇紐約女性青少年的性過失》（*The Girl Problem: Female Sexual Delinquency in New York, 1900-1930*）這三本書中，皆並未提到愛裔美人曾參與跳舞風潮，而凱西·佩絲（Kathy Peiss）的《廉價娛樂：世紀之交時在紐約的上班女郎與休閒活動》（*Cheap Amusements: Working Women and Leisure in Turn-of-the-Century New York*）中唯一提及此事的段落，也僅在於指出舞廳在「美國、德國與愛爾蘭勞工階級所居住的西邊租屋區」相當受歡迎。

統愛爾蘭」樂團在演奏吉格舞與呂爾舞曲時，其實優雅的風格已多過於早期移民酒館中粗糙而強烈的韻律。

類似的改變也可見於大眾文化對愛裔美人的描寫。作家威廉·H·A·威廉斯在《只是一場愛爾蘭人之夢：愛爾蘭與愛爾蘭人在美國流行歌詞中的形象，一八〇〇～一九二〇》（*'Twas Only an Irishman's Dream: The Image of Ireland and the Irish in American Popular Song Lyrics, 1800-1920*）一書中就指出，「飲酒、打架、跳舞、唱歌等都是舞台上愛爾蘭人常見的刻板印象，然而這些行為的相關詞彙在流行歌曲當中出現的頻率，卻在十九世紀最後二十年中由二六％下降到二十世紀前數十年的八％。」威廉斯的結論是：「雖然『愛爾蘭人』曾經象徵了一支野蠻、荒鬧、毫無紀律的民族，不過時至世紀轉換之際，愛爾蘭一詞所指涉的對象，已逐漸轉變為一種保守、老舊的態度……原先喜群居、好玩樂的愛爾蘭人所揹負的負面形象，如今已經消失。」

一九一六年時，一本由一位名叫麥迪遜·格蘭特（Madison Grant）這位「博物學家」（naturalist）所寫成的書籍，不只一舉重新定義外來移民在美國的種族地位，更建成一套左右二十世紀泰半美國公共政策的種族階級體系。這本《偉大種族的逝去：或，歐洲歷史的種族基礎》（*The Passing of the Great Race: or, The Racial Basis of European History*）將歐洲人分為三支不同種族：來自南歐的「地中海人」、來自中歐的「阿爾卑斯人」，以及來自北歐的「北歐人」。其中北歐人最為優越，被格蘭特稱為「卓越的白人」。而阿爾卑斯人雖然具有一定潛力，但卻因為自身的生理缺陷，成就永遠無法與北歐人並駕齊驅。至於地中海人則只比亞洲人與非洲人好一點，基本上永遠無法脫離原始農業狀態。格蘭特在書中主張，美國應驅逐北歐以外的人種。愛爾蘭人來到美國時，「像凶猛的大猩猩，根本是尼安德塔人的活標本……光看那突出的上唇、無樑的鼻子、圓短的眉毛、低垂的髮線以及野蠻的長相，很容易就認出來是愛爾蘭人。」最先來到美國的愛爾蘭人，「頭顱比例使得上唇突出、額頭低矮，眉框一看就有尼安德塔人的樣子。愛爾蘭人的其他特色，在許多原始種族身上皆可看見。這就是愛爾蘭人的樣貌，愛爾蘭移民在一八四六年來到美國之後的那幾年，符合上述的愛爾蘭人在美國相當常見。」

但是在這隻愛爾蘭大猩猩身上，很快就出現驚人發展——「不過，這種愛爾蘭人如今在我國好像幾乎不見蹤影了！」不到七十年之間，愛裔美國人成功躍居種族金字塔之頂，而這樣的發展格蘭特也看在眼裡，他在一九一六年指出：「愛爾蘭人和英國人一樣是貨真價實的北歐人」，他們「和英國人是由相同種族元素」組成。八年之後，國會通過國籍起源法（National Origins Act），嚴格限制非北歐人移民美國，不過愛爾蘭人卻仍然得以大步走進美國。

在這段向上提升、成為北歐人的過程中，最出名的愛裔美國人莫過於百老匯音樂劇之父喬治．M．柯漢（George M. Cohan）。雖然柯漢的生日其實是一八七八年七月三日，但他的父母為了證明自己的愛國心，堅持兒子的「生日是美國國慶七月四號」。柯漢一生將盡之時，已成為極為重要的文化標誌，華納兄弟影業（Warner Brothers）甚至在一九四二年為他特別製作傳記電影《勝利之歌》（*Yankee Doodle Dandy*），並找來詹姆士．卡格尼（James Cagney）領銜主演。卡格尼可謂柯漢之後另一位最具名望的愛裔美人，他在《勝利之歌》中的演出，為他贏得奧斯卡最佳男演員獎。有趣的是，不論是電影還是柯漢的真實人生，都道盡了愛裔美人那股生命韻律後來所遭逢的命運。當柯漢還在牙牙學語之時，就曾經與父母與家姐粉墨登場，上演人稱「柯漢四口」的黑人愛爾蘭混合巡迴娛樂劇碼。每次表演皆有一段「道地愛爾蘭」演出，其中可見柯漢一家人身穿愛爾蘭妖精裝（leprechaun），歡樂大跳吉格舞。在短暫的中場休息之後，四人再次換裝上台，臉已經塗成了黑色，扮成愛爾蘭人的「孿生兄弟」，大跳黑人舞蹈。

柯漢年輕的時候時常以黑臉示人，並且成為美國最為傑出的踢踏舞者，而卡格尼同樣也是踢踏舞大師，從小就在離家不遠的五岔路街頭學舞，不過兩人之所以能在美國史上名流青史，主要是靠著揉合踢踏舞與行軍步。一九〇〇年代，柯漢寫下不少歷久彌新的美國愛國歌曲，其中〈你是一張偉大的老國旗〉（"You're a Grand Old Flag"）便是柯漢一九〇六年百老匯名作《喬治・華盛頓二世》（*George Washington, Jr.*）終幕的進行曲。這場戲後來也重現於電影《勝利之歌》，只見首席舞者原本一人跳著踢踏舞，畫面中卻忽然出現一群雄壯、愛國、軍事色彩濃厚、答著數的行進隊舞。

第一次世界大戰期間，柯漢寫下另一首日後在美國軍人間相當流行的行進曲〈在那邊〉（"Over There"），成為美國文化裡中的戰爭主題曲。一九三六年，小羅斯福總統將國會金質榮譽勳章頒予柯漢，以紀念他對美軍士氣的貢獻。《勝利之歌》這部電影的最後幾幕中，可見柯漢在白宮裡接過小羅斯福手中的勳章後，加入軍隊行進，走上賓夕法尼亞大道。

這當然不代表愛爾蘭裔的美國暴民已完全消失。一九一〇與一九二〇年代跳舞熱潮正盛之時，少數愛爾蘭人仍然光顧夜間場所，有些甚至假聖派翠克日（Saint Patrick's Day）之便，重溫古老墮落的傳統習俗。這使得布魯克林地區的愛爾蘭最大報《布魯克林簡報》（*Brooklyn Tablet*）在一九一五年提出以下說法：「聖人一定拒絕在安息日前一晚跳舞」，而且「天主教徒若在週六晚上跳舞，就是犯了極大之惡」。波士頓的威廉・亨利・歐康納（William Henry O'Connel）主教不只禁止新型態舞蹈，各類性暗示濃厚的刊物、有失謙遜的衣著、美妝用品、紙牌遊戲以及「墮落的唱歌方式」皆遭到禁止。根據歐康納主教指出，爵士樂可是一種「感官、浮靡的異教行為」。

這波激進的美國化成果有二：首先，愛裔美人不只褪去自己「非白人」的種族地位，往後也鮮少再被視為「少數族群」；再來，美國化以後，全國各地愛裔美人所屬的酒吧裡，只見眾人飲著生健力士啤酒，看著運動賽事轉播，舞池裡人們不再忘情擺動身體，更常見的是彼此拳腳相向。

(4)（譯註）愛爾蘭的法定慶祝節日，紀念聖派翠克主教在愛爾蘭的傳道，訂於每年的三月十七日。因美國愛爾蘭移民之故，許多地方也會舉辦慶祝活動，如遊行、禮拜和聚餐等項目。

七 猶太人也曾經「黑」過

一九八〇年代時，學者雖然普遍認為愛爾蘭人已不再「黑」，卻仍認為猶太人來自非洲。賓州大學考古學兼民族學家丹尼爾．G．布林頓（Daniel G. Brinton）在一八九〇年主張，所謂的黑暗大陸正是孕育「閃族的搖籃」。九年之後，學者威廉．Z．雷普利（William Z. Ripley）則透過其影響力深遠的著作《歐洲人種》（*The Races of Europe*），進一步普及布林頓的看法。根據史學家艾瑞克．L．葛斯坦（Eric L. Goldstein）指出，在世紀轉換以後，「人們愈來愈常將猶太人、古代的以色列人，還有閃族人，與非州加以連結」，而「政府官員也逐漸傾向將猶太人歸類為『希伯來人』」。此外，當時的國會設有委員會專職蒐集統計數字，以便了解南歐與東歐族群的「人種特徵」，藉此為移民限制找理由；於此同時，人口調查局計劃在一九一〇年人口普查中增設歐裔移民「人種」類別，其中之一便是猶太人。至於在費城地區，公立學校一般皆要求學生以問卷交代種族背景，卻不准猶太學生勾選美國人的選項。神學學者兼詩人亞瑟．T．亞柏納西（Arthur T. Abernethy）透過一九一〇年的著作《黑猶太》（*The Jew a Negro*），將許多美國人內心的想法化為白紙黑字，底下為該書結論：

> 數千年來試圖去除黑人性質的努力，仍然無法根絕黑人相關的種族特徵；今天的猶太人本質上仍然擁有黑人的習性、生理特徵與傾向……猶太人——特別是男性——對於社會上較為講究的應對進退漫不在乎，也不願意限縮自身情欲，而這兩種特性已成為猶太人的代名詞。猶太人正如黑人，

皆受這種瘋狂傾向的策動，易對女性犯罪，兩族皆充滿異於常人的精力……在音樂方面猶太人也表現傑出，在這方面他們與黑人相當，皆為天生擅長音樂的種族，只要機會允許便能表現出色。

猶太人不是黑人！

不少美國猶太拉比聽到上述說法皆相當憤怒，其中一位來自舊金山的馬丁·A·梅耶（Martin A. Meyer）就說「離開沙漠、進入迦南地的猶太人的確屬於閃族」，但他也堅持「閃族的血液今天在猶太人身上已經很難找到」。另一位聖路易地區的拉比山繆·塞爾（Samuel Sale）則訴諸所謂的「顱相學」，即根據頭骨形狀提出種族判斷的學問，證明猶太人早已與非洲人種分流。「我們不得不承認，根據解剖量測結果，當今猶太人口仍具閃族身體特徵者僅約五％。」美籍猶太人委員會（American Jewish Committee）成員塞流士·亞德勒（Cyrus Adler）則是在一九〇九年呼籲時機已經成熟，主張猶太學者應發表「措辭強烈的宣言，強調猶太人的白人性質」，讓猶太人成為貨真價實的白人。

人類學家莫里斯·費雪伯格（Maurice Fishberg）回應了亞德勒的登高一呼，撰寫一系列文章和一九一一年著作《猶太人種族與環境研究》（*The Jews: A study of Race and Environment*），強調：「古希伯來人甚至是閃族人來自非洲的說法，並非既定事實」，因為費雪伯格在測量歐洲與美國的猶太人頭骨後，發現與非洲人「全無相關之處」；最後費雪伯格提出全新看法，認為閃族人是來自「高加索一帶的山區」。因此，猶太人相對於黑人而言，頗有可能完全化歸為美國人。費雪伯格如此解釋：「顯然，國內特定階層的人口無法單靠採納主流語言、宗教、習俗和習慣來達成同化」，「美國黑人無法單靠說英文或著皈依基督而成為美國人。」不過「猶太人身為白色人種，若要與信仰不同的美國人同化，並未受到任何阻礙。」這些發現「正是為什麼我們相當樂觀，認為猶太人與歐美基督徒間的區隔最終定能完全消除。」

非裔美人教育家布克．T．華盛頓曾在一九〇六年的演講中將黑人所遭受的私刑與猶太人所承受族群迫害加以比較，之後一份猶太報紙《現代觀點》（*Modern View*）便提出抗議，認為華盛頓在非裔美人與猶太人間做了「不恰當的比較」，前者「好犯肉體罪行，致使黑人集體陷入不名不譽」，後者則「是喜好財富、嫻熟商道，在各個專業及其他方面皆表現過度良好」。該報並指出，雖然非裔美人所受到的壓迫不及身處俄羅斯的猶太人嚴重，但黑人「相當無知懶散，使其傾向犯罪」，而俄羅斯的猶太人則是「平和、勤奮、不犯罪」，並且相當虔誠。紐奧良地區的報紙《猶太紀錄報》（*Jewish Ledger*）也反駁華盛頓自以為是的說法，該報指出：「猶太人身處人類優越與智識成就的頂端，黑人則陷於底層的泥淖之中，將兩者相比這種事，只有比黑人更虛榮、更肆無忌憚的黑人才做的出來。」同樣的，《美國希伯來》週刊（*American Hebrew*）編輯菲利普·格文（Philip Cowen）也在一九〇〇年聲稱，在美國，時常有人指控猶太人或黑人犯下強暴罪行，然而由此所引發的種族暴動中，「幾乎沒有一位猶太人是有罪的」，一般都是「某個可惡的黑人」發動攻擊。

當然，許多猶太領導人不只反對上述對黑人的種族歧視攻擊，更將一生奉獻給黑人民權運動。不過即使如此，眾多領導人中仍有不少人本著猶太文化優越主義出發，採取一種父母照顧子女的態度來幫助未開化者。許多著名猶太人都以猶太一族在逆境中的強韌為基礎，主張猶太人絕對有照顧非裔美人的道德義務。紐約民族文化協會（New York Society for Ethical Culture）創辦人菲力克斯．愛德勒（Felix Addler）曾於一九〇六年表示，猶太人對於非裔美人的協助，清楚彰顯「猶太人的本質以及猶太人道德智識與道德發展的長足進展」。麥克斯．海勒（Max Heller）拉比是美國猶太改革派（American Reform Judaism）領導人，他在一九一一年寫道，猶太人「是由迫害煉獄所鍛造而出的民族……應伸手協助弱勢同胞。」猶太人不應與其他「落後」種族一同沉溺社會底層，而應「盡快協助年幼手足提昇至我們的水準」。

在大眾文化中，許多猶太人立即採取動作，與黑人保持距離。一九〇九年，以色列・贊威爾（Israel Zangwill）這位猶太移民寫下劇本《大熔爐》（*The Melting-Pot*），至今仍是描寫移民追求文化美國化的代表作品。文化評論家沃納・索羅斯（Werner Sollors）如此點評：「贊威爾劇作裡的論述，比起任何社會政治理論，都更加深刻形塑了美國的移民與族群討論。」不過較不為人知的是，《大熔爐》其實是在告訴移民，成為美國人就代表成為白人。《大熔爐》的主人翁是一位年輕猶太小提琴手，他立志寫下一首足以定義美國文化的「交響曲」。因此，贊威爾自己在劇本後話中提到：此劇的音樂風格不能被「喜歌劇」或「大眾經典」等風格影響（這些風格甚受「破壞高尚傳統」、「拆毀華盛頓與林肯建樹」的「潮流人士」所喜好），而且不能隨大眾喜好逐流，追求「屬於前非洲人」的「『散拍音樂』與性感舞步」。真正的美國交響樂，應源自歐洲高尚的經典名曲，而且必須出自猶太人之手——「這位猶太人，清楚知道朝聖者建國先賢們，根本就是從猶太舊約走出來的人物」。

異常扭曲

雖然主張美國化的猶太人，極力向自己與全國證明猶太人心屬白人美國，但是反猶太主義卻在一九一〇至一九二〇年代之間不減反增。許多大學紛紛建立配額制度，限制猶太學生數。同樣的人數限制也出現在就業市場上，根據一份研究指出，一九二〇年代末的紐約市竟有高達九成的白領職位禁止猶太人申請。不少猶太裔銀行家更被大眾指責於一次世界大戰中出資援戰並從中獲利。一九一八年後，《錫安長老會倡議》（*The Protocols of the Elders of Zion*）這本據傳由某意圖征服全球的猶太陰謀團體所發行的小冊，開始在美國閱讀大眾間廣為流傳，不少國會議員和美國陸軍情資官員皆讀過此文獻；這本手冊遂成為猶太人統治世界陰謀論的證據。當時，下層階級的猶太人在許多人眼中，根本形同外來的激進「布爾什維克教條」同路人（而且此看法不無其根據）。

對猶太美國化運動傷害最深的，莫過於不少猶太人原始而野蠻的性生活。一九一五年，亞特蘭大一間鉛筆工廠的經理李奧．法蘭克（Leo Frank）因強暴非猶太少女瑪麗．法根（Mary Phagan），罪證確鑿遭法院判刑，其後一位南方政治人物湯姆．華森（Tom Watson）寫道：「社會學的學生都知道，黑人男性對於白人女性的欲望有多強，猶太人對非猶太人的欲望就有多強。」後來，一位法官將法蘭克的罪行自死刑減至終身監禁，結果一群自稱「瑪麗．法根守護騎士」的團體竟然自獄中綁架法蘭克，私自將他吊死於樹下。一九一五年十月十六日，法蘭克遭受私刑處份兩個月後，一群新的三K黨以「任何傷害家園之影響勢力皆應摧毀」為宗旨，在前述私刑集團的協助下成立；這個新三K黨自詡「肩負起保護女性神聖任務的使者」，並且宣布其宗旨之一「在於保護女性貞潔。女性的墮落干犯了人性的聖潔，是為對民族之罪行，對社會之罪惡，對國家之威脅，對一切生命中美善崇高事物之貶低。」

一九二〇年代中期，三K黨會員人數快速成長至約四、五百萬人，在社會上竟也獲得一定尊重。三K黨最著名之惡行便是針對性侵白人女性的黑人實施私刑，不過，該組織其實在防治白人女性自甘墮落上，投入了更多時間與資源，特別是當代女性暴民更是其鎖定對象。三K黨主要聚焦舞廳及私家車，因為根據三K黨全國領導人指出，這兩個場合最容易使意志不堅的女性臣服於「誘惑的吸引」。在三K黨所屬勢力範圍的數百座市鎮裡，各類舞廳（被三K黨人稱為「骯髒的娛樂場所」）不斷被打壓；三K黨同時也遊說地方政府，要求強化舞廳管理或者勒令停業，一旦遊說失敗，三K黨人便自行放火燒毀舞廳。雖然三K黨不斷強調自己以保護白人女性為目標，不讓白人女性受其他種族男性侵害，但他們似乎根本是在剝奪白人女性的欲望。三K黨人之所以如此憂心並非其來無自，一九二〇年代時，多數三K黨人皆居住在城市；當時城市裡的黑人、猶太人、天主教徒與女性愈來愈多，然而這些女性——特別是白種勞工階級女性——卻似乎相當樂於參與城市裡的新興性解放文化。

此外，有關猶太人「不可能美國化」的主張似乎也在國會殿堂裡特別獲得支持。一九二一年，眾議院移民與歸化事務委員會（Committee on Immigration and Naturalization of the House of Representatives）主席愛伯特·強森（Albert Johnson）便引述東歐外交官的警告，認為美國已經陷入危機，極可能出現猶太人氾濫問題，這些猶太人「異常邪惡」，而且「骯髒、不美國、生性危險」。國會於是通過「緊急配額法」（Emergency Quota Act），嚴格限制東歐與南歐移民。

整個一九二〇年代，報紙、政治人物與神職人員都指控猶太人將激進主義與性引入美國。當時，汽車大亨亨利·福特（Henry Ford）於自辦報紙《迪爾邦獨立報》（*Dearborn Independent*）刊載系列文章，探討「國際猶太人：世界的問題」（The International Jew: The World's Problem）所造成的威脅，受到許多讀者推崇。現在看來，福特主張猶太人已稱霸美國銀行業的說法，其實只是誇大其辭，而指控猶太人密謀摧毀盎格魯薩克遜文化一說，根本也只是空中樓閣；然而，有關猶太人倡導性愛所扮演的角色，福特所言卻有一定根據。所謂「音樂劇院」在當時的確已經成為「色彩與動態的閃光，是為爵士樂與情色鬧劇的結合」。無疑地，在福特寫作的時候，「眾人皆為五光十色、鋪張華麗的表演痴狂」，各種表演充滿「肉體景觀，搭配強烈的視覺效果，只見一群少女身著極為輕薄的垂布」。誰能否認到了一九二〇年代，美國大眾文化已充斥著「輕浮、淫蕩與猥褻？」這種新的文化風潮「追求的是肉體與身體的暴露，引起的也是屬於肉體感官的情感」，根本形同「對固守防線的最後一絲道德保守主義發動全面攻擊」。一九二〇年代是「合唱樂隊女郎的年代，合唱女郎的心理素質與戲劇完全無關，她們在舞台上的生命更不能稱之為事業。」是的，多數劇院、舞廳、電影院在當時皆由「猶太人所控制」。福特指出，「紐約地區的猶太裔經理比耶路撒冷的猶太人還多；進入禁忌領域冒險的行為原本還有所限制，如今卻在衝撞之下不斷放寬」；這樣的主張，相信任何史學家都會同意。根據保存良好的紀錄顯示，猶太人在所有的族裔中，擁有以及經營最多「閒散與追求刺激的場所」，而那些「縱情於不堪舞蹈的人」，正是在福特口中的「猶太爵士工廠」裡享樂。上述事業的存在，使得美國娛樂業成為「集聲色大成之地」，充滿「肉欲橫流的放縱」。福特最後以一句話作結：「猶太人將東方（此指亞洲、地中海與非洲地區）的聲色享樂引進美國舞台。」福特所言，無一為假。

猶太人的爵士工廠

根據傑出歷史學家霍爾・薩查（Howard Sachar）估計，二十世紀前數十年間紐約地區的性工作者七五％為猶太裔、妓院經營者高達一半為猶太人；至於一九二〇年代紐約地區的猶太囚犯則高達二〇％，而禁酒時期市面上的烈酒也多半都是由猶太裔的私酒商所提供。此外，本書先前亦曾提及，開創當時地下避孕產業者，也是猶太人。然而上述事蹟以外，猶太人對美國的性自由，其實還有另一個貢獻，亦即出版與流通數量不斷上升的色情刊物。一八八〇至一九四〇年間，因違反康姆斯塔克法及其他反色情法案而遭逮捕者，絕大多數皆為猶太人。隨色情刊物在兩次世界大戰間蓬勃發展（更有評論者稱戰間期為「美國的性點鐘（sex o'clock）」」，猶太人逐漸佔據色情產業核心。史學家傑·A·葛茲曼（Jay A. Gertzman）就主張，該時期的衛道人士「相當正確地指出兩件事，首先一九二〇與一九三〇年代的『色情刊物』大量流通；再來，這些相關內容的主要傳播者就是猶太人。這些刊物包含情色小說、充斥醒目性愛的文學、黃色雜誌、性學刊物以及各種罪大惡極的出版物等等。」

猶太人在許多方面都可以說是相當「體健」的民族。今天的美國人很少知道（也很少人會相信）猶太人曾經是美國最渾然天成的運動員。美國第一個職業籃球協會美國籃球聯盟（ABL）自一九二五年成立以至一九五〇年代之間，上場球員幾乎都是猶太人。協會成立後的頭二十年間，該聯盟的常勝軍包括克下列隊伍：克里夫蘭的羅森布蘭姆隊（Cleveland Rosenblums，由天才雙胞胎馬帝·費里曼（MartyFriedman）與巴尼·塞德蘭（Barney Sedran）於後場帶領）、全由猶太人組成的布魯克林珠寶隊（Brooklyn Jeweles）、費城SPHAS隊（南費城希伯來協會South Philadelphia Hebrew Association之縮寫），以及紐約塞爾提克隊（New York Cletics，由運動界首位超級新星奈特·霍曼（Nat Holman）帶領）。霍爾曼在紐約下東區出生長大，曾經被一位運動記者描述為球場上的「藝術家」，主導場上的「短傳、曲折步、球員相互合作與整體賽事」，並且「徹底改變了籃球」。SPHAS隊共計贏得七次ABL冠軍，隊上許多人都是當代最厲害的球員，譬如哈利·利特華克（Harry Litwack）、塞·卡索曼（Cy Kaselman）、莫·葛德曼（Moe Goldman）、塞奇·格塞佛（Shikey Gotthoffer）、爾夫·托格夫（Irv Torgoff）、麥克斯·波斯拿克（Max Posnack）、傑瑞·弗萊許曼（Jerry Fleishman）、英奇·洛特曼（Inky Lautman）、雷德·克羅茲（Red Klotz）、人稱「蝴蝶餅」的下東區蝴蝶餅師傅之子戴維·班克斯（Davey "Pretzel" Banks）以及布魯克林格林波音特（Greenpoint）

地區的驕傲，人稱「詹米」的哈利．莫斯科維茲（Harry "Jammy" Moskowitz）。SHAPS 隊稱霸 ABL 多年，曾於十二季賽事中贏得七次聯盟冠軍。一位一九二六年《里奇籃球指南》（*Reach Basketball Guide*）的作者就稱 SHAPS 隊為「籃球史上最最偉大的陣容組合」。此外，運動史學家彼德．列文（Peter Levine）也發現一九三〇至四〇年代年間，ABL 球員約有一半為猶太人，而一九四〇／一九四一季度的最高得分者中，「名單上六十一位球員有三十六人的名字一看就知道是猶太人」。至於該季的前八位得分者也全都是猶太人，其中一位正是聯盟得分紀錄保持人，隸屬 SHAPS 隊的佩提．羅森堡（Petey Rosenberg）。

猶太人同樣也稱霸大學籃球界。一九二一年，《美國希伯來》週刊宣稱「移民年輕男性」在大學籃球隊上無論是「力氣、速度還是技巧都無人能敵」。一九三五年，另一份刊物《猶太編年》（*Jewish Chronicle*）也指出，大學運動界裡「籃球與猶太球星根本就是同義詞」。的確，整個一九四〇年代，以猶太裔學生為主的大學，在球場上幾乎完勝非猶太學生為主的學校。一九一九至一九五六年間，學生幾乎全是猶太人的紐約市區大學隊（City College of New York）創下 423-190 的紀錄，而紐約大學（New York University，NYU，被部分人士稱為 NYJew（紐約猶太））則是在一九二一年至一己五八年間共計獲得四二九勝、二三五敗。當時，許多權威人士皆試圖以生理因素解釋猶太人在籃球場上勇猛過人的表現，他們主張猶太人的雙手天生較為靈巧，內在運動天份也較非猶太人出色。不過，也有像紐約《每日新聞》（*Daily News*）運動版編輯保羅．加利可（Paul Gallico）這樣的人，進一步將上述看法與傳統刻板印象結合。例如加利可在一九三〇年代寫作時就表示籃球「特別吸引擁有東方背景的猶太人，因為籃球著重的是警覺、策略、炫麗的戲法、多謀的閃躲，以及小聰明。」

除了在籃球方面天生神力以外，猶太人展現內在運動天賦表現最為亮眼的舞台，莫過於拳擊場上。

一九〇〇至一九四〇年間，贏得拳擊世界冠軍盃的猶太人共達二十六人，超過愛爾蘭、義大利、德國與非裔美人等其他族群。這段期間內，拳擊場上最耀眼的明星絕大多數都是猶太人，譬如人稱「貧民窟巫師」的班尼．雷納德（Benny "the Ghetto Wizard" Leonard）就連續八年奪得輕量級冠軍頭銜；甚至在今天，雷納德都還被認為是二十世紀上半葉最偉大的輕量級選手。另一位人稱「史來普西」的麥克西．羅林布蘭姆（Maxie "Slapsie" Rosenbloom），以及「戰鬥拉文斯基」巴尼．樂伯維茲（Barney "Battling Levinsky" Lebrowitz）則各佔據輕重量級冠軍長達五年。至於猶太拉比之子巴尼．羅斯（Barney Ross）（原名Dov-Ber Rasofsky）則是第一位贏得三組不同量級冠軍的拳擊手——羅斯在十年拳擊生涯中先後拿下輕量級、輕沉量級、沉量級寶座。猶太人在拳擊場上表現之出色，光是一九二〇至一九三四年間，就有九次總決賽是兩位猶太人一較高下。

猶太黑人

在音樂產業裡，猶太人有好一段時間可以說是比黑人還黑。在一八九〇年代與一九〇〇年代早期，猶太公司M. Witmark & Sons就發行宣傳了當不少多最重要的「切分音」或「黑人歌曲」。這間公司由惠特馬克（Witmark）家族成立，其中部分家庭成員原本從黑臉藝團起家。根據史學家指出，這間公司同時也透過旗下「黑臉藝人部門」成為「國內業餘黑臉表演核心」，不只出版黑臉藝曲，也發行笑話集、「黑人劇」、黑臉序曲與終曲等內容，另外也負責相關器具販售，例入鈴鼓、樂器骨、奴隸服裝以及塗臉用的燒焦軟木。一八九九年，惠特馬克兄弟出版《首部黑臉表演百科全書》（*The First Minstrel Encyclopaedia*）以及《首部黑臉藝人專用型錄》（*The First Minstrel Catalogue*），裡頭「黑臉表演愛好者想要的東西應有盡有」，就和厚重的西爾斯、羅巴克（Sears, Roebuck）百貨型錄一樣，以豐富的商品內容照顧著每一位顧客的需求。

隨著愛爾蘭人自黑臉藝界淡出，熱切取而代之的就是猶太移民。史學家馬克·史洛賓（Mark Slobin）指出，事實上「幾乎所有舞台上的猶太美國名人，不論是偉伯（Weber）、費爾滋（Fields），還是愛爾·喬森（Al Jolson）、蘇菲·塔克（Sophie Tucker）以及愛迪·坎托（Eddie Cantor），一開始都是黑著一張臉與觀眾見面。」猶太人大舉進入黑臉藝界的盛況，使得當時的紐約《晨間電訊報》（*Morning Telegraph*）不得不在一八九九年如此宣布：「上天已決定，希伯來人是繼承黑人的人選。」

有好一段時間，許多猶太人都認為自己的音樂長才甚至比美國奴隸還要出色。一九一〇年時，年輕的作詞作曲家爾文·柏林（Irving Berlin）寫下〈拉奏提琴，演奏散拍音樂〉（"Yiddle on your Fiddle, Play some Ragtime"）一曲，向猶太人的音樂長才致敬。這首歌所寫的是女子莎蒂（Sadie）的婚禮，婚禮上「所有人都在唱歌、跳舞、旋轉」。當她聽見提琴手演奏起散拍音樂舞曲時，「她一跳而起，看著提琴手的雙眼」，高呼：

快跳舞吧
我好暈啊
好像年輕兩歲了
我的巧克力寶貝

柏林對黑人氣質的認同，甚至可以從他自學音樂的方法中看出端倪：他只彈奏鋼琴上的黑鍵，並且將黑鍵稱為「黑鬼鍵」，把鋼琴稱為「黑鬼琴」。前面提到的愛爾·喬森也是位黑人般的猶太人。根據喬森的作傳者以薩克．葛德伯（Isaac Goldberg）指出，喬森「活生生地體現」黑人與猶太人的相似之處。喬森還年輕的時候就對黑人音樂感到相當著迷，並且在哈林地區生活了一段時間；一九一〇年代，喬森成為唯一能出入樂洛伊（Leroy，哈林地區一家黑人音樂歌舞廳）的白人，並且在一九一一年憑著音樂劇《美麗巴黎》（*La Belle Paree*）成為舞台新星。他在劇中扮演一位「來自聖歡山（San Juan Hill），在巴黎頗富盛名的有色貴族」伊拉斯特斯．史巴克（Erastus Sparkle）。《美麗巴黎》中有一首名為〈巴黎是黑人的天堂〉（"Paris Is a Paradise for Coons"）的曲子，作曲者是猶太作曲家約若姆．柯恩（Jerome Kern）。在往後二十年間，喬森的地位在演藝圈裡如日中天，並且定期進行黑臉藝曲表演。

喬森在黑臉藝界聲名大噪的同年，爾文．柏林則是寫下個人第一首名曲、同時也是第一首含切分音的美國歌曲〈亞歷山大的散拍樂隊〉（"Alexander's Ragtime Band"）。這首歌在歌詞設計上，要以黑臉表演的仿黑人口音吟唱，其旋律則向原始音韻致敬：「提琴的旋律尖銳，好像雞鳴／單簧管像是黑色的寵伴／一起來聆聽／於古典樂團如蜜桃般的音樂……如此自然，自然到你還想聽更多。」柏林的切分音技法，是在以前在中國城夜店擔任侍者，聽其他鋼琴手演奏學來的。柏林往後仍寫下不少最廣為流傳的「黑人歌曲」，譬如〈我心中想著哈林〉（"Harlem on My Mind"）以及〈晚餐時光〉（"Supper Time"）等名作。

一九一八年，喬森演奏名曲〈史瓦尼〉（"Swanee"）。〈史瓦尼〉為年輕猶太作曲家喬治．蓋希文（George Gershwin）所作的黑臉藝曲，內容講述一位希冀「回南方找鄉親父老」的前奴隸，歌詞唱著南方的「班鳩琴低柔彈奏」，而且「媽媽正等著我」。蓋希文往後的音樂生涯，皆以黑人音樂為基礎，不論是《藍色狂想曲》（*Rhapsody in Blue*）還是《乞丐與蕩婦》（*Porgy and Bess*），都源自黑人音樂。蓋希文還是青少年時，時常造訪哈林區夜店，接觸了靈魂樂、藍調、爵士、散拍等各式曲風。作曲家約若姆．柯恩和蓋希文一樣，雖然本身是猶太人，但說他是黑人也不為過。還在讀高中的時候，柯恩就參與了三年級某班的黑臉表演創作，並且幫忙以鋼琴彈奏散拍樂曲。柯恩為一九二七年《畫舫璇宮》（*Show Boat*）所譜的伴奏，就由靈魂樂、散拍樂、藍調、爵士樂等不同曲風所組成，譬如〈老人之河〉（"Ol' Man River"）以及〈沒辦法不喜歡那男人〉（"Can't Help Lovin' Dat Man"）等經典歌曲；此系列作品一般被視為柯恩在藝術上的最高成就。同年，首部有聲電影《爵士歌手》（*The Jazz Singer*）上映，喬森於是獲得代表性地位，劇情講述喬森所扮演的角色，為了追求黑臉星夢而與其虔誠猶太家庭斷絕關係。

當柏林、蓋希文、柯恩、喬森等人試圖在非裔美人音樂與主流觀感之間取得平衡時，另一位作曲家哈洛德·亞倫（Harold Arlen）卻似乎完全擁抱了自己的黑人氣質。亞倫的父親是一位領唱者（cantor），以精湛的即興演唱能力著稱。亞倫還年輕的時候，就曾經研究過路易斯·阿姆斯壯（Louis Arsmtrong）、「國王」奧利佛（King Oliver）、弗萊徹·韓德森（Flethcher Henderson）以及其他爵士樂始祖的「種族音樂」作品，並且與哈林區的棉花俱樂部（Cotton Club）搭上關係。亞倫首次展露頭角，就是一九三〇年在棉花俱樂部演奏名曲〈要快樂〉（"Get Happy"）。在接下來的三十年間，亞倫寫下諸多藍調與爵士曲目；一九四〇年，一系列名叫《牧師強森的夢》（*Reverend Johnson's Dream*）的「美國黑人」組曲中，也有許多歌曲出自亞倫之手。藍調歌手以索·沃特斯（Ethel Waters）由於相當欣賞亞倫對黑人氣質的全心擁抱，甚至曾說亞倫是她見過「最黑」的白人。些外，亞倫在創作上的同伴也說，亞倫絕不只是在模仿非裔美人，他本人「就是非裔美人的一份子」。

許多猶太藝人所表演的歌曲，其實都出自非裔美人作曲家之手。譬如人稱「黑人大噪門」以及「最後火辣老媽」的蘇菲·塔克（Sophie Tucker, the "Coon Shouter" and "Last of the Red Hot Mamas"）就雇用了數名非裔美人歌手為自己上課，同時找來非裔美人作曲家為自己寫歌。猶太綜藝雙人組史密斯與戴爾（Smith and Dale）裡的喬．索茲爾（Joe Sultzer）則表示他的戲劇靈感多來自一八九〇年代紐約下東區的黑人街頭藝人。索茲爾說：「有位黑人常在我們街上跳舞，跳的叫巴克舞（buck dancing），首先他會將沙子灑在人行道上，然後在沙子上跳舞。他的雙腳與沙石磨擦所發出的聲音讓我非常著迷，我常常試著有樣學樣，也因此萌生上台表演的欲望。」事實上，一般猶太市井小民也非常喜歡黑人音樂。一八八〇年代，記者兼社會改革者雅各伯．里斯（Jacob Riis）就注意到「猶太城（此指紐約下東區）的年輕人異常喜歡跳舞」。另一位猶太道德改革者貝兒．莫斯科維茲（Belle Moskowitz）則是因為猶太社區裡以下的狀況而感到絕望：當時的猶太社區裡「刺目的燈光與震耳的音樂隨處可見」。在一九一〇與一九二〇年代時，美國各大城市的猶太哈達薩（Hadassah）分會和猶太青年娛樂中心都定期舉行表演，只見猶太藝人黑著一張臉，模仿黑人方言唱著歌，在台上跳著當時最複雜的爵士舞步。

猶太移民也在二十世紀早期入主綜藝雜耍劇場（vaudeville），並進一步使這種表演形式成為上不了檯面享樂的頌讚。對當時的紀律主義者而言，最令人坐立難安的，當屬綜藝雜耍藝人的舞蹈，其中又尤以女性舞者在台上搖曳生姿、模仿男女交合的舞步為最。

正如第一批愛爾蘭移民，自東歐來到美國定居的猶太人似乎對美國既有的種族界線毫不了解，也毫不在乎。根據史學家傑佛瑞．固拉克（Jeffrey Gurock）指出，這些猶太人「並未明顯抗拒與黑人毗鄰而居」。到了一九二〇年代，紐約哈林區與芝加哥南端（South Side）這兩個非裔美人社區，皆有數以千計的猶太人於此安居樂業。

猶太人對非裔美人的認同，也許最能以一個特殊現象證明，這個現象相當不得了，但一直以來皆未獲足夠重視——當時，黑鬼一字竟然是猶太人常用的綽號之一；譬如麥克．葛德（Michael Gold）的自傳小說《貧困的猶太人》（*Jews Without Money*）裡，敘事者最好的朋友就是一個別名「黑鬼」的「陽剛男孩」。此外，二十世紀早期掌控不少大城市街頭的猶太黑幫成員，也時常以「黑鬼」為化名，譬如意第緒黑手黨（Yiddish Black Hand）的「約斯基．黑鬼」（Yoski Nigger）、格里塞幫（Greaser Gang）的「黑鬼班尼．史耐德」（"Nigger Benny" Snyder）、費城六十九街幫（69th Street Gang）的「哈利．黑鬼．羅森」（Harry "Nig" Rosen）以及芝加哥二十區幫（Twentieth Ward Group）的「以薩多爾．黑鬼．葛德伯」（Isadore "Nigger" Goldberg）。當時甚至有一位紐約猶太妓院老闆，就叫做「黑鬼．茹絲」（Nigger Ruth）。至於紐約中國城的貝爾街（Pell Street）則有一家俄羅斯猶太人咖啡店，店主就叫做「黑鬼．麥克．索特」（"Nigger Mike" Salter）。前述的爾文．柏林當初就是在這間咖啡店擔任侍者。

芝加哥地區有一位俄羅斯猶太移民之子，人稱「梅茲」的米爾頓．梅茲洛（Milton "Mezz" Mezzrow）。梅茲洛可以說是那時代最傑出的爵士單簧管演奏家，而他對黑人的認同之深，甚至宣稱自己在種族上已經投誠。梅茲洛在青少年時曾遠遊密蘇里州，多年後的他卻還記得「南方人總叫我『黑鬼迷』。」

> 沒錯，我不只喜歡那些黑人男孩，我自己就是黑人男孩；和他們相處起來，感覺比和白人更自在，我甚至獲得與他們相同的待遇……等到我回到老家時，我已經知道我這輩子都要待在黑人身邊，因為他們才是我的親人。我要學會他們的音樂，然後一輩子不停演奏；我要成為音樂家，成為一位黑人樂手，以只有黑人辦得到的方式，向全世界演奏藍調。

梅茲洛主要在全黑人的爵士樂隊中演奏，娶了黑人老婆，最後還搬到了紐約哈林區。他不只對外宣稱自己「自願成為黑人」，更成了「壞黑鬼」。一九三〇年代，梅茲洛成為爵士樂界最大「藥頭」，並且在一九四〇年因持有與意圖散播大麻遭到逮捕，經法院判決有罪。當他抵達萊克島（Riker's Island）監獄時，他向獄卒表示自己是黑人，於是被送往實施種族隔離監獄裡的黑人區。

一九四六年，黑人雜誌《黑檀木》（*Ebony*）以專題報導〈一位前白人的個案史〉（"Case History of an Ex-White Man"）來表揚梅茲洛，感念這位「成功穿越吉姆．克勞式的黑人生活，真正與黑人平起平坐的少有的白人。」當然該報導也提到，「就生理上而言」梅茲洛「對再有想像力的人來說都不是黑人，膚色太淡了。」不過文章還是強調，梅茲洛的「皈依是內在的，就心理組成而論，他是完全全的黑人，而且絲毫不羞於承認。」

猶太人就是白人

對許多史學家而言，猶太人對於爵士樂、籃球、舞廳以及黑臉表演的喜愛，都證明了猶太人在文化上已開始美國化。然而，這些學者似乎忘了，美國文化向來都不是單一個體，不同文化之間也多有衝突。那些狂歡跳舞、稱自己為黑鬼的猶太人，後來就成了美國「惡民」。

若要證明即使是在爵士年代，所謂的美國「良民」也仍然無韻無律，我們只需要聽聽專門訓練移民成為美國人的機構究竟都放些什麼音樂、跳些什麼舞即可。史學家德瑞克．維隆（Derek Vaillant）在著作中曾提到，二十世紀前數十年專門幫助移民的社會工作者，「很快就挑出一種特別的音樂形式——譬如散拍音樂或者爵士樂——來加以針對；一旦這些音樂及其聽眾挑戰了傳統期待、違背了自我控制原則、改變了女性的地位，或者是對性別常規以及青年行為造成負面影響，甚至是變相鼓勵社會雜合，社工都會加以譴責。」

由於相當懼怕「現代型態舞蹈所伴隨的邪惡」，社會工作者與市府官員開始在移民舞會上，禁止播放「散拍或曲名具有暗示性的音樂，同時任何不恰當的舞蹈形式也都加以封殺。」被禁止的舞步類型包含「近距離舞蹈」、「不當姿勢」、「扭曲姿勢」以及「怪異、不必要或者下流動作」，譬如「暗示意味濃厚的扭擺、過度頻繁的後仰下腰與極端搖擺」一律遭到禁止，唯有彰顯「自我控制與自我治理」的舞步才被允許。

事實上，猶太美國領導人也是率先提出以下警告的人士之一，他們認為不恰當的舞步以及各種有悖於美國精神的行為，較容易在與黑人比鄰而居的移民身上出現。一九一一年，猶太裔美國人大報《前進報》（*Forward*）就刊文痛批猶太店主與黑人雜處的情形——「為了維持生計，雜貨店主必須放棄『外頭』文明社會的各種享受，住在『黑人社區裡』那『老舊殘破的廢墟中』」，導致子女必須「受半開化的街頭野蠻黑人影響」。這些商人「學習黑人說英文的方法，發現自己已然沉入生命的深淵」。根據史學家海西亞．戴納（Hasia Diner）指出，一九二〇與一九三〇年代的意第緒報紙上，「黑人主題中，就屬於犯罪報導最多」。這些報導的標題，「若不令人覺得陰森可怕，便極為轟動嚇人，譬如『芝加哥瘋狂黑人狂殺四人』、『發狂黑人咬死員警』、『黑人遭控迷姦白人女子』以及『兩女乍遇襲，手段慘絕人寰，黑人凶手殺人獲判有罪』等，都是意第緒報紙上相當典型的標題。」

最重要的是，意第緒報媒突顯了與黑人雜處的危險所在。「《前進報》曾刊載數篇長文探討哈林區的夜生活，部分目的在於嚇阻意圖前往嘗鮮的猶太青年。」當時，所有報紙的結論都指出「白人若造訪哈林區的歌舞廳與酒館，將使自己陷入危險。」戴納整理了一九一五至一九三五年的意第緒報紙後，發現猶太女子遭黑人男性攻擊或強暴的報導共有八篇，同時猶太人無故遭黑人持槍或刀攻擊的相關報導也為數不少，另外許多報導是有關搶案中黑人對猶太人所施加的暴力，此類受害者「不僅限商家店主，許多在地鐵月台上等車、在公寓大樓走廊行走的猶太人，無論在街上還是在家裡，都有可能是受害者。」

也大約就是在這個時候，所謂「猶太生理特質」開始出現轉變。一九二〇與一九三〇年代時，若干美國猶太知識份子紛紛主張猶太人雖為自成一格的「人種」無誤，不過其特質完全符合美國道德觀。格達．薩勒斯基（Gdal Saleski）在《流離民族的著名音樂家》（*Famous Musicians of a Wandering Race*）中指出，「猶太人的血液中具有現代文明所高舉的所有特質」，此外他也稱讚許多美國作曲家「作品完全不受野蠻的爵士樂與薩克斯風的哀嚎所影響」。無獨有偶，麥克．戴維斯（Mac Davis）在《從摩西以至愛因斯坦：他們全是猶太人》（*From Moses to Einstein: They Are All Jews*）裡，也特別為六十位對人類文明有「無盡」貢獻的猶太「軍人、政治家、探險家、拳擊手、詩人、科學家、拉比、演員與商人」作傳；不過，黑臉藝界或者爵士圈裡許多聲望不亞於前述人士的猶太人，戴維斯卻毫未提及。

雖然部分非猶太平面媒體曾經注意到，猶太運動員和非裔美人一樣「天生」體健，不過大部分著名猶太人仍試圖將公眾焦點擺在猶太人的正直操守之上，譬如 ZBT 兄弟會（Zeta Beta Tau fraternity）的全國領袖哈洛德．里格曼（Harold Riegelman）在讚美猶太運動員時，就側重猶太人在「運動場上的運動家精神」、「寬宏的禮儀」以及「性格中與生俱來的運動素質」。《美國希伯來》週刊也盛讚密西根大學的美式足球明星班尼．費里曼（Benny Friedman）「性格良好」，很能展現「天生的良慧與得體言行」；同時，該週刊也給予籃球傳奇奈特．霍曼極高評價，不只稱許他「端莊的氣度」，更稱他為「如君子之人」，說起話來「咬字清晰」、平時「儀態自然」，還抱持著「純潔高尚的美國精神」。雜誌《拳擊場》（*Ring*）的猶太編輯奈特．佛萊許（Nat Fleischer）也強調拳擊手班尼．雷納德擁有「極為靈敏的頭腦」。事實上，就連雷納德自己也說「猶太鬥士為這門賽事注入了科學元素」。而猶太學者麥克斯．馬格里斯（Max Margolis）在一九三二年的《聖約之子新聞刊》（*B'nai B'rith News*）裡，則是一反眾人總將猶太人與黑人一起比較的傾向，主張「猶太人就是白人」。當時，部分人士甚至宣稱單憑體力脫穎而出者，不可能是真的猶太人，譬如《每日猶太信使報》（*Daily Jewish Courier*）就在一九二三年如此形容猶太拳擊手：

> 至於拳擊界中被受尊敬的猶太同胞，我們可以說的是，如果猶太人對世界文明與猶太文化有什麼貢獻的話，這樣的貢獻應該要從智識中尋求，而非來自拳頭……事實上，這些拳擊手除了剛好生為猶太人以外，根本不能算是猶太人。

無獨有偶，一份由猶太反誹謗聯盟（Anti-Defamation League）發放的小書，也斷然表示猶太人已經成功「白化」——「科學而準確地來說，世界上有三大人種：黑人、黃人與白人。而在白人之下，各支亞人種歷來不斷交融，而猶太人正是交融中的一部分。」

部分認可猶太人對爵士樂貢獻的人，認為該族群事實上為爵士樂帶來了文明光亮。譬如評論家亞伯拉罕．羅巴克（Abraham Roback）就在一九二七年主張：「為原本爵士樂狂野的旋風，帶來自制、掛念與先覺者，便是那群才華洋溢，足以體會黑人音樂精神的猶太作曲家……你若問我要是沒有這群人，美國會發生什麼事……大街上所流傳的音樂又會是何種樣貌……我想答案是爵士樂仍會盛極一時，然而其成熟度與多樣性將遠不及我們今日所見……原先的黑人爵士樂缺少形體，相當混亂，不過在多數猶太版本中，我們卻可以清楚聽見樂旨。」

其他人的看法，則是巴不得猶太人別碰黑人音樂。正如猶太拉比史提芬．懷斯（Steven Wise）於一九二四年所寫道：「爵士樂是美國當今士氣與心緒的必然表達……唯有當美國重新找回自己的靈魂，爵士樂才會消失。換言之，一旦美國之魂獲得重生，爵士樂終將回歸它那黑暗而猩紅的發源處，獨自凋零，無人傷感。」道德改革者貝兒．莫斯科維茲終其一生都力圖消滅爵士樂，她對自己的弟兄說道：「你若是夜復一夜跳舞，沉醉於聲色擁抱，並且在舞蹈每一次用力時，都訴諸心中最卑下之處，這樣的你不可能不受負面影響。」莫斯科維茲及其他道德改革者後來發起運動，試圖規範舞廳裡的舞蹈風格；時至一九二〇年代，已有超過六十個市政府通過禁令，在公共舞池禁止「好色」、「放蕩」以及「過度感官」的舞姿。至於電影圈的猶太老闆也同樣開始著手淨化電影產業。一九三四年，電影製作規範（Motion Picture Production Code）開始實施，其中大銀幕禁止的事項，包含「暗示或代表著性行為和下流情感的舞步」、「以喚起觀眾情緒反應為目的的舞步」、「含有胸部移動的舞步」，以及「雙腳站定但身體卻過度移動的舞步」。

書呆子崛起

一九二〇與三〇年代的意第緒語報紙，由於在處理黑人猶太人關係時甚為小心，可謂協助形塑了猶太人在種族議題上的自由派觀點。根據史學家海西亞．戴納指出，當時《前進報》、《摩根日報》（*Morgen Journal*）以及《晨報》（*Tageblatt*）等讀者眾多、影響力強的報紙「鮮少看法一致」，唯獨「在種族與黑人議題上能取得共識」。的確，各家意第緒語報紙在撻伐種族隔離制度、支持公民權利、頌讚黑人成就等方面皆有志一同，不過各家報社也強調，黑人與猶太人在文化上是獨立的兩個族群，黑人見長於韻律，猶太良民則否。戴納指出，在意第緒媒體中，「每每提到哈林區的黑人生活，勢必會有眾人跳舞、男女旋繞，同時還有邦戈鼓聲（一位《晨報》記者甚至稱邦戈鼓為黑人的『民族樂器』）和街上不絕於耳，充滿活力的音樂。」意第緒劇場演員毛里斯．修茲（Maurice Schwartz）在一篇文章中「毫不遲疑地聲稱黑人的血液裡充滿音樂律動」。同樣的，英語報紙《猶太論壇報》（*Jewish Tribune*）也指出，「黑人舞者表演時所投入的精力大概比白人女孩多五十倍」。至於《美國希伯來》也宣稱「黑人的音樂律動相當邪惡誘人，總給人一種動感上的衝動，不跟著搖擺彎腰不行。」整體而論，猶太報紙皆主張：「黑人文化生活裡頭最顯著的特質，就是音樂與韻律的表現。」不過，同一天的報紙可能前一頁還在推崇公民權利有多重要，或者稱讚黑人的音樂長才，下一頁就開始對跨越種族界線的猶太人提出警告。此類文章當中，偶爾會提及數位與黑人音樂走得特別近的猶太藝人，不過就各報立場而言，猶太與黑人兩個族群的共同性，基本上還是在於雙方曾經承受過相當苦難，而非情感的放蕩。《前進報》上評論《爵士歌手》的影評就說，片中的「黑人歌曲」帶有「猶太音樂的憂傷小調，能聽見猶如猶太會堂領唱者的大聲嚎哭，以及受苦民族的痛苦哭喊。世代拉比家族之子，最能唱出世界史上最被殘酷惡待的民族之歌。」

二戰期間，聯邦政府由於深感國家團結才能取得勝利，因此正式歡迎猶太人進入白人一族。一九四三年，美國移民與歸化服務（Immigration and Naturalization Service）首度一視同仁，在公民資格申請表上把所有歐洲移民歸類為「白人」。雖然軍方仍徹底實施黑白分離（就連黑人所捐的血也必須分開存放），但卻也開始實行相關措施，以求歐裔美人之間的融合。根據史學家蓋瑞．葛斯托（Gary Gerstle）指出，軍方在此時開始將不同族群或原籍的白人編入同一兵團：

> 有時候，在最長四年的相處之後，這些軍事單位極為有效地促進了歐裔美人的大融合……不過這場大融合打從一開始便在族群上有所選擇，畢竟沒有一位黑人參與其中，而亞洲人也寥寥無幾，兩者皆被排除於定義中的白人軍團以外。

上述融合造成了相當深遠的影響，根據史學家艾瑞克．葛斯坦指出，「將猶太人與天主教徒併入美軍的作法，讓大眾此後不再懷疑猶太人與天主教徒究竟是不是白人，效果更勝其他戰時發展。」忽然之間，猶太人與義大利人不再是不同人種，而只是不同「族群」。一九四〇年代眾多暢銷書中，有兩本叫做《人類各族》（*The Races of Mankind*）與《人類最危險的迷思：種族謬誤》（*Man's Most Dangerous Myth: The Fallacy of Race*），這兩本書分別由茹絲．班乃迪克（Ruth Benedict）與愛希利．蒙塔格（Ashely Montagu）所著，雙雙反駁了歐洲人可為不同人種的說法，宣稱白人之間的差異主要是文化而非生理上的不同。此外，戰後所進行的民意調查也首次顯示多數美國人不再視猶太人為不同人種。

二次大戰期間與戰後，猶太人為避免種族混雜，大舉遷出紐約哈林區、芝加哥南端等南方黑人為主的社區。不出多久，親身參與暴民文化的猶太人開始減少，多數猶太人改以暴民文化觀察者自居。正如葛斯坦所言，「無數的回憶錄記載了當時的猶太青年，如何為非裔美人爵士樂手著迷，不時到夜店與舞廳欣賞這些樂手表演。」在此同時，玩爵士的猶太樂手卻開始減少，至於選擇繼續耕耘音樂界者，譬如史坦．葛茲（Stan Getz）、李．柯尼茲（Lee Konitz）、賀比．曼恩（Herbie Mann）、雷德．羅德尼（Red Rodney）、史德．利維（Stan Levey）、露．利維（Lou Levy）、保羅．戴斯蒙（Paul Desmond）、泰迪．查爾斯（Teddy Charles）、雪利．曼恩（Shelly Manne）等大師，皆選擇跟隨戰後的音樂潮流，放下搖擺樂改朝不適合跳舞的「酷派爵士」（cool jazz）以及較為複雜、需要高度技巧的咆勃爵士（bebop）邁進。

猶太人同時也拋棄了運動，尤其是一般認為較為原始而不需腦力的項目。根據鑽研猶太拳擊史的學者亞倫．波德納（Allen Bodner）指出，「到了一九五〇年，幾乎已經沒有猶太拳手；自此之後，猶太拳手的數量也始終微乎其微。同樣地，猶太拳擊教練也出現減少趨勢，不過猶太裔的經理、宣傳與賽事媒合人，卻仍維持一定數量。」彼德．列文也說，到了一九四〇年代，「猶太人在美國籃球聯盟的稱霸地位顯然在走下坡」。在一九五〇年的賽季裡，前三十六位高得分者只有剩十位是猶太人，至於次年賽季中，則可以從球員名單中得知，「整體美國籃球聯盟球員僅有九%（十一位）為猶太人。」一九六〇年代，「猶太人更常出現在NBA董事會中，而非在硬木地板上揮汗」。此時的猶太人似乎不再如當年身手矯健，而最顯著的跡象正是費城SPHAS一隊日後的命運與發展。一九五〇年代早期，SPHAS隊仍由才華洋溢的控球後衛雷德·克羅茲帶領，在兩次表演賽中打敗全黑人的哈林環球旅行者隊（Globetrotters）。克羅茲後來出資買下SPHAS隊，改名華盛頓將軍隊（Washington Generals）。一九五三年，克羅茲與環球旅行者達成協議，讓將軍隊與環球旅行者定期舉行表演賽，以突顯後者的出眾球技。一九五三至一九九五年間，將軍隊打贏了六場比賽，卻吃了超過一萬三千場敗仗。

二次世界大戰以後，美國最廣為人知的猶太形象已不再是黑臉舞者或者籃球員，而是住在郊區、肢體謹慎、喋喋不休的一家人——電視劇《金色年代》（*The Goldbergs*）一開始只是一九三〇年代的一齣廣播劇，後來在一九四〇與一九五〇年代發展成為電視節目，描述主角一家猶太人後來遷至郊區，天天煩惱如何融入非猶太人的左鄰右舍。一九五〇年，《金色年代》成為年度評比第七的電視節目，而節目背後的推手兼演員葛楚德·伯格（Gertrude Berge）更憑該劇勇奪當年艾美獎最佳女主角。至於飾演大家長的菲利普·勒伯（Philip Loeb）則被非營利組織美國男孩俱樂部（Boys Clubs of America）選為「年度電視父親」。戰前的大眾文化中，猶太人在螢光幕上總是旋風般地跳著快節奏舞蹈，不過在《金色年代》裡，主要場景卻是客廳與餐桌，一家人或是下著棋，或是用留聲機播放古典樂，一邊談論如何活得「更現代化」。節目其中一集的主軸，便在描寫伯格的角色因為無法搭上時興的拉丁舞熱潮而感到羞愧，伯格的角色說：「我只會跳華爾滋。」

猶太人在美國娛樂文化的高能見度雖然持續不墜，然而整體形象卻與黑人的音樂舞動分道揚鑣。一九六〇與七〇年代時，最出名的猶太娛樂圈人士莫屬亞倫·柯普蘭（Aaron Copland）和雷納德·伯恩斯坦（Leonard Bernstein），不過兩人最主要的貢獻卻是古典音樂的推廣。其餘頗富盛名者，包含愛迪·費雪（Eddie Fisher）、芭芭拉·史翠珊（Barbra Streisand）、愛迪·格姆（Eydie Gorme）、史提夫·勞倫斯（Steve Lawrence）、伯特·巴查拉克（Burt Bacharach）、巴利·馬尼羅（Barry Manilow）、尼爾·戴蒙（Neil Diamond）等民謠歌手，以及巴布·迪倫（Bob Dylan）、保羅·賽門（Paul Simon）、艾馬·伯恩斯坦（Elmer Bernstein）、伯納德·賀曼（Bernard Hermann）、馬文·哈姆利許（Marvin Hamlisch）、丹尼·艾夫曼（Danny Elfman）、傑瑞·高史密斯（Jerry Goldsmith）、菲利普·葛拉斯（Philip Glass）、詹姆士·霍納（James Horner）、霍華·蕭（Howard Shore）、亞倫·孟肯（Alan Menken）以及蘭迪·紐曼（Randy Newman）等具知識份子風範的民謠歌手。至於猶太人常見的「唯諾」形象（唯唯諾諾、肢體略微笨拙，但頗有智識天賦）則是由伍迪·艾倫（Woody Allen）、達斯丁·霍夫曼（Dustin Hoffman）、李察·德雷福斯（Richard Dreyfuss）以及後來的傑瑞·賽恩菲爾德（Jerry Seinfeld）、亞當·山德勒（Adam Sandler）、班·史提勒（Ben Stiller）、賴瑞·大衛（Larry David）等人在電視與電影裡具體突顯。到了二十世紀末期，猶太人已經離開舞池，真正抵達美國。

不過雖然如此，想重振暴民傳統的猶太美國人，仍然可以在比較意想不到的地方，找到可以追隨的英雄。接下來這位女士的族群背景雖然多數美國都不太清楚，只知道她是某知名選秀節目上較為和善的前裁判之一，不過寶拉·阿巴杜（Paula Abdul）可是和綜藝年代不停跳舞的希伯來人一樣，一身韻律、渾身猶太。寶拉的父親，哈利·阿巴杜（Harry Abdul）是一位敘利亞籍猶太人，母親羅蘭·萊克斯（Lorraine Rykiss）

則來自加拿大曼尼托巴省（Manitoba）聖波尼法斯（Saint Boniface）的少數猶太人家庭。寶拉・阿巴杜定期於貝萊爾的「洽巴德」參加禮拜（Chabad of Bel Air，位於洛杉磯的猶太正教會堂）。自一九八八年以來，阿巴杜已有五首單曲打入《告示牌》雜誌熱門R&B與嘻哈歌曲排行榜前四十名（原稱為黑人單曲榜），並有十首單曲進入《告示牌》熱門派對舞曲榜前四十名（該排行榜於全美舞廳進行調查，每週排序出最受歡迎的舞曲）。

猶太人在嘻哈界也有相當發展，譬如野獸男孩（The Beastie Boys）這個在一九八〇年代由麥克・戴蒙（Michael Diamond）、亞當・佛契（Adam Yauch）與亞當・霍洛維茲（Adam Horovitz）等三人所組成的團體，正是最長青、最成功的嘻哈團體之一。至於當初說服野獸男孩放棄早期龐克搖滾風格，改走嘻哈路線的里克・魯賓（Rick Rubin），後來更成立Def Jam唱片公司，並在一九八〇年代推出許多著名作品，在音樂界中為嘻哈打下主流地位。一九八〇年代晚期，來自紐約皇后區法爾洛克威（Far Rockaway）一帶的麥克・貝林（Michael Berrin）則是拿起麥克風，為自己取了藝名MC Serch，再把頭髮兩則削斷，頂著厚厚的平頭（high-top fade），以MC Hammer式的舞步一舉成為了當代一大饒舌巨星。貝林原本是嘻哈團體第三貝斯（3rd Bass）團長，自行單飛後一共推出五首進入《告示牌》饒舌榜前二十名的單曲。野獸男孩與MC Serch一般被視為今天「白人黑鬼」或「白鬼」等形象的創始祖。

今天，嘻哈界兩位最搶手的製作人分別是史考特・史多奇（Scott Storch）與亞倫・丹尼爾・馬曼（Alan Daniel Maman）。史多奇本人是嘻哈閃亮風格珠寶（bling jewelry）的愛好者，同時也是杜夫猶太製作公司（Tuff Jew Productions）的創辦人；馬曼則以外號「煉金術士」盛名在外，擅長將不搭嘎的噪音結合成嘻哈名曲。至於煉金術士這個名字，靈感則是來自中世紀塞法迪猶太人（Sephardic Jews）傳統中，負責將一般金屬煉製成黃金、白銀和長生不老藥的術士。

你可以笑他們「不道地」又裝模作樣，但是這些白鬼在猶太文化的傳承上，可比任何向主流白人靠攏的會計師、律師或者醫師，還要更加忠實而道地。

八 義裔美人：來自非洲

一八三〇年代，美國境內的義裔移民仍相當稀少，不過一位紐約地區的顯赫士紳便宣稱：「骯髒的愛爾蘭人已經夠可怕，但和義大利來的無賴相比根本不算什麼。」數十年後，著名美國史學家與哲學家約翰·費斯科（John Fiske）也表示同意，認為「最糟的愛爾蘭人也比那些傢伙（義大利人）好」。一般對義大利人最常見的看法，正是《紐約時報》（*The New York Times*）於一八七六年所說的：該族群「天生傾向犯罪」。不過義大利人也常因其他不當的行為而遭受指控，譬如《紐約時報》在同一篇社論中指出，「義大利人相當懶散，愛說閒話，性喜陰謀」，並且在結論中主張「別奢望能教化他們，或者要他們守秩序，唯一可行的方法就是訴諸法律」。慈善家查爾斯·洛林·布雷斯（Charles Loring Brace）則是在一八七二年寫下自己教化義大利移民未果的過程，並且在結論中表示義大利移民「絕對是我所見過最骯髒的一群人」。義大利人皮膚黝黑，義大利半島又鄰近非洲，導致許多人懷疑國內的移民服務單位，是否根本是放行了一群新的黑人入境，這群人擁有「黑色的眼睛，皮膚黝黑，生性相當邪惡」（另一篇一八八一年的《紐時》報導如此寫到）。《紐時》對於義大利人原始的性感力量更相當憂心，指出「本市數以百計追求浪漫的年輕女性，想像力皆」因為這群新來的移民「而著了火，因為最追求浪漫者，總是嚮往南方與拉丁的熾烈風情」。

在當時，義大利人時常被拿來和美國境內其他「原始族群」做比較。此現象在路易斯安納與密西西比州等地最為顯著，因為黑人大舉前往北方後留下了許多職缺，眾多義裔移民於是進入該地尋求工作。一位在路易斯安納州甘蔗田上工作的西西里島移民如此回憶道：「老闆以前都叫我們黑鬼」，而且還「說我們不是白人」。一八九〇年，紐奧良警長慘遭謀殺，事後當地的《民主時報》（*Times-Democrat*）就將矛頭指向西西里島人，指出「這群人外表低下醜惡，又身著奴隸服飾，在在顯示出其殘暴天性」。後來，一共十九位西西里島男性遭到逮捕，雖然全數獲判無罪，但不久後一群烏合之眾先是衝進當地牢房，接著砍斷這群人的四肢，再將之吊死於樹上。往後二十年，丹佛、坦帕（Tempa）、科羅拉多州格尼遜（Gunnison）、路易斯安納州塔盧拉（Tallulah）以及伊利諾州約斯頓市（Johnston City）等地，皆曾有義大利人遭私刑迫害。

以較溫和的手段抹「黑」義大利人也相當常見。在密西西比河三角洲地區，曾有人試圖在校園裡區別「白人」與義大利人學童，以此為手段剝奪義裔移民權利。該地區一份地方報紙並於一八九八年指出，「當我們論及白人治理時，他們（義大利人）和最黑的黑人一樣黑」。因此緣故，一八九〇年代時，幾內亞（guinea）這個原先用來指稱西非海岸一帶奴隸的代用語，也被用來形容義裔美人。

在北方地區，將義大利人與黑人放在一起來比較者也愈來愈多。《萊斯里插畫新聞雜誌》（*Leslie's Illustrated*）在一九〇一年就針對義大利移民的「天性」進行報導，指出義大利人在許多方面皆與一般認為非裔美人的天然特質十分相似：「義大利人玩牌、擲骰子、進行各類賭博遊戲時，那種一次籌碼全下的態度，帶有一種遊手好閒的無所謂，好像自己受到某種外於自身目的的庇佑一樣。」至於義大利人的新生兒狀況，「六成都是私生子。報紙上也滿是男女之間的情事……才剛脫離童年不久的女孩，卻已經以法律與聖禮所不容的方式產下下一代。」次年，普林斯頓大學校長伍德羅．威爾遜（Woodrow Wilson，後成為美國總統）撰文指出，來到美國的義大利人「是該族群中較為齷齪不幸的份子，其對生活與工作的準則是美國工人至今在夢中也未曾見過的。」一九〇四年，《大眾科學月刊》（*Popular Science Monthly*）所刊載之專論首先對來自義大利北部的移民甚表歡迎，指出北義大利人「膚色多半較淺」，而且大多「擁有某行業或職業技能」，然而該評論卻警告當局不應允許「南義大利人」進入美國，這群人「身材較矮，膚色黝黑」，而且「都是沒有技能的農場勞工」。正如黑人與第一批愛爾蘭與猶太移民，義大利人同樣被視為身手相當矯健的民族。《大眾科學月刊》表示，南義大利人的「智商不比幾百年不識字的農奴後裔要來得高」，不過「他們體格強健、肌肉發達，可以長時間從事體力勞動。」正因如此，義裔美人的薪資在許多勞動市場上皆與非裔美人相當。

一九一〇年，《芝加哥論壇報》（*Chicago Tribune*）聘請人類學家喬治．A．多西（George A. Dorsey）遠赴義大利研究這群不速之客的種族源起，多西最後歸結，南義大利人尤其擁有「黑人」血統，因此「就心理、道德與生理觀點而言，其價值皆令人質疑」。美國移民委員會（United States Immigration Commission）則是在一九一一年的報告中，針對開放南義「人種」移民提出警告。報告中指出，該族群「個性衝動、行事不經思考、想像力過度又好高騖遠」，「難以適應高度秩序的社會」。其他有關南義大利人工作習性的多份報告，內容敘述也和黑奴不謀而合：「一般似乎都認為，西西里人在工作上比起其他人種更靠不住，一份工作通常做不久，不時就喜歡請假，即使面臨開除也不介意。」美國眾議院移民與歸化委員會在接獲上述報告後，始針對「南義大利人是否為完全的高加索人」進行辯論，然而並未獲得具體結果。

一九一〇年代，數位學者細細研究了義大利人的種族血統，卻因為結論而感到不安。威斯康辛大學社會學教授，同時身兼美國社會學會（American Sociological Association）會長的艾德華．羅斯（Edward Ross）在一九一四年的一本著作中如此主張：由於「卡拉布里亞（Calabiran）與西西里人擁有不少來自希臘、撒拉森（Saracen）與非洲的血統」，該族群只達成了「仍屬原始階段的文明」。羅斯指出，南義移民學童

「臉頰上還能看出撒拉森或柏柏爾人（Berber）的痕跡，比起北歐非英語系移民學童而言，其表現落後的機率高出一倍。」羅斯也發現在美國南方，「出現一股恐懼，擔心義大利人由於缺少一般南方白人對膚色的強烈看法，因此很可能會與黑人往來，生下混血兒。」羅斯也描述不少義大利人與黑人的共通特性。首先，雙方皆「對賭博上癮」，常常抗拒勞動，因此容易犯罪：「義大利社區中有許多男人從未工作，手上卻有不少錢。他們會說『不，我們不工作，工作不適合我們。我們的朋友負責工作，然後再把錢輸給我們，何樂而不為？』大部分的犯罪正是出自這些蠹蟲之手。」在這群人的家鄉裡，「暴力狀況為北方的三到四倍，至於色情犯罪（包含一系列性相關罪行）則為北方三倍。」對羅斯而言，這些種族的先天行為代表「多達一半或者三分之二的義大利移民，人雖在美國，但精神卻毫不美國。」

雖然麥迪遜．格蘭特在深具影響力的著作《偉大種族的逝去》中將愛爾蘭人歸為「北歐」人種，卻主張南義利人是歐洲最低下的種族。在格蘭特的分類中，「地中海人」雖屬於「白」人，但他也直接說出當時許多人的想法，即這些義大利人有相當的黑人特質；格蘭特寫道：「地中海人種研究顯示，義大利人雖屬純種歐洲人，但也同樣具有非洲與亞洲血統。」至於清教徒福音組織傳教教育委員會（Missionary Education Committee）的主席，也不認為義大利人可以成功美國化，該主席在一九一七年表示，義大利移民「完全不了解基督徒生活究竟代表什麼意涵。對義大利人而言，週日是歡慶之日而非神聖之日，飲酒則是理所當然，而男性性道德更是低落，至於對於真理的追求，可謂著墨愈少愈好。」

一九一〇與一九二〇年代，義大利人在不少移民智力測驗上皆表現極差。亞瑟．史威尼（Arthur Sweeny）博士針對十六個國籍、上千位移民施測之後，於一九二二年如此總結：「我們可以……極力反對義大利移民」，因為高達六三．四%的義裔受試者屬於「D類」，亦即智商最低。所謂D類智商介於「白痴與正常偏笨之間」，D類勞工應較智障者「更為有用」，不過「並沒有比較可靠」。測驗中，唯一表現劣於義大利人者只有波蘭人。史威尼也指出，由於義大利人缺乏紀律，「並不適合從軍」，反而較適合挖掘水溝、清理衛廁，「在軍中負責勞力活」。此外，義大利人遊手好閒的相關描寫讀起來也與黑奴相當類似：「工作時必須不斷監督，再簡單的工作只要涉及長時間勞動，他們就做不來。」義大利移民的處境與黑人極為類似，兩者除了被視為缺乏理性與紀律，也被認為較擅於身體享樂。史威尼表示：「D類人口肢體發達，不少人具有相當吸引力」，而且「由於情緒易受波動，一眼便能知道他們反應特別快捷，不只容易開懷大笑，也容易感動流淚。」不少D類人口的另一特色為「缺少禁制」，意即喜享樂、惡勞動，重自由、輕責任，求享受、不犧牲——「令其愉悅者，野心之高也」。

一九一九年一份哈佛經濟學教授羅伯特．F．佛斯特（Robert F. Foerster）的研究發現，義大利移民極度缺乏美式工作倫理觀。報告中受訪雇主不時指責義裔勞工「懶散、怠責、多謀、趨炎附勢」，而且和黑奴一樣「天氣不好就佯病曠職」。一位雇主表示，義裔勞工的「惡習」包括「辦事效率不彰、不願忍受惡劣天氣」。其他受訪者甚至寧願雇請黑人勞工：「我們認為義裔勞工每人每天的工作量，比不上白人或黑人每人每天的工作量。」佛斯特在報告中也提到，曾有公司針對義裔勞工的工作效率進行調查，結果發現單位工作量僅達本地勞工的三五％至五〇％。義大利人除工作紀律渙散外，性方面也缺乏自制：「許多證詞皆顯示義大利男性的境外生活普遍放蕩，不少受訪者也都批判地指出義大利人頻繁造訪妓院」，而且高比例出現「棄妻行為」。佛斯特將上述問題歸咎於義大利人普遍缺少文明：「義大利人在許多方面的心智仍猶如孩童。」「有時候，其道德準則的低落程度令人訝異；文明人在修辭上以及實際認知上口中所稱的野蠻原始，義大利人都欣然擁抱。」譬如說，義大利人「共同的惡習之一，便是其髒亂；比黑人還髒」，因此，「說義大利人不是白人其實是一種汙辱，但這個情況時常發生」。

在生物上主張義大利人（特別是南義大利人）擁有黑人特色的說法，並非其來無自。由於南義大利距非洲比羅馬還近，加以數千年來義大利與「黑暗大陸」的人口交流不斷，因此正如史學家湯瑪斯．古格里耶莫（Thomas Guglielmo）所言，「當時認為南義大利人具有非洲血統的科學家這麼多，其實並不令人驚訝，因為許多狀況下他們的確有黑人血統。」

在移民高峰期間，多數義大利人抵達美國後反而與非洲人比鄰而居。他們進入紐約、芝加哥、紐奧良等大城中黑人群聚的社區，與黑人一同租房、共同工作，也分享娛樂設施。古格里耶莫認為，群居「通常代表了最親密的接觸」。根據史學家羅伯特．布蘭登封（Robert Brandfon）指出，由於紐奧良與鄰近農場上的義裔移民並不抗拒從事「黑鬼活」，「義大利人於是成了新一代黑人，雙方互相融合，而南方人也未多加區分兩族群。」另一位學者則發現，在南方州別最盛行種族隔離時，「未受南方種族偏見影響的義大利人，時常與黑人自由交通，不顧既成的社會秩序」。另外像是芝加哥的義裔報紙，也時常刊載義大利人與非裔美人通婚或私通的報導，而且態度一派輕鬆。社會工作者珍．亞當斯（Jane Addams）曾透過「睦鄰之家」計劃（settlement houses）協助移民美國化，因此看過的移民百態絕對不比別人少。她就指出芝加哥的義大利人「對黑人沒有特殊敵意，因為當地多數人來自南義，對黑皮膚種族較為習慣。」此外，亞當斯表示「地中海」移民「與盎格魯薩克遜人相比，對膚色分野較不敏感，很可能就是因為地中海傳統上與迦太基和埃及較為親近。」

一九一九年，芝加哥地區發生暴動，數十位非裔美人在街頭慘遭白人殺害，是為惡名昭彰的「紅色夏日」。事件爆發後，當地的義裔大報《義大利》（*L'Italia*）選擇站在黑人受害者一方，不只譴責白人施暴者，更評擊美國人尚未實現開國信仰中，人人享有正義與平等的理想。根據古格里耶莫指出，少數義大利人也參與了紅色夏日，然而「多數人並未參與一九一九年的膚色暴動」。根據芝加哥種族關係委員會（Chicago Commission on Race Relations）指出，在人稱「小西西里」的社區中，暴動情況「並不嚴重」，而且「暴動不久後黑人與義大利人就重修舊好」。三年後，委員會進一步指出「（近北端一帶）人數眾多的西西里人與當地黑人關係良好。部分黑人與西西里人租居於同一屋簷下，雙方和諧共處，下一代也玩在一起，有些黑人孩童甚至為了和西西里店員買東西，還學了幾句西西里話。」

許多芝加哥的非裔美人也都抱持相同看法，譬如一九二五年當地重要黑人民權組織「全國都市聯盟」（National Urban League）就指出「黑人家庭常說義大利鄰居很友善，更偶有疾病或者貧困中雪中送炭的美事」。在一九二〇年代研究芝加哥市區族群樣貌的一位芝加哥大學社會科學家就發現，非裔美人「多與猶太和義大利社群保持親近關係。猶太與義大利人是芝加哥最新的一波的移民，因此似乎不像城裡的早期移民與在地族群，對黑人甚有偏見。」一九三〇年，某位西區社區中心的主管指出，這兩大尚未歸化的移民族群，最不在乎膚色界線：「似乎只有猶太人與義大利人願意與黑人住在同一個屋簷下。我認為這就是為什麼義大利人會持續搬入西區，他們是跟著黑人的腳步而來。」無獨有偶，史學家薩瓦多爾．J．拉古米那（Salvatore J. LaGumina）也在紐約發現相同狀況，此時期的義裔與非裔美人時常在娛樂方面有所合作，而且「在一九三〇年代以前，非裔與義裔美人關係良好，未有暴力與敵意」。

古格里耶莫分析一九二〇年代芝加哥選民的投票模式後，發現「在那幾年中，許多義大利人主動和非裔美人站在同一陣線」。此外，「部分義大利人從未覺得與非裔美人共同支持同黨（共和黨）有何不妥，即便民主黨人極力將共和黨塑造成徹頭徹尾的『黑人黨』，義大利人也不感到擔憂。義語報紙也公開宣傳兩族群在黨派認同上的一致性，《義大利報》甚至一度主張義大利人應以非裔美人為政治動員與政治實踐的模範。」一九三〇年代，美國政黨歷經支持者重組，爾後大批義裔與非裔美人改支持民主黨，並在爾後三十年中成為民主黨重要票源。事實上，一九三〇與一九四〇年代極力提倡黑人民權的政治人物之一，正是紐約的左翼義裔國會議員維多．馬克安東尼奧（Vito Marcantonio），而他所屬的紐約東哈林選區，正是由大量非裔與義裔美人組成。馬克安東尼奧除為多項民權法案背書，帶領國會向南方州別的歧視性人頭稅法（poll tax）宣戰，更成功在聯邦層級立法禁止私刑。

雖然義裔美人大多非常不喜歡被拿來和「原始」的黑人做比較，但是多年以來卻沒有為了反駁種族羞辱而試圖變成白人。古格里耶莫發現，義大利人開始大量移民美國後的五十年間，每每在必須公開表明身份時，「會根據不同時間場合，訴諸若干身份認同，譬如義大利人、南義大利人、北義大利人、西西里人、盧切賽人（Luccese）、美國人、義裔美人、工人、男人、女人、天主教徒等等，但幾乎不曾有義大利人自稱白人。」

即便在宗教實踐上，義裔美人也對種族界線滿不在乎。全美各地的義裔教堂，皆可見畫作與雕像中的聖母瑪利亞與部分聖徒被以黑人形象呈現。直到一九四〇年代，哈林區的義大利天主教徒仍每年為摩爾人聖徒本篤（Saint Benedict the Moor）舉行歡慶遊行。摩爾人聖徒本篤為西西里島黑奴之子，祖先來自伊索比亞，由於他在十六世紀活出極為純潔的一生，因此以「黑聖徒」之名在天主教會和二十世紀的義裔哈林區受人景仰。根據史學家羅伯特．奧爾西（Robert Orsi）指出，「當時常見來自聖法蘭德羅的女性（西西里島聖法蘭德羅村移民）光著腳禱告，紀念這位黑聖徒。」

義大利人對美國低下樂趣的貢獻

愛喝酒的美國人，都欠義裔美人的「原始行為」一份人情。由於不願遵從美國的「良民」道德標準，義裔美人可謂最極力反抗禁酒規定的族群。一位《每週獨立評論》（*Independent Weekly Review*）的作者便在一九二二年報導義大利人對禁酒的廣泛抗拒（被動與激進兼有）：

要向一群義大利勞工解釋禁酒理論，就猶如要說服各位讀者西伯利亞人都是用耳朵走路。換言之，聽起來很有趣，但難以「真正觸及」……這群人一般相當守法愛國，而且初衷良善。對他們而言，保護私酒商與違反禁酒法才是正義行為，就好像中西部美國人也會帶著相同的正義感，規避禁種玉米的法律……

當然，反禁酒戰爭的最前線火力，其實是義裔美國幫派。美國境內絕大多數的非法酒類，很可能全都曾經過義大利犯罪集團之手。事實上，就連義裔女性也在家中為反禁酒之戰效力，根據古格里耶莫指出，芝加哥的義大利社區中「許多女性……都主動在家非法釀酒，維繫了整個芝加哥的私酒產業」。

觀察者口中義大利移民對「紀律與自制」的抗拒，其實也能從音樂品味中看見端倪。譬如羅伯特·F·佛斯特就曾指出，「義大利人雖然相當喜好音樂，但對唱詩班卻從來沒有興趣」。而愛德華·羅斯則形容義裔美人的歌唱與跳舞為「歡樂、無羞、好眾」。芝加哥大學研究員葛楚德·撒格（Gertrude Sager）造訪芝加哥近東區後，發現南義大利人「寧願成天坐著唱歌，也不願意動手改善周遭環境」。此外，大量義裔移民也深受非裔美人的音樂吸引，幾近印證了義大利人血液中的黑人性格。哥倫比亞大學的一位社會學家在一九〇四年針對紐約市下東區未同化移民與非裔美人社區進行研究後，就發現當地的文化標誌是較不入流的舞蹈：

> 對當地房客（多為義大利人、猶太人與黑人）而言，所有娛樂當中就屬跳舞在理性與感性上最吸引人。特別是搭配狂野音樂、襯著短號吹奏與大聲鼓鳴，再加上吉他與洋琵琶嘎嘎作響的舞蹈，最受到歡迎。

民族音樂學家茱利亞．佛佩勒多．中村（Julia Volpelleto Nakamura）也主張，義裔美人在十九世紀早期開始再現「非洲工作歌與儀式舞蹈的音樂韻律」。

到了世紀轉換之際，紐奧良已成為美國的義大利首都，當地的義大利與西西里後裔人數達全美之冠。事實上，義大利人還沒上岸以前，他們對音樂韻律的熱愛就已經在岸上造成恐懼。紐奧良《每日花絮報》（*Daily Picayune*）的記者就在報導中如此警告一艘自帕勒莫（Palermo）出發的「滿載移民之船」即將抵港：

> 隨著船隻愈來愈近，近到在港口能看見船身、在陸地上能看見浮船，便能聽見興奮的呼叫聲、問話聲與叫喊聲，說得全是方言，而且音頻甚高，相當震耳欲聾。而乘客們那旋轉頭手、扭動身體的肢體動作（拉丁民族彼此問候時似乎不可或缺），也誇張到讓最冷靜、最實際的旁觀者，都覺得這些人的四肢馬上就要斷開四射。

這些「乖戾的西西里人」，多數以紐奧良法國區的「小帕勒莫」為目的地。一位造訪該區的訪客如此形容：小帕勒莫「充滿琴酒、廉價葡萄酒與鴉片」，四處可見「孩童衣不蔽體」、「膚色黝黑的肥胖老人與女人低著頭打瞌睡」，而且「大蒜與水果壞掉的味道到處都是」。然而美國史上不少最為時髦的人，卻都在這裡出生。

紐奧良早期爵士吧的老闆與經理幾乎都是西西里移民，許多人更身兼黑手黨成員；由於移民與非裔美人走得近，黑幫眼裡又無視社會常規，這些酒吧裡不只有義裔樂師，也有黑人樂師，完全不顧當時的種族隔離法。馬特蘭甲（Matranga's）、喬塞格雷塔（Joe Segretta's）、通迪社交所（Tonti's Social Club）、拉拉大二五（Lala's Big 25）等俱樂部於是化為一座又一座的社會實驗室，培育出了美國的「古典音樂」，而這種新音樂（爵士樂）的創作者若非奴隸後代——譬如人稱「國王」的喬·奧利佛（Joe "King" Oliver）、別名「傑利羅」的斐迪南·莫爾頓（Ferdinand "Jelly Roll" Morton），以及路易斯·阿姆斯壯——就是小帕勒莫地區膚色黝黑、體態肥胖的西西里人所生下的衣不蔽體之子。

綽號尼克的多明尼克·詹姆士·拉洛卡（Dominic James "Nick" LaRocca）形容自己是「挑錯邊出生的義大利男孩」，還說自己是「爵士樂的始祖」。此話雖然所言不假，不過拉洛卡的音樂生涯，一開始是從模仿兒時紐奧良的黑人銅管樂團而始。無論拉洛克是否為爵士樂始祖，這種原始而充滿性感的音樂能在美國普及，拉洛克帶領的「正宗美國南方爵士樂隊」（Original Dixieland Jazz Band）(1)功不可沒。一九一六年，該樂隊以拉洛卡為短號手，其友人（亦為西西里裔）東尼·薩巴巴洛（Tony Sbarbaro）為鼓手，舉團抵達芝加哥演出，成功讓白人開始跳舞，並因此聞名全國。芝加哥市的反惡運動人士原本要把「紐奧良爵士樂隊的喧鬧噪音」趕回密西西比河，不久後卻發現數以千計的樂迷，似乎鐵了心要「把夜晚變得醜惡」。拉洛卡在回憶時如此提到：

> 我們在芝加哥獲得廣大迴響，女人紛紛站到舞池上狂舞，還有人跑來制止……他們愈跳，我們就愈投入……觀眾開始大喊「多來點爵士吧！」那天女性觀眾大肆跳舞的情景仍然歷歷在目……裙子撩過了膝頭，不斷跳舞，男人也樂得大吼，人人都玩得盡興。

次年，正宗美國南方爵士樂隊在紐約推出史上首張商業發行的爵士專輯，曲目中由拉洛卡譜曲的〈虎戲〉（"Tiger Rag"）可謂二十世紀最常被重演的爵士經典曲目。同時，該樂隊在紐約大型場所的演出也為上百萬白人聽眾帶來音樂律動，其中一九一七年一月在哥倫布圓環（Columbus Circle）雷森偉伯餐廳（Reisenweber's）的表演，更被《綜藝》雜誌（*Variety*）評為「爵士樂在紐約上台一鞠躬」以及聽眾革命性的學習體驗：

演出的音樂宛若電流，與紐約人熟知的華爾滋、一步舞、探戈、狐步等正經樂風甚為不同，其特色為拔尖的高音與複雜的節奏，好像音調都陷入混沌，聲符也開始暴動。初聞此音樂，雷森偉伯餐廳的用餐者無人走向舞池，心裡好像有些迷惑卻又有些著迷。隨著樂隊演奏一首接一首，仍未見有人起身跳舞，餐廳經理只好出面解釋：「各位先生女士，這是爵士樂，用來跳舞的！」眾人一聽，開懷大笑，氣氛於是熱絡了起來，幾對愛嘗鮮的男女率先開始跳舞，其他人也紛紛跟進……可以確定的是，雷森偉伯餐廳當晚的爵士演出，非常適合眾人在舞池上盡情跳舞，將腳步跳到極限……只要有點節奏感，能在舞池上動動雙腳的人，都能跳得有模有樣……當晚，爵士樂正式於紐約登台，而無論是好是壞，它來了定居了。

當晚的聽眾中，另一位名叫吉米．杜蘭提（Jimmy Durante）的時髦義大利人也在場。杜蘭提住在哈林區一二五街，在當地一家歌舞俱樂部的地下室酒館擔任鋼琴手。這位出生於布魯克林的移民之子在讀八年級

---

(1)（譯註）Dixieladn 原是美國南方的別稱，也是美國內戰時一首著名進行曲名，後來用來指稱初期爵士樂中在紐奧良發展出來的一種樂派分支，而狄西蘭爵士樂（Dixieland Jazz）也被認為是紐奧良的傳統爵士樂。

時，因為受到史考特·賈伯林（Scott Joplin）的音樂感動，決定休學成為全職散拍音樂鋼琴手，不久以後，杜蘭提便以「散拍吉米」為人所知，並且發明了一種特別「熱烈」、非常適合跳舞的新音樂風格，不難想見他也很喜歡拉洛卡的音樂。見識過拉洛卡在雷森偉伯餐廳的表演後，杜蘭提決定自組舞曲樂團，起名「正宗紐奧良爵士樂團」（Original New Orleans Jazz），並且找來年輕非裔亞基爾·巴克特（Achille Baquet）擔任單簧管手，正宗紐奧良爵士樂團因此可以說是美國流行音樂界率先達成族群融合的樂團。一九二〇年代，杜蘭提進一步與黑人作曲家克里斯·史密斯（Chris Smith）合作寫下數首曲目，並由傳奇藍調歌手麥咪·史密斯（Mamie Smith）獻聲錄製。往後，這位人稱散拍吉米的大師更跨足喜劇、雜耍劇、廣播劇、百老匯、電影與電視等領域，成為美國娛樂界家喻戶曉的人物。

溫吉·曼諾（Wingy Manone）與喬·馬薩拉（Joe Marsala）這兩位義大利之子，也可謂熱舞音樂界的先鋒。曼諾在小帕勒諾長大，住在拉洛卡家不遠處，他錄製了數首重要搖擺樂曲，譬如〈柏油紙踩踏〉（"Tar Paper Stomp"）、〈投幣點唱機〉（"Nickel in the Slot"）、〈全然噁心藍調〉（"Downright Disgusted Blues"）與〈車尾漫談〉（"Tailgate Ramble"）等等。曼諾另外也相當擅長喜劇形式的「黑話閒聊」（jive talk）。至於馬薩拉這位芝加哥人則是主辦跨種族爵士樂手即興交流會（jam session）第一人，他在一九三六年雇用小號手亨利·「雷德」·愛倫（Henry "Red" Allen）之後，更成為首位聘請黑人樂手的白人樂隊團長。根據爵士史學家雷納德·費德（Leonard Feather）指出，「喬·馬薩拉以低調而不張揚的手段打破爵士界的種族隔離，他所做出的努力比班尼·古德曼（Benny Goodman）還多。」

然而這些義裔美人的樂界盛名，沒有一位比得上路易斯·普利馬（Louis Prima）。普利馬從小聽著鄰近俱樂部的音樂長大，而且根據其傳記作者指出，很早就「在小帕勒莫地區，以路易斯·阿姆斯壯的頭號粉絲」為人所知。布利馬向阿姆斯壯學習的，包括短號吹奏、歌唱方式、舞蹈動作、表演台風與整體風格；他如此回憶道：「我向老天發誓，第一次聽阿姆斯壯表演的時候，不管是處理樂句還是旋律的手法，我都能感同身受，導致我在演奏的時候，沒有辦法不流露他的風格。」普利馬念高中時組了兩個樂團，專門演奏「街頭黑話爵士這種充滿南方風情、富有地中海與非洲旋律的音樂」。不出多久，這位自稱「美國最炙手可熱喇叭手」的男子動身前往紐約，希望能登上全國舞台，不過卻因為他的「黑」而遭到拒絕。

到了一九三〇年代中期，紐約第五十二街已經取代哈林區成為世界爵士首都。第五與第七大道之間的這一小段第五十二街，正是「搖擺街」的所在地，當時所有最重要的爵士俱樂部皆匯聚於此。一九三〇年代，多數俱樂部因為擔心白人顧客還無法接受黑人表演，仍在舞台上厲行隔離政策，只有少數店家願意找黑人演出。比莉·哈樂黛（Billie Holiday）就還記得「白人樂師從第五十二街這頭一路『搖擺』到了另一頭，但除了鋼琴手泰迪·威爾遜（Teddy Wilson）和我是黑人以外，街上一個黑人也沒有。」一位也在五十二街推廣爵士樂的白人樂團長蓋伊·隆巴多（Guy Lombardo）也記得，有好幾年「夜店主人都因為擔心影響收入，乾脆拒絕打破膚色界線」。

隆巴多在一九三四年造訪紐奧良狂歡節（Mardi Gras），結識路易斯·普利馬後，便向「里昂與艾迪酒吧」（Leon and Eddie's）的老闆艾迪·戴維斯（Eddie Davis）推荐這位年輕的喇叭手（里昂與艾迪酒吧是搖擺街最受歡迎的酒吧）。隆巴多回憶時說道：「我覺得我應該能成功說服戴維斯雇用普利馬。」但這位酒吧老闆在見過普利馬之後，卻將隆巴多拉到一旁低聲說道：「這人我沒法用。」根據隆巴多指出，「艾迪·戴維斯一看到橄欖膚色的路易·普利馬，又聽到他來自紐奧良，馬上就以為他是黑人。其實這則故事可惜之處，並不是戴維斯因此錯失一棵搖錢樹，而是他竟然向當時的種族偏見低頭。」而普利馬滿口「入時的流行語」

和隨性的肢體動作，也讓情況更糟。普利馬如此回憶道：「有將近六個月的時間，不論蓋伊或者其他人怎麼幫忙，我就是找不到工作。」最後，普利馬成功說服名門酒吧（Famous Door）的新東家自己是白人，終於為自己的新樂團「他的紐奧良幫」（His New Orleans Gang）贏得定期表演的機會。不久後，名門酒吧的入場券在紐約市已經一票難求，普利馬也成了紐約爵士新一代膚色黝黑的代言人。

雖然普利馬成功證明了自己是白人，但他的音樂卻一點也不白人。根據《告示牌》雜誌報導，普利馬樂團演奏的「音樂，猶如黑人交響樂的濃縮版……這也許就是人們如此著迷的原因——他的韻律充滿野性，帶有幾乎可以稱為原始的性質。」普利馬的傳記作者蓋瑞．布拉德（Garry Boulard）指出，這位來自紐奧良的野性樂師「永遠改變了五十二街在眾多爵士樂手心中的地位。在普利馬以前，五十二街相當適合邊喝酒邊聽跳舞樂團音樂（dance band），不過普利馬出現以後，五十二街就成為紐約市唯一演奏熱烈搖擺爵士這種全新曲風的地方。」根據名門酒吧的門房指出，普利馬以「沙啞、充滿性欲」的嗓音讓女性顧客幾乎「達到高潮」，而且「更有謠言指出普利馬有『過人之處』，酒吧裡一桌又一桌的女顧客全都慕名而來。」傳記作者布拉德認為，普利馬的成功來自其勃發的黑人氣質：「他在舞台上屈著身子跳舞的那幅景象，平常只有哈林區更為情色的黑人表演才看得到。普利馬出眾的個性特質與當代小有成就的不少非裔藝人相似。」

事實上，普利馬就連服裝也不符合當時的白人規範，「早在男性藝人摒棄登台必穿的傳統深色西裝以前，普利馬就身穿薰衣草色的外套或黃色西裝，搭配著紅色、白色，甚至是藍條紋的褲子……大膽的花色、鮮艷的顏色與不尋常的元素，都是他的主要服裝風格。」普利馬的服裝、聲音、舉止、舞蹈、音樂，以及其不經雕琢的性魅力和高超的擬聲技巧（scat），「都讓觀察家把普利馬拿來和不少黑人表演者比較」。普利馬在名門時期也首次錄製數首歌曲，其中〈房租派對日〉（"House Rent Party Day"）裡只見普利馬對著鼓聲節奏或唱或念，因此被《嘻哈氛圍史》（*The Vibe History of Hip-Hop*）一書視為第一首錄製完成的饒舌先驅之曲。

普利馬的風格不只受到白人爵士樂迷喜愛，時至一九三〇年代末期，普利馬的樂團已在紐約、巴爾的摩、波士頓等多處黑人劇場登台演出，其樂團也是搖擺時期唯一定期在華府霍爾劇院（Howard Theatre）與哈林區阿波羅劇院（Apollo Theatre）演出的白人團體（霍爾劇院為「世上最大的有色人種戲院」）。著名藝人山米．戴維斯二世（Sammy Davis Jr.）首次登台時，就是在普利馬的伴奏之下於阿波羅戲院演出，戴維斯還記得當天的情況：「半數觀眾都以為普利馬是黑人、混血，所以非常喜歡他。」阿波羅劇院主持人雷夫．古伯（Ralph Cooper）認為普利馬之所以極受黑人歡迎，是因為「他的風格與阿波羅劇場完美融合。普利馬來自紐奧良，與路易．阿姆斯壯和約翰．奧利佛（John Oliver）同源，我想這就是為什麼他的音樂如此受我們喜愛。」

從黑到白

雖然普利馬相當受到歡迎，但等到他事業如日中天之時，和他一樣的義大利人已經逐漸消失。一九〇六年，義大利政府官員路易奇．維拉利（Luigi Villari）前往路易斯安納州調查西西里農工虐待事件，維拉利在調查後發現，多數農場主人皆視義裔移民為「白皮膚的黑人」，因此對待他們就好像對待黑人一樣。維拉利最後難過地指出：「義大利脫離次等地位的唯一方法，就是拋棄原本的國族驕傲，改而完全認同美國身份。」許多義裔美人領袖都聽見了這席話，不過他們同時也知道，不少重要美國思想家都相信義大利人在本質上無法成為美國「良民」——義裔美人深知，愈來愈多握有權力的美國人都同意美國社會學會會長艾德華·羅斯的看法。羅斯曾在一九一四年如此解釋義大利人何以最難同化：

> 正如磨掉鐵鏽可見新亮的金屬，美式競爭也能磨出窮困移民的本質特性，不過這些特性並不都適合我們的民主社會。只有注意力穩固、脾性溫和、意志堅定的民族，才能在未來的國際競爭中組織動員，獲得成功。

義裔美人領袖相當熟悉美國的遊戲規則，因此教導自己的子民把腳步放慢放穩。

一九二〇年代早期，由於國會開始禁止「不良」族群移民，美國化運動因此成為當務之急。一九二一年，緊急配額法（Emergency Quota Act）通過後，義大利與南歐國家的人口流入遭大幅刪減七五％。一年後，史丹佛大學校長大衛·史塔。約旦（David Starr Jordan）提出抗議，認為該法案仍不夠徹底，呼籲國會應完全禁止南義移民，因為「這群人基於生理緣故，不論現在或未來世代都將無法脫離十二歲小孩的心智程度。」一九二三年，重要雜誌《當代意見》（*Current Opinion*）在〈保持美國的「潔白」！〉（"Keep America 'White'!"）一文中也要求緊縮南歐與東歐移民配額：「政府不只應持續限額，更應將降低限額，才不會讓高大、藍眼、歷史悠久的美國『白人』被膚色黝黑的矮小人種完全取代。」次年，《週六晚報》（*Saturday Evening Post*）刊載系列文章，提倡禁止義裔移民，其中一篇就表示由於南義大利人屬於非洲人，因此「無法自治，完全缺乏動力與創造力」。《週六晚報》認為「（南義大利）當初不限制移民的後果，造成南義大利人成為混血種族」，如果「（美國）也不限制移民，將招致同樣後果」。

在一片反義大利聲浪中，在美義大利人之子會（Order of the Sons of Italy in America）寫信給眾議院移民委員會主席艾伯特·強森（Albert Johnson，主導反對義裔移民），表示義大利人「肢體強健、心智勇穩」，而且「嚴肅、節儉、勤奮」，是「美國未來族群組成中不可或缺的一員」。不過，國會仍於一九二四年通過國籍起源法，縮限南歐與東歐移民，將年度義大利移民配額減至四千人，較世紀初的高峰數量減少九八%。

義裔美人代表人士持續主張義大利人在本質上是美國人，而芝加哥的《義大利》報也在一九二八年宣稱「芝加哥二十萬義大利居民誠實又勤勞」。一九三〇年代，大蕭條導致就業與住房競爭激烈，許多義裔美人開始聽從宣導，與美國暴民保持距離，報上更可見數起義裔美人憤怒抗議非裔美人遷入義大利社區的事件。不過，與黑人保持距離的相關努力，一直要到一九四〇年代才匯聚成新的義裔美人族群認同與文化。古格里耶莫指出，「直到二戰時期，許多義大利人才開始以白人身份進行公開身份認同與政治動員」。在芝加哥近北區，大量義裔與非裔美人比鄰而居，早先「在一九二〇與三〇年代，鮮少聽聞雙方不睦」。不過到了一九四〇年代，義大利人竟向黑人鄰居發動了好幾場征戰。

聖菲利普．貝尼奇教堂（St. Philip Benizi Church）的神父路易吉．吉安巴斯提安尼（Father Luigi Giambastiani）曾經主導在新的公共住宅計劃中，將義大利與黑人兩族群隔離。根據古格里耶莫指出，「一九四〇年代以前，吉安巴斯提安尼神父透過大量公開演說與文章為義大利人說話」，不過他當時「很少提到白人」，「多半強調義大利人的德性良好而非其白人身份」。此外「即使義大利人一九三〇年代中期向入侵社區的非裔美人宣戰，神父當時也不願明白訴諸白人論述。」可是到了一九四〇年代，「吉安巴斯提安尼所使用的語言卻出現重大轉變，義大利人成了『白人』，而種族則成為膚色的同義詞。」吉安巴斯提安尼在一九四二年代表會眾寫信給芝加哥住宅管理局，信中就解釋道：「黑人與白人若是共居或半共居，將傷害社區內白人的感受與傳統。」更甚者，吉安巴斯提安尼還主張義大利人與黑人具有根本上的生理差異：「你我都不願與天性、傳統、文化不同者為鄰。白黑兩族共居後，黑人也許可以因此獲利，但白人卻會因為環境之故覺得受害。」於是，數年來都在替「義大利」與「西西里人」發言的吉安巴斯提安尼，如今竟代表起「聖菲利普教區的白人」對抗「新來的黑人」。而在此同時，卡布里尼（Cabrini）公共住宅計劃的一位主管就指出，可望入住的義大利人一再表示「與黑人隔離，才會有家庭搬進來，若不隔離則難有住戶」。

一位芝加哥大學研究員在一九四〇年代發現，雖然許多黑人試圖遷入近西區的義大利社區，但都「受到義大利社群持續抵抗」。此外，「黑人若使用公共設施……會招致暴力」。一九四一年，一群自稱黑手幫（Black Hand Gang）的義大利青年開始在鄰里中徒手或持槍攻擊非裔美人；兩年後，社區內某黑人公寓遭人槍擊，隨後即引發暴動，黑人與義大利人參與者共達百位。一九四三年，地方上的義大利人集體發動請願，要求市府官員及某房東協會買下鄰近空屋，以免空屋遭黑人租下或買走。這段期間內，數間黑人住宅陸續遭人縱火，近西區的義大利商店也開始拒絕非裔顧客上門。

義大利脫黑入白的努力，於二戰期間在智識與政治上獲得認可。義裔美人報紙和義大利成員佔多數的工會報紙皆不斷宣傳茹絲．班乃迪克一九四三年暢銷書《人類各族》的基本論點，亦即「世界上的三大種族為：高加索人、蒙古人、黑人。至於亞利安人、猶太人與義大利人則不算種族。」二戰爭期間，芝加哥市政府曾定期邀請義裔美人參與軍人運動場（Soldier Field）的年度「美國人日」（I Am an American Day）慶祝活動，當地報紙更讚許「義大利人是芝加哥的軍人」，「已經高度美國化」而且「加入軍隊為美國打勝仗」。在主要城市裡，在美義大利人之子會更倡導義裔美人購買戰爭債券，好像忘了債券所得金額中，部分根本是用來和義大利作戰。到了一九四〇年代早期，申請化歸美國籍的義裔移民已不用再勾選白人以外的另一種族。根據古格里耶莫指出，義大利人大量移民的頭五十年間，「其種族填答多半為南義或北義人，膚色則為白人。不過到了二戰初期，義大利人與亞美尼亞、南斯拉夫、希臘、英格蘭、敘利亞與墨西哥等族群，在種族及膚色上都能填答白人。」也許義大利人成功美國化最有力的證據，在於義大利人與日裔美人的處境差異——即便許多義裔美國報紙擺明了支持墨索里尼（Benito Mussolini）的法西斯政權，義裔美人並不若日裔美人，沒有一位在二戰期間遭到囚禁（internment）。

戰後，黑人與義大利人的關係並未改善。一九四七年，數百位芝加哥威爾斯高中（Well's High School）的學生在三位義大利青年的帶領之下，罷課抗議學區收了「太多黑人學生」。罷課事件後一個月，近西區一棟公寓遭人縱火，造成十位非裔美人死亡。至於一九五一年在鄰近的西塞羅地區（Cicero），則發生某黑人家庭入住白人公寓後，造成暴動與大量縱火，政府最後宣布戒嚴並調派國民兵前往鎮壓。一份全國性黑人大報《巴爾的摩非裔美人報》（*Baltimore Afro-American*）就證實，多數暴動者皆為義裔美人，並稱暴動者為「八千位瘋狂、嗜血的歐洲地中海移民後裔」。正如古格里耶莫所言：「白人性質」在此時「首次成為義大利人於公共場域中自我理解的重要元素」。

正如先前的愛爾蘭人，義裔美人以最極端的公職選擇做為美國化手段。當時的義裔美國報紙不斷鼓勵男性讀者入伍從軍，更大舉報導義大利子民為國家效力的犧牲與勇氣。一九四〇年代，義裔美人也開始大量進入警界，義大利人於是在不少地區皆取代愛裔美人，成為執法單位中的多數族群。

當時許多義裔美人皆透過執法生涯把自己塑造成美國良民，變成暴民之敵，而法蘭克．里索（Frank Rizzo）就是其中之一。這位移民之子在一九四三年加入費城警隊，並且被派往非裔人口居多的西費城。里索透過查緝黑人地下酒館與賭場，在警界步步高升；一九六〇年代時，里索先是擔任副警察長，後來成為主官，並且下令「我的兄弟、我的軍隊」逮捕幾乎所有在市區示威遊行的民權與黑人權力運動人士。遭逮捕者包括民運領袖麥爾坎．X（Malcolm X）、學生非暴力統合委員會成員（Student Nonviolent Coordination Committee），與要求公立學校加開非裔美人史課程的黑人青少年示威者。一九七〇年，里索派遣手下警員突襲費城黑豹黨總部（Black Panther Party）並將其中六位成員拖上街頭，褪去全身衣物後供新聞記者拍照，然此舉竟受到費城不少非裔美人的支持。里索說：「想像這群黑豹黨光屁股的樣子！」除此以外，里索也鎖定白人暴民，勒令垮掉族咖啡店與同志酒吧停業，並將嬉皮人士逐出城外。

一九七一年費城市長大選中，里索獲得八六％的義裔選民支持，順利以首位義裔美人市長之姿入主市府。當選市長以後，里索大力反對白人社區設立公共住宅，主張原居民「不願黑人搬入」。政治學家傑克．西特林（Jack Citrin）、唐諾．菲利普．格林（Donald Philip Green）與大衛．席爾斯（David Sears）等人所提出的結論如下：里索將自己「化為仇視黑人的穩固象徵」，藉此超脫自身的義大利性。史學家史提凡諾．路可尼（Stefano Luconi）指出，里索協助美國人走出「以民族祖裔為基礎的族群歸屬」，進而產生新的白人「種族認同」。

記性不好的黑人

義裔美人崛起、獲得大眾尊敬的過程中，原先路易斯．普利馬等當代其他潮人，也逐漸為一群根本不跳舞的人所取代。

和許多義大利人一樣（更早的愛爾蘭人也是如此），法蘭克．辛納屈（Frank Sinatra）的父母以擔任公職為手段，成功段擺脫族群惡名，成為良好公民。一九一〇與二〇年代，辛納屈的父親馬帝．辛納屈（Marty Sinatra）還是一位職業拳擊手與私酒商，同時和妻子多莉（Dolly）經營酒館；除上述收入以外，多莉甚至還私下助人墮胎貼補家用。不過，多莉在民主黨地方組織中的事業後來逐漸發展，最後成為紐澤西州胡伯根（Hoboken）地區的第三區領導人，並動用政治關係讓馬帝成為胡伯根首位義裔消防員。雖然夫妻兩人在家庭教育中傳承給兒子的，是一種對種族相當自由的態度（這種開放態度在義裔美人間愈趨少見），不過法蘭克．辛納屈打從一開始的身份認同就是白人。

由前述可知，同樣身為義大利人，路易斯．普利馬心中的典範是紐奧良的黑人街頭樂手，然而辛納屈的偶像卻是賓．克羅斯比（Bing Crosby）與魯迪．瓦利（Rudy Vallee）等當代白人演藝大家。克羅斯比的祖先隨五月花號飄洋過海，自小在華盛頓州長大；瓦利則是來自緬因州的耶魯高才生，第一次組團就取名叫「康乃狄克北方佬」（the Connecticut Yankees）。兩人共同普及了「柔調低吟」（crooning）的歌唱風格，雖然揉合了黑人爵士歌手的音色，但卻以較為浪漫而靈性的性感取代爵士的肉欲。克羅斯比與瓦利同時以衣著保守出名，每每在台上皆行端立正，而且只唱抒情歌，不唱舞曲。一九二九年，雜誌《浮華世界》（*Vanity Fair*）讚許瓦利「沒有一般爵士樂手的節奏與衝動」，至於克羅斯比的歌聲則是被學者形容為「抽離體感」，學者並表示他的個性「透露出白人清教徒威權下的傳統價值：工作倫理嚴謹、道德崇高、重視家庭，以小鎮為居家環境。」青少年時期的辛納屈在紐澤西看過克羅斯比的演出後，就下定決心要「和他一樣」。重塑義裔形象的最大推手辛納屈表示，克羅斯比是「我在事業上的父親，年輕時的偶像」。不過辛納屈的價值觀並未帶來什麼麻煩，唯一一次是在好萊塢電影裡被要求跳舞，辛納屈只好表示：「我從沒跳過舞，我不知道怎麼跳。」

除了辛納屈以外，一整個世代的義裔歌手以和緩的舉手投足和一身燕尾服，踏上克羅斯比的腳步成為明星。羅斯．哥倫布（Russ Columbo，原名Ruggiero Eugenio di Rodolpho Colombo）、佩瑞．科莫（Perry Como，原名Pierino Como）、法蘭基．連恩（Frankie Laine，原名Francesco Paolo LoVecchio）、迪恩．馬丁（Dean Martin，原名Dino Crocetti）、東尼．班奈特（Tony Bennett，原名Anthony Dominick Benedetto）、維克．達莫尼（Vic Damone，原名Vito Rocco Farinola）、杰瑞．瓦利（Jerry Vale，原名Gennaro Luigi Vitaliano）還有法蘭基．亞佛隆（Frankie Avalon，原名Francis Avallone）等人都說來自華盛頓斯波坎地區（Spokane）的克羅斯比是影響他們最深的藝人。

論及一九五〇年代新興舞曲形式時，這一代義裔藝人和辛納屈看法相當一致。辛納屈在一九五八年向國會表示：「搖滾樂是最為殘暴、醜陋、絕望、邪惡的表達形式，聽見它是我的不幸。」「搖滾樂虛假又造作，不管是唱搖滾樂、彈搖滾樂還是寫搖滾樂，都是白痴傻蛋所為。此外，搖滾樂的歌詞充滿愚昧的重覆，狡猾好色又骯髒，因而成為世界上所有不刮鬢角的罪犯最有力的音樂武器。」

搖滾樂由於受到黑人影響，具有粗野而強烈的性意味。為了加以因應，紐約與費城地區的義裔青年採取了辛納屈及其世代對付爵士樂的策略。一九四〇年代，街頭黑人青年發明了「嘟哇」（doo-wop）這種結合人音合聲、浪漫歌詞與靜穩台風的新風格，不過這種風格要到一九五〇年代晚期才因為義裔美人的發揚光大而登上排行榜冠軍（此時非裔藝人已往「靈魂樂」發展）。自一九五八年迪恩與貝爾蒙特（Dion and the Belmonts）數次登上流行排行榜之後，一直到一九六四年「英國流行樂入侵」以前，義裔嘟哇團體可謂稱霸了美國流行樂壇。許許多多的嘟哇樂團穿著保守西裝、散發著無害浪漫風情，就像是在宣布義大利人終於成為美國文明的一部分（當時的著名樂團包括the Capris、the Elegants、the Mystics、the Duprees、the

Del-Saints、the Four Jays、the Essentials、Randy and the Rainbows、Vito & the Salutations）。

當都哇風格與法蘭克·里索在美國聲勢漸漲時，民運領袖麥爾坎·X如此嘲笑剛剛漂白的義大利人：「沒有義大利人敢在我面前說我壞話，因為我太了解義大利人的歷史。他們如果說我壞話，就是在說自己爸媽的壞話。他們很清楚自己的歷史，也知道現在這身顏色（白色）是怎麼來的。」雖然愈來愈少義大利人聽得懂麥爾坎·X究竟說的是哪一段歷史，但是也有義大利人選擇重現這段歷史。

路易斯·普利馬雖然不再是義裔美國的象徵，但他從來沒有忘記義大利人的原始過去。一九四七年，普利馬寫下最後一首暢銷曲〈文明（邦戈、邦戈、邦戈）〉（"Civilization (Bongo, Bongo, Bongo)"），這首曲子非常適合作為外來暴民的國歌，只見歌詞唱著「我不想離開剛果」、「在叢林裡的我好快樂」；實際上，普利馬是在嘲笑「像野人一樣擠火車」的文明人——「他們要是有兩個禮拜的假，馬上就跑到度假勝地，游泳釣魚，殊不知我一年四季都在放假。」

一九五〇年代早期，普利馬與另一位來自紐奧良的義大利人山姆·布特拉（Sam Butera）及其樂團「目擊者」（The Witnesses）合作，開始演奏風格更強烈、更狂野的音樂。樂評人亞特·菲因（Art Fein）三十年後在如此認為：「他們所彈奏的音樂，即普利馬眼中相當重要、富有眼界的音樂，當時還沒有名字。史學家後來花了三十年才真正確定這種音樂，就是搖滾樂。」普利馬甚至公開表達對這種新興叢林音樂的敬仰，形同踢了義裔美人的文明化潮流一腳。普利馬認為：「搖滾樂一點問題也沒有，它的節奏很特別，只要小朋友繼續聽，就不會做壞事。別看輕小朋友，他們有欣賞好聽、動感音樂的本能。」普利馬也責備攻擊搖滾樂、背叛自己原始過去的世代。他說，「我不知道家長們在抱怨什麼，他們自己以前跳的黑臀舞（black bottom）才叫粗俗。」

一九六七年，普利馬的音樂事業來到尾聲。當時，普利馬在電影中為一個非常適合他的角色獻聲，因而再次聲名大噪——這個角色不是別人，正是一隻猩猩。迪士尼入圍奧斯卡金像獎的動畫片《森林王子》（*The Jungle Book*）裡有一個角色，名叫路易國王（King Louie），這位國王不只是森林中的猿類之王，更是一場永無止息的爵士派對主人。電影經典畫面中，只見普利馬的角色一邊高唱：「我是森林擺盪者之王，叢林的 VIP」，一邊以普利馬傳記作者稱為「忘情舞臀」的方式跳舞。普利馬相當崇敬這個角色：「這傢伙稱霸叢林；電影裡整個猴群都是擺盪高手，跳起舞來跟我、山姆．布特拉還有目擊者當年一模一樣。」

一九七〇年代，義裔美人似乎暫時找回音樂韻律。紐約市的地下派對孕育出了迪斯可，舞客雖多為非裔美人，但經營者卻以義裔美人為主。根據音樂史學家彼德．沙皮洛（Peter Shapiro）指出，「布魯克林為主的義裔美人大抵上從無到有創造了迪斯可。」一九七〇年代致力發展迪斯可的 DJ 其實都有義大利血統（如 Francis Grasso、David Mancuso、Nicky Siano、Michael Cappello、Steve D'Aquisto、Tom Savarese、Bobby "DJ" Guttadaro、Frankie Strivelli、Richard Pampianelli 等人）。到了一九七〇年代中期，迪斯可已遍及義裔美人社區中的夜店，進而進入美國主流文化。一九七七年，電影《週末狂熱夜》（*Saturday Night Fever*）的主角正是一群稱霸二〇〇一奧德賽舞廳（2001 Odyssey）的義裔年輕人（二〇〇一奧德塞為當地最有名的早期迪斯可俱樂部，位於布魯克林貝里奇區（Bay Ridge））。電影一開始，主角東尼．馬內洛（Tony Manero）和四個好兄弟似乎就已經意識到自己處於族群界線的邊緣。當其中一位少年在鏡中端詳自己的髮型與新衣，邊說「帥吧？」的時候，另一位少年如此回道：「再帥就變成黑人了。」

其他更近期的義裔美人也靠著跨越種族與舞蹈界線，建立起自己的事業。人稱 DJ Skribble 的史考特．伊亞拉奇（Scott Ialacci）以及本名詹姆士．達格斯丁諾（James D'Agostino）的 DJ Green Lantern 可謂二十一世紀初最為成功的嘻哈製作人。此外，人盡皆知的瑪丹娜（Madonna Louise Ciccone）也是靠著對黑人樂風又唱又跳，成為美國最賺錢的藝人之一。

雖然上述暴民不斷踰矩，義裔美國的官方說法卻仍然刻意遺忘歷史。二〇〇二年，紐約嘻哈電台WAXQ-FM的非裔美人DJ查克．奈斯（Chuck Nice）就在廣播中指出：「義大利人是記性不好的黑人。」此話一出，八十年前向國會堅稱義大利人本來就是白人的在美義大利人之子會馬上發表聲明，表示「對此發言到困惑」，並要求電台致歉。

當然，只要回顧義裔美人的暴民史便可以知道查克．奈斯的一席話，完全不令人困惑。不過更重要的是，義大利人的這段歷史還有其他「既原始又黑」的歐洲移民史，都在在為我們衝撞出今天的許多自由與樂趣，而我們則應該善用這樣的歷史，用力把在美義大利之子認為是羞辱的一席話，翻轉為一種讚美。

第三部

為壞自由奮鬥

Part 3.
Fighting for Bad Freedom

九　消費：真正的美國革命

假如你是十九世紀早期的美國一般民眾，那麼所吃食物全都要自己種、自己照顧、自己收割、自己宰殺、自己處理，衣服也要想辦法自己製作，而且一切以實用為原則，不能有任何不必要的裝飾、顏色與風格。生活上每天清晨就得起床，勞動直至深夜，唯一的娛樂只有書本，而且大部分的內容還都是道德寓言。你的一輩子就在離家半徑五十英里以內度過，並且深信休閒為惡。當時的週末，並不放假。

不過到了十九世紀末，美國一般民眾卻幾乎都從店裡買衣服，而且有些衣服根本純為裝飾。餐桌上，食物來自全國各地，飯後還有冷啤酒和冰淇淋。城市人可以到蒙克馬利．沃德（Montgomery Ward）、西爾斯（Sears）、羅巴克（Roebuck）、梅西（Macy's）、亞伯拉罕與史特拉斯（Abraham & Straus）、喬丹．馬許（Jordan Marsh）、費林（Filene's）或者華納梅克（Wanamaker's）等百貨公司購物；至於鄉下人也可以透過郵購從上述商號購買商品。閱讀方面，當時的平價大眾小說（dime novels，或稱五分錢小說）提供了純粹的娛樂，而如果住在城市裡，還可以造訪遊樂園、電影院、雜耍歌舞秀，也可以到舞廳跳舞。除此之外，火車的普及帶領人們前往更遠的地方，人們的工時也較父母輩短，與祖父母輩更不能相比；對當時的人而言，休閒沒什麼不好的。

這場美國日常生活大革命的幕後功臣究竟是何方神聖，學者至今已提出不少解釋，有人認為是北美大陸豐富的自然資源，有人則說是州際貿易暢行無阻，也有人說是大眾建築興起，其他各類說法包括：鐵路、鋼鐵、石油、大麥、伐木、製肉等產業整合；現代美國企業草創發展；橡膠硫化等技術突破；裁縫機與冰箱的發明；轉爐與平爐煉鋼技術出現；生產線興起；電燈與電力普及；聯邦政府為協助經濟發展通過保護性公司法；土地放領；股票與債券發行；保護本土企業不受外來競爭的高關稅，以及罷工事件所受到的武力鎮壓。

然而，正所謂沒有欲望就沒有需求，沒有需求就沒有生產；如果人們本身不需要這些產品，或者不允許自己對這些產品產生需求，那麼工廠也不可能大量生產。消費者革命的重要前提，就是美國人在欲望、享樂、休閒與花費上皆出現劇烈思想變革——若是沒有暴民，你我今日將仍在田裡工作。

「娛樂」問題

從二十一世紀回頭看的我們，很難想像多數十九世紀的美國人都認為物質主義很邪惡、覺得追求享樂很危險、相信只有節儉才是美德。然而，當時的政客、教士、知識份子、商界與勞工領袖，確實都異口同聲譴責「放縱」行為。在內戰前數十年間長期擔任布朗大學（Brown University）校長的重要神學家與反奴運動人士法蘭西斯．威蘭德（Francis Wayland）就代表宗教界人士警告民眾，指出「恣意任性」、「感官放縱」、「隨意花費」等行為不只是罪惡，更會導致社會毀滅。「若是為了排場、為了桌上的佳餚、為了滿足肉體享樂而花費，就代表我們所信奉的價值的是低層次的感官滿足。」事實上，最早的消費商品市場形同「通往誘惑的道路」，將破壞共和國度所仰賴的德行。在威蘭德眼裡，「沒有實用性質，純為滿足感官、追求流行、營造派頭而存在的物品」全都毫無價值。另一位重要宗教思想家與道德改革家亨利．沃德．畢確（Henry Ward Beecher）在一八四八年廣為流傳的著作《給年輕人的教訓》（*Lectures to Young Men*）中，也表示「無度、懶散、財富無法帶給人心滿足，唯有勤奮、節制、實用才能」。世俗思想家對享樂式消費也同樣抨擊，譬如美國大作家梭羅（Henry David Thoreau）正可謂一整個世代美國知識份子的代表，他們譴責「遊戲與玩樂」，認為「斯巴達式的簡樸」才是快樂的前提。上述人士以及其他「美式生活」的代言人都主張食物的攝取只要夠身體正常運作即可，而服裝應該講究實用而非時尚，至於居家環境則只求遮風避雨，用來娛樂的商品也不應該購買。

一八七五年，統計學家卡洛·D·萊特（Carroll D. Wright）在麻州勞工統計局（Bureau of Statistics of Labor）的委託之下，針對美國民眾進行史上第一次消費習慣調查，結果發現美國家庭中純供享樂的物品竟然愈來愈多，更可怕的是酒精攝取量也相當可觀，這不僅影響了整體消費行為，更導致工人愈加積極爭取加薪。萊特主張禁酒能「培養節儉習慣，而節儉習慣則能防止罷工」。因此，萊特認為應該要培養具有以下性質的勞工：個性「嚴肅、勤奮、節儉」，拒絕「暴亂生活」，不願「因奢華而衰弱」，絕不「一味追求虛有其表」。

即使是富裕階級也對消費行為加以撻伐。安德魯·卡內基（Andre Carnegie）所累積的大量財富，在歷史上幾乎無人能出其右，但卡內基也同樣譴責伴隨財富而來的享樂。卡內基舉家在一八四八年自蘇格蘭遷居美國匹茲堡（Pitsburg），當時的他年僅十三歲。為了協助家計，年輕的安德魯曾在工廠照顧蒸汽引擎，也曾經當過信差與電報員；後來，一位賓州鐵路的員工看見了他的才華與動力，於是給了他一份鐵道上的工作。接下來的日子裡，卡內基在鐵路公司裡平步青雲，很快就累積足夠的財富進行個人投資。內戰以後，眼見美國的未來就在鋼鐵業，卡內基於是在一八七三年以名下所有資產投資美國第一座煉鋼廠。往後的二十年中，卡內基以全球鋼鐵龍頭的姿態躍居世界鉅富，不過致富以後的他卻仍然每天工作，太陽一升起就起身勞動，直到接近午夜才回家休息。卡內基鮮少在奢華中放縱自己，臨終之時更將所有資產幾乎全數捐予慈善機構。

一八八九年，卡內基撰文支持工業資本主義體系，但他也在文中抨擊該體系所肇生的各式享樂。卡內基於〈財富福音〉（"The Gospel of Wealth"）一文中強調一基本信條，人稱之為「布爾喬亞」文化，根據此信條，人應該累積財富，但不應該享受財富。事實上，金錢的唯一「妥善用途」，就是「追求公眾目標」以「增進大眾福祉」；與其將錢用來自己享樂，富人應「妥善管理財富，考量社會需求，為人民帶來最大利益」。卡內基認為，為救贖「自私富人的不肖生命」，政府應向富人徵收高額不動產稅，迫使富人「向國家繳出大量財富」。富人應成為犧牲自我的社會大家長：

> 以下為富人之責：首先，樹立謙虛、低調、不奢侈的典範；第二，在合理範圍內照顧依賴他的人；第三，將剩餘收入視為受託管理的信託基金，管理方式則為依其判斷，進行對社會最有利益的運用。如此一來，富人形同窮人的財富代理人與受託人，為窮人貢獻其智慧、經驗與管理能力，以窮人所不能及的方式為窮人效力。

當時唯一比卡內基更有錢的就是約翰．D．洛克斐勒（John D. Rockefeller）。洛克斐勒這位業界泰斗在一八七〇至一八九七年領導標準石油公司（Standard Oil Company）期間，手上幾乎掌握了全球的石油供給，但這位大亨不菸不酒、不為享樂而旅行，也不舉辦派對。他的四個小孩從小就不能吃糖，還得共騎一輛腳踏車、輪穿一套衣服。洛克斐勒的傳記作者隆恩．雪諾（Rong Chernow）稱他為「清教徒工作倫理觀之囚」，而且「以做生意的那套疾風厲行來打擊娛樂」、「行事極為撙節」、「致力簡化生活、消滅欲望」。

德國政治經濟學家馬克斯·韋伯（Marx Webber）原先相當好奇，不解如此富有之人為何不願享受財富，後來才知道這群人之所以成為資本家，並不是為了圖利一己，而是認為自己有管理社會的責任，也就是成為社會上的超級大家長（superpatriarchs）。在這群人眼中，這是一種宗教的「使命」，如果可以加以實踐，就能得到救贖與恩典。

這段期間內，沒有人負責為好逸惡勞的一般美國民眾發聲，即使是美國十九世紀與二十世紀早期的勞工組織，也都和第一批清教徒移民一樣，信奉嚴格的工作倫理。一八六六年，威廉·H·塞維斯（Henry H. Sylvis）成立美國第一個行業工會聯盟「全國勞工聯盟」（National Labor Union），其宗旨除了保護成員經濟利益以外，也力圖「提升」所有工人的「道德、社會與知識水準」。換句話說，最重要的便是要向工人傳達：勞動就是「實踐上帝的大智慧目標」。一八七〇與一八八〇年代，勞工騎士團（The Knights of Labor）取代全國勞工聯盟成為美國首要全國勞工組織，不過工會「好勞惡逸」的精神並未改變。一八七九年，賓州機工匠泰倫斯·包德利（Terrence Powderly）掌握騎士團後，首次開放女性、黑人、移民與非技術勞工參與。這個作法在多數行業工會還不允許上述族群入會的年代，雖然顯得相當激進，但是包德利的真正目的，其實是要向這些菜鳥廣傳工作至上的保守訊息。加入騎士團者，入會時一律得朗誦「入會儀式辭」——「上帝起初要人工作，這不是詛咒，而是祝福」。勞工騎士團的宗旨在於「透過勞動榮耀上帝」。包德利與騎士團成員雖然在當時倡導縮減工作時數，不過這是因為他們認為過度的勞動可能會破壞良好的工作倫理，也就是說勞工將有可能淪為機器，因而無法領略勞動的光榮。

美國勞動聯盟（American Federation of Labor, AFL）自一八八六年成立後，一直到一九三〇年代都是勞工運動的領頭羊，不過該組織也奉行相當嚴格的工作倫理，譬如長期擔任聯盟主席的薩姆爾·恭普斯（Samuel

Gompers）就曾經取笑逃避工作是「不陽剛、不榮譽、不成熟」的行為。該組織和勞動騎士團一樣都主張縮減工時，但出發點並不是為了給勞工更多自由與休閒空間，而是擔心勞工對工作生厭。事實上，就連當時的激進人士也都好勞惡逸——十九世紀末、二十世紀初的美國社會主義黨（Socialist Party）領導人尤金·戴普斯（Eugene Debs）就曾經表示，他要「把良善放入石頭般的心中，也就是要在放蕩者腐敗的心裡，灌注對清醒的熱愛，從閒散渙逸中喚醒勤奮之心」。

這種苦行式的理想，是在十九世紀美國獲得尊敬的重要條件。不論對富人或絕大多數勞動階級而言，在奢侈中無度放縱的行為都不符合美國精神。

當時，一整個世代的「先進」（progressive）知識份子（即今天所謂自由主義的開創者），雖然在許多議題上與商界、宗教界、勞工界領袖都抱持不同看法，但若提到休閒與消費，這些先進知識份子和所有人一樣，都認為大有害處。這群思想家身處十九世紀末、二十世紀初之際，正逢工業產值第一次強勁大增，所以他們最大的希望，就是避免初嘗享樂滋味的美國社會陷入混沌。他們當時所面對的，正是史學家丹尼爾·霍洛維茲（Daniel Horowitz）所謂「物質主義與努力、儲蓄、自律等價值之間的兩難」。二十世紀早期的重量級經濟學家賽門·帕頓（Simon Patten）雖然力主美國百姓增加財富，但他的目的，其實是要避免人民藉著委身於「壓抑情欲的下流情趣」來撫慰貧窮困苦。帕頓認為，勞工如果填飽肚子、受了足夠教育，就能抗拒五分錢劇院(1)、歌舞秀與遊樂園的誘惑。史學家霍洛維茲如此形容帕頓的主張：「若不再為基本生活所苦，移民與窮人將甘心成為清教徒。」經濟學家兼社會學家托斯坦·范伯倫（Thorstein Veblen）曾在一系列書籍文章中，對消費行為提出最前衛、最具影響力的批判，其中又以一八九九年的學術經典《有閒階級論》（*The Theory of the Leisure Class*）最廣為人知。范伯倫和帕頓一樣，擔心貧窮將導致勞工生活毫無紀律，只知享樂；此外，許多人在當時都指責美國勞工階級「不為未來著想，無法日常理財」，范伯倫也認為這樣的說法「具有確實根據」。勞工悲慘的景況導致他們「對社會結構的規範愈來愈不遵守、愈來愈反感」。由於勞工還沒有學會如何自制，一旦他們賺的錢比糊口所需還多，馬上就會把閒錢全部花在沒有意義的玩樂上。其他人「委婉稱之為生活水平提升」的現象，在范伯倫眼中只是「無謂開支的增加」而已。

當時許多先進的研究，都以勞工階級的花費習慣為主軸，試圖找出究竟多大規模的財富（不多不少）最能協助人們「維繫心智能力、提供生活所需，發展人格」。這些研究的結論多半指出，如果要避免有害社會的「無度行為」，那麼個人的財富最多「不應超過人對物品與機運的最低需求」。羅伯特·查賓（Robert Chapin）在《紐約市勞工家庭生活水平》（*The Standard of Living Among Workingmen's Families in New York City*, 1909）中主張：「造訪咖啡店、光顧愛爾啤酒館」、抽菸、賭博、玩彩券、「買個人飾品」、「到劇院看戲、參加公眾慶典」，甚至是讓小孩吃糖、喝氣泡水、買冰淇淋等等，都是「奢侈」與「無度」的行為。類似觀念在當年其實相當典型，譬如思想開明的調察員瑪麗·金斯貝瑞·希姆柯維琪（Mary Kingsbury Simkhovitch）雖然主張縮減工時，但出發點並不是為了讓勞工有從事娛樂的時間，反而是要避免勞工從事娛樂——希姆柯維琪認為：「工作的步調愈緊湊累人，勞工的娛樂行為就愈將偏向感官與興奮的追求。」

> 勞動時間愈長愈累，下工後的娛樂形式就會愈是卑下……只要勞工工時一日太長，酒館就一日不能絕跡……至於跳舞則是另一種形式的感官享樂，本身相當純潔而且令人愉快，但是卻常被拿來

(1)（譯註）美國十九世紀初的小型社區劇院，票價每張五分錢，故名五分錢劇院。

> 從事邪惡目的，若再加上飲酒行為（絕大多數公眾舞廳皆販售酒類），便容易挑起情欲。一般人喜歡跳舞的原因和飲酒並無不同，每當工人因為過度工作而感到身心俱疲，唯一的解脫就是在跳舞中尋找放縱，從這種極具刺激性的娛樂活動中，找到樂趣。

根據先進經濟學家法蘭克·史特萊歐夫（Frank Streightoff）指出，低薪、就業不穩與「勞動所帶來的身心壓力」，都是勞工行為放蕩、開支無度的主要原因：

> 勞工無論在智識或者道德方面，都還有不足之處，他們的思想與談吐不潔，家庭生活更只求方便行事，夫妻之間鮮少是彼此的精神共友。對勞工而言，光顧酒館的代價相當高昂，其後果不只是財務上的損失，更是身體與心靈上的痛苦。勞工的娛樂活動強烈傾向感官放縱的追求，舞蹈更每每導致敗德行為……

如果要解決史特萊歐所謂的「娛樂問題」，就只能靠「教育中的社會與人文機制，以及對大眾傳講真正具有教育價值的主題。」無獨有偶，露易絲·馬里恩·波斯沃斯（Louise Marion Bosworth）在研究中也發現，許多女性勞工將錢財花在「無數種娛樂與放縱之上」。波斯沃斯認為，這個問題的罪魁禍首就是過度勞動。「長工時與低薪資讓人沒有精力參與晚上的高尚活動」，譬如演講、古典音樂會，還有協助移民美國化的鄉鎮會所課程等。「如果薪資夠高，讓人不愁三餐、居家舒適，而工時安排也讓人有時間喘口氣，那麼女性勞工才能善用上述活動，從事智識、肢體與社會方面的發展。」正如霍洛維茲指出，各種先進人士所進行的「家庭預算研究，紛紛以若干未受檢視的方式，攻擊移民與勞工文化，並意圖用中產階級強調自助與重自律的文化，加以取代。」

一戰期間，反對消費文化的浪潮特別強烈，中產階級對新興勞工文化的嫌惡，逐漸化為一波又一波組織完善的運動，開始對飲酒、性交易與性傳染病等問題展開攻擊，並對勞工階級的花費習慣提出道德譴責。一九一七年，美國參戰後不久，參議員波特．麥坎伯（Porter McCumber）隨即要眾人當心「富裕與狂歡所帶來的道德危機」。麥坎伯指出，「縱情奢侈習慣、無度尋求娛樂、持續追求心靈麻醉」等行為，恐將導致美國覆亡。當時，不少政府官員與知識份子，都將第一次世界大戰視為促使美國走向自我救贖、放棄無度欲望的大好機會。一九一八年，勞工統計局（Bureau of Labor Statistics）與國家戰時勞工局（National War Labor Board）在共同報告中指出，「勞動階級與中低所得家庭」自一八七五年以來，食、衣、住以外的開支已成長超過一倍，政府決策者與知識份子於是著手為勞工家庭訂定「最低舒適」開支預算，規定人民儉節度日，為國盡力。一九一七年，重要先進經濟學家史都華．查斯（Stuart Chase）加入聯邦貿易委員會（Federal Trade Commisson），並於同年公布內容相當撙節的「家戶戰時開支」（War Budget for the Household）。查斯表示，透過減少奢侈品消費，「遏止浪費與無度行為，這不只是個人責任，也是一種愛國義務」；此外，美國良民應停止購買「各種對人類理性需求毫無幫助、恐導致國家命運與品格受害的商品，例如無謂的飾品、不必要的物件與有害人心的毒藥等等。」查斯的理想是，不論戰爭或承平時期，美國人都能擁抱節儉精神。

最高的高跟鞋

如果十九世紀美國主流的苦行式理想在今天還是主流價值，今天的世界將沒有電影院、沒有購物，也沒有週末。所幸，一整個世代的美國青年在當年選擇了不同的生活方式，蝕化了這種苦行理想。接下來要講的，是一段革命的故事，可是這場革命沒有領導人、沒有宣言、也沒有兵團——這場革命是由千百位默默無名的勞工階級女性所發起，這些女性有的在紐約下東區的猶太成衣廠上班，下工後再到上城買花帽或者到康尼島（Coney Island）認識異性；有的是在芝加哥密爾沃基大道（Milwaukee Avenue）上波蘭區的包裝工廠工作，每週看好幾場電影；其餘則是來自南費城的義大利香腸勞工，「只要有機會」就到華納梅克百貨購物。

其中一位革命份子，名叫安涅．M（Agnes M.），她生於一八八三年，來自緊鄰法國的德國城市特雷夫（Treves），她的母親是一位「非常嚴格」、「幾乎像陌生人一樣」的女性，她的童年多數時候在天主教管教學校（reform school）度過，並且由修女拉拔長大。安涅在一九〇三年曾為某雜誌撰寫回憶錄，並於文中提到她十五歲的時候，就開始在女帽廠無償擔任學徒，每天早上八點鐘上工，晚上六點才下班，偶爾還得加班到九點。雖然這樣的人生充滿侷限，但是安涅卻相當「慣於玩樂」，她不只與男孩眉來眼去、一同跳舞，還有「一副好嗓子」、「不時為自己發聲」。雖然學校裡男女嚴格分班，但是安涅卻還是「有辦法和一位身材高瘦、體貼、黑髮、名叫弗里茲的男孩聊天」、談戀愛。雖然學校的操場活生生被一道柵欄給隔開，小情侶卻仍然隔著欄杆持續經營地下戀情。有一次，兩人嘲笑修女時被逮個正著，安涅斯的雙手還因此吃了棍子。

在女帽廠工作的時候，安涅開始萌生離開的念頭——「天天工作、沒有玩樂的生活讓我愈來愈疲憊、愈來愈想去美國」。她的母親「無法理解安涅追求娛樂的心」，最後只得勉強同意讓她到紐約找阿姨。到了紐約以後，安涅首次靠著自己的力量賺錢，並且隨自己喜好花用。她回憶道：「我追求的是更多的樂趣。」安涅為了獲得更多空閒時間，最後選擇在有錢人家帶小孩，只要一放假就和朋友往長島的海灘和布魯克林跑，一刻也不浪費。「有時候我們雇船出海，去程和回程都在跳舞，到了那邊之後也都在跳舞。」不過安涅的最愛，還是衛道人士口中的「濱海索多瑪」——「我最愛去康尼島，那地方又棒又美」。

安涅最愛跳舞，不過有趣的是，從前有黑奴可憐主人舞步生硬，現在也有安涅看不起那些鄙視康尼島和舞廳的精英階級與衛道人士。安涅表示，「最大的問題是，這些高尚的傢伙根本不懂跳舞，我每次在舞會或派隊上看到他們就忍俊不住，要是我能走上舞池親自示範一番，他們一定驚訝得不得了。」

和那個世代的許多暴民女青年一樣，安涅對社會期待不理不睬，並不覺得一定得盡早結婚：「我還不想結婚，因為女孩子一旦結婚就沒樂趣了，或者說就再也不能一次和好幾個男生出去玩了。」安涅後來在紐約認識了一位「身材高大、膚色黝黑」的男子，聽到他在一家大型雜貨店當助理，而且「很快就要自己開店」後，讓她印象深刻，不過她最後之所以認為這個人值得嫁，其實是因為另一個更重要的因素——「我喜歡他，因為他是我見過最會跳舞的人」。

當時，大批女性開始走上大街，而安涅．M正是這波運動的參與者之一。二十世紀早期，紐約市十六至二十歲的年輕女性有高達六〇％在家庭以外工作，這些女性多數單身、不少在城市裡獨居，是一群危險而暴亂的「游離女性」。史學家凱西．佩斯指出，這些女性拒絕讓自己受限於女兒、妻子、母親等角色，「對有限的生活範圍加以衝撞」，可謂第一批為一己自由與樂趣而活的美國女性。女性就業以後，不只能脫離父親家長，對男性的經濟依賴也頓時減少，雖然多數女性對工作不甚滿意，但個個都全心擁抱工作所帶來自由。女性擺脫了家庭場域限制，脫離了父母、警察、宗教的規管後，一整個世代的女性於是獲得了原本只有「壞女人」才能享受的自由。女性在美國史上頭一次能為自己賺錢、花自己的錢、過自己的生活，除了走在街上不必有人護送，更能主動和男性建立關係。相當諷刺地，很多人開始視勞動為通往享樂的大道，佩斯指出，「勞動非但未能使良好的事業習慣與紀律深植人心、讓人下班後只想安靜待在家裡，反而讓受薪階級更注重玩樂。」

道德改革者與道德調查員也逐漸在原本以男性為主的場域，發現愈來愈多女性出沒。佩斯指出，到了一九一〇年代，「女性愈來愈常造訪酒館」。紐約十四人委員會某成員在一九一七年觀察西區某沙龍時就發現，在場的女性並不全都是妓女，「其中兩位女性看來並非風塵女子，應該是出來購物，手上還提著購物袋」。同時，勞工女性也逐漸開始接觸賭博，史學家已能證明，此時期有不少女性都是日常樂透的熱衷者。某報紙就曾經報導「許多玩家都是住在租戶區的女性，她們把賺來的每一分錢」都花在各類樂透遊戲、賭馬上頭。

這些女性雖然多半從事相當累人的粗活，每日工時長達十至十二小時，但卻仍有旺盛的精力尋歡作樂，令當時不少人甚感驚奇；曾經有一位成衣廠經理就表示：「員工週日都在玩樂而非休息，整天用力玩樂一直到深夜，結果禮拜一上班的時候都累得不得了。」女性在當時對玩樂的熱愛也許最能由紐約一位女性銷售員所說的話來體現（這位銷售員負責為許多女性張羅夜晚玩樂的行程）——「抱怨白天站著工作很累的人，晚上卻都在跳舞。」這個情形看在雇主眼裡自然值得憂慮，梅西百貨的職業訓練主管就表示「這在紐約太常見了，員工晚上外出逍遙，結果隔天根本無法工作」。

一九一四年，十四人委員會的另一位調察員就發現，某餐廳的女性員工行為頗為隨便：「一群人邊穿圍裙、邊梳頭髮、邊在鼻子上撲粉……彼此之間似乎感情很好，不斷用我聽過最難聽的綽號來互相指稱。」即使是梅西百貨這種主管強烈要求女性員工表現得體的商場，也曾有調查員發現「女員工熱切抄寫情色小卡、短詩等內容，互相傳閱，有時候還傳給男性。」雖然不是所有員工的行為都如此隨便，不過「某一特定部門裡不入流的對話比舞廳還誇張」。當時，許多勞工階級女性紛紛成立社團，而根據佩斯指出，「在這些社團裡，年輕女性對社會自由的熱愛與對休閒活動的認同，逐漸轉化為家長、鄰舍、中產改革者所不許可的行為。」例如，席格庫伯綢緞商（Siegel-Cooper Dry Goods Store）的女性郵購職員就組成「單身女子社」（Bachelor Girls Social Club），以供成員「享受自由與獨立生活」。在許多類似社團中，所謂獨立與自由其實就是打破傳統女性定義，譬如曾有社團成員向道德改革小組表示，「在這些社團中，『休閒時一直都在親吻，而且使用俚俗語言』，不過在部分社團裡『年輕女性彼此相處並不和諧』。」

十九世紀黑奴的衣著，時常僭越自己的社會位階，而二十世紀早期的勞工女性也同樣一舉打破社會對女性身體的限制。中產階級作家伯莎．里察德森（Bertha Richardson）在一九〇四年如此表示：

你是否曾經造訪市區住宅，滿心想要幫助那些顧店的可憐女孩？還記得當下感受到的一陣涼意嗎？……你想一定是哪裡搞錯了，這些人怎麼可能沒有錢？怎麼可能每週只賺五、六塊錢！她們穿得比你還漂亮！帽子上插著羽毛、身穿絲質襯裙，全身打扮都好入時。

就連工廠女工的衣著也不符合其身份。紐約市一九〇九年一場女用襯衫裙工廠發生罷工，罷工期間，一位《柯里耶週刊》（*Collier's Weekly*）的記者就因女工身上的高級時裝而大感吃驚：

上身襯衣雕琢細緻、瀏海向後梳得又高又滿，也有許多人帶著花樣美麗的頭巾與墜子。我原先以為罷工是一群人為了做嚴肅的決定而嚴肅地聚集起來……我說：「她們看起來快樂逍遙，沒什麼好抱怨的樣子。」要放棄既定看法實在是令人難受。

有關罷工的新聞報導也指出，在場抗爭女性雖然沒有一位的薪資高於貧窮水準，卻個個「身穿華服，相當賞心悅目，一點也沒有挨餓受欺負的樣子」，「每個人看來都過得不錯」。《工作樂趣》（*The Joy in*

Work）的作者瑪麗·奧古斯塔·拉塞爾（Mary Augusta LaSelle，另著有許多寫給年輕女性的教化書籍）在一九一四年指出：

工作時服裝合宜的勞工女孩相對稀少，她們總帶著尺寸奇特、顏色怪異的帽子……領子鑲著廉價而鋪張的大片蕾絲，衣服的顏色材質甚為不妥，骯髒襯衣的領口也開得過低，除此之外，袖子裁得太短，背扣也沒扣好……就算是一月份，腿上還是穿著薄紗長襪、腳踩高得嚇人的鞋……事實上，身著新製襯衣、領口潔白，再配上簡單胸飾或領帶的女孩，外觀比起那些假裝華麗、穿著鋪張的人要討喜得多。原則上，不管是哪家店或哪間辦公室，穿著素樸清整的女孩對雇主而言，都是比較可靠的員工。

十九世紀時，白人抨擊黑奴模仿貴族穿衣，稱其行為「愚蠢」；無獨有偶，後來的拉塞爾也嘲笑女工不守本份的衣著甚為愚笨。

勞工女性之所以衣著不當，主要是因為缺乏判斷能力，不知道有些服飾只適合給乘車上街的富裕女子穿，不曉得薄絲襪和小巧鞋只適合在厚地毯上走路，不了解美麗的帽子只適合搭私人車駕的有錢人。勞工女孩的帽飾、鞋子、衣服與整體服裝，太多時候都在仿富裕女性的華貴衣裝，她們似乎分不清楚什麼風格適合貴婦人，什麼風格又適合辦公室裡每週只賺十二塊的自己，也分不清楚什麼是真正名貴的衣物，什麼是廉價的仿冒品。

不過這樣的女性，卻同時也是新一波性革命的先鋒。

一九一〇年，研究人員針對紐約地區公立學校共計一千名學生進行調查，發現會跳舞的女性學童高達九〇％，男性學童會跳舞者卻只有三分之一。史學家佩斯指出，在大型公共舞廳裡，「陌生人之間甚為隨便的互動屬於正常行為。」一九一七年，一位道德調查員就如此描述所屬城市裡一座著名舞廳：

我看到一個女的在抽菸，大部分的年輕情侶都親吻擁抱，各桌男女也彼此交談熟識，所有人似乎都互相認識，也和遠處的人隔空交談。我也看見不少男女離開自己的桌子，加入別桌；大家都在唱歌，而且滿屋子跑，好像一群剛被放出來的瘋狂暴民。

道德改革者茱莉亞．修恩菲爾德（Julia Schoenfeld）也指出，紐約地區的舞廳裡「粗俗舞蹈隨處可見，其中『斯皮爾（spiel）』這種大量旋轉繞圈的舞步……到處都很流行。」跳這種舞步的時候，男女雙方以一種失去控制的方式旋轉，由於「男性在跳這種舞的時候，都習慣和女舞伴特別親暱」，所以「特別容易使人興奮」。一位觀察此現象的調察員表示，「多數女孩都是勞動階級，不是性工作者。她們抽菸、喝酒、跳亂七八糟的舞，深夜還不回家，而且誰先向她們搭訕，她們就跟誰走。」

一九二〇年代開始極受大眾歡迎的跳舞活動，可謂性革命的核心要素。一九二四年，光是紐約市就有多達六百萬名男女造訪舞廳，而且在十七至四十歲的市民當中，每十位就有一位每週至少去一次舞廳；其他大城市的情況也相當類似。這個趨勢橫跨白人與黑人，遍及移民與本地民眾，各個族群都參與其中。男女之間的社交、舞蹈，以及公開展現性魅力，在美國史上頭一次為眾人所皆受，且為多數人所實踐。雖然曾有超過六十個市級政府試圖管制舞蹈風格，以減少跳舞這項活動的性感成份，讓跳舞對年輕女性而言更「安全」，然而這波跳舞熱潮卻不減反增，從一九二〇年代一路延燒至一九三〇與四〇年代。

當女人對上女孩

事實上，眾多女性主義者在談論女性「自由」的時候，她們所指的自由並不是欲望的自由。伯莎．里察德森某次在街上看見盛裝打扮的勞工女孩之後表示：「回家後還是在想那些穿著如此不符身份女孩，她們把辛苦錢全都花在廉價模仿上了，怎麼也想不透樂趣在哪。」里察德森這席話，道出了其他女性主義改革者的想法。當時，女性領導人的任務相當清楚：「那些明明身無分文卻假裝有錢的人，我們要教他們學會道德和行為準則。」紐約市下東區亨利街住宅區的創建者，女性主義社工莉莉安．華爾德（Lillian Wald）就曾經勸戒一位年輕女性放棄物質享受未果。瓦爾德在回憶錄中如此寫道：「有一次，一位過著無德生活的女孩被送來我這裡求助。」這位女孩自小在貧困中長大，曾經在百貨公司擔任商品展售員：

> 百貨公司的櫃台上，淨是供人瀏覽的昂貴精美商品，往來的奢華女性花錢卻毫不手軟；這位女孩的道德惡化，顯然部分是因為這個緣故。她最想要的商品就是絲質內衣，或者說她的見識相當有限，所以只想得到絲質內衣，如此根本不值一提的欲求，說出來實在相當可悲，但也清楚述說了這個女孩的故事。

這種僭越社會地位、假裝上流的行為，正是里察德森口中「粗俗的虛榮心」，而這種現象特別容易在眾多被迫工作卻一味追求享樂的女孩身上看到。事實上，就連發動襯衫裙工廠罷工的工會領袖，也看不慣罷工者精美的衣裝，因而試圖為工會成員的置裝費訂定上限。

幾乎當時所有的女性主義者，都反對這種年輕女工的新興文化。女性主義組織「紐約女性勞工社團協會」（New York Association of Working Girl's Societies）就囑咐女性遠離低俗的大眾娛樂，以「提升女性涵養的高度」。該組織所發行的期刊更警告年輕女性：「若代價是自己的純潔與思想，那就別在職場刻意引人注意。」然而，部分協會成員事實上曾經對組織完全否定娛樂的立場提出抱怨。一位職場女性在組織期刊中提到，協會成員已開始流失，她質問：「既然我們是女性勞工，顧名思義不就代表我們除了追求心理、生理與精神文化，最需要的就是開心娛樂嗎？」

當時，休閒享樂文化的三大核心分別是電影、遊樂園與舞廳，而這三大娛樂不只普遍被視為社會失序的元凶，同時也是社會失序的最佳體現。許多道德改革者在當時都投入了新興玩樂及其危險的研究，其中俄亥俄州托列多（Toledo）地區的牧師約翰．J．費蘭（Reverend John J. Phelan）在一九一九年針對托列多市的娛樂產業進行調查，發現光是在下城地區就有「五十四間用來跳舞的場所」，而且全都和「電影院開在同一帶」。事實上，兩類場所比鄰而居並非偶然，費蘭表示：「根據個人觀察，可以發現民眾常在看電影的時候草率任意結識新歡，然後再一起去跳舞。」這道滑坡從電影先滑向舞廳，再滑向性，在當時已經引起許多先進人士與宗教領袖的注意。兩陣營眼見年輕人在工業革命與一戰擴軍期間，自鄉間與海外大舉遷往城市，因而感到相當憂心。這些人離開了「家鄉，因而不再受到限制與陶冶」，等於是「離群而居」。費蘭發現，由於都市當中的道德規範時常有所欠缺，「『便宜』的大眾表演（其性質確實相當『廉價』）與許多未受管制的商業化娛樂活動，都可見大批顧客上門。」當時，光是潛在的暴民數量就極為驚人；根據費蘭估計，光在托列多這座人口僅達二十四萬三千人的中型城市就「至少有兩萬名年輕人住在電影院步行範圍內的三百棟住房樓裡。」不過最令費蘭不安的還是某「業界權威人士」的報告，該報告指出，雖然市區居民相對貧窮，「但多數人每週都造訪（電影院）兩到三次，其中不少人更平常日與週日天天去」。史學家也發現，芝加哥與紐約地區的民眾同樣愛看電影。

費蘭牧師甚至進一步列出一份長度驚人的清單，枚舉看電影所可能導致的「一般危險」，譬如「與不良人士混雜交融」、「與不潔者肢體接觸」、「導致家中紀律鬆散」、「與低能者混雜交融」、「喪失持續應用心智的能力」、「導致未成年者向成人標準看齊」、「扭曲的生命觀」、「喚醒病態的好奇心」、「無法分辨玩笑與嚴肅」、「誤解罪惡定義」、「產生異常想像」、「過度多愁善感」、「道德鬆散，影響家庭、國家與社會」，以及「錯誤理解美國精神之內涵」等等。至於年輕女性所面臨的危害則更為嚴重：「根據估計，因為無德行為上法庭的年輕女性中，高達三分之二都是因為看電影所直接影響——有的是被電影內容所影響，有的則是因為在電影院隨便認識了男性友人。」

欲望革命

一九一九年，歐洲戰事停息次年，共計四百萬名美國勞工（佔美國勞動力達二二%）發動罷工，創下美國單年罷工人數紀錄。這場罷工的直接原因是政府廢止戰時價格控制所導致的物價飆漲，其範圍之廣，包括新英格蘭電信服務、波士頓警力、克里夫蘭消防系統，以及幾乎整個芝加哥市政府在內的許多單位全部停擺。此外，全國幾乎每一條鐵路、每一座煤礦場、整個鋼鐵業與整個西雅圖市，也全都被迫暫停運作。當時，由於美國政府裡有不少人都相信，這場罷工是由激進份子與布爾什維克黨人協同引導（布爾什維克黨的共產革命份子當時已經控制了俄羅斯），後來才導致所謂的「紅色恐慌」（Red Scare），由美國司法部長A．米契爾．帕默（A. Mitchell Palmer）策劃一系列逮捕行動，搜捕具顛覆與破壞嫌疑的移民。這次行動最後共計逮捕多達上千位民眾，遭遣返者更達六百人。雖然多數史學家都認為，紅色恐慌是政府對公民自由所發動的無端攻擊，因此對之加以撻伐。但學者卻也普遍同意，一九一九年的多數罷工事件確實是由激進人士所策動，更有部分學者主張，這場大罷工可謂美國史上極具反資本革命潛勢的一刻。然而事實上，卻有更多證據顯示，一九一九年的大罷工並非人民起身反對資本主義——這場大罷工其實根本是新興大眾消費文化的一環。

雖然許多勞工領導人都激烈反對資本主義，但整體而言，罷工領袖中真正與左翼組織有關者仍相當稀少。一九一九年所發生的罷工事件，幾乎全以提高薪資、縮短工時、改善工作條件、達成工會承認（union recognition）為目標，未有其他關注面向，就連少數幾場由激進勞工領袖所發動的罷工也是如此。當年的各大罷工事件中，沒有一場是員工為了控制產業而發起。事實上，不光是一九一九年，整個二十世紀的美國，幾乎每一次的罷工，都是為了爭取「麵包與奶油」，亦即爭取提高薪資、縮短工時。換言之，當時所謂的紅色罷工，說穿了只是上百萬平民百姓想要爭取更好的物質生活；多賺錢就代表可以多花錢、少工作就代表可以追求新興享樂。

確實，當時不少報章雜誌都明確指出，勞工騷動的罪魁禍首別無他者，正是勞工階級的消費行為。一位《哈潑》雜誌的撰稿人就主張，由於戰時勞工短缺，工人「被寵壞、被奉承、被磕頭」，導致工人食髓知味，在戰後開始「爭取加薪，但不是為了生活所需，而是為了奢侈享受……想買汽車、吃美食、買珠寶、圖享樂。」《週六晚報》的作家亞伯特．亞特伍德（Albert Atwood）認為，「當今勞工所意圖實現的，是他們長久以來朝思暮想卻苦無實現之道的欲望。」亞特伍德雖然批評勞工階級，但也特別將矛頭指向女性與非裔美人，抨擊他們總是想過超過自己社經地位的生活，而且特別嘲笑那些不問價格就購買名貴服飾的工廠女工和黑人勞工。他指出，勞工大眾非但不願將金錢投資有價值的事物，反而把錢「都拿來購買行頭，譬如衣服、鑽石等等」。一戰以後，包含司法部長帕默在內的不少評論者都認為，若要停止勞工罷工、平息社會紛亂、穩定國家安全，那麼就得先讓勞工階級學會節儉。

顧客就是女王

多數研究「消費革命」的史學家都主張，這是一場由上而下的革命，源起自廣告公司的會議室。這場革命故事的標準版本如下：廣告商先是創造了欲望、吹起了消費者不需要的需求，進而控制了消費者的思想，一舉建立「文化霸權」，成為民眾的「意識領航員」（Captains of Consciousness）——此概念由廣告史重要同名書籍所提出。

不過，早在十八世紀時，第一批消費性商品的行銷人員就深知，如果要成功，一定要「視顧客為王」——或者更精確地來說，要視顧客為「女王」。喬西亞．威治伍德（Josiah Wedgwood）與湯瑪斯．班特利（Thomas Bentley）是陶器製造業的先驅，同時也是率先嘗試拓展消費性商品市場的資本家，兩人很早就瞭解到，公司的生產方向不應由一己的品味來決定。威治伍德某次偶然發現一只花瓶，瓶身明明相當難看，卻甚受大眾歡迎，他於是告訴班特利：「這東西我一點也不覺得漂亮，但我們還是要做。」為決定生產方向，兩人時常待在倫敦的店舖裡，觀察消費者都買些什麼商品，同時進行意見調查。商業史學家瑞吉娜．李．布拉斯吉克（Regina Lee Blaszczyk）指出，兩人「承認了消費者主權，依消費者需求制定生產策略，而非企圖主導消費者需求」；此外，兩人也「開發記錄顧客細微品味差異的有效方法，並將所得資訊導入工廠設計部門」。威治伍德與班特利一開始只鎖定倫敦的菁英客層，但兩人很快就發現上述以消費者為尊的原則，同樣也適用於中下階級。兩人深知不應試圖主導「中產階級」的品味，同時了解到「消費者的喜好已經確立」，只會「大量購買」自己原本就喜歡的商品。到了十八世紀末期，兩人的策略已讓「威治伍德」成為大西洋兩岸最為暢銷的陶器品牌。無獨有偶，另一位二十世紀早期的盎格魯美國陶器家費德烈克．赫頓．里德（Frederick Hurten Rhead）也發現，真正能「告訴廠商要生產什麼的」只有消費者，不關風格專家的事。

一九二〇年代，有鑑於「經濟必須」（economic necessity）與「尋求事實」（fact finding）（這兩詞由《國家商業》雜誌（*Nation's Business*）所提出），閱聽大眾調查應運而生。消費性商品製造商寶僑（Procter & Gamble）更首創派遣專員至全國家戶進行調查的作法，以追蹤消費者退貨情況和瞭解顧客喜好；在寶僑，唯有經過嚴格消費者審選的商品才能上市。廣告公司J．華特．湯普遜（J. Walter Thompson）的研究總監保羅．T．雀靈頓（Paul T. Cherington）於一九三一年指出：「消費大眾將其意志加諸於企業之上」，而本公司的承諾就是要「從真正的消費者身上獲得重要資訊」。雀靈頓指出，任何企業的核心問題都在於如何釐清顧客對某特定產品「模糊而麻煩的看法」。最成功的企業不只要操縱引導消費者，也要懂得「取悅、滿足」大眾。就雀靈頓看來，市場上的「權力平衡」由消費者掌握，而「製造商與商人的能力好壞」，則端看他們能否瞭解並滿足消費者的欲望。

到了十九世紀末，面對消費者的各大企業，都已備有市場研究調查機制，以便瞭解顧客需求，並依調查結果盡快生產相關商品。自此以後，擁有新興、非凡欲求的美國大眾，每天都以實際行動與辛苦賺來的薪水，透過消費引導業界生產方向，為自己以及其他人選出新的生活型態。

覺得廣告商完全控制消費者需求的人，一定忘了美國史上曾有許多車款（Tucker、Henry J.、Ford Edsel、Mercury Park Lane、Studebaker、Wagonaire、Lincoln Blackwood、AMC Marlin、Buick Reatta、Eagle

Premier），不論車商如何強力行銷，仍然銷售慘澹，最後不得不中斷生產。此外，一九六〇年代以後所推出的三萬種食品雜貨新商品中，有高達八〇％在一九八〇年前就已經下架。一九八〇年代，遭到消費者否決的商品更多，一九八〇年後所推出的八萬四千九百三十三項新商品中，八六％都沒有活過一九九〇年。此外，好萊塢也面臨一樣的問題，難以取悅的觀眾導致上千部成本高昂、重金宣傳的電影最後慘賠數百萬美元。根據估計，至少八〇％的好萊塢電影都賠錢，其中慘賠者更所在多有。

就連環球影業（Universal Film Manufacturing Company）的創辦人卡爾．拉姆勒（Carl Laemmle）這位重量級好萊塢人士，也都表示好萊塢根本無法操控觀眾。一九一六年，拉姆勒在國會委員會上就電影道德內容發表證詞，拉姆勒在談話中指出，他曾針對全國兩萬兩千家戲院業主實施「你想要什麼？」意見調查，原本他預期九五％的受試者都會回答想要乾淨健康的電影，但是「並沒有如此，我發現至少一半甚至將近六〇％的受訪者，都想播放遊走風化邊緣的電影……因為比起正派電影，觀眾比較願意掏錢看『有色』電影。」由於「（電影院業主）紛紛表示電影公司應迎合大眾對吸血鬼電影的愛好」，拉姆勒因此主張，電影公司無法成為「大眾道德的守護者」。

行銷才剛在美國出現的時候，眾多廣告製作人就已經深知，「研究人類時應關注的對象是男人，但研究市場時應關注的則是女人。」（語出一九二九年廣告業期刊《印刷者之墨》（*Printer's Ink*））這句話在蓬勃發展的娛樂市場上，更為貼切。不少史學家都已經證明，早期電影業最大宗的顧客就是女性消費者。史學家南恩．恩斯塔德（Nan Enstad）指出，「女性勞工以空前人數發起罷工的那幾年，她們也創造出一股電影『熱潮』」，「一九〇五年後，五分錢劇院這種社區劇院就已大幅發展」。雖然女性荷包裡的錢遠少於男性，從事休閒活動的機會也遠較男性少，但是早期電影業的觀眾中，女性卻幾乎佔了一半。因此，電影製作公司也開始推出符合女性品味的電影，其中「好幾個系列動作片裡，主角都是女英雄」，譬如膾炙人口、續集不斷的《瑪麗奇遇》（*What Happened to Mary*）與《海倫歷險記》（*Hazards of Helen*）等。

此外，勞工階級女性成群造訪遊樂園，也使遊樂園成為維多利亞時代末期的鮮活象徵。史學家約翰．卡森（John Kasson）曾指出：「康尼島基本上讓所有造訪的遊客，都暫時放了一場道德假期。」起先，遊樂園在一八七〇年代時，主打的是男性的「運動」次文化，園中充滿賽馬、拳擊、與性交易等活動，不過到了十九世紀末期，甫經解放的女性勞工卻徹底將康尼島化為女性樂園。為迎合這群最忠實的遊客，業者紛紛在海濱步道沿途設立跳舞亭閣。根據一位觀察者指出，這些戶外舞廳成為「上千女孩的最佳去處，這些女孩對跳舞極為痴狂，每天晚上都在舞廳與野餐公園度過」。

大量造訪跳舞亭閣的女性遊客，讓身處世紀轉換之際的康尼島得以快速成長；眾多遊樂園為吸引人潮也紛紛成立，其中三家遊樂園——夢公園（Dreamland Park）、月公園（Luna Park），與障礙賽馬公園（Steeplechase Park）——更主打紐約年輕勞動女性的新興性文化。園內設施在設計上，精心營造推擠感受，讓遊客容易彼此碰撞，因而「有助拉近雙方距離、促成情緣」。障礙賽馬公園的「愛之旋轉木桶」，甚至把乘客摔在彼此身上，而「威尼斯運河」與「愛之山洞」等設施則是讓遊客在漆黑的通道裡冒險。事實上，當初若是沒有追求情趣、願意公開體驗的女性顧客，就不可能有今天的康尼島與我們所熟知的美國遊樂園。正如凱西．佩斯所言：「像安涅．M這樣愛跳舞、愛看男人、愛尋開心的勞工女性，其欲望可謂形塑了崛起中的大眾文化。」

這一整個世代的勞工女性，驅動了美國的休閒享樂革命；她們克服了家長的過度保護與反對，自行外出工作、握有金錢，更打破當時的普遍看法，證明在公共場合尋找樂趣的女性不一定就是無德或墮落之流。

這群勞工女性完全無視清教徒與維多利亞時期對「閒散」、「無度」、「揮霍奢華」的禁令，就連今日的週末，也是她們所爭取而來。單憑這點，她們就足以被稱為國家英雄。不過她們還達成了一項更為非凡的成就——在這群勞工女性力排萬難之下，美國樂趣誕生了。

十　黑幫如何讓美國更好

想像沒有爵士樂的美國，想像飲酒仍然違法的美國，想像沒有百老滙、拉斯維加斯、好萊塢的美國，想像所有男女同性戀者都躲在櫃子裡的美國——想像一下，因為美國史上若是沒有組織犯罪，今天的美國就是這樣的美國。

最糟的角落，最好的音樂

正如我們先前所見，西西里黑幫中最先移民美國的成員，大約在一八六〇年代抵達紐奧良。到了一八八〇年代，紐奧良整體經濟中，妓院、酒館與夜店等讓紐奧良成為南方享樂之都的各式產業，皆有可觀比例掌握在當地大約三百位黑手黨人手裡。不少史學家都主張，正因為黑幫大多視社會規範為無物，因此也最容易從事非法經濟行為。確實，到了世紀轉換之際，正當高尚美國人都覺得爵士樂是充滿罪惡的黑人叢林樂，因而避之唯恐不及時，卻有許多社會底層的族群（多數為密西西比河沿岸的黑人或義裔碼頭工）仍然願意花錢欣賞爵士樂，並且就著爵士樂跳舞；而紐奧良黑幫也就是趁著這個時候，含笑入主爵士樂界。前面章節已經提過，義裔美人是最早開始玩爵士樂的族群之一，而最早出現職業爵士演奏的場所——法國區裡史多利維爾紅燈區（Storyville）的妓院——也是由西西里黑幫所擁有。一九一七年，青少年時期的路易斯．

阿姆斯壯開始在馬塔蘭加家族首領亨利．馬塔蘭加（Henry Matranga）名下的酒館吹奏喇叭，領到職業演出的第一筆薪水。亨利．馬塔蘭加除了是家族首領，更可謂二十世紀早期美國最具勢力的罪犯。阿姆斯壯指出，馬塔蘭加不只爽快忽略膚色界線，對社會規範也同樣漫不在乎。「他對每個人都公平，黑人顧客都很喜歡他。」阿姆斯壯和其他像是巴迪．伯登（Buddy Bolden）、佛萊迪．克帕德（Freddie Keppard）、「國王」奧利佛等黑人爵士教父，早期也都曾在另一家安德森蘭帕街酒館（Anderson's Rampart Street cabaret）演出，自舞廳經理喬治．德爾薩（George Delsa）的手中接過表演酬勞。安德森蘭帕街酒館是美國最早演奏爵士樂的俱樂部之一，而經理德爾薩則是善用黑幫人脈來保護俱樂部與裡頭的妓女不受警察騷擾。

在芝加哥與紐約地區，早期許多最重要的爵士俱樂部，都由義大利與猶太黑幫所經營，譬如自己也是爵士愛好者的艾爾．卡波尼（Al Capone）就在芝加哥地區控制了好幾間向主流聽眾推廣爵士樂的俱樂部；此外，對樂手而言，卡波尼也是第一位發薪高於基本維生薪資的業主。鋼琴手厄爾．海因斯（Earl Hines）曾回憶道：「刀疤臉（卡波尼）和樂手處得很好，他常和手下一起光顧俱樂部，還會向樂團點歌，小費一給就是一百塊美金。」不過最重要的是，卡波尼的資助讓不少原本身陷貧窮的爵士樂手，得以靠音樂演出獲得穩定收入。歌手伊索．華特斯（Ethel Waters）就緬懷卡波尼對她「總是相當尊重、給予許多掌聲、相當遵從，付的錢一毛也不少」。

根據作家朗斯頓．休斯（Langston Hughes）指出，當時芝加哥史代特街（State Street）一帶的「黑幫勢力逐漸成熟」，該地區不少由暴民所有的俱樂部，都雇用了後來讓爵士樂蔚為全國風潮的樂手，譬如路易斯．阿姆斯壯帶領的樂團、「國王」奧利佛、弗萊徹．韓德森與班尼．古德曼等人。一位樂手曾經表示：「史代特街上最糟糕的角落，正巧也有最好的音樂。」同樣的情形也可見於紐約市，當地一位爵士樂手就曾指出，紐約地區的爵士俱樂部「是大型黑幫所經營，而非隨便哪個街頭遊民所有……黑幫的經營手法比誰都出色。」根據學者傑若米．查林（Jerome Charyn）表示，「當時若沒有白人黑幫對黑人與白人爵士樂手多加照顧，所謂的『爵士年代』可能就不會出現，現在也不會有任何爵士樂可言。」

另一位人稱「首腦」的阿諾．羅斯坦（Arnold "the Brain" Rothstein，猶太人）則是把百老匯變成美國娛樂中心的最大推手。羅斯坦最為人知的成就，就是將組織犯罪化為大型商業活動，他早年以投資地下酒館、地下賭場、賽馬場等事業起家，賺大錢之後轉而投入撲克牌、賽馬與運動賽事簽賭（譬如一九一九年美國職棒世界大賽簽賭案就是羅斯坦的傑作），專門下注已經安排好結果的賽事，因而累積大量財富。一九二〇年代起，羅斯坦更跨足私酒釀造與毒品販運，到了一九二七年，全美境內的毒品貿易幾乎已由他一手包辦。一路走來，羅斯坦的地下總部一直都設在曼哈頓四十九街與百老匯街口的琳蒂餐廳（Lindy's restaurant）。除上述事業，羅斯坦也大量投資曼哈頓中城蓬勃發展的音樂劇產業，當時包含四十二街知名塞路文劇院（Selwyn Theater）在內的許多劇場，都由羅斯坦負責融資興辦。此外，羅斯坦也提供資金給不少劇作，他所資助的劇目為百老匯帶來上萬名觀眾，使得百老匯成為美國第一的娛樂首都。

全民公敵還是全民英雄？

一九一九至一九三三年為美國史上的禁酒時期，此期間，美國全境飲用酒類的販售、製造與運送，一律遭到第十八條憲法修正案明文禁止。今天，幾乎所有人都認為禁酒時期好比一場清教徒式的大災難，不過很少人知道這場道德改革運動能變成為美國史上最失敗的一次，組織罪犯實在功不可沒。

一九二〇年一月十六日，憲法第十八條修正案正式生效。是日起，義大利與猶太犯罪集團開始雇用私運商，將烈酒非法分銷至整個大西洋、太平洋與墨西哥灣沿岸，而在北方也有滿載烈酒的巨型雪橇自加拿大越境而來。多虧上述努力，再加上美國人對飲酒的熱愛，禁酒時期頭兩年聖餐葡萄酒的消耗量反而成長八十萬加侖。此外，全美各城市各街區裡，也都能找到由罪犯所經營的地下酒館——單在一九二〇年代的曼哈頓地區，就曾有多達五千家酒館；至於禁酒時期以前原本不得造訪酒館的女性，也在此時期成為酒館常客。更甚者，禁酒時期的某個夏日，曾有一艘私運船在康尼島沿岸遭巡防隊追捕，該船脫逃成功後，竟引來岸上圍觀的上千位民眾大聲歡呼。縱觀上述史料，實在不難理解黑幫何以在禁酒時期的電影裡與現實生活中，皆成為全美英雄。

一九三一年，《綜藝》雜誌（*Variety*）針對美國民眾進行調查，針對各族群與階級提問，要求受訪者指認一份公眾人物清單，結果發現美國人在一九三一年最熟悉的名人是電影明星，再來是黑幫人物，第三是運動員，最後才是政治人物。黑幫人物之所以享受名流般的地位，自然是因為他們在禁酒時期獲得大量曝光，不過，最功不可沒的仍屬當時的幫派電影。禁酒時期的最後幾年，幫派電影可謂最受民眾歡迎的電影類別，其中票房收入最好的三部電影分別是一九三〇年的《小霸王》（*Little Caesar*）、一九三一年的《全民公敵》（*The Public Enemy*），與一九三二年的《疤面人》（*Scarface*）。《小霸王》與《疤面人》皆改編自卡波尼的一生，而《全民公敵》則是虛構劇情，講述一九二〇年代重要猶太黑幫首領海米．魏斯（Hymie Weiss）的故事。這三部電影除了奠定一九三〇年代早期美國黑幫電影的原型，敘事上更以黑幫觀點出發，不像以往電影都把罪犯描繪成道德批判的對象。換言之，這三部是最早以同理心和同情心看待黑幫的電影。黑幫類型電影之父、《小霸王》原著小說作家W．R．布內特（W. R. Burnett）曾經如此解釋這部電影何以極具革命性：

這部電影之所以像是當頭棒喝……是因為它所描述的世界，完全是從黑幫角度出發……這從來沒人做過。犯罪故事雖然一直都有，但總是以社會角度切入，罪犯就只是某個殺了人的混帳，最後被繩之以法，但我的故事卻把他們當活生生的人處理。

電影《小霸王》中，由艾德華．G．羅賓森（Edward G. Robinson）所飾演的主角原本只是小鎮上的惡棍，最後卻成為芝加哥首要犯罪集團的首腦。電影的敘事將主角的成功歸因於勇氣、智慧與決心，而主角之死所帶有的悲劇成份，更不只是單純的正義伸張。詹姆士．凱格尼（James Cagney）在《全民公敵》中的角色與羅賓森類似，一開始也只是小罪犯，後來慢慢爬升至犯罪帝國的頂層。凱格尼的角色聰明、殘忍，只為自己著想，最後死在敵對黑幫手上，然而他的死，在電影敘事中也極具悲劇性質。至於《疤面人》這部電影除了被審查員認為是在美化黑幫，更是黑道電影中最明目張膽的範例。電影中保羅．穆尼（Paul Muni）扮演一看就知道是卡波尼的角色東尼．卡蒙地（Tony Camonte），他的銘言是：「搶得先機，不假他人之手，永不放棄。」

卡蒙地後來在壞律師的協助之下找到法律漏洞，成功逃過牢獄之災。他出獄的那天，他竟然拿火柴擦過一旁的警徽來點火，點燃手上的香菸，然後學警察的模樣敬了一個禮。在這三部作品以及同時期的黑幫電影中，導演希望觀眾認同與尊敬的角色，顯然是片中的暴民主角。

大蕭條時代除了黑幫電影，還有一種以女性為主角、同樣甚受歡迎的電影類型，與黑幫電影兩相輝映，這種類型就是電影史學家所謂的「墮女電影」。好萊塢曾出品一系列賣座電影，主角皆為靠性別特質獲取財富與權力的女性，這些女性不只懂得操縱男人，也相當聰明獨立，除了愛好華奢生活，更拒絕扮演傳統賢妻良母的角色。當時，包含葛麗泰．嘉寶（Greta Garbo）、瑪蓮．黛德麗（Marlene Dietrich）、瓊．克勞馥（Joan Crawford）、克勞黛．考爾白（Claudette Colbert）、珍．哈露（Jean Harlow）與妲露拉．班克海德（Tallulah Bankhead）等人在內，幾乎所有好萊塢女星都至少演過一部墮女電影。其中珍．哈露主演的《紅髮女郎》（*Red-Headed Woman*）更獲得高度關注，只不過多半是道德改革者的批評與攻擊，因為劇情主要是在描述一位勞工階級女性如何色誘多金、看似婚姻美滿的上司。電影中清楚呈現女主角以性為手段換取物質回報，並試圖以性控制男人；女主角在片中還闖入高級鄉村俱樂部，逼迫自己多金、可敬的男友在電話亭裡與她接吻。最後，這位女英雄不只射殺多金丈夫，還與自己的男友看著丈夫屍體哈哈大笑。至於另一部《金髮維納斯》（*Blonde Venus*），則是由瑪蓮．黛德麗飾演一位與丈夫離異的女子，在紅燈區的歌舞廳裡討生活。雖然這個角色很少被認為具有女性主義特質，但她確確實實地拒絕扮演忠貞不二的妻子角色。

在片中的歌舞片段中，黛德麗唱了底下這首歌：

環境不好，股價大跌
所以今天，我的帥情人
又回到他老婆身邊
但我何必在乎？
他走了又怎麼樣呢？
對我的人生一點影響也沒有！

黑幫老大與變裝皇后

雖然黑幫以超陽剛特質聞名，但是他們在二戰期間和一九五〇年代，仍然在同志次文化的保護與扶植上扮演關鍵角色。維多·吉諾維斯（Vito Genovese）和卡羅·甘比諾（Carlo Gambino）分別領導紐約地區勢力與權力最大的兩個家族，兩人在一九三〇年代開始投資同志酒吧。根據某些臆測說法，吉諾維斯之所以涉足同志酒吧，是因為他的妻子安娜·佩提羅·維諾提可（Anna Petillo Vernotico）不只時常光顧類似場所，更與另一名女性維持同性關係長達數年。吉諾維斯不只認可維諾提可的性傾向，更幫她殺了首任丈夫，讓她不用再受不快樂的婚姻所限制，可以自在投入同性的懷抱。

到了一九五〇年代，多數紐約的同志酒吧都由黑幫所有。由於黑手黨在警方內部擁有人脈，也願意花錢買通警官，這些黑幫酒吧的顧客並不會像五〇年代的同志經常受到警察突擊臨檢的騷擾。格林威治村克里斯多福街（Christopher Street）上的石牆客棧（Stonewall Inn）在一九六六年由吉諾維斯家族的三位合夥人買下以前，好幾年來都只是異性戀餐廳與夜店。這樁買賣案當初由人稱「胖東尼」的東尼·羅利亞（"Fat Tony" Lauria）主導；羅利亞本人重達四二〇磅，性好男色，由於自己的想望，再加以深知當年男女同志族群急需不受警方騷擾的活動場所，羅利亞決定將石牆客棧改為同志酒吧，並且每週支付警局第六區總部的警官兩千美元。扣除買通費用之後，石牆酒吧仍為背後的黑幫經營者提供大量獲利。當時，許多管理石牆與其他同志酒吧的黑手黨成員，本身都是同志，其中不少人還情歸變裝皇后。位於第六大道與麥克道格街口一家著名的黑手黨同志酒吧東尼·帕斯多（Tony Pastor's）裡，有位身材高大的圍事「大巴比」，他就與酒吧內表演芭蕾舞的華裔變裝皇后東尼·李（Tony Lee）經營過好一段公開關係。

出入石牆酒吧的同志黑幫成員相當多，史學家馬丁．杜伯曼（Martin Duberman）指出，當時有一位名叫「佩提」（Petey）的圍事，在石牆以及其他許多同志酒吧做過事，佩提滿口「濃厚的街頭義大利腔，行事糊塗，總是穿著正式服裝」，可以說是「極具代表性的黑手黨成員，只是他常常不小心愛上酒客或者同事」，並且對一位時常出沒石牆的義裔變裝皇后迪塞里（Desiree）情有獨鍾。至於石牆的經理「骷髗頭」艾德．莫菲（Ed "the Skull" Murphy）則是一位終身幫派份子，還曾經坐過牢；他之所以選擇在紐約早期的許多同志酒吧擔任圍事，正是因為地利之便比較容易和男人相識、發生關係。莫菲也特別喜歡黑人與拉丁

維多·吉諾維斯，美國史上最具勢力之犯罪集團首腦，亦為紐約市早期眾多同志酒吧的經營者。

裔男子，這讓石牆酒吧在紐約不論是同性戀還是異性戀酒吧，其種族最多元的名聲，都更加強化。

一九六九年著名的石牆突擊事件，事實上是聯邦政府打擊黑幫行動的一環。當時，第六區警隊直到最後一刻才知曉行動內容，隨後馬上由未收受黑幫賄賂的聯邦警官執行臨檢。在接下來的十年當中，莫菲與吉諾維斯家族開始資助紐約同志大遊行，而紐約的大遊行也成為國際年度盛事，具體展現性自由。每年遊行，莫菲都會登上一台敞篷車，頭帶皇冠，披上「克里斯多福街市長」的背帶，一起參與遊行。

打造拉斯維加斯

如果沒有黑幫，拉斯維加斯大道這個今天美國境內最多人造訪的旅遊勝地，將只會是沙漠中的一條小街。和爵士樂與情色電影等受人歡迎的非法娛樂一樣，也和禁酒時期的酒類，還有石牆出現以前的同志酒吧一樣，賭博一開始同樣是由一群最不顧社會規範的人，發展成一樁賺錢的事業。一九三〇年代，人稱「組織」（Syndicate）的猶太犯罪集團首領梅耶·蘭斯基（Meyer Lansky）已經在西半球控制了世界上最龐大的賭博事業，他的主要賭場遍及邁阿密、沙拉多加泉（Saratoga Springs）、紐約與古巴的哈瓦那等地。一九三四年，蘭斯基派遣兩名手下莫尹·塞德威（Moe Sedway）與人稱「巴格西」的班傑明·席格（Benjamin "Bugsy" Siegel）前往內華達州，探索開發新賭場與酒店的可能性。當時，內華達州賭博合法化剛滿三年，塞德威很快就找來酒店開發商威廉·威克爾森（William Wilkerson）。威克爾森原本就想好好抓住賭博合法化的機會大賺一筆，不過卻缺少黑幫管理賭博事業所需的知識。

到了一九四五年，威爾克森、塞德威以及蘭斯基另一位手下葛斯·格林包姆（Gus Greenbaum）在沙漠中舉行動土儀式，開始興建火鶴賭場酒店（Flamingo）。雖然當時二戰已經結束，戰時的建設規範與限制卻仍然存在，導致建材稀少又昂貴。一年以後，整起計劃瀕臨崩潰，威爾克森不只資金用罄，還找不到足夠建材。這時，巴格西這位在蘭斯基犯罪集團中平步青雲、主導「組織」在洛城事務的花花公子決定出手介入，透過檯面下的人脈和一系列非法賄賂手段，成功以夠低的價格取得黑市建材，重啟火鶴計劃。不久以後，巴格西逼走威克爾森，並安排加州內華達計劃公司（Nevada Project Corporation of California）入主火鶴酒店，同時自任總裁。到了一九四六年夏天，火鶴酒店這項日後成為拉斯維加斯重要基礎與起點的計劃，已完全為黑幫所持有，營運也由黑幫一手包辦。

雖然火鶴酒店日後發展良好，巴格西卻沒有這麼幸運。充滿野心的他，一直試圖以自己的一套規則管理賭場，再加上開幕後不久就出現各種帳外損失，導致蘭斯基起疑，懷疑巴格西私吞公款。一九四七年六月二十日，巴格西在加州比佛利山莊的同事家中讀報紙時遭人連續槍擊，其中兩槍直接命中頭部要害。

巴格西出局以後，火鶴酒店由格林包姆、戴維．伯曼（Davey Berman）與毛里斯．羅森（Morris Rosen）等三位「組織」重要大老接管，更名「極美火鶴」（The Fabulous Flamingo）。這幾位黑幫老大，基本上為渡假酒店發明了所謂「完全體驗」的概念——除了必備的賭場與住宿服務以外，火鶴酒店還推出華麗舞台表演、豪華酒店以及大型泳池，讓房客完全一步也離不開酒店。自此以後，火鶴酒店取得壓倒性成功，「組織」於是進一步投入手上多數資源，在拉斯維加斯大道沿途興建更多酒店。到了一九五〇年代中期，大道兩旁已經全是賭場酒店，其中多數都是由職業罪犯所持有與營運，賭城拉斯維加斯於是誕生。

猶太暴民、愛迪生與好萊塢的誕生

湯瑪斯．愛迪生（Thomas Edison）在發明攝影機與放映機後不久，就成立了自己的電影製作發行公司。一九〇八年，愛迪森與其他九家電影公司合作（多由上流白人盎格魯薩克遜清教徒所持有），共同創辦獨佔意味十足的「電影專利公司」（Motion Picture Patents Company），試圖從製作、發行乃至放映，完全把持美國電影業。雖然愛迪生與人稱「愛迪生信託」的電影專利公司宣誓，只製作符合健康、基督教與美式價值的電影，不過在紐約下東區，一群極富創業精神的猶太移民正透過愛迪生的發明，自行製作拍攝電影，並且在全國勞動階級社區裡數以百計的五分錢劇場中放映成品。這些「法外」導演以雜耍劇與歌舞秀起家，他們所製作的電影比起「愛迪生信託」出品的平板作品更性感一點，也更暴力一點，娛樂成份要高出許多。

自己的專利被這群「猶太小偷」偷竊，對方除了大發利市還染黃全美，愛迪生自然火冒三丈，而各大報紙與執法單位也一樣憤怒難平。一九〇七年，《芝加哥論壇報》指責五分錢劇院「完全沒有存在的理由」，而且一味「訴諸幼稚的卑下情感」，因此「應該立即加以打壓」，因為「其影響太過邪惡」。《論壇報》最後歸結：「我們無法」為這種新型態的廉價劇場「辯駁」，「它們可惡得令人絕望」。一位芝加哥法官也同意此看法：「這些劇場直接或間接增加了我所審理的青少年犯罪案件，其效果比所有其他因素加在一起還要可怕。」先進改革者珍．亞當斯（Jane Adams）則呼籲政府對五分錢劇場的電影內容進行道德管制，只允許提倡節儉、嚴肅清醒、犧牲小我、工作倫理等精神的電影上映。不久之後，芝加哥市議會通過市政命令，給予警察長審查當地電影的權力。一九〇七年，紐約警察總監建議關閉市區所有五分錢劇場，而市長喬治．麥克列倫二世（George McClellan Jr.）也在無德電影汙染市民心智罪證確鑿之下，於耶誕節當天下令關閉所有非法電影院，直到五分錢劇場製作人同意自我審查才收回關閉令。

不過，道德譴責和法院禁制並未讓五分錢劇場就此善罷甘休，眾多戲院仍然大量成立，持續播放下流內容，侵害愛迪生的專利權。愛迪生與其夥伴見狀，便雇用惡棍打手，逼迫五分錢劇場關門大吉。這些惡棍不只強取膠卷、毆打導演與演員，更將觀眾趕出戲院後砸爛劇場、縱火燒毀劇場集中的街區。所幸，在這群猶太暴民所居住營生的社區裡，數以百計的士兵已經做好發動保衛戰的準備。人稱「老大」的傑克・塞里格（"Big" Jack Zelig）、「左撇子路易」・羅森堡（"Lefty Louie" Rosenberg）、「熱血吉普賽」哈利・霍洛維斯（"Gyp the Blood" Harry Horowitz）、「油頭」喬・羅森斯懷格（Joe "the Greaser" Rosenzweig），還有惡名昭彰的意第緒黑手黨領導人「強尼」約伯・勒文斯基（Jacob "Johnny" Levinsky）與「跛腳查理」・維托夫斯基（"Charley the Cripple" Vitoffsky）等人，都在出動名單之中。就連女性也準備好加入戰鬥，像是凶猛的頂尖女槍手貝西・倫敦（Bessie London）、提莉・芬科斯坦（Tillie Finkelstein）、伯蒂・波姆蘭茲（Birdie Pomerantz）與人稱「工廠」的珍妮・莫里斯（Jennie "the Factory" Morris），都群起捍衛五分錢劇場。

於是，愛迪生公司倉庫裡的攝影機、投影器、膠卷與音響器材等紛紛不翼而飛，出現在紐約下東區的臨時劇院，愛迪生陣營的打手也開始遭到五分錢劇場屋頂上的槍手槍淋彈洗，就連愛迪生發行商在布朗克斯、費城與芝加哥等地的倉庫，也都遭到大火焚毀。一九一五年，聯邦法院判決愛迪生信託公司違法獨佔市場，不過在此以前，非法製片商早已西進，前往一個能把電影拍得更大更好的地方。這群獲得道上兄弟相助，齊力對抗湯瑪斯・愛迪生以及國家法律，最後獲得勝利的人，正是創辦洛伊斯劇院（Loews Theatres）與米高梅（Metro-Goldwyn-Mayer）的馬可斯・洛伊斯（Marcus Loews）、環球影業的卡爾・拉姆勒、派拉蒙電影（Paramount Pictures）的亞多夫・祖克（Adolph Zukor）、二十世紀福斯（Twentieth Century-

Fox）的威廉·福斯（William Fox），還有華納兄弟影業的哈利·華納（Harry Warner）、亞伯特·華納（Albert Warner）、山姆·華納（Sam Warner），與傑克·華納（Jack Warner）。

十一 「小心獨裁者」：法西斯主義與新政

若說所謂的「新政」（New Deal），即當今自由主義基礎，其實與德國納粹主義或者義大利的法西斯主義並無二致，說來可能有些荒謬，而且到目前為止也很少有人如此主張。可是，如果我們和現在的教科書一樣，忽略了新政在意識型態上根本和歐系法西斯主義系出同源，在結果上導致類似政策，並且對國家文化造成相似結果，那麼其實也是同樣荒謬。我們雖然認為希特勒與墨索里尼的統治是病態政權，甚至認為兩者已接近精神病的程度，完全與我們的政治傳統大相逕庭，但是事實上，無論是新政、納粹還是法西斯，三者的發展其實都與美國二十世紀最具影響力的一場政治運動息息相關。

富蘭克林．D．羅斯福總統（Franklin D. Roosevlet）當政時所推動的政策，可謂重新定義了聯邦政府與美國社會之間的關係，其背後的思想更一反美國建國以來，持續主導國家政治文化的放任思想。最根本來說，新政開啟了一段集體道德（communal morality）至上的時代，並且使軍事化的社會紀律，成為美國大眾文化的首要價值。個人相對於整體社會所享有的自由空隙，在小羅斯福時代是最為狹窄的。

雖然許多人都相信新政時期是美國史上極具反叛性的一刻，也認為當時的美國文化相當關注最底層階級的利益，但是事實上，所謂的新政時期和獨立戰爭、廢奴主義與重建時期一樣，其實都是美國史上最具「反暴民」性質的日子。

偉大的軍隊

一九三四年春天，小羅斯福初任總統後一年，就受到來自左翼與右翼的攻擊，甚至連黨內人士也加入反對行列。共和黨領袖紛紛抨擊華盛頓特區的「新獨裁政權」，其中賓州的共和黨眾議員詹姆士·M·貝克（James M. Beck）所提出批評在當時相當典型，他指出，小羅斯福的新政已將政府化為「權力幾乎不受限制的社會主義國家」。同時，來自左翼人士的批判也不減苛刻，例如當時的美國共產黨就正式將小羅斯福稱為「法西斯主義者」。不少民主黨內人士也相當不滿小羅斯福的「大刀」手段和「激進」政策。民主黨前總統候選人艾爾·史密斯（Al Smith）與前民主黨全國委員會主席約翰·J·拉斯克伯（John J. Raskob）更協助成立「反羅斯福美國自由聯盟」（anti-Roosevelt American Liberty League）。

當然，羅斯福也有許多忠心支持者，他的景仰者之一甚至寫信給白宮，鼓勵總統堅守立場，要總統為「保護美國人民利益所做出的壯烈努力」感到驕傲。就連德國總理希特勒也表示，羅斯福「成功打擊經濟問題的策略」具有相當成效，「全德國人民如今正抱持著關注與敬意齊心效法」。

新政雖然有反對者，但新政當初如果沒有受到廣大民眾的歡迎，也不可能成為美國的政治寵兒。羅斯福共計贏得四次總統大選，每一次都獲得壓倒性勝利；而以新政思想為本，重建施政平台的美國民主黨，更在二十世紀中期長期掌握聯邦政權，其政策不斷促使大量產業勞工與非裔美人投誠。一整個世代的知識份子，都對「羅斯福革命」頌讚有加，學界論述也被羅斯福的支持者掌握；至於羅斯福本人則更被廣泛視為美國史上最偉大的總統之一。不過，新政剛開始所受到德國與義大利法西斯主義者的支持力度，可要遠遠超過美國境內的支持者。

一九三三年七月，小羅斯福就職四個月後，新當選總理的希特勒就讚許「羅斯福先生」，稱其「不顧國會、遊說團體、官僚體制的攔阻，直往目標前進」。希特勒對羅斯福的讚美，不只是為了巴結世界最強國家的領導人，更是因為新政的內容與納粹的施政十分相似。一九三四年一月，納粹黨報《人民觀察家報》（*Völkischer Beobachter*）就盛讚羅斯福的「獨裁式」手段，並指出「身為德國國家社會黨，我們也要向美國看齊……羅斯福正在進行新政實驗，而實驗內容甚為前衛大膽。我們也一樣，只擔心實驗可能失敗。」此外，羅斯福的著作《向前看》（*Looking Forward*, 1933）與《坦途》（*On Our Way*, 1934）在當時引發了許多討論，其中最正面者，都來自認為新政與國家社會主義本是同根生的德國評論家。一九三四年，德國作家赫姆特·馬格斯（Helmut Magers）在《羅斯福：富有常識的革命者》（*Roosevelt: A Revolutionary with Common Sense*）一書中，就高舉新政為「一場極權革命」，並指出這場革命和納粹黨的奪權有「驚人的相似之處」。

羅斯福執政的前兩年間，《人民觀察家報》不斷指出希特勒與美國「絕對領袖」的相似之處，其中一段文字提到，「雖然所使用的詞藻不同，但是羅斯福同樣是在要求人民把集體利益擺在個人利益之前，譬如《向前看》一書中，許多段落都宛若出自國家社會黨人之手。基本上我們可以假設，羅斯福對國家社會黨的思想應該極不陌生。」羅斯福雖然擺出「民主的虛假外表」，但美國其實「正走向極權國家之路」。《人民觀察家報》更大讚「羅斯福在經濟與社會政策中採納部分國家社會主義思想」。

希特勒本人也認為這位美國總統和自己英雄所見略同。他曾向美國駐德大使威廉·達德（William Dodd）表示他「和（美國）總統的看法一樣，認為責任、犧牲、紀律等德行，應該貫徹在人民身上。美國總統對所有美國公民的上述道德要求，和德國的思想精要雷同，可以用德國的一句口號來表達：『公眾福利勝過個人利益。』」達德的繼任者休．R．威爾森（Hugh R. Wilson）也在一九三八年向羅斯福報告時指出，他已向希特勒表達：「您對於德國國內特定的社會改革階段，特別是青年和勞工的改革相當感興趣，而我在此的首要任務之一就是向您報告德國的社會改革如何落實。」即便到了一九四〇年，當羅斯福已經等不及對德國發動軍事介入的時候，納粹宣傳部長喬瑟夫．戈培爾（Joseph Goebbels）所發行的週報《帝國報》（*Das Reich*）也仍然不斷強調納粹與新政的相似之處。報上一篇文章〈希特勒與羅斯福：德國的成功——美國的未竟〉（"Hitler and Roosevelt: A German Success--An American Attempt"）就哀悼若不是美國的「國會民主體制」，也不會導致新政無法完全落實。然而史學家約翰．A．蓋瑞提（John A. Garraty）指出，「不過在德國人眼中，新政早期打擊蕭條的政策還是和他們自己的政策非常相似，羅斯福所扮演的角色也與希特勒也相去不遠」。

義大利的法西斯主義者對新政也相當佩服。貝尼托．墨索里尼（Benito Mussolini）同樣在羅斯福身上找到了自己的思想同志，他在評論《向前看》時曾說：「小羅斯福訴諸國家青年的果斷與剛毅，並以此號召讀者一同戰鬥，這與法西斯主義當初喚醒義大利人民的狀況相當類似。」當墨索里尼耳聞羅斯福因為一九三三年的「國家產業復甦法」（National Industrial Recovery Act，簡稱 NIRA）而獲得處理國家經濟的無限權力時，他如此驚呼：「看啊！此人獨裁者是也！」

除了自詡法西斯信徒的人認為羅斯福與德義兩國有相似之處，美國境內諸多重要自由派人士和民主黨忠實擁護者，也都看見了雙方的共通點。

《新共和》雜誌（*New Republic*）的編輯喬治．索爾（George Soule）指出：「雖然法西斯主義一般導致的社會與政治災難並未出現，但我們確實正在實施法西斯式的經濟政策。」《國家》雜誌（*Nation*）發行人奧斯瓦德·嘉里森·維拉德（Oswald Garrison Villard）就後悔當初為小羅斯福背書，他在一九三四年寫道：「無人能反駁，羅斯福法案整體而言大舉提升了總統權力，使總統獲得獨裁者般的力量，這等於是開了先例，讓往後的繼任者甚至是羅斯福本人，得以輕輕鬆鬆就將國家推往法西斯或國家社會主義的深處。」此外，《消費者報告》雜誌（*Consumer Reports*）的兩位創辦人J·B·馬修斯（J. B. Matthews）與路斯·邵克拉斯（Ruth Shallcross）也在一九三四年的《哈潑》雜誌上指出：「若任其發展至邏輯上的必然後果」，新政政策背後的原則「將流於法西斯式的控制經濟」。

新政與歐陸法西斯主義的雷同之處，在羅斯福上任的頭兩年特別明顯。首先，羅斯福與希特勒都是在經濟蕭條的深淵中爬上權力頂峰，而兩人也一致認為國家當前處境如戰時一般險峻；在此危難之時，兩人都主張權力的非常提高與武裝社會的建立為必要手段。希特勒在一九三三年向德國人民宣布：「國家紀律必須取代混亂的直覺，成為國家生活的指導原則。」「若各位能在未來保有同樣的紀律與服從，同胞互助之情不滅、對國家效忠不滅，那麼這場運動將在德國永立不搖。」此外，希特勒也呼召德國人民加入軍隊，他說：「今天，已有上百萬人民加入軍隊，但是絕大多數還得學習棕色軍隊(1)多年來的作法、學習面對數萬同胞所曾經面對，並且為之流血犧牲之事。」同年，羅斯福在就職演說中如此宣稱：

我們若要前進，就必須像一支訓練有素的忠貞軍隊，願意為共同紀律所帶來的益處犧牲，因為如果沒有紀律，事情將無所進展，領導也將沒有效力。我相信，我們已經準備好也願意為紀律犧牲生命與財產；有了紀律，領導方向才能以共同利益為目標。而這正是我的承諾，我承諾這個更崇高的目標，將如神聖的義務一般，以只有武裝爭鬥才能喚起的責任團結感，將全國人民團結在一起。如此宣誓過後，我將毫不遲疑地負起領導之責，領導每一位致力以紀律手段打擊共同問題的偉大人民。

歷史上，垂涎此般權力的總統應該不只羅斯福，但是願意開口要求這種權力的，卻只有羅斯福一人。羅斯福在國會山莊東門廊發表就職演說時表示：這個國家萬一自甘墮落，無法成為偉大的戰鬥力量，「我將做我該做的事」，「我將要求國會給我因應危機的最後手段，也就是行政權向緊急事件宣戰的權力，這樣的權力將不亞於外敵入侵時我所能獲得的權力。」獲得這種權力的總統，至今只有羅斯福一位。

就職後兩天，羅斯福便以「國家緊急事件」為藉口，史無前例地朝獨裁專權邁開一大步，下令關閉國立銀行，是為美國史上頭一遭。緊接著在三月九號，國會更進一步將手上大部分權力讓渡給總統，讓羅斯福獲得獨斷權力，得以一人決定多數國家經濟事務。一九一七年的「禁止與敵國貿易法」（Trading with the Enemy Act）修訂後，更讓美國總統在戰時或者「總統宣布為國家緊急狀態之期間內，得以透過特設單位針對下列事項進行調查、規管與禁止，其施行原則與規範亦由總統裁定：所有外匯貿易；所有總統所定義之銀行機構往來、信用轉移或銀行機構款項支付；任何金幣、銀幣、金條、貨幣之出口、囤積、回爐熔融或所有權標記（earmarking）。」此法通過後，國會形同給予總統控制銀行、掌管金融交易與主導一切黃金相關事務的無限權力。更可怕的是，這些修法讓總統可以獨自決定取得與運用該權力的時機。

羅斯福政府所採取的下一步，就是通過「國家產業復甦法」，該法案於一九三三年通過後，成為促成「第一次新政」的關鍵立法，此法除了建立出與義德兩國之國有經濟幾無二致的經濟體制，更讓總統手中攢聚

---

(1)（譯註）由希特勒所建立，助其登上大位的納粹軍團。

更多權力。隨後，「國家產業復甦法」與其執行單位國家復甦管理局（National Recovery Administration，簡稱NRA）進一步暫停實施聯邦反托辣斯法，並於各大產業扶植壟斷聯盟（cartel），聯盟於是取代市場力量，得以一手決定產品價格、員工薪資與企業產量等變數，形同完全翻轉了原本的經濟放任體制，一反美國向來對自由競爭市場的追尋。這種壟斷聯盟在美國被稱為「準則主管機關」（code authorities），在義大利被稱為「合作社」（corporatives），在德國則是叫做「同業聯盟」（industrial cartels）。壟斷聯盟在三國的名稱雖各有不同，但享有的權力都一樣，至於在三個國家當中，有權否決聯盟決策的人，也都只有國家元首，亦即義大利的墨索里尼、德國的希特勒與美國的羅斯福。

如此激進的政策究竟如何在美國形成？事實上，NIRA背後的推手有不少都是反對自由市場、鄙視民主、力主中央控制經濟的人士。早期新政擘畫者的思想由於以進步主義為出發點，因而對社會秩序、紀律與理性相當著迷，同時相當追求個人與國家身分的融合。在二十世紀前半葉，這樣的政治執念其實在大西洋兩岸都能看見，不過在美義德三國特別受到支持。

史學家約翰．P．迪根斯（John P. Diggins）在一九七二年的著作《墨索里尼與法西斯：美國觀點》（*Mussolini and Fascism: The View from America*）中指出，「民主美國比任何其他西方國家都還敬仰墨索里尼的法西斯獨裁政權」（該書為學界中首次有人正面討論美國菁英對法西斯的認同）。許多重要美國知識分子和先進世代（progressive generation）的政治人物都在一九二〇年代受法西斯主義吸引，像是著名的先進吹哨記者林肯．史戴文斯（Lincoln Steffens）和伊達．塔貝爾（Ida Tarbell）在造訪義大利後，就先後寫下有關黑衫政權（Blackshirt regime）(2)相當正面的紀實。哥倫比亞大學教授兼「先進史學家」學派重要成員查爾斯．貝爾德（Charles Beard）是早期新政與義大利法西斯政權的熱衷支持者，他也在《新共和》雜誌的一篇文章中主張美國人應暫且不論墨索里尼所施行的暴力與對公民自由（civil liberties）的壓迫，改將目光放在法西斯主義的強力現代化作用：

> 這是一場了不得的實驗……一場試圖調解個人主義與社會主義、政治與科技的實驗。我們不應該因為法西斯所伴隨而來的殘酷手段與瘋狂信念而產生情緒，致使我們看不清這場冒險的潛力與教育意義——不，這不是一場冒險而是命運，是命運如脫韁野馬一般，在連結古典與現代世界的歷史坦道上奔馳。

其他壓倒性支持義大利法西斯的陣營，還包括稱許墨索里尼為義大利經濟帶來秩序與穩定的美國大企業。當時，美國商會主席朱利亞斯·巴恩斯（Julius Barnes）不斷在演講與雜誌上宣稱「墨索里尼無疑是位偉人」。全國製造商協會（National Association of Manufacturers）的詹姆士·艾莫瑞（James Emery）也在年會上盛讚墨索里尼「領導人民走過再次統一的國家街頭」，認為他「從激進社會主義的害人雙手中」拯救了義大利。此外，《華爾街日報》有一篇討論美國經濟的社論，標題就叫做「需要墨索里尼」。此外，J·P·摩根（J. P. Morgan）銀行體系主席湯瑪斯·W·拉蒙特（Thomas W. Lamont）也自稱是法西斯的「傳教士」，一生致力為法西斯主義「默默傳講」。史學家迪根斯指出，「除少數例外，商界主流皆熱切擁抱法西斯主義」。許多領袖後來甚至指示旗下企業金援納粹黨。

上述商界領袖之一，正是NIRA法第一版草案撰寫人，奇異公司（General Electric）主席吉拉德·史沃

(2)（譯註）代指義大利法西斯政權，典故出自義大利國家法西斯黨的類軍事組織黑衫軍。

普（Gerard Swope）。一九三一年，史沃普發表「史沃普計劃」，該計劃主張，為讓身處特定產業的企業不受市場力量影響，可以自行決定價格、薪資與產量，政府應中止實施反托辣斯法。史沃普的論述正如許多新政支持者的理論一樣，滿滿都是對民主的敵意，譬如史沃普曾經問道：「我們應該坐等社會透過立法機關採取行動，還是應由產業負起責任，本著員工與大眾福祉採取行動？」史沃普給這個問題的回答，就是以企業壟斷集團取代美國國會。「我們應該讓組織良好的產業掌舵領導，肩負起對員工、社會與股東的責任，而不是讓民主社會透過政府來採取行動。」時任總統賀伯特．胡佛（Herbert Hoover）就表示，史沃普計劃根本是「一帖法西斯毒藥」。不過，羅斯福上任一個月後，NIRA 法案就如創始人里昂．季斯靈（Leon Keyserling）所言：「其最初版本自所謂的史沃普復甦計劃衍生而出」，等於就是把這帖法西斯毒藥給抓齊了。

新政背後的法西斯推手都由同一個夢想所推動，在這個夢裡，社會就好像一部機器，裡頭舉凡政府領袖以至最底層勞工，所有人就好像零件一樣，全都特別經過設計與打造，運用方式也不一樣，目的就是要達成各自在機器裡的不同功能。然而，除非身陷危機，美國人多半都不願接受這樣的夢想，因此讓新政人士相當挫折。第一次世界大戰時，危機首度出現，這群人也抓準機會好好把美國人教訓了一番。然而一戰以後卻是一整個一九二〇年代的和平與繁盛，這群人只好慢慢等待，等著下一場國家危難到來，屆時就可以再次實現理想中的社會秩序。

社會機器

一九二〇年代，哥倫比亞大學校園東緣建物裡的辦公室由於地處晨邊高地（Morningside Hights），因此可以向下俯看哈林區。這些辦公室的主人之一是名叫雷克斯福德·圖格威爾（Rexford Tugwell）的經濟系教授；坐在漢彌爾頓樓裡辦公桌後方的位置，圖格威爾雖然聽不見音樂，卻可以看見哈林區的夜店、舞廳與地下酒館等爵士年代的聖地。圖格威爾靜靜等候著。

圖格威爾的家鄉在紐約州極西部的遙遠鄉間，自小就因為氣喘與多病的身體臥病在床，被迫與身體享樂隔絕。長大後的圖格威爾雖然非常英俊，有著憂鬱的眼神和一頭默片明星般的鬈髮，但仍然體弱多病，因此等到他長大成人的時候，可以說已經完全蜷縮進書本的世界。他特別喜歡閱讀烏托邦科幻小說，譬如H．G．威爾斯（H. G. Wells）的《彗星來臨》（*In the Days of the Comet*）。在這則故事裡，人類因為害怕世界被直衝地球而來的彗星摧毀，決定將社會重組為合作公社。就這樣，圖格威爾年輕的時候，幾乎天天都在編織完美的世界與完美的人民，直到一九一〇年代，圖格威爾進入賓州大學（University of Pennsylvania）就讀，深深受到年輕經濟學教授史考特·聶爾寧（Scott Nearing）的學識所吸引。當時，聶爾寧的一本著作剛剛出版，而這本書碰巧就在倡導烏托邦社會的建立。圖格威爾在自傳中回憶道：「我在聶爾寧的指導以及其他影響的強化之下所發展出的哲學思想，最能由聶爾寧一九一二年出版的《超級人種：一個美國問題》（*The Super Race: An American Problem*）來體現。」該書中，聶爾寧主張美國應透過選擇性生育，培養出一支超級人種，進而創造世界上首座烏托邦。這樣的概念算是自尼采思想變種而來，在當時某些德國知識份子之間也相當流行，不難想見這些德國知識份子後來都成了納粹主義的思想之父。

圖格威爾在大學時代的另一位精神導師，正是師承德國大學的著名先進派經濟學家西蒙·派頓（Simon Patten）。圖格威爾如此回憶道：「他讓我瞭解到劃一性與法則的重要性，告訴我要試圖找出事物表象背後的運行力量。」「而我所找到的運行力量之一，正是以下結論：我們既有的多元系統，亦即對產業的放任與強調制衡的政府體制，存有許多日益嚴重的內在衝突，若要確保美國不致毀於一旦，現有的多元體制必須要加以統一清整。」不過，派頓如此乍聽無害的想法從何而來？「派頓認為，德國手上握有一統哲學、一統經濟，甚至是一統政治的關鍵。在派頓眼中，這場日亦逼近的衝突雙方，正是那生氣勃發、完滿圓融的日耳曼一統性，對上頻臨死亡、四散分逸的英式多元主義。」更不祥的是，派頓以及他的德國同路人（這些同路人後來都成為納粹思想的奠基者）都認為，工業資本主義與科技進展已經柔化了、閹割了人民。派頓如此解釋道：「任何簡化或節省勞力的進展」，都「使勞動階級有更多缺陷的餘裕。社會上愚者的存在，導致眾人必須為生存掙扎，有缺陷者將被淘汰，不過現在的勞工卻可以擁有較多的缺陷而不被淘汰。」針對此問題，派頓所提出的解決方法快速、簡單而殘忍。「社會進步與社會平等相比，是更高層次的法則，因此國家應不論代價追求社會進步」，而追求進步的唯一方法就是「淘汰惡者與弱者」。至此，聶爾寧與派頓所言，都還屬於學術討論，不過圖格威爾卻試圖將兩人的願景付諸實踐。

第一次世界大戰的來臨，猶如天賜良機。一九一七年美國加入歐洲戰事後，圖格威爾和許多先進份子都視美國參戰為大好機會，意圖藉機打造「一座工業工程師式的烏托邦」。當時，政府機關接管主要產業，整體國家經濟唯華盛頓是從，同時徵兵制度更為美國創造出五百萬名自制、體健的軍隊。這些發展都讓圖格威爾充滿希望，他在回憶時曾表示：「美國眼看就要在國際上成為一部工業機器。」只是和平的到來，卻摧毀了圖格威爾的夢想：「可惜，停戰導致實驗無法繼續進行，生產、價格與消費的控制都必須停止。」整個一九二〇年代，圖格威爾都從哥倫比亞大學的辦公室裡惆悵地望向窗外。這段期間內，他寫下一系列文章，力主回歸戰時社會，重回「社會控制」與「科學化管理人類生活」的日子。

一九二九年美國股市崩盤，圖格威爾的機會於是再度來臨。他在大蕭條早期寫下《產業紀律與治理之術》（*The Industrial Discipline and the Govermental Arts*），圖格威爾心想，這一次窮途末路的美國人總該認真看待自己的思想了。他在書中主張化整體社會為一座大工廠，力主放棄「自由競爭的無力之手」，改採中央計劃制度。他如此寫道：「一旦產業即政府，政府即產業，深植於現代體制中的雙重衝突就能獲得消解。」想當然爾，圖格威爾相當敬佩能做到這點的義大利政府。他表示，墨索里尼「做了許多我認為該做的事，無論怎麼看，義大利正以極具系統性的方式，歷經實體重建。」

一九三二年某寒冷冬日，圖格威爾揣著斜紋軟呢外套與大衣在辦公室附近走動，結果遇見了一位名叫雷蒙·莫利（Raymond Moley）的政治系同事。莫利問圖格威爾是否有興趣見見當時還是紐約州長，正在競選總統的小羅斯福，一同討論是否加入其顧問團。圖格威爾一聽，相當興奮地接受了邀請。不到幾個禮拜後，他就加入了著名的「智囊團」（Brains Trust，由打造新政的一小群學者所組成的團體），並且在往後的日子裡，發想、設計出包含 NIRA 法案、公共工程計劃（public works projects）以及諸多農業計劃在內的眾多重要新政措施。不過，圖格威爾在華盛頓工作後不久，就開始對他的羅馬英雄心生羨慕。圖格威爾後來表示：「反對墨索里尼的人不比小羅斯福少，但是他控制了媒體，所以不用每天被混淆視聽。而且義大利面積不大、紀律良好，雖然資源不多但是容易管理。至少就表面上看來，墨索里尼已促成極大進展。」民主是問題的根源，法西斯主義才是「我見過最乾淨、俐落、有效的社會機器運作原理。我實在好生羨慕。」

圖格威爾對紀律與編制的喜好，來自理性主義的學思脈絡，而休·強森（Hugh Johnson）將軍則是出身另一支新政文化大宗：軍旅。強森將軍有著一張圓圓的愛爾蘭臉孔，因為時常喝酒所以臉頰總是泛紅，真要喝起酒來可直比著名的酒鬼喜劇家W·C·費爾茲（W. C. Fields），不過強森可不像費爾茲一樣信奉個人主義、不服權威，他還是青少年的時候，就在家鄉奧克拉荷馬州的大西部小鎮阿爾瓦（Alva）自願加入地方軍團，參與每週兩次的軍事演練。強森對戰爭極為熱愛，十五歲時就試圖加入老羅斯福對抗西班牙的莽騎兵（Rough Riders）。雖然當時父親反對強森從軍，但是兩年後強森仍然如願進入西點軍校就讀。在軍中擔任軍官的他，特別喜歡指揮演習、點名、遊行、閱兵與行軍等活動，而且一日有士兵不小心違反規定，強森的咆哮與怒吼更是在軍中出了名。強森在服役之餘，也開始為寫作短篇故事，投書雜誌，故事內容多以男孩在軍中學會紀律、忠誠、犧牲，最後成為男人為情節發展主軸。

和圖格威爾及許多日後成為新政人士者一樣，強森不同於多數美國人，並不視第一次世界大戰為毫無價值的慘劇。對強森而言，一戰是一次等待已久的機會，可以藉機把社會全面軍事化。當時，威爾遜總統登高一呼，號召百萬軍力，最後卻僅有七萬三千名男子自願從軍，聯邦政府只好在內戰以後首次實施徵兵。此時，不少軍事領袖都認為最適合負責徵兵事務的人非強森莫屬，強森因此被徵召到華盛頓，主導新設立的「義務徵選兵制」（Selective Service System）。強森在回憶時提到，當時約有一千萬人註冊徵兵、四百萬人實際送往受訓、十一萬七千人於出勤時身亡，超過二十萬人受傷，「可謂一戰期間最了不得的進展之一」。至於未受徵召者，強森也有一番計劃加以因應：這些「在酒館與撞球間看著同胞上戰場的」未受徵召人士，其中無業或其職業「非屬關鍵勞動」者，若無法找到有助戰事之工作，仍將強迫入伍。強森後來驕傲地指出，這道「不找工作就上戰場」的命令，迫使十三萬七千兩百五十五名「調酒師、私人司機、髮型師等娘娘腔」改而從事政府眼中重要的工作。

一九二〇年代的承平期間，強森回到私部門工作，靜待世態轉變。一九三二年，美國墜入蕭條深淵，強森眼見機會來臨，遂著手擬定行動計劃，並於完成後在民主黨友人間傳閱。這份名為「暫時的獨裁者，莫鎖李泥著」("By MUSCLEINNY, Dictator pro tem")的計劃，形同是強森發表「宣言」，力主自己（莫鎖李泥）「獨裁統治美國共和」。換言之，淘汰民主體制的時候到了。強森（莫鎖李泥）如此寫道：「在這場危機中，尤其在這個大選年度，分化的權力不足以解決問題」，「唯一的解藥在於統一控制、立即行動。」莫鎖李泥在文中並要求美國總統、副總統以及「所有國會成員」下台，同時停止舉辦選舉。此行動計劃完稿後一個月，強森即受邀進入羅斯福競選團隊核心。他在日後回憶時表示：「該計劃書透過若干核心行動，主動控制情勢，這些作法在八個月後證明不可或缺。從這個角度看來，莫鎖李泥精準地判斷了情勢發展，同時也依稀預示了日後的復甦計劃。」

強森後來在草擬國家產業復甦法時，順利將準則主管機關的管轄權交由總統一人，而非整體國會。法案通過以後，羅斯福或許是出於感謝，於是任命強森為國家復甦管理局局長。此時的強森已經拜讀不少義大利法西斯份子的著作，並將墨索里尼的教育部長筆下數本作品發給總統的內閣成員傳閱；在一次演講中，強森更稱這位義大利獨裁者為「二十世紀的閃亮典範」。

隨後，強森找來協助創始 NIRA 法案的勞動法律師唐納德．里奇伯格（Donald Richberg）擔任 NRA 管理局總顧問。里奇伯格在回憶時指出，該法案的創始初衷，其實就是要在美國境內終結議會民主，樹立獨裁統治。他指出：由於「美國無心改正惡習」，因此必須有人替人民站出來，「只要民主政府持續存在、政治人物能抱持駝鳥心態，那麼多數美國人不願意做的事，美國基本上就不可能去做。」而里奇伯格所謂「效率不彰、腐敗嚴重的大眾政府」，後來也的確被一位領袖取而代之。「我們當初千呼萬喚一位行動派領袖，而果真也就出了這樣的一位領袖……美國人民實在應跪著感謝上帝……祂讓一位可以拯救人民的人——一位行動派領袖——取得政權。」正如法律史學家詹姆士．Q．惠特曼（James Q Whitman）指出，「NIRA

法案的兩大領導人皆為反議會份子；兩個人都是一九三二～三三年危機四伏之際的道地產物。」

這次危機所催生的另外兩位時代「產物」則分別是羅斯福與希特勒。羅、希兩人都相當熱愛土地，也都相信國家能夠藉由與土地結合而獲得救贖。正因如此，兩人皆從農業控制出發——美國政府首先於一九三三年通過農業調整法（Agricultural Adjustment Act），而德國政府則是透過集中化的農管單位（Estate for Agriculture）控制農民產量與農產價格。羅斯福與希特勒皆認為家庭農場是國家德性的基礎。對前者而言，唯有在鄉間「才能建立美國傳統定義中真正的家庭」；而在後者眼裡，農民則是德國「生命泉源的根基」與「國家富饒之源」。羅斯福擔任紐約州長時曾推動相關計劃，協助都市家庭遷往鄉間農場，讓「擁擠城鎮裡已喪失的永久生計，如今能重新在土地裡找回」；羅斯福成為總統後，進一步啟動圖格威爾所設計的「營生家園」計劃（Subsistence Homesteads），該計劃提供家戶「土地以及價格便宜的現代地上住房和周邊房舍，讓家戶可以自行生產家中所需的大部分食物」。無獨有偶，德國納粹也提供人民鄉間建屋補助，以鼓勵人民自己自足，緩解都市人口過盛的壓力。類似作法也可見於義大利。墨索里尼最具野心的計劃之一，就是將羅馬附近一片面積達三百平方英里的溼地排乾，設立獨立家庭農場。正如德國文化史學家沃夫岡·希威布什（Wolfgang Schivelbusch）指出，「法西斯主義、國家社會主義與美國新政三者，皆將家戶自耕計劃視為創建新型態文化的重要步驟基石，並以文字、圖像和實踐計劃強化大眾支持。」

羅斯福最鍾愛的新政措施，應屬同樣誕生於一九三三年的公民保育團（Civilian Conservation Corps），在該保育團的運作之下，許多年輕男子被送往內陸深處軍營般的營地從事勞動。同樣地，納粹也透過勞動營與青年勞動來改善德國鄉村。根據史學家約翰·蓋瑞提指出，「納粹的勞動營和美國公民保育團的勞動營不只在表面上十分相似，其目的也相去不遠」。羅斯福曾讚許公民保育團有效使年輕男子「不再遊蕩於大街小巷之間」，而希特勒則表示勞動營讓年輕人不致「在街上無助地腐化」。無論是新政推行者還是納粹黨人，雙方都設置了許多計劃，意圖將青年男子化為公民士兵。譬如說，美國公民保育團底下數以萬計的自願者，其實都直接受美國陸軍管理，「團員」必須立正站好、以「長官」稱呼上級，每天早晚還得參加升旗儀式。其中一位團員的家書中就說「工程師與技師教我們如何成為土地的軍人——土地士兵是我們在這裡的名字，我們這支軍隊要打倒所有土地的敵人。」

到了一九三〇年代末，美國離開戰之際愈來愈近，青年武裝遂成為公民保育團的明確目標。一九四〇年，國會進一步規定所有公民保育團員皆應接受非戰鬥軍事訓練。該計劃負責人詹姆士·J·麥肯提（James J. McEntee）如此解釋：軍事訓練能將「缺乏工作經驗的無業青年改造為強健的卡車與牽引車司機，這些學會了以後，下一步就能駕駛坦克、造橋、鋪路、埋電話線……協助提升工業國防基礎，強化我方軍力。」

此外，美國新政推手、義大利墨索里尼與德國希特勒三方，也都認為當前勞工處境有改善之必要。雖然法西斯與納粹政權都立法禁止工會成立，但兩者其實都致力改善工安條件，以求職場更乾淨、更美好；兩國也為廣大勞工階級安排住房補助、優惠假期與體育活動等福利。美國方面，新政的諸多措施中，投入最多資金的項目正是各大公共工程計劃。一九三五年成立的公共事業振興署（The Works Progress Administration）可謂此類計劃規模最大的一項，不只佔聯邦預算將近一半，一九三五至四一年間更每年創造二一〇萬個就業機會。振興署的建設項目包括高速公路、道路、人行道、圖書館、學校、體育場、公園、機場、汙水處理廠、橋樑與游泳池等，範圍甚廣。德國方面，第三帝國可謂歷來解決失業問題最有效率的政權。納粹所實施的全面就業計劃，在希特勒掌權後不到三年之間，即有效地消除失業；此外，德國的大型公共工程計劃 RAD（Reichsarbeitsdienst）無論在規模與範圍上，都能和美國的公共事業振興署匹敵。

RAD以軍隊模式運作，打造了德國高速公路（Autobahn）、無數條平面道路與數不盡的橋樑，RAD的其他成就包含將溼地化為耕地、設置水堤、改善排水系統、完成大面積樹木移除作業等。二戰期間，RAD更在整個歐洲打造地堡、地下軍事設施與壕溝。

公共事業振興署海報。

「你就是前線。」

公共事業振興署海報。

「心靈與雙手的勞工：票投前線軍人希特勒！」

不論是由美國還是德國政府所出資的就業計劃，內容都主要導向軍事目的。譬如在納粹的規劃之下，數以萬計的德國人皆投入武器、飛機與坦克等軍備生產。至於美國振興署的成就則包括：兩艘航空母艦、四艘巡洋艦、若干小型戰艦、超過一百架戰鬥機與轟炸機、將近五十座軍用機場以及一座空軍總部。不過除此以外，美德兩國的公共工程計劃更達成嚴格管轄大量勞工的目的，有效灌輸諸如紀律、秩序、犧牲、效忠國家等國家文化。事實上，新政推手與納粹黨人在推行相關計劃時，手法極為類似，兩政府所發行的上千份海報，都以效忠國家為主要訊息框架，並將勞動高舉為獲得尊嚴之道，同時頌讚陽剛氣質與勞力工作，相關文宣中的同性情欲往往溢於言表。

德美兩國皆有許多人相信，一九二〇年代性解放所導致的家庭崩解，不只是社會失序的肇因，也是社會失序的結果。因此，新政推手與納粹黨人開始發動宣傳活動，提倡母職，並將母職與國家利益結合。根據納粹婦女組織宣言指出，「身為女性即身為母親，要以靈魂全部的意識力量來肯定母職的價值，並以此為生活法則。」一九三三年德國的緩解失業法（Law to Reduce Unemployment）資助了許多建設計劃與職訓課程，但多數皆排除女性，目的就是要讓女性勞工回到家中。同樣地，美國聯邦與州政府在新政之下也獲得權力，得以要求女性實踐母職。一九三五年的社會安全法（Social Security Act）屬於第二波新政措施，亦為二十一世紀少數碩果僅存的新政法案。根據該法案，勞工能享有老人年金與失業保險等福利，不過由於相關失業與年金計劃皆排除家事勞工，造成多數職業婦女無法取得職業相關的政府補助。事實上，社會安全法在設計上只為一種女性提供協助，亦即增產報國、負責養育新一代勞工、軍人、公民的女性。例如，根據該法所設置的未成年子女補助（Aid to Dependent Children）福利計劃，其根本目標就是要把母親留在家庭。根據草擬補助條款的委員會指出，該計劃的「設計就是要讓女性離開受薪職位，因為女性的天職在於提供子女實質與情感上的照顧監護，消極而言可以確保子女不至落入不幸，積極而言則有助孩童成為對社會有貢獻的好公民。」

民主的紀律

無論在美國還是德國，新政與納粹期間的媒體，都受到愈來愈嚴格的政府審查，不過媒體本身卻更常為了支持國家、避免受罰，或者純粹為了應因當時日漸敵視言論自由的文化風氣，而率先自我審查。德國方面，上百位記者興高采烈地加入宣傳局；根據希威布什指出，對未加入者而言「光是知道不遵守不成文規定所可能導致的後果，就足以讓人就範，而最有效卻又最不著痕跡的控制手段——自我審查——也因此得以落實。」至於美國方面，除了政府對媒體所施加的嚴格審查以外，媒體自身更常主動配合政府。

當時，羅斯福所指派到聯邦通訊委員會（Federal Communications Commission）的赤誠者就講得很清楚，只要節目中出現批評政府的內容，傳播業者的營業許可將一律被撤銷。一九三四年，新英格蘭的洋基廣播網（Yankee Radio Network）在收到通訊委員警告後，立即承諾給予總統「最大支持」。另一廣播網的主管也說，由於懼怕政府介入，「政府每審查一個節目的同時，就會有其他十幾個節目實施自我審查」。羅斯福上任後不到數週，國家廣播公司 NBC 就開始拒絕讓反對總統的評論人士上節目。哥倫比亞廣播公司 CBS 的亨利·貝羅斯（Henry Bellows）則是在新政府上台後，立即向羅斯福的白宮發言人表示：「您與傳播界人士的密切關係，對政府而言極具價值潛力，身為一輩子的民主黨支持者，我在此向您宣誓，我一定盡己之能確保你我合作順利。」一九三五年，為歡慶新政實行兩週年，CBS 廣播公司特別找來職業演員，重現新政實施以來的偉大時刻，製作成特別節目「民有、民治、民享」（Of the People, by the People, for the People），完成後美國教育署（Office of Education）更規定所有公立學校都得在公民課中播放這部長達兩小時的節目。CBS 的波克．卡特（Boake Carter）原本是一位極受歡迎的政論人士，卻在一九三八年因為立場愈趨反對羅斯福而遭到開除。CBS 與 NBC 兩大廣播公司自一九三〇年代一直到二戰期間，雙雙持續禁止異議人士登台。

至於傳遞國家社會規範的主要媒介好萊塢，也在新政期間歷經深遠轉變。正如前述章節所見，一九二〇年代，特別是一九三〇年代前期，大銀幕上的英雄個個都是暴徒，而之所以如此，正是因為美國文化當時以性解放與反權威為主流，好萊塢自然也反應、提倡了這樣的價值。

除天主教會以外，諸多道德改革者也不斷施壓，要求好萊塢淨化其出品電影。早在一九三〇年，美國電影製作人與發行人組織（Motion Pictures Producers and Distributors of America），或稱海斯辦公室——其主席為威爾．海斯（Will Hays）——就已訂定新規章，要求電影業實施自我審查，不過好幾年來都未能落實。根據海斯指出，好萊塢與美國還沒準備好放棄言論自由，他指出：「在動盪的社會中傳講道德教化，就好像在沙漠裡發出聲響一樣。」這項俗稱海斯規章（Hays Code）的新辦法，一直要到一九三三年三月六號，亦即羅斯福就任兩天後才有效落實，根據電影史學家朱利安納．穆西可（Giuliana Musico，著有唯一一本探討新政與好萊塢關係的學術著作）指出：「電影業害怕，當今政府如此倡導新政以及其他聯邦介入手段，很可能會插手干預電影事務。」換句話說，影業大老都知道如果不實施自我審查，華盛頓就會來審查。

海斯規章若是與德國及義大利的言論限制系統相比，其徹底度可謂毫不遜色，而且海斯規章的壽命可比納粹和法西斯政權都還要長。直到一九六七年電影分級制度出現之前的三十四個年頭，幾乎每一部美國電影都得聽命行事，首先，海斯規章彷彿無邊際地指示：「不得製作任何降低觀眾道德水平的電影。」此外，電影只能呈現「專門表現戲劇與娛樂效果的正確生活準則。」海斯規章的第三部分則明定「無論人類律法或自然法則，皆不得在電影裡加以嘲諷。」這條規章在當時大舉建制規管體制的聯邦政府眼中，特別受到青睞。

此外，性相關的描繪也被嚴格禁止。海斯規章中明示「家庭與婚姻的神聖必須維繫」，「電影中所傳達的訊息，不得令觀眾以為下流性關係為可接受或常見之事。」此外，「激情的場面……不應出現，除非劇情之必要。」那麼遭到禁止的「下流」性描寫有哪些？「過度而情欲的親吻、情色的擁抱、暗示性的姿勢與手勢等，一律不得出現……基本上，在情愛場景的處理上，應以不激發原始與低下情感為原則。」至於「性變態」（此指同性戀）則自然在電影中一律遭到禁止，因此「完全不能提及」。遭禁止者還有「白人奴役」、「黑白跨種族性行為」、「性衛生與性傳染病」等等，甚至連跳舞時的「不雅動作」也不得出現。此外，為了不讓觀眾產生不當聯想，「臥室設計要有良好品味，而且要謹慎處理」，至於「分娩的畫面不管是直接或者間接呈現，一律不允許」。

海斯規章所使用的語言與德國第三帝國「墮落藝術」防治法幾乎如出一轍，海斯規章宣稱其目標在於創造「恰當娛樂」，防止「不當娛樂」滋生，以免「整個種族的生活條件與道德理想劣化」。當時，納粹黨人正自德國博物館中將上千件的「敗德」藝術清理一空，而美國最受歡迎的大眾藝術形式則被迫遵守一系列相信「藝術可能敗化道德」的規定——「顯然，藝術敗化道德這點，在不潔的藝術、下流的書籍、暗示性的戲劇當中都能看見」。

在義大利與德國境內，政、媒本一家的狀況可謂眾所皆知。不過在美國，新政與好萊塢的合流不只較為非官方，也比較不完整。美國政府與電影業的合作，早在羅斯福當選以前就已經開始。一九三二年九月，華納兄弟影業的傑克華納在洛杉磯的奧林匹克體育館（Olympic Stadium）舉辦電影電子遊行與運動盛會，根據穆西可指出，這次活動「風格盛大，宛如導演巴斯比．柏克萊（Busby Berkeley）的電影」，此外，這也是「一場明確的政治宣傳活動，為總統候選人羅斯福造勢」。遊行中，巨型電子花車以及「眾多人體組成的幾何圖樣」四處可見，「令人想起納粹風格的集體編舞」。華納兄弟影業在選舉後仍然不斷為新政宣傳，並於一九三三年發行《道路再度敞開》（*The Road is Open Again*）；這部電影的功能恰好與納粹政宣官員的所作所為相當，片中只見先總統華盛頓、林肯、威爾遜等人的英靈一同對現任總統羅斯福大加讚揚：

> 華盛頓：亞伯，看來我們不用替國家擔心了，羅斯福已經再次把美國導向正途。
>
> 林肯：現在只缺擬定行動計劃……還有勇於貫徹計劃的領袖。
>
> 威爾遜：如果男女老幼都共盡心力，NRA 對每一位國民都有好處。
>
> 華盛頓：別擔心，美國人永遠靠得住。

在另一部一九三三年由華納兄弟影業出品、票房橫掃的電影《華清春暖》（*Footlight Parade*）中，最後一幕更可見一群行進軍人依照巴斯比．柏克萊的盛大編舞，先後排列成美國國旗、羅斯福肖像與 NRA 法案的代表老鷹。

其他製片公司也為新政盡到責任，譬如福斯影業一九三〇年代的當紅影星威爾．羅傑斯（Will Rogers），就是美國大眾文化中的一大新政支持者。羅傑斯在一九一〇與一九二〇年代大多主要從事雜藝電影（vaudeville）(3)與默片的演出，一直要到羅斯福執政的頭三年間才真正躍居巨星地位。單在一九三三至一九三五年間，羅傑斯除了演出高達十二部電影，更確立了所謂的「羅傑斯公式」。在這個公式裡，羅傑斯每每飾演在大城市裡被商人欺負的純樸鄉下人，而劇情所講述的，多半是像他這樣的美國平民如何共同抵抗欺壓。在羅傑斯的每一部電影裡，工作都是高貴的，尤其是力求造福社會（而非圖一己之利）的揮汗集體勞動可謂最為崇高；反之，物質享受與奢侈欲望在他的電影裡，則是腐敗的濫觴。在一九三二年總統大選中，羅傑斯大力為羅斯福造勢，甚至在自己的廣播節目中宣傳新政措施，自封「新政第一人」。除了羅斯福以外，羅傑斯還相當敬佩另一位國家領袖，即義大利領導人墨索里尼。羅傑斯在一九二七年晉見義大利元首後隔天，就在巡迴演講時公開表示：「墨索里尼是當今全球最偉大的人。」不久以後，這位新政第一人對影迷演講時，更公開讚賞墨索里尼的軍國主義：

墨索里尼深知有武力的國家才能成為強國，少了陸上與海上的軍力，一個國家不可能有效替成長中的人口爭取空間。義大利在墨索里尼的領導之下，數年來不斷進步，雖然大家總是說：「這個人撐不久」，但我在一九二六年見過他之後，就知道他是我看過最偉大的人，而一直到今天為止，我也都還是如此認為。他對自己國家的貢獻比誰都高。你看，大家現在是不是不再抨擊他了？這傢伙真不簡單，從來沒有說過一句蠢話。

羅傑斯空難過世之後，其票房地位便由雪莉．天普（Shirley Temple）取代。天普最早靠著福斯影業一九三四年出品的《起立歡呼》（*Stand up and Cheer*）走紅。電影裡，一位長相神似小羅斯福的美國總統為鼓舞國家士氣，任命了一位娛樂部長，部長於是招募人馬演出雜藝劇，以對抗一群慘淡陰鬱、名為「藍鼻子」、為謀取私利而試圖延長經濟蕭條的商人。部長最後找到了年僅四歲的天普擔任雜耍劇主角，而天普的角色則憑著優美的歌聲風靡全國；電影結束時，只見群眾對著鏡頭高喊「蕭條結束了！人民又有工作了！」

海斯辦公室為淨化好萊塢電影，致力落實電影製作規範，其努力自然相當受到羅斯福政權感念。一九三八年，羅斯福夫人在雜誌《電影劇》（*Photoplay*）中表示，她非常樂見電影製作人一肩挑起責任，為美國大眾「創造良好品味」，並且直言政府審查與縮限藝術言論空間，皆有助於促進國家利益：

> 世界上有文化的民族，正是具有良好品味的民族……文學與藝術中向來都有招致墮落的元素，若要促進人民品味，這些元素就不能在戲劇中出現。電影製作人未來的挑戰就在這裡——電影能否發揮陶冶品味的功效？美國能否成為對藝術有智識、有品味的國家？

一九四一年，羅斯福寫信鼓勵威爾．海斯，並在信中稱海斯為「國內最大政宣機器」的工程師。為敦促海斯持續對好萊塢進行審查，羅斯福更寫道：「你就好像沙皇一樣，但沒人能叫你獨裁者，因為你行事公平、不用執鞭也能達到目的還有促進社會利益。」的確，當時許多美國電影業的領導人物，確實都和羅斯福與墨索里尼過往甚密。

一九三五年，美國電影製作人與發行人組織總顧問查爾斯．佩提強（Charles Pettijohn）當面向墨索里尼提議拍攝法西斯義大利紀錄片，並保證殺青後將於「約一萬四千五百間美國劇院」播出，讓「共計約七千萬美國人更了解義大利的立場」。一九三六年，部分法西斯政府官員提議禁止進口美國電影，海斯於是親赴義大利遊說墨索利尼，強調美國電影在經過海斯規章的「改革」之後，已和義大利的國家道德觀相當一致。雙方會面以後，墨索里尼決定每年允許二百五十部美國電影於義大利境內上映，海斯並指派佩提

---

(3)（譯註）主要流行於二十世紀早期美國的表演形式，混雜插科打諢、滑稽喜劇以及歌舞。

強擔任美義之間的非官方聯絡人。一九三七年，佩提強與墨索里尼之子維多利奧（Vittorio Mussolini）會面。當時，維多利奧正好在前往好萊塢的路上，希望與名製作人哈爾．羅奇（Hal Roach，捧紅喜劇雙人組勞萊與哈台、「小頑童」（Our Gang）眾多童星以及威爾．羅傑斯等明星）共同成立製作公司。這間公司後來就叫做RAM影業（Roach and Mussolini的字頭縮寫），一共製作過多部宣傳義大利的新聞影片。佩提強並致信羅斯福女婿約翰．波提格（John Boettiger）表示，小墨索里尼是「優秀安靜、謙和有禮的年輕人」，「他誠摯地想要在返回義大利之前與您會面」。由佩提強的信中可見，羅斯福與墨索里尼兩家關係相當友好。「總統之子（約翰．羅斯福，John Rossevelt）曾在羅馬與墨索里尼見面，因此我想總統應該會答應接見維多利奧，做為回禮。」不久之後，維多利奧．墨索里尼就與小羅斯福在白宮茶敘。

新政期間，納粹與法西斯文化的招牌特色「律制」（regimentation）成為好萊塢音樂劇以及聯邦政宣材料中的重要主題。名導巴斯比．柏克萊與華納兄弟影業就在新政初期共同出品過好幾部賣座電影，每一部都在替羅斯福政權說話，譬如《一九三三淘金女郎》（*Gold Diggers of 1933*）、《第四十二街》（*42nd Street*）、《華清春暖》與《美女們》（*Dames*）等電影裡，都可見大量舞者極為整齊劃一的動作，隱含了相當濃厚的集體主義思想。柏克萊曾經表示，自己當初在一戰期間擔任陸軍中尉、負責設計行軍隊伍的經驗，實在是為日後的編舞生涯做了「最好的準備」。

軍事意象可謂新政文化中相當基本的元素，政府官員在演說時也時常強調要在日常生活中落實秩序與紀律。一九三二年羅斯福競選時，曾宣誓動員「我國經濟大軍的步兵」，而當選後不到數個月，國家復甦管理局即開始發放徽章給參與復甦計劃的人。羅斯福稱這次的計劃為「打擊失業大進軍」。

打仗時若要夜襲，軍人必須在肩上配戴明亮的肩章，以確保進攻時不會誤傷友軍，根據同樣的原則，參與本計劃的人也要能一眼識別敵我，所以政府才特地發放榮譽徽章。這枚徽章設計簡單，上頭刻著「克盡己力」。我希望所有願意與我一同努力的人，都一起把徽章別在醒目之處；這對達成目標至關重要。

一九三七年，羅斯福在要求國會核準新一批公共事業計劃時，也使用了類似的軍事語言：「需要三輪子彈的時候，不能只帶兩輪。如果因為問題稍有改善以及行事獲得讚賞就停下腳步，很可能就會發現子彈在潰敵以前就已經用完。帶足了三輪子彈，我們就有機會能戰勝逆境。」羅斯福的內閣成員在談到總統時，也常把他形容為一支戰勝軍的領袖。當時擔任內政部長的哈洛德．伊克斯（Harold Ickes），就在一九三四年表示羅斯福「以穩定的大手掌握嚴峻局勢，進而重整秩序。」

我認為，這樣的領導人我們已經找了好久，久到我們都不願承認。所幸，奇蹟中的奇蹟出現了，這位帶領我們走向更新更好社會秩序的領導人，現在就坐在世界上最有權力的位子上，人民相信他、愛戴他，只要我們不對不起他，他必定不會對不起我們。他是一艘大船的船長，帶領著我們航向正確方向，只要海風做美，必能安全停靠更美好的港灣。

新政與納粹期間，華府與德國許多城市都歷經重生。在德國，希特勒找來建築師打造數座後來成為典型「納粹風格」的建築物，包括奧林匹克體育館、新建帝國總理府（Reich Chancellery）、騰博赫夫機場（Tempelholf Airport）、航空部（Ministry of Aviation）、日本駐柏林大使館以及日耳曼藝術之家（House of German Art）等。希特勒並與其御用建築師亞伯特．史匹爾（Albert Speer）著手再造柏林，計劃興建一座與總理府以三英里大道相連的大型圓頂建築「人民大廳」（Great Hall）。納粹建築師在規劃這些建築時，皆奉行希特勒大力提倡的「遺跡價值」理論。根據該理論，任何新建築在設計上，應以成為千年後的偉大遺跡為目標，以為德國第三帝國的偉大功業留下實證。這個理論最後在實踐上，以仿希臘羅馬的石造宏偉建築風格為主。

在美國方面，羅斯福政府所雇用的建築師也相當喜愛這種宏偉的新古典風格，並在此風格之下設計出的許多現代華盛頓的經典代表，譬如市區的「聯邦三角」（Federal Triangle）、國家藝廊（National Gallery of Art）、國家檔案館（National Archives）、最高法院大廈、五角大廈、司法部大廈以及傑佛遜紀念堂等，皆屬於此類建築。建築史學家湯瑪斯．S．海恩斯（Thomas S. Hines）表示，這種建築風格屬於大西洋兩岸的共通現象，羅斯福的「建築品味宏偉而保守，與義大利和德國的當代獨裁領袖的喜好並無太大差異」。其中亞伯特．史匹爾與羅斯福御用建築師詹姆士．羅素．波普（James Russell Pope）更是風格相近。海恩斯並表示，史學家應該要開始在「波普與其同風格德國建築師亞伯特．史匹爾的作品之間，進行外型上與文化上的直接比較」。另一位建築史學家約翰．W．雷普斯（John W. Reps）也發現一件「極度諷刺」的現象，亦即「原先用以榮耀暴虐帝王」的建築風格，「最後卻在美國這個建國思想深植於民主平等的國度，成為國家象徵」。

當然，新政與納粹主義仍有有相當顯著的差異，美國從未以「種族純淨」之名大規模屠大猶太人、吉普賽人、殘障人士、共產主義者，以及同性戀者。不過，美國卻也進行了一場不同形式的種族淨化，這場淨化行動由猶太人所執行，但目標卻也是猶太人自己。

新政以前，電影裡的猶太英雄比比皆是，無論是猶太還是非猶太製片人，全都拍過許多東德猶太小鎮或者紐約下東區的故事，而主角也多半是拉比、領唱者、猶太街頭小販或者操意第緒語的英雄。許多像是維拉．高登（Vera Gordon）、莫利．皮肯（Molly Picon）、愛迪．坎托、凡妮．布萊斯（Fanny Brice）與艾爾．喬森（Al Jolson）等影星，都絲毫不隱藏自己的猶太身份，更在銀幕上扮演柯恩（Cohen）、高登柏格（Goldberg）、魯賓斯（Rubens）、費朋（Feibaum）、拉比諾維茲（Rabinowitz）等名字一看就知道是猶太人的角色。就連著名的白種盎格魯薩克遜清教徒（WASP）種族主義者——導演D．W．格里菲斯（D. W. Griffith）——也拍過一部以下東區猶太年輕女裁縫喪母為主軸的傷感電影。不過不尋常的是，猶太人在大銀幕上的全盛時期，正好也是美國反猶太主義（anti-Semitism）最如火如荼的期間——一九二〇年代，超過四百萬人加入三K黨，同時各種警告「國際猶太人」威脅的書籍與報紙大賣數百萬本，美國更開始禁止東歐移民。眼見此情況，一群費城的猶太製片者不僅不退怯，反而特意拍攝更多敘述「猶太人日常生活」的電影。更甚者，即使當時主流文化對猶太人極不友善，猶太人又被視為大蕭條的罪魁禍首，不少最為賣座的好萊塢電影還是大力推崇猶太與非猶太人通婚。一九二八年《玫瑰姻緣》（*Abie's Irish Rose*）大賣之後，環球影業更在大蕭條期間推出包含七部喜劇在內的系列電影《柯恩凱利兩家親》（*The Cohens and Kellys*），描述猶太女子嫁給愛爾蘭天主教老公所發生的趣事。

到了新政時期，猶太人已經幾乎完全掌握了美國電影業，光是一九三〇年代的八大好萊塢製片公司當中，就有七家完全由猶太裔移民所有。一九三六年的一項調查也發現，參與製片的員工中高達六二%皆為猶太人。不過，這些猶太人身上的重責大任卻與上一代不同，這群猶太人打高爾夫球、玩馬球，並且和非猶太女性通婚。米高梅的老闆路易斯．梅耶（Louis Mayer）甚至主張自己在離開俄國時，不小心弄丟了出生證明，所以改以美國國慶七月四號作為自己的生日。哥倫比亞影業的哈利．孔恩（Harry Cohn）則好說嘲笑猶太人的「猶太笑話」。有一次有人請他捐款給猶太人紓困基金，他甚至說「為猶太人紓困？不如幫我們紓紓困，把猶太人都趕走吧！」當時的各大好萊塢大亨，無不舉辦豪華耶誕派對(4)，卻幾乎沒有人按規定上猶太會堂，不少人甚至故意在猶太新年（Rosh Hashanah）、贖罪日、逾越節等應該休息的重要節日工作，還嘲笑猶太教的潔食規定（Kosher dietary rule）。

電影史學家尼爾．蓋伯勒（Neal Gabler）曾寫過《猶太人帝國：猶太人如何發明好萊塢》（*An Empire of Their Own: How the Jews Invented Hollywood*）一書，書中就形容一九三〇年代好萊塢猶太人自身的反猶太行為，好比一場文化大屠殺：「他們的首要目標就是在別人眼中成為美國人而非猶太人；他們企圖在此將自己再造為全新的人。」移民追求同化古今皆然，「但是好萊塢的猶太人卻受某種東西所驅策，以致於他們對美國文化的強力擁抱顯得凶猛甚至病態。」這群控制好萊塢的人「的同化之路，一點也不手軟而且執行徹底，他們直接將自己的生活方式鑿切為他們眼中的美式可敬風範」，形同「對自己的過去宣戰」。

新政時期的好萊塢電影，其實就是一場史學家蓋瑞．格斯托（Gary Gerstle）所謂的「族群抹除」，而猶太人正是在此時被從美國文化裡消除。寫過《美國電影中的猶太人》（*The Jew in American Cinema*）的作者電影史學家派翠西亞．伊倫斯（Patricia Erens）指出：「整個三〇年代的走向，就是族群與文化差異的消弭，以及普通美國人的再現，兩者都是美國這座偉大『大融爐』的最終結果。」對好萊塢而言，「所謂的『普通』美國人指的就是白種盎格魯薩克遜清教徒。因此，三〇年代的多數電影裡的猶太角色，都已不再具有清晰的族群特色。」譬如海斯辦公室就禁止電影中出現「猶太」或者「猶太人的」等字眼，也不得提及任何宗教行為。在歐洲電影裡，猶太人被定位為「非亞利安人種」（納粹名詞），不過在美國，製片公司高層則是堅持要求猶太演員「將姓名美國化」，於是伊曼努爾．高登伯格（Emanuel Goldenberg）就成為了艾德華．G．羅賓森（Edward G. Robinson）、貝蒂．伯斯克（Betty Perske）成為了洛琳．白考兒（Lauren Bacall）、大衛．卡敏斯基（David Kaminsky）成為丹尼．凱伊（Danny Kaye）、貝納德．舒華茲（Bernard

Schwartz）變成東尼．柯蒂斯（Tony Curtis）、以述．丹尼洛維奇．丹姆斯基（Issur Danielovitch Demsky）變成下巴線條剛毅、極具美式氣質的寇克．道格拉斯（Kirk Douglas）。此外，許多來自意第緒傳統的劇目，也都在改編之後換上非猶太人角色，場景也不再是貧民窟，就連講述反猶太人事件的電影，譬如一九三七年講述里奧．法蘭克（Leo Frank）事件(5)的《永誌不忘》（*They Won't Forget*），以及同年改編自德雷福事件（the Dreyfus affair）(6)的《左拉的一生》（*The Life of Emilie Zola*），也都將故事中受害的猶太人改寫為非猶太角色。

新政文化中的一大主題正是種族純淨。「優生學」這派學說相信人類一族能夠藉鼓勵優越人士通婚生育，以及減少次級人士傳宗接代而更臻進化，一般與納粹政權密不可分。不過，納粹黨人的優生學相關知識其實大多是從美國人身上學來的。雖然羅斯福政權和納粹不同，從未正式推廣優生學，但是美國在羅斯福以前即有執政者將優生學引入美國，而新政的誕生，碰巧適逢美國優生學的全盛時期。一九三〇年代中期，全美已有四十一州禁止「弱智」、瘋子等族群通婚、三十州允許基於優生學理由結紮。在阿拉巴馬州，被州政府認為「弱智」者得被強制結紮。在加州，法律允許將「慣犯」、「白痴」、「有精神缺陷者」進行

(4)（譯註）猶太人傳統上不過源自基督教的耶誕節。

(5)（譯註）一九一三年，擔任工廠廠長的里奧．法蘭克被控謀殺十三歲工廠女童工，原死刑判決在法蘭克上訴後改判為終身監禁，因而引發眾怒，暴民於一九一五年衝入獄中擄人，最後以私刑將之吊死。

(6)（譯註）猶太裔法國軍官亞弗．德雷福於一八九四年被控叛國（向德國洩漏軍機），判處終身監禁；即便一八九六年即有人發現洩密者另有他人，法院非但不予採納，更偽造文書誣陷德雷福。正反兩方歷經多次往來，全案最後於一九〇六年終結，德雷福洗清罪名後重獲軍銜。

強制手術。康乃狄克州則將「遺傳犯罪傾向者」提交絕育。此外，共計十四州的優生法規適用於癲癇患者；至於北達科達、奧瑞岡、華盛頓等州的「道德敗壞」與「性變態者」、愛達荷與愛荷華州的「道德墮落人士」，還有威斯康辛州的「罪犯」，也全都遭到絕育對待。

根據《恥辱的傳承：美國優生學與種族主義》（*Inheriting Shame: The Story of Eugenics and Racism in America*）作者，史學家史蒂芬·塞爾頓（Steven Selden）指出，「優生學思想深植於一九二〇與三〇年代的美國大眾文化」。當時的許多電影如《黑色送子鳥》（*The Black Stork*）都提倡「不當女性」應結紮，不少教會牧師更在教會講道中，表示基因優良者應避免與基因不良者結婚。此外，各州所舉行的博覽會（state fair）上也都設有「優生家庭」展覽，免費為民眾實施優生評估，其中得分較低者，將被警告可能成為「生來注定是眾人負擔」的美國人，而高分者則獲頒獎章，上頭寫著「沒錯，我的遺傳良好！」一九三〇年代，美國多數高中的自然科學課綱都包含優生學，灌輸學生「適者」與「不適者」的概念，並宣導「不適者」應該絕育，以期有效保存美國文化。在大學部分，哈佛、哥倫比亞、康乃爾、布朗等學院，都名列率先開授優生學課程的數百所大學之中。

美國優生學與新政兩者事實上都由思想先進人士所肇生。當時大量的先進思想家（progressives）所提出的各種相關原則與政策，後來都在羅斯福政府之下進一步發展成熟。這些思想家包含瑪格麗特·桑格、大衛·史塔·喬丹（David Starr Jordan）、羅伯特·拉森·歐文（Robert Latham Owen）、威廉·愛倫·威爾遜（William Allen Wilson）、哈利·艾默森·佛斯迪克（Harry Emerson Fosdick）、羅伯特·拉托·迪金森（Robert Latou Dickinson）、凱薩林·貝蒙特·戴維斯（Catherine Bement Davis）、維吉尼亞·吉爾德斯力夫（Virginia Gildersleeve），與圖格威爾的導師西蒙·派頓、史考特·聶爾寧等等。這些人除了對新政甚有貢獻以外，也都和優生學運動密不可分。對這些思想家而言，優生學讓他們可以把社會規劃的觸角伸至臥房與產房，從最初的起點開始控制民眾。美國最具影響力的優生學家保羅．波普諾（Paul Popenoe）事實上也是「社會衛生」先進運動的主導者。一戰期間，波普諾在美國陸軍衛生隊（U.S. Army Sanitary Corps）擔任上尉，負責在軍營中管制飲酒與罪惡行為，所肩負的任務可謂相當具有先進性。戰後，加州在波普諾的演講與鼓吹之下，成為優生學絕育第一州。此外，波普諾所著之《絕育求進步》（*Sterilization for Human Betterment*）是第一批被納粹政府譯成德文的美國書籍之一，書中文句更常被希特勒的「種族衛生」理論家引用，用以支持納粹黨人的絕育計劃。一九三四年，波普諾大讚希特勒，稱其「透過人類社會生物原則的應用，達成自己心中人類新生的夢想。」其他美國優生學家也表示相當羨慕能夠一展長才的德國優生學家，譬如維吉尼亞的西州醫院（Western State Hospital）主任喬瑟夫．S．德加內特（Joseph S. DeJarnette）博士就於一九三八年如此說道：

> 德國在六年之間，就為高達八萬名不適者絕育，而人口兩倍的美國在一八三八年元旦以前的二十年間，卻只成功為兩萬七千八百六十九名不適者絕育……美國有多達一千兩百萬名不適人口，光憑這點政府就應該盡最大力氣，將絕育計劃擴至最大辦理。

不過，德加內特要是知道新政期間的被迫絕育的人數，在美國史上最高，也許能感到一點安慰。研究美國優生學的主要歷史學家丹尼爾．凱夫斯（Daniel Kevles）發現，「一九二〇年代，美國絕育率大約落在每十萬人二到四位，不過到了二〇年代末期，絕育率卻上升到十萬分之二十……此外，一九三二至一九四一年期間，實行強迫絕育的州別達到史上最多（此指實際執行絕育者，僅立法規定者未列入計算）。」

一九四〇年，一個名為先鋒基金（Pioneer Fund）的重要優生學組織，在羅斯福政府戰爭部長哈利．

H·伍德靈（Harry H. Woodring）的協助之下，著手進行實驗。該團隊提供兒童教育基金四千美元（約中產階級一年薪水），獎勵已育有三名子女的美國陸軍航空兵團軍官（Air Corps）繼續增產報國（該團隊認為飛官具有優越基因）。航空兵團（空軍前身）於是向旗下軍官大力推廣該計劃，並且為先鋒基金提供飛官父母身份、族裔歸屬、宗教信仰等大量個人資料。該計劃最後提供共計十二位學童獎學金，不過後來隨二戰爆發，實驗也宣告結束。

在許多當代觀察家以及史學家眼中，第二次世界大戰彰顯了法西斯主義與美式生活型態之間的根本衝突；許多人也都認為，二戰充份證明了新政的自由派生活型態與法西斯思想，兩者誓不兩立。確實，羅斯福政權在共和黨人與新政反對者的反對之下，毅然領導美國向德義日等境外法西斯政權宣戰，因而造成超過四十萬美國人命喪戰場，而且在此同時，美國不只大敗法西斯政權，更將之徹底殲滅。若是由此觀之，上述看法絕對不是子虛烏有。然而，新政與法西斯的相似之處，卻在在證明了雙方根本不是為了思想價值與生活型態而戰，反而更像是兄弟間為爭奪世界主導權而大動干戈。

十二 二戰到底多受歡迎？

活過二戰世代的美國人，也許正如電視記者兼作家湯姆．布洛考（Tom Brokaw）所言，是「最偉大的一代」（the Greatest Generation），不過這一世代的美國人卻完全不像一般認為的那麼支持二戰；此外，這段期間雖然被視為美國愛國情操歷史的巔峰期，但不少人對於徵兵制的抗拒卻也助長了暴民文化的綻放。

在諸多其他戰事中，多數好手好腳的男子會自告奮勇，為捍衛某事物而戰。但在二戰時，即便政府官員不斷大力鼓吹美國男性從軍報國，大部分的人卻似乎不那麼願意從事公民的終極犧牲來為國家效力。事實上，參與二次世界大戰的美國士兵當中，有高達三分之二是徵兵所迫而非出於自願；光是這點就可以讓我們看出，當時的美國人並不是那麼願意打仗。

早在珍珠港事件以前，羅斯福政權就滿心希望美國能加入歐洲戰場，或者另外發動一場戰事，藉以壓制日本在太平洋上的擴張；不過，由於羅斯福並不認為美國人會心甘情願上戰場，因此進一步敦促國會於一九四〇年通過美國第一套承平時期徵兵法案。一九四〇年九月，羅斯福簽署義務徵選兵訓練法（The Selective Training and Service Act）(1)，爾後二十一至三十五歲男子需依法向各地徵兵處登記。羅斯福將

(1)（譯註）按規定註冊後，再以抽籤方式決定獲徵召入伍者。

這次徵兵法譽為美國革命以來的「國家防衛基石」。一九四一年十二月七日珍珠港事件爆發後，原先自願從軍者人數顯然不足，既有的自願者多半也不適戰鬥，羅斯福遂於一九四二年十二月五日發布行政命令，終止自願士兵招募。自此以後直至戰爭結束，非自願性徵兵事務改由戰爭人力委員會（War Manpower Commission）負責，每月平均徵得二十萬人，共計一千萬名美國男子被迫參與這場「正義之戰」。根據史學家佛瑞斯特‧C‧伯格（Forrest C. Pogue）指出，「一九四〇年的義務徵選兵訓練法……創造出美國投入二戰的龐大陸軍與空軍」。

至於拒絕徵兵者，政府也明言將加以懲罰。當時，共計有六千人因為被徵召後拒絕服役，或者完全未登記徵兵，因而被判處監禁或強迫勞動者。一九四〇年，國會通過史密斯法案（Smith Act），禁止任何鼓勵拒服兵役的口頭或書面言論；該法案亦適用於承平時期。

至今有不少著作都大加歌頌非裔美人對美國二戰軍力的貢獻，不過這些書籍都忽略了三五%的未登記者以及一八%的拒絕徵兵者，其實都是非裔美人。當時，全國有色人種進步協會（National Association for the Advancement of Colored People）與都會聯盟（Urban League）等組織還有各大黑人報紙都極力提倡所謂的黑人從軍「雙贏」運動（Double Victory），強調對外能打敗軸心國，在內能戰勝種族歧視。不過即使如此，仍有許多黑人不願從軍。

許多證據也都指出，非裔美人並不認為二戰是他們的戰爭，譬如當時的七十萬二戰黑人大軍中，絕大多數皆為徵兵所迫，因而不得不戰。此外，也有傳聞指出，戰爭期間有大量黑人男性為逃避徵兵而佯病裝瘋。在藥物普及的城市裡，不少黑人在前往徵兵中心接受健檢前，更以注射安非他命為手段，「假裝心律不整」，以獲得4-F體位（即不適從軍）。民運領袖麥爾坎‧X年輕的時候，就成功讓徵兵單位判定他的心理健康與政治觀念不適合服役：

當時的我只怕三件事：監獄、工作、從軍；所以，我去徵兵中心報的十天前就開始準備。當時，陸軍情治單位有許多身穿便衣的黑人幹員，都來到哈林區為下城的白人長官打探消息，所以我就故意開始放話，說我多想加入……日本軍。只要我感覺到有情報間諜在身邊，我就故意瘋瘋癲癲地講個不停……去健檢的那天，我故意穿得活像個演員，套上大墊肩長下襬西裝，褲子上寬下窄，腳踩黃色的露趾鞋、把頭髮梳得又直又高，又跳又踮走進徵兵中心，劈頭就向櫃台的白人士兵胡言亂語——「瘋子老爹，快點吧，我等不及拉一炮了」——我想那傢伙到今天應該還餘悸猶存……所有人突然安靜下來，只剩我以飛快的速度和最俚俗的黑話講個不停……不久之後，脫得只剩內褲的我就在健檢室開始強調我有多想從軍，所有穿白袍的人臉上都以4-F的眼神看著我……後來一個穿白袍的人帶我拐過長廊，我就知道要去見心理醫生了……我必須說，那位心理醫生已經盡力表現得客觀專業了，一直拿著藍色鉛筆坐在那裡胡亂不知道在紙上寫些什麼，聽了我胡言亂語三四分鐘後才終於插上一句話……突然間我跳了起來，衝到房裡的兩扇門前——一扇就是我剛進來的門，一扇應該是衣櫥門——然後趴在地上朝門縫外偷看，假裝確定沒人後，我回到他耳邊，彎著身子小聲說道：「老爹，現在只剩你跟我，我們都是北方人，別告訴任何人……快派我到南方，讓我組一支黑人軍隊，瞭嗎？等我把槍弄到手，殺光那些白人奴主！」心理醫師一聽，藍色鉛筆也握不住了，努力維持的專業形象完全崩潰，好像在看蛇蛋孵化的眼神一樣盯著我，邊用手摸索著紅色鉛筆。他這一摸，我就知道我唬住他了，我離開的時候，只聽見他說：「這樣就可以了，謝謝。」不久之後，我在信裡收到一張4-F體位判定書，之後陸軍就再也沒煩過我，我也懶得問為什麼不要我。

無獨有偶，咆勃爵士先鋒，約翰·「迪吉」·葛拉斯彼（John "Dizzy" Gillespie）也靠著和招募官的這段對話獲得4-F體位：

是這樣的，我在美國到了這個階段，誰欺負過我？我告訴你，白人欺負我可欺負得過份！……現在你說德國人是敵人，可是就我所知，我一個德國人也沒見過，所以你要是給我一把槍，要我殺敵，我很可能會「搞錯對象」！

當時，數以萬計的黑人與墨西哥美國青年全穿起了大墊肩長下襬、褲子上寬下窄的西裝，這種「祖特裝」（zoot suit）風格在多數白人眼中看起來極不像話，一點也不恰當，這些年輕人形同是在宣告自己一點也不在乎當不當美國公民。如此穿著的人，在當時被稱為沒有愛國心的偷懶者，無意為戰事盡一份心力，一心只想著要享樂。尤其在美國戰爭生產局（U.S. War Production Board）宣布不得在服裝上浪費布料後，祖特裝風格寬大的褲管、誇張的墊肩，以及所搭配的寬簷帽，全都進一步成為缺乏愛國心的象徵。做祖特裝風格打扮的人，許多都是街頭幫派份子，個個都深深沉迷於熱舞風潮之中；他們同時也是眾所皆知的逃避徵兵者，其中一位在寫給警方和徵兵單位的信中還附上以下這首短詩：

對，那就這樣囉
我就直接對你說
別他媽再來煩我。

一九四三年六月初，洛杉磯一份地方報紙特意渲染一起墨西哥人圍毆英裔水手的事件，報導刊登後，上千位海軍陸戰隊員、水手、軍人與平民竟進入洛城墨裔美人社區實施恐怖治理，將所有做祖特裝風格打扮的人衣服扒光、頭髮理掉，事件雖未造成任何人死亡，但卻有超過一百人於暴力中受傷。

二戰期間，原先針對非裔美人的種族仇恨多半轉向美籍日人，日本人在美國人口中於是成為個性扭曲、喜好虐待、冷血無情的「人種」。這種反日情節，再加上當時美國境內僅有十二萬七千名日裔美人，讓聯邦政府得以輕鬆解決這群由內部威脅國家安全的人。由於國務院多數官員除了認為珍珠港事件是夏威夷島日裔美人與日軍所密謀策劃，也懷疑在加州的日本人也正暗中協助日軍入侵美國西岸，羅斯福遂於一九四二年二月簽署一份名為「公民排除令」（Civilian Exclusion Order）的行政命令，授權軍方將所有在美日裔人口（包含出生美國者在內）遷至所謂的「安置中心」。羅斯福接著發佈另一項行政命令，設立專司相關事務的戰爭安置機構（War Relocation Authority）。一連串行動之後，幾乎所有日裔美人全被監禁於遍佈西部偏遠地區的安置中心。

事實上，不少日裔美人的確並未效忠美國。戰爭爆發前不久，多達一萬名日裔美人加入了日軍聯盟（Japanese Military Servicemen's League）這個定期支付日軍款項的組織；此外，亦有五千人加入宣誓在美國暗中搞破壞的帝國同志社（Imperial Comradeship Society）。日軍聯盟在招募說明中宣稱「只要日本政府展開軍事行動，日本人必須團結一致，克盡己力」。更甚者，日軍聯盟與帝國同志社的集會皆以齊唱日本國歌為始，活動最後還得宣誓效忠「我們的天皇、我們的國家、我們的民族、我們的繁盛」。在一次洛杉磯加迪納谷（Gardena Valley）的日軍聯盟集會上，講者告訴成員要「培養有史以來最為驕傲的日本國族精神、成就日本人民偉大動員背後的基礎原則、強化自身力量以克服未來所將面臨的阻礙」，講者並表示「無論第一代還是第二代日本人，只要是日本族後裔，都要盡最大努力資助日本戰事。現在就讓我們從每一位流著日本血液的日本人心中，喚醒日本的國族精神；現在就讓加迪納谷的所有日本人一起站出來。」這兩個組織的會員數加起來，佔當時美國日裔人口的十二%以上。

其他日裔美人組織也同樣提倡對祖國的忠誠。譬如御劍護國社（Society for Defending the Country by Swords）就由日本退伍士兵組成，而東鄉會（Togo Kai）則勸為日本海軍經費奔走。此外，史學家約翰．史提凡（John Stephan）更發現，當時的夏威夷日裔人士除了購買共計高達三百萬日圓（折合當時約九十萬美元，換算為今日幣值則為一千兩百萬美元）的帝國戰爭債券以外，更於一九三七年至一九三九年間共計捐獻一百二十萬日圓（折合當時約三十五萬美元，即今日的四百萬美元）予日本國防暨士兵紓困基金（Japanese National Defense and Soldier's Relief Fund）。據傳，夏威夷日本人對該基金的人均貢獻，甚至高於當時的日本本土人民。至於加州的各大日語報紙也都抱持極為堅定的親日立場，直到戰時因為審查而遭政府停刊。珍珠港事件爆發的數個月以前，舊金山《新世界朝日報》（*New World Sun*）就宣稱住在加州的日本人已「準備好齊心回應祖國的徵召」，而且「所有日本同胞應該齊心努力，團結在美日本社群」。至於夏威夷的日語報紙則稱日本帝國陸軍與日本飛行員為「我們的軍隊」和「我們的憤怒之鷹」。史提凡另外也發現，許多美國日本報紙的英語和日語版面內容大相逕庭：「英語版面在處理日本主題時態度較為抽離，不過日語版面則充滿（親日本的）愛國修辭。」至於夏威夷與舊金山佛教(2)寺廟裡的神龕上，也都刻著「每天早上要朝拜天皇」。

當時，幾乎所有日裔美籍孩童所就讀的，都是日語學校，然而莘莘學子在學校除了學習日文、了解壽司製作方式、認識摺紙術以及接觸相撲摔角以外，學童也被教導要效忠天皇。小時候在夏威夷讀過日語學校的美國參議員丹尼爾．井上（Daniel Inouye）就還記得老師當年高度充滿國族主義的教導：

> 日復一日，負責教導倫理學與日本歷史的（佛教）僧侶不斷強調天皇的神聖特權……髮型具實足

恫嚇感的平頭僧侶總是將臉傾向我們，嚴肅地宣佈：「別忘了，是命運的作弄讓你們如今離家萬里，但是你們對日本的忠誠不能有二心，只要日本呼喚你們，一定要知道自己體內流的是日本血。」

另一位觀察者則指出，日語學校的老師每天一早就會要學生「像小小士兵一樣立正站好，排列整齊，然後老師會手持天皇或者其他名將的照片，要學生行舉手禮並高喊『萬歲』。」當時美國日語學校所使用的許多教科書，都是由日本教育部直接提供，其中一本中學生課本裡就指出：「我們永遠不能忘記自己是日本人，一刻也不能忘記。」史學家佩基·史密斯（Page Smith）指出，此類學校「形同日本國族主義的宣傳機構」。珍珠港事件爆發時，夏威夷與加州兩地分別有三萬九千名與一萬八千名「二世」（日本移民於美國出生的第二代子女）於日語學校就讀。二戰期間，上萬名日裔美人皆響應祖國號召離開美國，返日加入帝國陸海軍。(3)

說了這麼多，並不是要為監禁日裔美人開脫，也不是像保守人士一樣試圖證明種族側寫（racial profiling）與反移民措施有其必要，而是要表達當時的美國，其實並不若我們被告知的那般團結。(4)

(2)（譯註）此處應指神道教，佛教疑為作者誤植。

(3)（作者註）有關美籍日本第二代移民究竟有多少人加入日軍，數字介於日本政府的官方統計一六四八人與七千人之間。不過這兩者皆不包含在美協助帝國陸軍與空軍進行間諜與破壞工作的日本人。

(4)（作者註）米雪爾·馬爾金（Michelle Malkin）以遭攔截的日本外事通訊（MAGIC纜線）來證明美國境內日本間諜網的存在（參見《防禦拘留：二戰及恐怖戰爭的種族側寫案例》（*In Defense of Internment: The Case for Racial Profiling in World War II and the War on Terror*）一書，然而此論述已受到許多學者挑戰，挑戰者認為電報內含之訊息並不足以證明間諜網確實存在。不過挑戰此看法者，並未對上述證明日裔美人心屬日本的證據提出挑戰。

二戰時，美國國內最重要的戰役也許就是確保生產力，或者更準確而言——如何確保工人有效生產。記者湯姆・布洛考曾報導過有關鉚釘工蘿西（Rosie the Riveter）、勝利花園（victory gardens）以及戰爭債券推廣計劃（bond drives）等勞工愛國佳話，但是武器工廠的勞工發動罷工，結果被眾人直指為自私、不愛國，甚至是賣國的故事，我們卻未曾聽說。

當時，多數產業的勞工薪資上限皆由美國戰爭生產局與物價管理局（Office of Price Administration，戰時為控制通膨而成立之機構）嚴格控制。勞動市場緊繃的關係，造成不少勞工的時薪比平常更低，加上多數戰爭相關產業都紀律嚴苛、強迫加班，導致二戰期間一共發生至少一萬四千起罷工事件，參與勞工超過六百萬人。這些罷工絕大多數都發生在國防產業，不過由於當時兩大工會聯盟的領導人都宣誓絕不罷工，因此這些罷工事件多為「野貓罷工」，不但受到產業工會本身的譴責，參與者還可能受到工會懲罰。在多數案例中，這些未經核可的罷工行動多由下列因素導致：趕工、強迫加班，與工廠經理不當懲戒勞工。不過這些罷工事件也顯示了民眾並不若政府所希望的如此願意為戰爭犧牲。一般而言，國防產業的勞工若是罷工，會被眾人視為不愛國，並且會因為將個人利益擺在國家之前而遭到譴責，然而這些批評也確實不是子虛烏有。

此外，二戰也導致了兩個意外而諷刺的影響，進而催生美國最了不得的暴民世代。首先，二戰對男女同性戀者而言，可謂相當重要的分水嶺。當時，上百萬男同性戀者離開偏遠鄉村，進入城市與軍事基地等容易找到其他同性戀者的地方，而女同志也相當流行加入婦女輔助服務團（Women's Auxiliary Corps）。許多「最偉大一代」的男同性戀者都表示自己的第一次同性經驗是在軍中，譬如音樂家巴布・湯普森（Bob Thompson）的初夜，就發生在聖地牙哥開往威斯康辛州麥迪遜的軍隊列車上——「某些車廂的末端有小隔間，裡頭大概可以睡四個人。我想當時我們四個人上車時打的都是同一個主意，所以上了車以後馬上就找了一間小隔間。由於四個人都是同性戀，那晚關上門後的隔間可精彩了。」

美國海軍醫療團首席執行官（Navy Surgeon General）辦公室裡的一位上尉曾在一九四二年八月上呈報告，指出「海軍的同性戀問題以及應對策略是不斷存在的課題」，該上尉並預測，「在當前情形下，軍中同性戀行為只會隨戰爭進展愈演愈烈」。曾擔任陸軍醫療團首席執行官首席顧問的精神科醫師威廉．梅寧格（William Menninger）後來也開始相信，戰時的軍隊文化確實快速助長了同性戀行為。梅寧格在一九四八年發表了一份報告，探討精神科於戰時所扮演的角色，文中對二戰美軍的描寫就令許多人相當震驚。梅寧格指出：「純就技術上、精神科學上而言，軍隊根本是一個同性戀社會。」他主張，軍事成功有賴「男人們順利彼此相處、共同生活、一起工作，同時習慣生活中完全沒有女性。」而為達此目標，「某些調整對『正常新兵』而言是必要的」，至於其中最重要的調整，莫過於與其他男人建立親密連結。「許多人在對其他男性的肉體興趣中獲得滿足，這點令當事人自己都感到驚訝。」不過，軍隊文化除了使「正常」男性似乎也產生同性戀情感，軍隊裡確定無疑的同性戀者本來就所在多有。梅寧格的假設是：「每送一名同性戀者到醫療部門（診斷後解職），就表示有五到十名自始至終都沒被發現的同性戀者。」

羅伯特．弗萊許（Robert Fleischer）也如此回憶道：「我發現要在軍中發生性行為相當簡單」，「一開始大家都很謹慎，因為即使本身是同戀者也害怕被發現，因為不曉得對方會不會向上舉報。不過一段時間之後，你就知道誰是（同性戀）誰不是，誰信得過誰又信不得。我在基礎訓練的期間，身邊似乎總是不乏有興趣的人。」

婦女陸軍團（Women's Army Corps）自一九四二年五月成立後，同樣很快成為著名的女同性戀溫床。

愈來愈多調查結果都發現，許多女性加入婦女陸軍團都是因為「喜歡制服與制服所代表的意義」、「一直以來都想變成男生加入軍隊」、「想和其他愛國女孩交朋友」、「獲得機會認識其他女孩」等。演員派特·邦德（Pat Bond）還記得她到婦女陸軍團報名從軍時，在場女性「看起來都像變裝的體育老師，大家雖然都穿著褲襪，戴著耳環，把頭髮細細向後梳得美美的，想讓人看不出自己是女同性戀，但是我一看就知道！」邦德更提到，她所認識許多加入婦女陸軍團的「陽剛」女同性戀，當天都「身穿男裝」到場報名；雖然外表相當男性化，精神科醫師還是都讓她們加入了。邦德回憶道：「天知道我抵達基本訓練營的時候，還以為自己上了天堂！……所有人都有伴了」，「不然就是迷戀上了某人，或是準備好要和某人搭上。」

另一位在北卡羅萊納州櫻點（Cherry Point）女子海軍陸戰隊新訓中心接受基礎訓練的貝蒂·索姆斯（Betty Somers），也還記得當局對「女性之間的親愛行為」都「未採取特別反應」。她特別記得那些自願加入運輸小組，駕駛卡車和其他軍車，負責載送人員物資的女性，最可能是同性戀。在索姆斯受訓的地方，負責駕車的海陸女大兵「都是非常明顯、毫不掩飾的女同性戀」，而且所組成的手球隊特別厲害。

當局因為意識到軍中太多同性戀，於是試圖把這種「異常」的衝動導化為有助軍紀的行為。當局認為，若能將性欲重導為某種「『崇拜異性』的反應」，便能阻止「潛在同性戀傾向」的新兵「主動從事」同性性行為。同樣的，婦女陸軍團的官員也試圖將女同性戀傾向化為對長官的服從；許多官員認為，一位好的軍官「應能發揮影響力」，「讓原本有同性戀傾向的女子展現出特定領導氣質，協助當事人將情欲導向正常表達的範疇，使她成為軍團裡的有用成員。」

二次世界大戰軍隊生活的另一項特色，就是無所不在的大兵變裝秀。這項特色雖然相當驚人，但鮮少獲得正視。史學家亞倫·貝魯貝（Allan Bérubé）指出，「從百老匯到瓜達康納爾島（Guadalcanal），不管是卡車後台、臨時搭建的舞台還是華麗的劇院舞台」，「美國大兵都常常演戲娛樂同袍，而雖然演員都是男性，劇中卻總有模仿女性的橋段。」美國陸軍藝工總部（Army Special Services Headquarters）就曾明文指示變裝橋段的相關作法，幾乎可以說是替位居同志文化核心的變裝表演寫下了成文規定。譬如《嗨，老美！》（*Hi, Yank!*）一劇的藝工手冊中，就有超過八頁的女裝式樣和插圖，除了指示士兵怎麼用軍毯製作「大兵女郎」裝，也說明如何將公發T恤染成粉紅色，然後製成芭蕾舞裙。大兵在當時所演出的劇碼，不少其實是同性戀士兵的作品，這些劇作家在當時已經發展出同性戀劇場特有的坎普風格（camp style）(5)。譬如說，不少軍營都演過《瑪西大兵來報到》（*Private Maxie Reporting*）這齣戲，該戲中，只見「一兵布魯明斯利普」（Pfc. Bloomingslip）這位同性戀氣質外顯的主角，因為覺得「當軍官實在是太同性戀了」，所以別著「綠色康乃馨」(6)到預備軍官學校報到。至於在戰前已成為同性戀坎普經典的全女角劇碼《女人們》（*The Women*）也是戰時最受美國大兵歡迎的劇作之一（該劇後來在一九五〇、六〇年代也為同志劇場必備劇目）。《生活》雜誌（*Life*）曾評論該戲在科羅拉多州羅里費爾德（Lowry Field）的演出，並在文中特別稱讚變裝演員的表現：「即使胸毛濃密，腳踩十六號鞋，還有發達的二頭肌，這些『名伶』以絕佳表現演出一場徹頭徹尾的喜劇……第一個小時以後，觀眾都忘了這些「女角」其實都是男人演的，只記得她們以低沉的嗓音，討論著懷孕生子的話題。」

(5)（譯註）指造作、誇張甚至滑稽的風格，常見於同性戀文化的表現上。

(6)（譯註）奧斯卡．王爾德在其劇作《溫夫人的扇子》首演時配戴了綠色康乃馨，其身邊的追隨者也跟著佩戴，成為其著名的象徵。後來因為王爾德的同志身份，綠色康乃馨也成為同性戀的象徵。

不過最著名的藝工隊戲劇製作還是《這就是陸軍》（*This Is the Army*）。貝魯貝指出，這齣戲「後來成為二戰大兵演出的原型，同時確立了戰時大兵變裝秀的三大基本類型」。這三大類型分別是喜劇表演「小馬芭蕾」（pony ballets，肌肉男身著女裝唱歌跳舞）、技巧高超的男扮女裝歌唱表演，以及日後成為戰後同志娛樂核心的女名人模仿秀。紐約《先驅論壇報》（*Herald Tribune*）曾評論過一場《這就是陸軍》的演出，該文結論表示「該劇萬事具備，只欠女人，但嚇人的即使是沒有女人，一切也還是好得很。」一九四三年，美國戰爭部與華納兄弟影業共同製作《這就是陸軍》電影版，找來不少好萊塢巨星共襄盛舉，包括喬治·莫非（George Murphy）、瓊恩·萊斯里（Joan Leslie）、亞蘭·海爾（Alan Hale）、羅納德·雷根（Ronald Reagan）在內的電影明星皆參與演出。貝魯貝並且指出，雖然一九四二年以後女性大量加入軍隊，同時不少軍營都開始上演男女演員皆有的戲劇製作，但美國大兵對全男演員變裝秀的熱愛卻依然不減。

第二次世界大戰對男同志文化最重要也最長久的影響，也許就是男女同性戀酒吧在軍營附近的城市裡，如雨後春筍般出現。如果舊金山不是剛好鄰近金銀島海軍基地（Treasure Island naval Base）、獵人點海軍船廠（Hunters Point Naval Shipyard）與艾爾美達海軍航空基地（Naval Air Station Alameda），這座城市將不會成為眾多知名同志酒吧如「Finnochio's」、「Top of the Mark」、「Black Cat」、「Silver Dollar」、「Silver Rail」、「Old Crow」、「Li-Po's」、「Rickshaw」等的聚集地，也不會變成美西的同志首都。

二戰所帶來的另一個影響，不但令人意想不到，也相當具有諷刺意味，這個影響與國防生產相關。一九四二年初，日軍切斷亞洲輸往美國的粗纖維補給線，由於粗纖維是不少戰爭物資的重要原料，美國聯邦政府遂鼓勵農民種植大麻（hemp, marijuana）以補足國防生產缺口。正因為如此，雖然大麻早在一九三七年就遭美國政府立法禁止，但是在二戰期間，農民卻必須依規定觀看美國農業部（USDA）所拍攝的影片《種大麻，打勝仗》（*Hemp for Victory*）。農民除了看影片要簽到以外，另外還得閱讀大麻栽種手冊。至於採收大麻的機器在當時則可以便宜購入，有時甚至能免費取得。此外，同意栽種大麻的農夫及其子都可以不用服兵役。二戰期間，美國共計為戰事所需種植了三十五萬英畝的大麻，直接為美國戰後的大麻文化播下種子。

如果說第二次世界大戰是一場保存自由之戰，上述種種才正是背後原因。

第四部

要站哪一邊？

Part 4.

Which Side Are You On?

十三　不良少年如何贏得冷戰

二戰以後，蘇聯軍人在戰事西線染上了一種病，病毒傳回家鄉後，很快就感染大量蘇聯人民，接著又擴散到東歐共產國家。幾年以內，共產黨領導就開始擔憂這種疾病將從內部摧毀社會主義蘇聯。不過，這株威脅共產主義存亡的病毒所引發的並非生理疾病，而是蘇聯總書記史達林及人民委員口中，存於蘇聯青少年內心的「無德之毒」，又稱「美國原始主義」（American primitivism）、「資本文化帝國主義」（capitalist cultural imperialism）以及「布爾喬亞世界主義」（bourgeois cosmopolitanism）；不過說到底，這種病其實就是美國的暴民文化。

一九四六年，史達林幕僚長安德烈．日丹諾夫（Andrei Zhdanov）警告爵士樂「將毒害大眾心靈」，此後不久，共產黨中央委員會便禁止所有國家樂團演奏爵士樂，同時禁止薩克斯風與小喇叭弱音器（wah-wah trumpet mutes）；除此之外，樂手還不能以勾弦方式彈奏貝斯，也不可以故意降低音色來營造「藍調音符」（blue notes）的滑音效果。此時的蘇聯政府甚至派出巡邏大隊，確保戲院與舞廳沒有播放任何帶有爵士風情的音樂。更甚者，男女舞客只能跳華爾滋、波卡舞（polka）還有俄羅斯土風舞，否則將遭到逮捕。至於爵士樂團的成員則全都被關進西伯利亞監獄，或者放逐至偏遠鄉鎮，接受所謂的「康復治療」。

蘇聯官方對爵士樂的懼怕絕對不是杞人憂天；但是政府眼看爵士樂風潮興起，還是無法力挽狂瀾。上百萬張私錄的爵士樂專輯開始在黑市流通，所謂的「風格獵人」（Stiliagi）則在蘇聯集團境內各大城市的大街上出現，男性身穿祖特風西裝，頭頂鴨尾造型（ducktails），女性則身穿緊身洋裝（根據一份蘇聯國有報紙指出：「緊到有礙觀瞻」），梳著蓬鬆的布放（bouffant）髮型。這群風格獵人拒絕工作，喜好飲酒，時常「三五成群作樂」，他們讀的是美國漫畫書，聽的是非裔美人音樂。由於當時美製商品難以取得，許多風格獵人們只好自己動手做，把公發的呆板領帶手繪成醒目多彩的設計，或者在領帶上黏貼美國香煙包裝；此外，由於住在鐵幕後方的髮型師，往往不是沒看過美國明星的造型，就是拒絕幫客人設計類似造型，風格獵人只好互相幫忙，把鐵棒燙熱之後，替彼此上捲子，造成不少人雖然都頭頂時髦造型，但脖子上的燙傷也清晰可見。這群人以石蠟取代美製口香糖，同時盡其所能地偷渡經典的暴民美國音樂。此外，由於取得困難，風格獵人被迫以極為巧奪天工的方式拷貝這些音樂，譬如說一位蘇聯醫學生就發現X光片上也可以刻鑿音訊紋路，因此發明出一套品質不高但可拷貝足夠音樂的機器。從此以後，風格獵人便靠著這項技術控制了蘇聯裡美國音樂的黑市，早期眾人偏好搖擺樂與布基烏基（boogie-woogie），後來市場也開始顧及咆勃樂與節奏藍調。

所有東歐共產國家都有風格獵人的現象，只是風格獵人在波蘭叫做「bikiniarze」、匈牙利叫「jampec」、捷克斯洛伐克則是「pásek」滿街跑。當時的各國警方並不逮捕這群暴民，而是在街上直接把他們的頭髮理掉、衣服剪毀。

至於戰爭末期被英美讓給蘇聯，因而納入蘇聯影響圈的東德內部，所謂的爵士「熱力俱樂部」（Hot Clubs）也在一九四五及四六年間出現於若干城市。根據史學家烏塔．波伊格（Uta Poiger）指出，這些俱樂部的「樂手時常即興發揮，上演長獨奏，聽眾則是跳舞又拍手，相當惡名昭彰」。在東德官方眼中，大受歡迎的爵士樂（特別是適合跳舞的幾種爵士類型）正代表了美國帝國主義入侵的前線，當時的東德《新德日報》（*Neues Deutschland*）就指控美國向共產青年「如山崩土流」般地傾銷「布基烏基爵士」。一九五〇年，東德文化官員庫特・哈格（Kurt Hager）也認為，東德年輕人對好萊塢蓬鬆「搖滾」髮型的模仿，正是被美國征服的象徵。哈格表示，「他們的髮型就好像從頸子根部長出來的一朵原子彈蕈狀雲」。同年，另一位東德文化官員則宣布，只要抗拒爵士樂，德國同胞就是在捍衛「國家文化傳統」，使之不受「美國帝國意識型態」與「野蠻布基烏基文化」的侵害。東德官方也在一九五〇年下令解散民間爵士樂隊，禁止東德電台播放爵士樂，並且在邊境關哨沒入爵士樂專輯。在娛樂替代方案上，東德當時的青年事務機關開設了不少跳舞課程，講授「文明」舞蹈，意即臀部、手部、腿部沒有「太多動作」的舞步。

一九五〇年代，所謂的「哈布斯塔克族」（Halbstarke）——亦即受美國大眾文化影響，年輕氣盛、充滿侵略性的男子——被冠上試圖顛覆國家共產紀律的大帽。當時，黑幫首領溫納・格拉多（Werner Gladow）及其黨羽連續犯下東德境內多起武裝強盜案，事後德國官方在審判期間就主張，格拉多一干人等的犯罪行為是受美國文化影響所致。一家東德報紙更主張格拉多是受「美國各種描寫黑幫、犯罪、謀殺及其他聳動案件審理過程的大量放肆電影」所影響。

此外，共產官方也指控「探戈男孩」（Tangojünglinge, Tango-boys）及其他身穿美式服裝的年輕男子故意「挑釁」，因而導致境內民眾在一九五三年六月對共產政權展開大暴動。暴動發生時，上千民眾（多為年輕人）在德國民主共和國（即東德）全境進行為期兩天的示威遊行，要求縮短工時、舉辦自由選舉，部分民眾更要求共產政府下野。在東柏林，抗議民眾將蘇聯國旗從布蘭登堡門上扯了下來，而在其他城市裡更有民眾釋放監獄罪犯，或者當街毆打祕密警察。這場暴動持續進行，一直要到六月十七號，蘇聯坦克駛入東柏林市中心，東德士兵開始朝擲石子的抗議民眾開火，整起事件才告一段落。事後，東德各家大報旋即將矛頭指向美國文化的影響，譬如《青年世界報》（*Junge Welt*）就說柏林街頭已充滿了「基督教西方的文化救星」，這群人腳著橫條紋襪、身穿五分褲（早期搖滾造型的一部分）；《新德日報》上的一張照片則可見某抗議民眾身穿牛仔圖案T恤、「頸繫印有裸女圖樣的德州式領帶」、頭頂蓬鬆布放式髮型，掛著「一張罪犯者的臉孔」，《新德日報》直指此人「是美式生活方式相當典型的代表」。東德總理奧托．格羅提沃（Otto Grotewohl）也同意這樣的看法，他表示，「這些西方挑釁者腳著橫條紋襪，身穿牛仔褲、牛仔衫，想要挑起大規模政治反動」。根據烏塔．波伊格指出，格羅提沃的演講「屬於東德媒體戰的一部分，目的要將西德年輕人——以及受西德影響的東德年輕人——這些身穿美式服裝的群眾，塑造為六月事件的元凶。」不過，東德官方為回應這波暴動事件，也確實改變經濟政策，開始在消費者商品和娛樂產業投入更多資源。

到了一九五四年，身穿美式服裝、聆聽爵士音樂、對著「布基烏基」跳舞的東德年輕人，數量顯然來到歷史新高，東德領袖見狀只好軟化對美國大眾文化的態度，共產黨的最大青年報也開始刊載爵士樂團照片（不過多為「冷」爵士樂團而非「熱」爵士樂團）。

對共產黨的領導階層而言，鐵幕後方爵士樂迷的興起，只是一連串變革的開始，而一切終將於一九九一年畫下句點。史學家茱利亞．海斯勒（Julia Hessler）曾經寫道：「就實質意義而言，風格獵人所體現的是戰後西方消費者社會中充滿個人主義、重視自我表達的消費型態。」這種「粗俗」、「墮落」的文化不只持續傳播，到了一九五〇年代末期更突變成為更可怕的搖滾樂。

動搖共產集團

東德官方鬆綁爵士樂禁令後，人民對更具暴民性質的「老美文化」（Ami-Kulture）也出現更高呼聲。一九五四年，當搖滾樂首次穿越鐵幕時，哈布斯塔克族幾乎在所有東德城鎮開始出現，而以放寬文化自由與開放消費商品為訴求的示威活動，最後也多半演變為暴動收場。當時，西柏林境內各大播放好萊塢電影以及演奏搖滾樂的劇院，主要都座落在東西柏林的邊界；東德官員有鑑於大量東德人民每日越界前往西柏林（當時柏林圍牆尚未建成），遂於一九五六與五七年進行相關調查，結果發現平均每天都有兩萬六千民東德青年越界前往西柏林的「邊界劇院」跳舞、看電影。在部分劇院中，甚至高達九〇％到一〇〇％的顧客都是東柏林青少年。在政府贊助的眾多公共論壇上，不少年輕人都質疑為何東德政府始終不願開放好萊塢電影（特別是賣座的音樂電影）；此外，年輕人也對東德落後的時尚品味表示疑惑，紛紛質問政府國內為何買不到牛仔褲及其他緊身褲。一九五六年，東德境內專播愛國與教育電影的好幾座戲院，門前都發生了暴動。

一九五七年，東德官方眼見各地青年反叛四起，因而對共產主義的未來感到憂心忡忡；這樣的憂慮絕非庸人自擾。統一社會黨（由蘇聯控制的東德執政黨）中央委員會文化委員長艾爾佛雷德．庫列拉（Alfred Kurella）就警告，各種策動德國青年心中「野蠻成份」的「墮落因素正愈演愈烈，恐將導致危險」。庫列拉並表示，忠實的共產主義者應挺身而出，「從這場毀滅中拯救國家的文化、社會與生活」，確保「純正國家文化得以保存」。統社黨於一九五七年十月所舉辦的文化大會也指出，「西方資本主義的非文化（nonculture）及其有害影響」近年來已「穿刺」東德。一九五八年，搖滾樂取代爵士成為最危險的西方文化產物，統社黨總書記瓦爾特．烏布利希（Walter Ulbricht）遂在同年批評搖滾樂的「噪音」是一種「輕率與衝動的表達」，一語道破「資本主義社會的無政府本質」。國防部長威利．史多夫（Willi Stoph）也在東德報紙發布警告，表示「搖滾樂將誘惑青年走向原子戰爭」。史多夫特別針對一九五八年在西德巡迴演出的「比爾．黑利與彗星合唱團」（Bill Haley & the Comets）表示，「該樂團的目的在於誘發德國青年心中瘋狂而歇斯底里的狂熱，並以搖滾樂引導年輕人走向集體墳場」。史多夫的一席警語，在當時透過不少國營報紙廣為宣傳，譬如《新德日報》就稱貓王（Elvis Presley）為「冷戰武器」，而《青年世界報》如此勸戒讀者——「圖謀發動原子戰爭者，全都大大推崇貓王，因為這群人知道笨到成為貓王樂迷的人，也會笨到願意加入原子戰爭」。

統社黨官員為導正搖滾樂迷的品味，使這群樂迷轉向「較好的」音樂，遂大力提倡阿洛．柯爾（Alo Koll）這位來自萊比錫、只演奏安全音樂的樂團團長。統社黨另外也找來三位舞蹈專家共同發明一種高尚精練、富涵文明的「社會主義舞步」，利比西舞（Lipsi）。

面對此種舞步，東德青年自然毫無興趣。一九五九年，好幾群青少年於萊比錫與德勒斯登發動抗議活動，力主支持搖滾樂、反對統社黨；這群青年並以「不要利比西、不要阿洛．柯爾！我要貓王、我要搖滾！」為口號，號召眾人一同上街遊行。萊比錫地區一位「貓王獵犬」成員還故意大喊「瓦爾特．烏布利希萬歲！東境（東德）萬歲！」其他遊行者一聽，紛紛發出噓聲，然後接著高喊「貓王萬歲！」同年，東德內部的不良少年報告中，「貓王樂迷」至少在十三座城市裡都榜上有名。雖然東德政府開始逮捕支持搖滾樂的抗議民眾和貓王樂迷團體的領袖，同時也組成特殊警隊，負責監控各大國營青年機構，確保年輕人遠離不當舞蹈，藉以「消滅年輕人身上資本主義生活方式的餘孽」，但即使如此，也仍無法遏止民間暴動。

一九五九年，一份上呈統社黨中央委員會書記處的報告就顯示，搖滾抗議、非法進入西德、「煽動人民反抗東德領袖」、青少年犯罪等問題，皆已大幅增加惡化，報告並在結論中指出，多數從事上述行為的年輕人都是「搖滾樂迷」。次年，中央委員會青年事務部也在報告中指出，雖然總體犯罪率正在走下坡，但一九五九年的青少年犯罪情形卻較一九五〇年高出六一．四％。青務部在當時已確切指出，一切問題根源在於美國與西德「如今更大力地企圖影響東德青年」，而其「誘惑手段」正是音樂、漫畫與時尚。

因此，當東德官員於一九六一年築起柏林圍牆時，不只是為了限制東德人民出境，也是為了防堵美國文化產物入侵。在東德官員口中，柏林圍牆正是「反法西斯主義的保護大壩」。

即便美國大眾文化對共產政權具有強烈的侵蝕效果，美國官方多年來卻都拒絕在東歐共產國家推廣自家大眾文化。自一九四六至一九五五年間，西德各都市的美國文化中心皆設有公共圖書館，不只定期舉辦講座和古典音樂會，也時常播放具教育性質的影片；不過，這些文化中心卻始終未曾播放好萊塢電影，也從未開過爵士樂或搖滾樂演唱會。事實上，正如烏塔．波伊格指出，東歐共產主義國家對爵士樂、搖滾樂還有好萊塢電影的諸多打壓，其實是從別的國家學來的。早先的德國納粹確實視爵士樂為「頹喪與墮落」的音樂，但就連納粹的這些用詞也是借自他人——波伊格表示：「頹喪與墮落等詞，並非蘇聯或東德官方所發明，而是源自……政治光譜另一端的歐洲與美國作家。這些人自十九世紀以來，就不斷對各類藝術形式與大眾文化發動類似攻擊。」

內部敵人

正如我們所見，進入二十世紀好一段時間之後，爵士樂在美國所獲得的支持聲浪才超過反對與攻擊。不過，最能喚醒末世恐懼的音樂風格，還是美國一九五〇年代的搖滾樂。當時，無論是自由派還是保守派的政治領袖，都時常共同打擊搖滾樂，尤其一九五〇年代後半，美國參眾兩院的許多委員會更舉行多場聽證會，試圖了解唱片騎師（Disk Jockey, DJ）播放搖滾樂對大眾可能造成的影響。一九五六年，眾議員伊曼努爾．塞勒（Emmanuel Celler）所主持的眾議院司法反托辣斯小組委員會（Judiciary Anti-Trust Subcommittee）舉行聽證，會上證人之一就表示DJ與唱片公司要為「搖滾樂及其他汙染電波的音樂怪獸負責……現在的廣播電視氛圍，使得貓王與他野獸般的舉止得以存在……淨是一群沒有才華的人，只會扭動身軀，所吸引到的族群也僅止於那些會穿祖特服的人以及不良少年。」

為避免「國內電波」被「次等音樂所淹沒」，當時還是參議員的約翰．F．甘迺迪與巴利．格德華特（Barry Goldwater）於一九五七及一九五八年在國會大力推動相關法案，力圖限制電台的營運，使之不得透過「人為手段」助長樂迷對搖滾樂的需求——又或者如法案聽證會上某證人所言：要電台不能再「強迫餵食觀眾聽搖滾樂」。法案聽證會上另一位擔任證人的布朗大學音樂教授則向席間持相同立場的參議員指出，「為了下一代以及家庭，必須限制播出廉價而有問題的音樂，同時至少要提供手邊最優質的輕音樂。」一九五九年，眾議院搖滾樂調查小組委員會上的不少成員也都表示，該委員會的宗旨正在於保護大眾不受電台上「可怕的東西」所害。小組委員會主席歐倫．哈里斯（Oren Harris，阿肯色州眾議員）堅信，「我認為把這種一點也不健全的音樂——如果這能稱為音樂的話——強加於年輕人身上，是這種媒介（音樂）最為不當的應用方式。」

此外，包含華盛頓特區、波士頓、巴爾的摩、哈特佛（Hartford）、亞特蘭大、休斯頓、澤西城（Jersey City）、紐華克（Newark）、克里夫蘭、聖塔克魯茲、布爾班克（Burbank）、紐黑文（New Haven）、新不列顛（New Britain）在內的不少城市，也都禁止搖滾樂演出。此外，田納西的一位法官還下令某地方電台停止播放搖滾樂，改播舊有的古典樂播放清單。至於聖地牙哥與佛羅里達警方則強迫貓王在登台歌唱演出時，不得移動身體。一九五八年，一項由國務院安排的美國DJ訪歐計劃，更因參議員諾里斯．卡頓（Norris Cotton）抗議此舉將有損美國國際形象，因而遭到取消。此外，全國公共服務唱片騎師大會（National Council of Disk Jockeys for Public Service）主席莫瑞．考夫曼（Murray Kaufman）也保證其組織成員在歐洲絕不演奏搖滾樂，而且所有的舞會一律只會在美國陸軍基地進行，同時受聯合服務組織（United Service Organizations）監督。正如史學家琳達．馬丁（Linda Martin）與凱瑞．色格雷夫（Kerry Segrave）指出，美國對於蘇聯與東德審查搖滾樂的作法之所以鮮少發難，原因正是「美國政府自己也不喜歡搖滾樂」。

蘇聯開放主題曲

如同搖滾樂，好萊塢電影與漫畫書在美國的命運，與在東方集團內部所受的遭遇一樣，都被政治領袖所蔑視。當時，由於許多人擔心少年犯罪率上升、害怕美國青少年普遍被「性化」，不少國會議員遂將矛頭指向大眾文化。一九五五年，參議員艾斯提斯．基法弗（Estes Kefauver）舉辦一系列聽證會，試圖理解青少年犯罪與大眾文化中性和暴力的關聯；聽證會上，公共衛生署（Department of Public Health）疾病管理局（Bureau of Disease Control）心理健康部門（Mental Health Division）主任李奧波德·韋克斯伯格（Leopold Wexberg）博士在做證時表示，電影、電視、漫畫書確實助長了青少年犯罪。基法弗並在會議結論中指出，聯邦政府「在保護公共利益上，尚未完全行使當前所被賦予的權利，也未能善盡職則，俾使兒童不受大量犯罪與暴力節目影響。」時任美國聯邦調查局長的J·艾德格·胡佛（J. Edgar Hoover）亦承諾要打擊不良電影商；胡佛直言，「這些垃圾工廠吐出有毒膠卷、摧毀青年易受影響的心靈。」

在東方集團內部，一九六〇年代雙盤式錄音座（reel-to-reel tape recorder）的出現，催生出了龐大地下文化，也培育出大量搖滾、節奏藍調以及稍後的迪斯可與嘻哈樂迷。一九六〇年代時，《蘇維埃俄國報》（*Sovetskaia Rossia*）曾警告，「淫穢粗俗的音樂錄音帶如今被大量拷貝，這種傳染病擴散的速度比流感還快」。赫魯雪夫時代，蘇聯境內最為風行的舞步是扭轉舞（twist，早先由美國的黑人搖滾樂手查比·切克（Chubby Checker）所發展的舞步），許多「扭轉舞團」都在當時的地下劇院演出，光是在捷克斯洛伐克就有多達兩百團。不過，蘇維埃集團境內的年輕人也愈來愈常聆聽本地樂手自製的音樂。

雖然共產主義政府不若敵對的資本主義者一樣，明白表現出黑白種族歧視，但是共產當局還是相當清楚腐敗的來源。一家保加利亞報紙就稱青年搖滾樂手為「自大的猴子，就好像從外國的動物園突然被丟到我們這裡一樣」。蘇聯的文化雜誌也稱爵士樂和搖滾樂為「人猿文化」所創造出來的「爛泥巴」，至於東德共產主義者則是直接稱這樣的音樂為「黑鬼音樂」。然而，各國年輕人似乎都認為與非裔美人牽上關係是一種讚美，譬如一九五八年波蘭第一個搖滾樂團成立時，原本雖然取名「節奏與藍調」（Rhythm and Blues），後來卻改成了「紅與黑」（Reds and Blacks）。

到了一九七〇年代，人們對音樂的熱愛經常化為對共產政權的仇恨。是時，好多場搖滾演唱會都因為有關當局試圖中斷表演，因而導致群眾發生暴動。在搖滾樂之後，源自紐約夜店的迪斯可曲風跟著紅遍整個蘇維埃集團。這種新曲風在巴爾幹半島特別受到熱烈歡迎，還在當地不少舞廳造成反警方的群眾暴動。一家拉脫維亞（Latvia）報紙就稱，國內三百家迪斯可舞廳宛如「暴力溫床」。

根據史學家提摩西．W．萊貝克（Timothy W. Ryback）指出，克里姆林宮後來不只被迫承認流行音樂的流播已無法控制，流行音樂甚至進一步成為蘇聯政府「開放政策的主題曲」（the soundtrack of glasnost）。一九八〇年代，許多表演空間在莫斯科官方的核可之下紛紛成立，專輯製作的相關審查也開始鬆綁；此外，東歐各地更舉辦多場大型搖滾演唱會，當紅的英美流行歌手，相繼獲准在鐵幕後方登台演出。根據當時的調查顯示，蘇維埃青年對搖滾明星的了解，已經超過對馬克思、列寧、史達林等人的認識。一九八九年柏林圍牆一倒塌，東德人馬上擠滿了西柏林的唱片行。

眼看美國暴民文化如此摧毀共產政權，我們不禁納悶，民主福音人士為何還是對美國暴民文化一句好話也沒有？如果爵士樂、搖滾樂、漫畫、「粗俗」電影等文化產物都促成共產主義垮台，為何美國政治領袖從未將之高舉為自由明燈？要知道，不管是美國總統還是共產黨政委，只要是政治領袖，無論意識型態為何，都必須維繫社會秩序；而正因為如此，政治領袖自然要與暴民文化為敵。

十四 「自我淨化的過程」：民權運動向非裔美人宣戰

一九五七年夏天，一位身處種族隔離南方的浸信會牧師發表了一系列傳道演說，猛烈抨擊黑人的懶惰、淫蕩、罪惡、酒醉、髒亂與無知。這位牧師站在台上，向信眾大談有些工作是「真正的工作」，有些則是「黑人的工作」；他指出，黑人的問題在於不願向白人學習聰明的儲蓄習慣，「想要的東西就買，真正需要的東西只好乞討」。此外，他也主張黑人走在街上時，滿腦子都「想著性」，不只行為暴力、不好好沐浴，黑人的音樂還大舉入侵全美家庭，「使人的心智墜入墮落無德的深淵」。

這位牧師叫做馬丁·路德·金恩二世（Martin Luther King Jr.），他所譴責的無德黑人，在撤除種族隔離的努力上，做得比民權運動還要更多。

黑人良民與「壞黑鬼」

奴隸解放以後，許多非裔美人都力抗各種使之無法成為良民的阻礙，努力改正非良民行為，希望能夠成為美國公民。此時的中產階級黑人與所謂「可敬的黑人勞工階級」，學到了一件民權運動史學家所不知道的事，亦即在成為黑人良民的這條路上，非裔美人文化必須徹底重塑。

對馬丁·路德·金恩二世及其他民權運動領袖而言，成為公民的必要條件，恰恰能與基督傳統的苦行思想結合。金恩在傳講與書寫當中，都不斷呼籲非裔美人應努力工作、遠離敗德性行為、抑止物質欲望，並且開始善盡家庭與社會責任，厲行「自我淨化」，以孕育出「冷靜、為人敬愛的良民」。

金恩在推廣非暴力運動的過程當中，同時也要求非裔美人「把身體當做」通往公民與可敬之路的獻祭。而在克己（self-abnegation）這方面，金恩相當以身作則；一九五六年，金恩的寓所在蒙哥馬利巴士抵制運動（Montgomery Bus Boycott）中遭到炸毀，在事後的媒體聲明中，金恩表現得不只猶如使徒保羅再現，更像是隨時願意為國家奉獻生命的公民士兵。金恩指出：「我的個人生活最後將如何收場並不重要，重要的是我的目的能否成就。」一九五七年，金恩憑藉著三項運動計劃，一舉確立了民權運動全國代言人的地位。這三項計劃內容分別為：草創「南方基督領袖會議」（Southern Christian Leadership Conference）；推行「公民權利運動」（Campaign for Citizenship）來爭取黑人投票權；以及發動福音聖戰，根除非裔美人不符基督教與美國精神的習慣。不少史學家都指出，這三項計劃中的前兩項，讓金恩在民權運動中躍升領導地位，但值得注意的是，為金恩一生事業做傳的紀錄者，獨獨對於第三項計劃，也就是在非裔美人社群發動道德改革聖戰這件事情，幾乎隻字未提。

一九五七年夏，金恩發表一系列以「性格整合問題」為題的演說，希望能協助非裔美人為進入美國主流文化做好準備。金恩鼓勵所有「將生命浪費在享樂式悲劇人生上，拋棄一切過著暴亂生活的人」，「放下自我，改追求更偉大的目標、理想與忠誠」。金恩認為，如此一來人們才能發展出他所謂的「整合人格」(1)。

(1)（譯註）integrated personality，即平衡穩定的心理狀態。

在後來的演講、雜誌《黑檀木》專欄（金恩於一九五七年開始為《黑檀木》撰寫專欄），以及一九五八年所出版的書籍中，金恩不斷提倡基督教的克己精神，並視之為成就「一等公民」的方法。金恩表示，為了成為美國公民，非裔美人必須「改善族群缺點，以換取他人尊重」，同時他也呼籲黑人應停止酗酒賭博、戒除喜好華奢的習慣。至於在黑人犯罪方面，金恩不只將矛頭指向貧困與結構性種族歧視，同時也將問題歸咎於貧民窟裡道德與紀律的鬆散。金恩認為，「教會的福音事工應擴及大城市的貧困地區，如此才能觸及較有犯罪傾向的人。這些人來到教會以後，就能接觸宗教的良善道德觀念，進而發展出內在穩定，成為更有責任感的公民。」

金恩甚至將貧困問題歸咎於非裔美人的放蕩與懶散。談論貧困議題時，金恩引用了布克．T．華盛頓的說法，並且加以釋義，金恩表示：「黑人若要拯救自己，方法很多。有句話說得好，黑人常常想要什麼東西就直接購買，真正需要的東西卻只好靠乞討；因此，黑人應該學習如何有系統地儲蓄。」眼見不少非裔美人都拒絕接受白人的工作倫理，金恩也感到憂心：

> 別只依黑人標準努力工作……如果今天你是清道夫，那麼就要像拉斐爾做畫、米開朗基羅雕刻、貝多芬譜曲，或者莎士比亞寫詩一樣，全心努力，把地掃到天地日月星辰都佇足驚嘆，大呼：「這裡曾經住著一位偉大的清道夫，清掃工作做得無可挑剔！」

金恩也深知，黑人在性方面的問題，對自己的族群同化大計造成了特別威脅。金恩曾對觀眾說道：「每天在街上行走時，要讓人們知道，我們走路的時候並不是每次回頭腦中都想著性。」此外，他也在《黑檀木》雜誌上要讀者遠離搖滾樂，因為搖滾樂將「使人的心智墮入無德深淵」。

當南方白人如此談論非裔美人時，他們一般都在指「壞黑鬼」。

民權運動本身有著許多鮮少流傳的精彩故事，而其中一則，便與戰後一群黑人牧師的興起與敗亡有關。當時，所有試圖成為良民的黑人，對這幾位黑人牧師都恨之入骨。其中人稱先知瓊斯的詹姆士·法蘭西斯·瓊斯（James Francis Jones）還有別名格雷斯老爹的查爾斯·曼努爾·格雷斯（Charles Manuel Grace）兩人，可以說是一九四〇與五〇年代最受黑人勞工階級歡迎的牧師，他們甚至要比日後領導民權運動的那群新興牧師還要更受喜愛。

先知瓊斯領導的是底特律地區兩個最大的五旬節靈恩派（Pentecostal）聚會；除此之外，他每週也都會透過加拿大電台 CKLW 向信眾傳道。透過五萬瓦的訊號播送，瓊斯所傳講的訊息能觸及諸多中西部非裔美人群聚的城市。一九五五年，瓊斯開始在 WXYZ 電視台主持週日夜晚節目，成為底特律第一位每週主持電視節目的黑人牧師。根據若干說法指出，這些電視與廣播原本就是當時都會黑人群眾之間最為流行的節目，再加上主流全國媒體對瓊斯的持續關注（《生活》雜誌、《時代》雜誌、《新聞週刊》、《週六晚報》等媒體都曾以專文報導瓊斯事蹟），瓊斯的信眾到一九五〇年代中期，已經佔總非裔美人相當大的比例，而瓊斯本人更成為最受底特律黑人勞工階級歡迎的牧師。韋恩州立大學（Wayne State University）學者在研究瓊斯的會眾組成後指出，「該教派信眾主要來自社會經濟階級底層」。一九五五年，雜誌《週六晚報》針對瓊斯進行大篇幅正面報導，結果使得該期的銷售量在底特律地區驟升三〇%。

瓊斯本人縱情於物質主義自我擴張：他講道時不站講壇，而是坐在要價五千美元的寶座上；出入公開場合時，瓊斯經常身穿全長的白色貂皮大衣，內搭歐風西裝，回到家裡則是腳踩絲質拖鞋、身穿鑲有亮片、帶有伊莉莎白領的寬大布袍。除此以外，瓊斯習慣擦上濃濃的古龍水、配戴巨大珠寶戒指，出門還有大型白色凱迪拉克代步。不過，最令人瞠目結舌的，還是他那座名為「霸居」（Dominion Residence）的五十四房大宅，裡頭不只有香水房、理髮廳、舞廳，還有一處紀念堂，專門用來懷念瓊斯的長年伴侶詹姆斯．華爾頓（James Walton，卒於一九五一年）。此外，霸居內部的粉刷，每年都會按照瓊斯指示更換顏色。不過，最難以置信的，還是瓊斯的財富來源——瓊斯的資金幾乎全部來自信眾，即便媒體時常報導瓊斯是同性戀，信眾仍不減熱情。

至於格雷斯老爹也和先知瓊斯一樣，不只很會寵愛自己，還是黑人勞工階級的偶像。格雷斯的事業始於一九二〇年代北卡羅萊納州的夏綠蒂（Charlotte），日後逐漸擴展至華盛頓特區與紐約市等地，最後更涵蓋了新英格蘭地區。到了一九五〇年代，格雷斯已經在整個東岸建立起靈恩帝國，其信眾至少五十萬人，集會所共計三百處，遍及美國七大城市；此外，《黑檀木》雜誌更宣布格雷斯是「美國最富有的黑人牧師」，至於他本人則是盡其所能確保該封號實至名歸——格雷斯長髮及肩，好穿金色或紫色的日間大禮服，裡頭再搭配草綠色的背心或者印花領帶，更驚人是他的指甲長達五吋，還塗成紅色、白色以及藍色。格雷斯是來自維德角（Cape Verde）的移民，成為牧師前曾當過洗碗工以及農場流浪工人，他說指甲之所以留這麼長，是為了表達自己拒絕勞動的立場。有趣的是，二十世紀晚期時許多黑人勞工女性，也習慣精心裝飾自己長長的指甲，這些女性在工作時大多都得敲打鍵盤或者操作收銀機，因此把指甲留長的作法，對她們而言，也是抗拒勞動的手段，這樣的舉措與格雷斯兩相對照，可以說是一脈相承。

除了代步的客製凱迪拉克豪華轎車以外，格雷斯還在曼哈頓黃金地段購入房產，入主位於中央公園西側的富都華廈（El Dorado，當時全球最高的住宅大樓）。到了一九五〇年代中期，格雷斯的總資產估計已達兩百五十萬美元，而且和先知瓊斯一樣，他的財富幾乎全數來自勞工階級的信奉者。格雷斯所帶領的許多教會裡，信眾甚至打造如藝術品般的大型容器，上頭全鋪滿美鈔，後頭再放上格雷斯的寶座。此外，格雷斯的禮拜方式也是「性」味盎然——當格雷斯從鋪紅地毯的走道緩步走上講台，兩旁的追隨者便開始將手中的十塊、二十塊甚至是五十塊美鈔別上格雷斯的聖袍；等到樂隊開始演奏節奏藍調，會眾也開始狂喜跳舞。某次有人問格雷斯為何提倡如此充滿欲望的放縱行為，他只說：「為什麼要把所有的樂趣都要留給惡魔享受呢？」格雷斯不只自封「世界的男友」（Boyfriend of the World），其主題曲中還有一句歌詞是「老爹，你感覺好好」。

先知瓊斯與格雷斯老爹的事業，後來都由民權運動所終結。一九五五年一月以前，媒體對瓊斯的報導多半中立無害，不過底特律的黑人報紙龍頭《密西根紀事報》（*Michigan Chronicle*）卻在一月份對瓊斯發動全面攻擊，批評他是「披著宗教外衣的馬戲團份子，一心只想搏取頭條版面」。三個月後，美國國家廣播公司 NBC 原先排定瓊斯在《今日新聞》（*Today*）露面，後來卻在底特律都市聯盟（Detroit Urban League）和底特律教會協會（Detroit Council of Churches）的抗議之下取消。不過，最猛烈的攻擊還是來自新伯特利浸信會（New Bethel Baptist Church）的牧師 C．L．富蘭克林（C. L. Franklin，歌手阿利莎．富蘭克林（Aretha Franklin）之父，同時也是底特律民權運動新興領導人）。多年來，富蘭克林一直與瓊斯保持友好關係，不過此時卻開始批評瓊斯「不只令地方宗教圈墮落，更使當今各個種族在尋求民主與靈魂團結上的進展，倒退數百年」。

外界發動攻擊後不久，瓊斯便因為企圖對便衣警官施行口交而遭到逮捕（該警官當時奉命調查瓊斯主持非法樂透一事)。底特律的地方黑人報紙聞訊以後,全都喜不自勝,譬如《密西根紀事報》就認為該事件代表「社群中一群聲音愈來愈響亮的人」取得了勝利,這群人只求瓊斯這種「利用人對神的敬畏與信仰,假宗教之名行騙術之實,求取個人榮耀的傢伙,全部從臨高的位置上被打落。」此外,多年來不斷推崇瓊斯的《底特律論壇報》(*Detroit Tribune*),此時也開始譴責瓊斯,批評他讓白人誤以為黑人「全都聽命於一個性偏差者」。在全國層級,《黑檀木》更以四頁篇幅報導瓊斯受審一事,並且語帶批判地將審判當天形容為「大夢初醒的一日」。然而,即便瓊斯被黑人領導階級驅逐,其追隨者卻仍然忠心不改,眾多信眾在瓊斯受審期間每天都擠滿法庭,等到陪審團一宣判瓊斯無罪,上百位信眾立刻歡騰鼓噪,大喊:「一切都沒事了!」在往後的日子裡,媒體徹底拋棄了瓊斯,瓊斯也因此不再是黑人勞工階級的代表人物。然而,瓊斯受歡迎的程度事實上持續不減,一九七〇年瓊斯過世時,共有超過兩千信眾到場追喪,瓊斯的黃銅棺材甚至還披上了他那件出名的白色貂皮大衣。

格雷斯老爹的命運和瓊斯相去不遠。一九五七年,喬治亞州一名退休教師露維妮亞.洛伊斯特(Louvenia Royster)對格雷斯提出告訴,聲稱兩人曾於一九二〇年代結婚,卻在懷孕生產後遭格雷斯拋棄。雖然法院旋即推翻洛伊斯特的指控,黑人媒體卻在實質上定了格雷斯的罪,例如雜誌《杰特》(*Jet*)就以「格雷斯不為人知的過去——贍養費案駁回,意外揭露首任髮妻」為封面頭條,並在文中稱格雷斯為「美國最有錢的邪教教主」,同時樂觀地推測這次審判將「動搖格雷斯老爹的王國」。馬丁.路德.金恩也加入抨擊這場行列,譴責格雷斯之流的放蕩行為與不負責任。金恩向他在蒙哥馬利的會眾如此說道:

> 南方遍地、各個社區、整個國家都需要聰明、勇敢、全心投入的領袖。這樣的領袖必須愛義不愛錢,愛人不愛名。

格雷斯及其信眾所造成的最大威脅，就是有礙族群融合。根據金恩指出，他們「太黑了」：

> 我們若要做好融合的準備，就不能把時間全花在鬼吼鬼叫……我們的牧師一定要能站出來傳講耶穌的福音。我們不要傳黑人那種讓人站起來大吼亂踢的福音，而要傳發人深省、使人活出正確生命、助人面對基督挑戰的福音。

然而，格雷斯王國的子民對格雷斯依然堅定不移，不只在法庭審判期間擠滿法院，判決後八個月更有上萬人參加格雷斯在夏綠蒂市區舉辦的年度遊行。不過到了格雷斯一八六〇年過世的時候，他與先知瓊斯的王國，都已經被新一代的領袖所征服。

民權運動領袖在當時的競爭對手除了上述兩位牧師以外，還有著名的黑人民族主義者。有趣的是，黑人民族主義者雖然反對融合思想也不拒絕暴力，但卻與民權人士擁有一項共同點——雙方皆相當鄙夷瓊斯與格雷斯的墮落行為，同時提倡自我犧牲的道德觀。民族主義陣營的麥爾坎·X與黑人組織伊斯蘭國度（Nation of Islam）都堅守嚴格紀律，努力工作，同時杜絕藥物、菸草、烈酒、貪食、懶散、情緒化與淫靡行為。他們所承諾的，是一個新的黑人國度，而在這個國度當中「我們可以自我改革，提升道德標準，並且活出聖潔的生活」。處於現況的「黑人……並不配做自己」，然而「新的黑人」將為了國家大業犧牲自己「享受生活」的欲望。麥爾坎·X指出，伊斯蘭教將教導黑人「改正自身的社會惡習與邪惡，讓黑人不再酗酒、藥物成癮，也將教導黑人如何工作持家，照顧妻小。」至於一九六六年成立的黑豹黨（Black Panther Party）也秉持類似宗旨，在這個半軍事組織中，個人對「社群」的責任遠遠重於財富和享樂等「墮落與中產階級」的欲望。在此同時，亞米利·巴拉卡（Amiri Baraka）、榮恩·卡倫加（Ron Karenga）與尼基·喬凡尼（Nikki Giovanni）等黑人文化民族主義者，也不斷抨擊人們對「物質迷戀」的依附，批評這只是「白人的假靈藥」、「奴隸思維」的產物。至於源自黑人文藝運動（Black Arts Movement）的前衛音樂團體「最後的詩人」（The Last Poets）則譴責那些放不下鱷魚皮鞋、凱迪拉克、性沉迷等樂趣，所以「害怕革命」的「黑鬼」。

在地板上睡覺

在這場「黑人自由運動」中，最熱衷苦行的一群人，莫過於當時的白人。從一九六四年密西西比自由暑期計劃（Mississippi Freedom Summer Project）的報名情形就可以得知，當時許多白人大學生都深深為南方黑人的貧困與苦難所吸引。一位志願者在解釋參加動機時表示，「這次的奮鬥不是一般自由派人士所能勝任，因為他們未必能做出如此犧牲……我已經放棄了『白人與生俱來的權利』，自願將自己視為被壓迫階級。」另一位志願者宣稱「我反對我的家庭所代表的大部分事物，我深知我父親的收入能讓一家四口生活無虞。」一位碩究生則在申請文件中表示，他願意為了加入計劃而放棄自己在學界的事業──「我再也無法說服自己為什麼要讀博士了；（密西西比的）人們必須百般費力才能理解歷史與社會的最基本內容，我卻如此貪心地追求『高等學習』，實在汗顏。一想到當地日常生活的缺乏，我就無法重回學生生活，無法繼續擁抱相對的舒適與安定。」不少志願者對於選擇物質舒適的人更是感到憤怒。譬如全國教會協會（National Council of Churches）的白人領袖就曾表示志願者應該要投射出可敬的中產形象，卻遭到一位志願者如此反駁：

> 我們不屑所謂清潔、無菌、正經的中產形象；我們想改變和克服的就是這種正經形象。所以親愛

的教會先生，我去你的中產階級，去你的正經！別再眷戀你那輛新租來的車，趕快脫下那新整燙的得體服飾，和我們一起睡在地板上吧！……和我們一起在葛夫波特（Gulfport）(2)滿是塵土的大街上行走，別再以轎車代步。

白人志願者為了教導密西西比州的黑人瞭解苦行生活的價值所在，花了極大力氣，而這讓我們瞭解到，這群人在葛夫波特街上以及密西西比州其他地區所遇見的群眾，並未與他們抱持同樣信念。當時，不少白人志願者紛紛為貧困黑人兒童成立「自由學校」（freedom schools），並在學校裡擔任老師，同時請來白人激進份子，史貝曼學院（Spelman College）教授史托頓．林德（Staughton Lynd）負責管理學校以及制定課程。根據林德所擬定的基本課綱，這些學校的核心目標之一在於灌輸黑人學童對立於白人中產生活的價值觀。譬如某一堂課的重點就在於讓學童「了解白人所謂的『更好生活』究竟是什麼，白人又為此付出了哪些代價」。至於另一堂課則旨在「協助學生看清北方黑人的景況，了解遷往北方並非解決問題之道」。

此外，自由學校的課程裡有一整個單元，都在解釋「物質事物」與「精神存在」的差異，前者多半用來指涉白人，而後者則常與黑人相關。該單元旨在協助學生「看見純粹物質主義的不足之處」，而該課程所希望協助學生「建立的觀念」如下：「財產無法使人自由」以及「黑人並不會因為（一）得到白人擁有的事物，和（二）發動純以物質為目標的運動而獲得自由」。為確立上述觀念，課程列了一系列思考問題：

假如你有一百萬元，你可以買船、買車、買房，也可以買衣服、食物以及各種好東西，但是你買

(2)（譯註）密西西比州第二大城。

得到朋友嗎？買得到春日的早晨和健康的身體嗎？可是少了朋友、健康與春天，我們又怎麼會快樂呢？

這是一場自由運動。假設這場運動能為所有黑人帶來一棟好房子和一份好工作，假設黑人可以因此擁有美國中產階級所擁有的一切……可以擁有國內其他人所擁有的……可是這樣夠嗎？為什麼看起來如此自由的中產階級，卻有這麼多人患有心臟病及各種疾病，而且如此不快樂？為什麼像是炸彈要爆發？

從自由暑期計劃中一段白人策劃者與目標黑人對象之間的互動，就可以看出雙方其實並未抱有相同想望。當時，格林伍德（Greenwood）地區的黑人青少年要求以暴力手段進入白人限定的電影院，自由暑期計劃的主要策劃者巴布．塞爾納（Bob Zellner，其父為衛理公會牧師）見狀後決定出馬勸說，希望改變青少年的想法。在一次社群論壇上，塞爾納主張年輕人不應該將焦點放在電影院，而應關注「更重要」的事物，他說：「我認為應該把注意力放在投票註冊的問題……就算南方所有電影院都黑白融合，也無法促成任何根本改變。」不過，一位十六歲的女孩聽完卻說：「你說我們要先把目標放在投票權……可是你知道嗎，等到那一天到來的時候，我們這些年輕人都已經老到無法上保齡球館或去游泳池游泳了。」白人志願者抵達密西西比州時，所意圖前進的方向，根本時常與他們想要幫助的對象相反。

壞到無法融合

無庸置疑地，民權運動與黑人民族主義組織激勵了許多非裔美人、給了他們向上提升的願景，然而這些運動領袖卻未能真正促使大眾承擔相關責任，做出公民革命的必要犧牲。與白人相比，黑人勞動階級對於集體義務相當反感，正如W．E．B．杜伯、朗斯頓．休斯（Langston Hughes）、詹姆士．伯德溫（James Baldwin），以及近期諸多學者如羅賓．D．G．凱利（Robin D. G. Kelly）、大衛．羅迪格、塞迪亞．哈特曼（Saidiya Hartman）與羅德烈克．佛格森（Roderick Ferguson）等人指出，非裔美人的文化之所以相對自由開放，很可能是因為歷史上多數時候，非裔美人在某種程度上都不屬於美國公民，也因此較不容易內化公民觀念所內含的壓迫性。我們確實可以主張，非裔美人在歷經奴役、種族隔離與強迫勞動後，成功發展出了極為自由的文化。因此，在二次世界大戰以後，當公民權利已經唾手可得，整體黑人勞工階級卻都不願意為公民權利放棄自由文化的樂與趣。隨著學者將研究重點自黑人領袖轉向非裔美人的勞工階級文化，黑人普羅階級對成為良民的抗拒也就獲得了更多實證。

自兩次世界大戰以至韓戰與越戰期間，比起白人而言，更多黑人選擇逃避徵兵，或者在軍中不服軍官命令。一次大戰期間，美國遠征軍（American Expeditionary Force）底下只有一個作戰師是由非裔美人組成，然而該師卻時常臨陣脫逃，導致全師最後被調離前線。此外，也有不少軼聞證據指出，在兩次世界大戰期間，皆有大量黑人男性佯病裝瘋以逃避徵兵。我們先前已經提過，第二次世界大戰時，黑人比白人更傾向逃兵；史學家吉拉德．吉爾（Gerald Gill）也同樣發現，韓戰期間都會黑人社區違反徵兵法的案例特別多。在韓戰爆發後幾個月內，哈林地區就有估計高達三〇%的適役男子未善盡註冊義務。在全國層級，一九五一至一九五三年間因違反義務徵選兵法而遭逮捕者，約有二〇%都是非裔美人男性。黑人對於愛國義務的抗拒更在越戰期間達到高峰，當時未按規定註冊徵兵者，整整有一半都是非裔美人。

黑人對於兵役的抗拒，基本上不太可能是源自和平主義。事實上，許多學者皆已提出證據支持提摩西．

泰森（Timothy Tyson）的說法，證明非暴力融合主義（nonviolent integrationism）在非裔美人歷史上（即便是在民權運動期間）其實只是特例，源自種族主義的戰鬥性自主性對抗才是常態。相關研究發現，密西西比的德卡圖（Decatur）、北卡羅萊納的蒙羅（Monroe）與田納西的哥倫比亞（Columbia）等地，皆曾經因為種族暴力而導致群眾抗爭，此外，南方各地更有無數以暴力自我防衛的個案。在北方城市中，貧困與警方暴行所造成的暴力對抗行動更是常見，譬如一九六五年華茲地區（Watts）、一九六七年底特律，與同年紐華克所發生的大型暴動事件中，更可見群眾沿街打劫，激進地表達對物質生活的欲求。

羅賓·D·G·凱利、泰拉·杭特（Tera Hunter），以及其他史學家發現，黑人勞工不分男女，都具有反勞動、抗紀律的深遠傳統。凱利指出，黑人勞工最常出現的反抗行為就是「日常的逃避戰術，從故意慢條斯理，以至搞破壞、職場偷竊、曠職、說粗話、塗鴉等行徑皆有」。凱利更批評那些意圖反轉種族刻板印象的學者，認為這群人「急著想翻轉刻板印象，逕自將黑人勞工階級重塑為最努力、最節儉、最高效率的勞動人口」。凱利表示：「如果我們同意大部分的工作都具有異化性，尤其是在種族與性別壓迫下的勞動異化性特別嚴重，那麼我們就該假設黑人會在最低經濟損失的情況下設法從事最少的勞動。」

針對良民應盡的義務，非裔美人多以較為祕密的方式加以逃避。

雖然多數論者皆認為一九七〇年代的抗稅運動是由心生不滿的白人所發動，但非裔美人也曾發動過自己的抗稅運動。與白人相比，黑人的反叛較不明顯，似乎也較不具政治意識，不過範圍卻廣大許多。學者在研究美國國稅局（Internal Revenus Service）賦稅紀錄後發現，一九六〇至七〇年代之間黑人違反稅法的比例較白人高出許多。更甚者，這些研究尚未涵蓋無法課稅的廣大地下經濟。經濟學家估計，美國地下經濟每年產值約佔總國家收入的八％至十四％，參與者主要都是黑人。美國勞動部一九七一年的一份研究就估計，哈林區有五分之一的成人居民所得完全來自非法事業。

黑人逃避良民義務最顯著的證據，莫過於一九五〇與六〇年代的黑人大眾文化，根本對金恩博士的民權計劃一點興趣也沒有。不過，這個現象卻遭到幾乎所有民權運動史學家的忽略。

即便民權運動領袖不斷警告非裔美人，要他們為更遠大的目標犧牲個人享樂，但當時最受歡迎的許多黑人都會傳奇，卻都延續了「壞黑鬼」的口述傳統，講述眾多「壞黑鬼」拒絕接受「愚蠢工作」的故事。這些「壞黑鬼」在體育、性事、心理、財富等方面，可都要超越「凡德比爾特（Vanderbilt）、葛德伯格（Goldberg）、亨利．福特」等人。一九六〇與七〇年代最受歡迎的喜劇錄音專輯（party records）不少都是魯迪．雷．摩爾（Rudy Ray Moore）的脫口秀表演，內容多半就是摩爾上台講述各大「壞黑鬼」經典傳奇（包含Dolemight、Shine、Pimpin' Sam、The Signifying Monkey等名角）。無獨有偶，雷德．法克斯（Redd Foxx）與理察．普來爾（Richard Pryor）也憑藉在表演中大方讚揚黑人文化中的感官成份而大大走紅。上述表演人士可謂在非裔美人喜劇的傳統中，建立起相當主流的表演類型，他們驕傲地宣揚黑人文化對享樂與自由的擁抱，而非一味接受白人充滿壓抑的道德觀。此外，「壞透了」的非裔美人形象也不僅限於男性，二戰以後最受觀眾喜愛的喜劇演員莫過於老媽瑪伯莉（Moms Mabley），她以性與黑人靈魂食物（soul food）為主題的表演，至少為全國各地的劇院吸引數十萬餘黑人觀眾。

到了一九七〇年代，描述非裔美人的電影中，原先民權運動時期那種自我犧牲、毫不性感的角色（由薛尼．鮑迪（Sidney Poitier）所扮演），已由性欲過盛的超級英雄所取代。這些新一代的英雄都非常富有，但絕不「替臭老闆工作」。至於所謂的「黑人剝削電影」（blaxploitation genre）事實上並非出自好萊塢之手，而是由《甜蜜斯維特貝克的壞屁歌》（*Sweet Sweetback's Baadasssss Song*, 1971）與《超飛》（*Superfly*,

1972）這兩部電影的獨立製作人、編劇與導演所一手建立。《甜蜜斯維特貝克的壞屁歌》的主角在妓院中長大，後來為了追求華服名車與性愛，決定成為皮條客；某日，主角路見不平，殺死兩名毒打黑人青年的警察後，決定越過邊界逃亡墨西哥。雜誌《黑檀木》形容《甜蜜斯維特貝克的壞屁歌》「瑣碎次要」、「毫無品味」，然而黑人勞工階級卻以實際行動表達支持，讓《甜蜜斯維特貝克的壞屁歌》在底特律的大馬戲團劇院（Grand Circus Theater）創下首映票房紀錄。僅斥資十五萬美元的《甜蜜斯維特貝克的壞屁歌》最後創下高達一千五百萬美元的票房，可謂史上最為成功的獨立電影。至於《超飛》則更受黑人歡迎，一舉創下一千八百萬美元的票房紀錄。不過，就和《甜蜜斯維特貝克的壞屁歌》一樣，《超飛》也受到民權運動領袖的攻擊。該電影以哈林區的古柯鹼毒販為主角，描述主人翁如何對付白人黑幫首腦、剷除收賄員警，最後成功脫離貧民窟、洗新革面。然而，這位英雄卻不願接受自己的權力地位，也不願採納白人工作倫理，改而尋求享樂與自由人生。

在民權運動時期的流行音樂裡，幾乎所有非裔美人演唱的歌曲，歌詞都充滿民權運動領袖所試圖壓抑的欲望。譬如名曲〈錢蜜〉（"Money Honey"）、〈回收款〉（"The Payback"）以及貝雷特．史特隆（Barrett Strong）所作的〈錢（那就是我要的）〉（"Money (That's What I Want)"）等，都在歌詞中高舉物質想望。節奏藍調的歌詞也常以拒絕強迫勞動為主題，譬如小胖多米諾（Fats Domino）、山姆．庫克（Sam Cooke）、冒煙羅賓森（Smokey Robinson）等歌手都在歌詞中提到討厭「藍色星期一」，或者表示雖然「找到了工作」，但還是喜歡週末的解放與自由。小理查（Little Richard）在〈扯開〉（"Rip It Up"）一曲裡，甚至就好像是在回應不斷傳講努力與節儉的金恩博士——「今天是週六夜，薪水我剛領／我要隨便花，一點也不剩／我的心叫我好好享樂／因為今晚是週六，我很快樂。」當然，節奏藍調也不乏歌頌性放縱的歌曲，譬如一九五〇年代科洛弗樂隊（Clovers）的作品〈好好愛〉（"Good Lovin'"）、一九六〇年代詹姆斯·布朗（James Brown）的〈性愛機器〉（"Sex Machine"）還有一九七〇年代馬文·蓋伊（Marvin Gaye）的〈我們來吧〉（"Let's Get It On"）。

上述的享樂情思在日益受大眾歡迎的迪斯可（一九七〇年代最受歡迎的類型）曲風中，也取得了勝利。迪斯可源自黑人、義大利與同志勞工階級。到了一九七〇年代中期，迪斯可已經稱霸空中廣播、蟬聯《告示牌》排行榜，並且在各大舞廳中縈繞不去。迪斯可文化高舉身體感官、拒絕工作勞動，因此完全與家庭價值相互對立。不過或許最令人吃驚的，還是正如許多迪斯可文化的觀察者所言，迪斯可俱樂部是美國當時族群最為融合的公共場所。事實上，美國族群關係史上最大的諷刺之一，就在於酷兒與暴民本著欲望所創造出來的文化，在族群融合方面所取得的成就，竟然遠遠超過民權運動靠著道德主義與立法手段所達到的成果。

因此，並不令人意外地，對迪斯可文化最嚴厲的批判者多半都是馬丁·路德·金恩的傳人。民權運動人士傑西·傑克森（Jesse Jackson）對迪斯可的攻擊，幾乎可以說是直接引用金恩當年對搖滾樂的批評。傑克森說迪斯可是「充滿『性』的搖滾樂」，而且是「垃圾也是汙染，腐化了年輕人的心智與道德」。傑克森同時揚言抵制販售迪斯可唱片的商店，他所帶領的「推動組織」（Operation PUSH）也舉辦一系列會議，討論迪斯可的害處。迪斯可曲風後來自主流樂壇退場，不過其所催生的另一種文化形式，卻也讓民權運動的殘餘份子更為苦惱。從一九七〇年代後期以來，嘻哈的影響已經遠遠超過金恩的眼界。時到如今，兩大主流音樂類型及其視覺搭配展現，是爆猛的反種族隔離黑幫風格（gangsta style），以及炫耀消費、感官滿足式嘉年華的金光閃閃風格（bling）。

民權運動的成與敗，恰巧皆與當代非裔美人文化所表達的欲望與厭惡互相對應。即便愛拉．貝克（Ella Baker）及其他民運領袖都堅持當時靜坐運動的目標「不只是要爭漢堡」、「不僅限於爭取更多個人的小自由」（語出貝克本人），然而從靜坐參與者的說法卻可以知道，不少南方非裔美人都相當樂見公共場域去隔離化等小自由的來臨，並視之為加入消費文化的起點。亞特蘭大地區最大百貨公司的午餐櫃台開始服務黑人以後，第一批光顧的黑人竟身著華服（有的還穿起皮草大衣）以表慶祝，令發起靜坐者相當不悅。

白人自由運動

雖然民權運動力圖改革黑人勞工文化，但是黑人勞工文化對某一特定白人族群而言，卻代表了至少一定程度上的解放。這群白人，正是拒絕承擔公民義務，同時深受非裔美人文化享樂面向所吸引的「垮掉的一代」（the Beats）。所謂垮掉的一代，可以說是戰後臨摹非裔美人最為出名的一群作者，而其書寫的一大共同主題，正是透過參與黑人文化來克服白人中產青年的異化感。在艾倫．金斯堡（Allen Ginsberg）的長詩《嚎叫》（*Howling*）中，「最傑出的心靈」（best minds）衝破了中產階級的枷鎖，進入黑人貧民窟，縱情於性愛、藥物與情感的昇華滌淨。無獨有偶，傑克．凱魯亞克（Jack Kerouac）也在《在路上》（*On the Road*）一書中，清楚傳達了想要成為黑人、獲得自由的欲望。書中，故事主人翁抵達丹佛後，直接前往黑人社區，他說：「我走到……丹佛的有色人種區，心中想著我若是黑人，那該有多好。白人世界裡頭即便是最好的事物，其所能為我帶來的喜悅、生命、快樂、爽快、黑暗與音樂，都遠遠無法滿足我的需求。白人的夜，並不夠黑。」垮掉的一代和許多白人「種族叛徒」一樣，都將黑人文化簡化至純粹的感官層面，但也正是在此過程當中，他們找到了一種承載，帶領自己逃脫白人與公民身份的囹圄。

不過，垮掉的一代在當時白人青年大舉向非裔美人文化靠攏的潮流中，還只佔一小部分。一九五〇年代，黑人音樂所創造的營收，自市場總額的五％一路成長至七五％；到了一九六〇年代，數不盡的白種美國人不只購買、聆聽節奏藍調專輯，也喜歡對著這種音樂跳舞。白人反融合者認為，「叢林節奏」將導致「白人青年男女」退回「動物層次」，而這群人的主張沒錯，節奏藍調對感官與情感的解放，還有這種音樂本身的吸引力，的確深深威脅白人文化的社會基礎。這點特別可以從大批觀賞節奏藍調演奏的年輕白人女性身上得證——這些女性只要一走進舞池，就可以褪去性禁制，打破種族禁忌。有關黑人音樂對白人女性的意義，歌手查克．貝瑞（Chuck Berry）說得相當坦白。在作品〈棕眼帥哥〉（"Brown-Eyed Handsome Man"）與〈甜美的十六歲女孩〉（"Sweet Little Sixteen"）中，貝瑞都傳達了一件事：白人的性禁忌並非如種族歧視者的想像一樣，都是被不懷好意的黑人所打破，事實上，要論打破白人性禁忌，白人女性的欲望才是始作俑者。一九五〇年代晚期，執法單位開始對貝瑞實施制裁，在在證明了貝瑞的看法無誤。貝瑞兩度因違法曼恩法被捕，並被判處聯邦監獄三年徒刑。一九五九年，貝瑞在密西西比的美利迪恩（Meridian）登台後，再次遭警方逮捕，事由為一名白人青少年樂迷抓住他的脖子，然後給了他一個吻。

事實上，白人男性也認為黑人音樂極具解放性。如果有人不准他們聽黑人音樂，白人男子也會奮力抵抗。一九五〇年代晚期與一九六〇年代早期，黑人 DJ 雪利．史都華特（Shelly Stewart）憑著在阿拉巴馬州伯明罕（Birmingham）當地的黑人電台上表演節奏藍調，以及在每週舉辦的全白人赤足舞會（sock hop）(3) 上刷碟，培養出一大群白人樂迷。某次舞會上，八十名當地的三K黨成員包圍了舞會場所，揚言要傷害據傳「與白人女孩跳舞」的史都華特。眾人見狀，估計百人上下的一群青年男性舞客，竟群起攻擊三K黨成員，協助史都華特脫逃。

到了一九五〇年代晚期，節奏藍調極受白人青年歡迎，因而開啟了數所南方大學的族群融合之路。一九五八年，田納西州凡德比爾特大學（Vanderbilt University）學生報紙的編輯們，便進一步延伸對節奏藍調的熱愛，對高等教育中的種族隔離政策提出批判。在一系列社論中，黑人音樂受到的白人反對，被拿來與民權示威者受到的暴力鎮壓比較。撰文者並進一步呼籲校園應即刻實現族群融合。阿拉巴馬大學（Alabama University）雖然在一九六二年拒收校史上第一批黑人申請生，但校內的舞會社（Cortillion Club）在同年針對全體白人學生進行調查，以決定舞會嘉賓邀請對象時，學生卻從一份根本沒有黑人藝人的名單中，選出雷．查爾斯（Ray Charles）擔任舞會嘉賓。校報上指出，雷．查爾斯「以未列名候選人之姿，獲得壓倒性多數支持」。舞會社長於是根據結果邀請靈魂歌手查爾斯蒞校表演，不料卻受校方大力反對。一九六四年，雷．查爾斯再次獲選，然表演一事卻也再次因校方反對無疾而終。次年，南方學生組織委員會（Southern Student Organizing Committee，白人民權運動團體）主席指出，阿拉巴馬大學有相當比例的學生支持族群融合，令人驚訝；一九六六年，學生發起抗議，校方最後只好找詹姆斯．布朗蒞校表演。

當時許多樂手的出現，使得搖滾樂在一九六〇與一九七〇年代的流行樂榜上，成為鄉村音樂的勁敵，然而這些樂手多半都深受黑人勞工文化的影響。許多文獻皆指出，許多白人搖滾樂手都是在現場聆聽黑人音樂表演或節奏藍調廣播節目時，決定走上音樂之路。這些人所創造出來的音樂，完全改變了美國公民守則，他們拒絕公民與白人身份，改而追尋丹．艾姆特及其他早期黑臉藝人所全心欲求的事物。他們不願接受自己在美國文明中的位置（即W．E．B．杜伯口中「蒼白、僵硬而細瘦的存在」），全心羨慕著杜伯所謂奴隸們「對世界之美的感官感受」。

暴力的果實

馬丁・路德・金恩向來被視為美國的非暴力使徒，這項稱號可謂實至名歸；然而他所參與的運動，實際上卻是二十世紀最重大的一場蓄意謀殺，其謀殺對象正是壞黑鬼。

二次大戰期間，壞黑鬼愛穿祖特西裝的形象，開始受到白人關注，其暴民精神更感染了多數美國青年。當時，洛杉磯和哈林區都發生暴動事件，而這些暴動事件和祖特文化本身還有一整個世代的叛逆青年，都被視為國家安全威脅，而背後的罪魁禍首，就是美國眾多壞黑鬼。為了解決問題，一場誅殺壞黑鬼的詭計於是應運而生。

洛杉磯暴動事件落幕後，加州州長厄爾・華倫（Earl Warren）下令調查祖特一族的生成社會背景。在哈林地區，黑人青年心理學家肯尼斯・克拉克（Kenneth Clarke）也開始訪問參與暴動的黑人祖特族，並將結果出版於《異常心理學期刊》（*Journal of Abnormal Psychology*），試圖為暴動背後的反社會行為找出原因。當時，一位名叫古納・莫朵（Gunnar Myrdal）的瑞典社會學家碰巧在美國貧民窟進行田野調查，希望能替美國種族問題找到一勞永逸的解決辦法。這份研究後來命名為《美國兩難：黑人問題與現代民主》（*An American Dilemma: The Negro Problem and Modern Democracy*），於暴動事件隔年（一九四四年）出版。這

(3)（譯註）一九五〇年代開始在青少年族群流行的舞會形式，因為給青少年的舞會大都在學校體育館舉辦，脫掉鞋子僅穿襪子跳舞可以避免磨損地板，也可以跳得更滑順。

份研究報告付梓後，旋即成為全國暢銷書，直至今日都還是美國最受人敬仰的社會科學著作之一。不過，這份報告所內含的，正是重建時期以來第一個全面消滅壞黑鬼的計劃。

《美國兩難》一書主張黑人的「病理」是奴役與隔離政策的產物。對莫朵而言，眾多黑人病理之中，最為可怕者包括反工作的道德觀、對白人的敵意、性行為偏差以及莫朵所謂「缺乏穩定的黑人家庭」。該書試圖引導非裔美人與國家融合、「與美國文化同化」；然而，莫朵也警告，黑人首先必須重新接納自己所背棄的社會規範，習得「主流白種美國人尊敬的特質」，才能為美國文化所接受。

雖然莫朵是在勸誡非裔美人要追求同化，但他所提出最嚴厲的警告，卻是衝著白人而來。莫朵特別針對的，就是允許隔離政策持續存在，導致美國國力弱化的政界與商界人士。事實上，莫朵這裡的說法，與當年廢奴人士主張奴役會滋生懶散十分類似，雙方都認為族群間的融合與同化，是國家有效運作的前提：

> 不只是偶爾的暴力行為，其他像是懶散、粗心、不可靠、小盜小竊、撒謊等行為，也無疑源自內隱的敵意……事實就是，黑人一般並不覺得他們必須對白人善盡各種道德義務……這種自願的抽離，強化了兩個種姓之間的隔離，不過自我抽離也是一種黑人暗地表達抗議的形式。

隔離政策所造成的效率不彰，令戰後的族群自由派人士（racial liberals）感到相當焦急。一九四七年，總統民權委員會（President's Committee on Civil Rights）發布報告指出，黑人只要仍受隔離所害，就一日無法成為良好的士兵與勞工。報告發布後，杜魯門（Truman）政府遂開始於軍中推行族群融合。

> 也許隔離政策最高昂的代價，碰巧也是最難以具體感知的。不管是哪個國家，只要內部族群彼此存有敵意，就一定會感受到壓力。存活在緊張與懷疑之下的人民，無法有建設性地發揮能量。當人民的自我存在受到了限制，必將因此感到挫敗，而這樣的挫折將化為對主流族群的敵視……被

視為二等公民的人，行為自然會像二等公民，這點對我國所有少數族群皆適用。人格受損與人格發展受阻所帶來的代價，包括財富、生產力、發明力，以及公民與領導等方面的損失。這些損失已難以估量，美國的人力資源與國家競爭力無法再繼續承受如此沉重的負擔。

推廣種族自由主義（racial liberalism）論述最重要的功臣，莫過於愛蓮娜．羅斯福。其丈夫在位期間，羅斯福夫人一直都是民權運動最為積極的提倡者，同時也是戰後全國有色人種協進會（National Association for the Advancement of Colored People, NAACP）與戰後種族平等大會（Congress of Racial Equality）的重要成員。羅斯福夫人在上百篇文章及演講中堅稱，美國若一日不賦予非裔美人完整的公民權利，便一日無法達成國家對人民的民主承諾。然而她也和其他種族自由主義者一樣，深知公民權利並不全是享受而不用付出。一九四三年，羅斯福夫人為《黑人文摘》（*Negro Digest*）的白人專欄「如果我是黑人」寫過不少文章。她認為，非裔美人的確有憤怒的理由，但她也提醒非裔美人，公民權利同時也代表了勞動與犧牲。

> 我今天如果是黑人……我會知道要認真工作，設法成就現有狀況所允許的最好成果。雖然我承受了世代以來的經濟不平等，但我仍以逐步邁向各行各業頂層的同胞為榮。
>
> 我不要求太多，我會抓準每個臨到我的機會，證明我的素質與能力，即使不能馬上獲得認可，我也仍然會持續向外界證明自己，因為我知道良好的表現最後一定能被人看見……
>
> 我會藉由數算我的朋友，試著保持對自己的信念，而我的朋友之中一定有白人。

傳統上，美國最高法院一九五四年在布朗對教育局一案（Brown v. Board of Education）(4)中的裁決，向來被視為送給非裔美人的一項大禮。不過事實上，美國最高法院該裁決背後的理由，還是考量族群融合教育對企業主以及國家整體所能帶來的好處。最高法院明白指出，黑人不符常規的行為有害非裔美人與整體國家的整合。最高法院在裁決種族隔離教育違憲時表示，美國在剝奪黑人完整公民權利的同時，也剝奪了國家發展的良機，導致美國無法培育出新一代守紀律而多產的勞工與士兵。當時，大法官一致主張學校教育應取消種族隔離，以把握國家發展良機：

今天，地方政府與國家最重要的職能所在，也許就是教育。我國的國民義務教育法與教育開支，皆展現出國家深刻體認教育對民主社會的重要性。人民若要實踐最基本的公共責任，良好的教育實在不可或缺，而教育也不只是公民服兵役的重要前提，也是培育良好公民的重要基礎。今天，教育是教導學童文化價值的重要工具，能為學童做好準備，因應日後的專業技職訓練，並且協助他們妥善適應環境。

布朗案的裁決附帶了一個註腳，要讀者參照古納．莫朵的《美國兩難》一書。該法案中有關種族隔離讓黑人產生病態的論點，是引述自非裔美人肯尼斯．克拉克。至於寫下裁決者則是首席大法官厄爾．華倫（Earl Warren）。這項促使美國校園實現族群融合的裁決案，字裡行間其實充斥著對壞黑鬼的憂慮。

聯邦政府主動向黑人領袖提議實質上的族群融合，這還是美國史上頭一遭，而黑人領袖自然也抓準機會，要讓黑良民取代壞黑鬼。

在阿拉巴馬州的蒙哥馬利，地方上的民運領袖把布朗案裁決之後的那一年，幾乎都拿來尋找可以發揮催化劑功效的人物，並請她來代言計劃中的公車抵制運動。眾領袖一致認為，這位代言人應該要是女性，因為黑人女性較黑人男性能獲得更多同情感受。一九五五年初，第一位候選人出線，但她的品行卻不符合要求——三月之際，一位名叫克勞黛特．柯文（Claudette Colvin）的十五歲少女因違反蒙哥馬利的種族隔離命令，從公車上被強制驅離，民運領袖因此計劃發起抵制運動，以宣揚她的反抗之舉，但後來卻發現這位女孩竟然已未婚懷孕。不過，第二位代言候選人羅莎．帕克斯（Rosa Parks）若是與柯文相比，較能夠也較願意配合表現出女性愛家的可敬形象。帕克斯已婚、自制，更常上教會，因此非常適合扮演民權運動之母。在公車抵制運動期間，地方上的民運領袖對媒體如此形容帕克斯：「言行溫婉，言語輕柔」、「個性溫良，生氣時也不說粗話」、「是典型的美國主婦」。一位支持抵制運動的白人就說她「看起來像是母親節的代言人」。

當然，壞黑鬼並未自此從美國城市消聲匿跡。教科書所沒有告訴我們的，正是壞黑鬼在一九六〇年代的驚人成就——他們在不同化也不融合的情況下，為種族隔離的南方打開大門。

史學家一般同意，一九六三年伯明罕地區所發生的事件，深深影響了美國的族群關係發展，因為事件發生後的隔年，國會便通過民權法案，明文規定公共場合不得實施種族隔離。史學家多半也認為一九六三年五月份的非暴力抗爭扮演了重要角色。據傳，抗爭進行期間，伯明罕市的警察局長布爾．康納（Bull Connor）及其蠻暴同仁，竟以水柱和警犬對付和平群眾，導致地方上白人權力人士甚感不恥，於是強行取消伯明罕商業區的隔離政策。

當時，美國正與共產主義搏鬥，看誰能贏得第三世界廣大黑人的青睞，然而，美國卻在此時讓衣冠整齊的小朋友列隊走入監獄，並且用水柱與德國牧羊犬襲擊群眾，當此般畫面在全國電視上不斷放送，種族隔離政策便成為一種非消除不可的矛盾。而事實上，情況也的確如此發展：警方對群眾發動攻擊的畫面播

(4)（譯註）美國憲政史上，最高法院首次裁決種族隔離教育違憲的指標性訴訟案。

出後不久，伯明罕市府代表與當地商會便簽署協定，全面開放市區購物區，取消隔離，同時原本專屬白人的工作也開放黑人任職。至於登高一呼，希望發動「兒童聖戰」的馬金．路德．金恩，也正是在此時寫下著名的「來自伯明罕監獄的一封信」（Letter from Birmingham Jail），這封信很快就被納入美國書信文學正典，並且進一步確立了非暴力抗爭的重要性，使非暴力抗爭不只從此在道德上被美國文化視為正確，更讓這種抗爭手段成為推動社會變革最有效的方法。

然而，非暴力並不只是策略，金恩在書信中就明確指出非暴力手段的更深層政治意涵。非暴力民權運動並不只追求去隔離化，也不僅限於爭取空間權與白人特權，非暴力民權運動所追求的，更是完全的融合。對金恩及其他民運領袖而言，所謂完全融合，就是不同人種之間的完全結合。而要達成這個目標，非暴力手段就是必要戰略，因為金恩深深瞭解，若是黑人對白人暴力相向，白人便不可能歡迎黑人，此外，暴力手段也將破壞金恩所謂將所有人都綁在「同一命運之上」，「無法脫離的相互網絡」。

然而，在伯明罕成功去隔離化的史實敘述中，當地根本沒有參與這場運動的多數黑人族群，卻明顯缺席。事實上，他們的故事若是娓娓道來，絕對不會是非暴力與融合的佳話，反而會是一則以暴力維護自主權的奮鬥傳奇。

在伯明罕警察局的資料庫中，存有上百筆當地員警在民權運動發生前四年之間所上呈的報告，全都鉅細靡遺地描述了白人與非裔美人雙方的交鋒。這些報告清楚顯示，伯明罕當地全部由白人組成、種族歧視出了名的警方，以及以信奉隔離主義名聞全國的民眾，並非不受到來自黑人的抵抗，街頭上的暴力可以說是雙向的。報告中可見上百起事件，都是白人在侵犯了黑人自由以後（即便程度再輕微），遭到黑人拳打腳踢。黑人除動手教訓白人以外，也有動口咬人、持刀刺傷、開槍射擊白人的案例。

警方報告中所呈現出的另一個驚人面向，就是極多女性也非常凶猛地參與了上述的街頭戰爭。一九六二年四月二十九日，兩位員警為遞送停車罰單而抵達約翰．卡特（John Carter）住所，根據該案例報告的敘述，接下來的情事清楚顯示出一位普通黑人女性予取予求，認為社會虧欠她的心態，這位女性還以完全超越中產道德範圍的手段，來捍衛這種態度。

> 正當警方開單之際，卡特的妻子從屋裡走了出來，要先生別簽罰單。員警見狀，要她退回屋裡。不願離去的卡特太太一聽，開始吼叫大鬧，引來其他黑人關切。她向警方表示，街上是公共場所，沒人能要她離開。當警方決定逮捕卡特夫人，她便開始反抗撕抓，並且試圖咬傷員警傑克．帕克的手。正當帕克與這位黑人女性纏鬥之時，卡特先生更趁機攻擊員警帕克。

伯明罕警方在研究一九五九年遭逮捕的女性人數後，發現有十七位黑人女性因持有隱藏武器而遭逮捕，然而同年因同罪名被逮捕的白人女性卻只有一位。

不少案例則是黑人民眾因為生活空間遭警方入侵，因而突發集結反抗。譬如一九六〇年五月七日，位於黑人區南區（Southside）的三姐妹咖啡店就發生類似情事。事發當時，兩位員警進入咖啡店逮捕酒醉鬧事的一男一女，「導致數位黑人敵意大起，開始咒罵員警」，警方只好「派遣其他巡邏車到場支援」，以因應隨後所發生的大混戰。無獨有偶，一九五六年夏季某日，市立體育館舉行運動賽事過後也發生黑白群眾彼此暴力攻擊，起因是帶著嬰孩的哈洛德與維尼亞．雷夫妻兩人（Harold and Vinia Lay）聲稱被一名白人駕車撞擊，導致彼此發生口角。夫妻兩人後來遭到警方逮捕，卻極力反抗，最後被警方沿街拖回警局。案件審判期間，法官向夫妻訓示，表示兩人行為幾乎導致「種族暴動」。

至於拒捕的個案報告，史學家若要進行分析，有時必須多加小心，因為這些報告本身很可能是為了替警方的殘暴辯解而寫。不過，這些報告如果是來自一九五〇年代末期及一九六〇年代早期，當時警方對非裔美人的暴力行為還沒有進入全國論述，而且也尚未有任何伯明罕員警因為對非裔美人無端行使暴力而遭到定罪或懲戒，因此報告較不可能為了替警方辯護而特意扭曲事實。此外，多數事件當中，嫌疑犯幾乎都只受到輕傷，甚至毫髮無傷，受傷的反而是員警。伯明罕警局曾調查過的某長達十八個月的區間，平均每個月都有一名員警因民眾拒捕而受重傷。

受同樣抵抗所害的除了警方，還有白人平民。在當時的警方紀錄與新聞報導中，皆可見不少黑人公然挑戰白人權力，反抗空間隔離的案例。

一九五五年夏，市區市場的白人農夫要一群黑人青年別在攤位逗留，黑人青年拒絕以後，一位白人農夫竟腳踹其中一位黑人青年，三位黑人青年見狀先暫時離開現場，但不久後便與兩名較為年長的持槍友人返回；有了友人助陣，其中一位黑人青年開始嘲弄農夫。農夫之後向《伯明罕新聞》（*Birmingham News*）表示：「站在後面較為年長的男孩向我們挑釁，看我們敢不敢把那位男孩趕走……當我們動手要趕他時，他們就朝我們開槍。」該事件最後造成兩位農夫受傷，三位農夫險遭槍擊。

一九六〇年，金斯頓社區（該社區由一條鐵路從中經過，黑白群眾分居兩側）的白人居民開始向警方抱怨，當地許多黑人青年為走捷徑，常借白人街道前往某住宅區，後來甚至發生白人住屋遭到越界黑人投石攻擊，當地居民於是揚言要武裝自衛。在接下來數年期間，位於這個族群邊界區域的白人，持續抱怨黑人對其住屋進行攻擊，並指出他們只要逃回鐵軌的另一端就能躲避逮捕。

另一方面，若有白人入侵黑人社區，同樣也會遭到暴力復仇。一九六二年九月，一群白人青少年在黑人社區的主要幹道上駕車來回，根據其中一位青少年事後向警方提供的證詞可知，他們還從車上「對黑人叫囂，尤其針對黑人女孩」。這幾個人把車停好之後，兩名黑人男性「把他們抓住，打了一頓，然後離開現場」。事發一個月後，另一起事件的警方報告也述說了類似故事，主要是警方巡邏車獲報有人遭刺傷後前往現場，結果發現在場的三位白人少年，其中一位蓋瑞·霍普金斯（Gary Hopkins）被人從背後捅了一刀。霍普金斯表示，他走進藥品雜貨店的時候「不小心撞到了一名站在店前的黑人男性」。

他（霍普金斯）指出，那位黑人男性雙手叉腰，手肘因此突了出來，而他就是撞到黑人的手肘。相撞之後，雙方開始互相恐嚇咒罵，該黑人男性告訴霍普金斯以後最好別再出現在他眼前，然後就從背後捅了他一刀。

一九六〇年十月的某個週六夜晚，一位黑人光顧一家白人為主的咖啡店，先是走到櫃枱前點餐，然後向女服務生付錢。根據警方報告指出，兩位白人顧客見狀，便向該黑人表明他不能在這裡購買食物，女服務生則是請黑人移步店外稍後，待她將食物拿出去。正當黑人朝外走去時，幾位白人跟了上去停在門口，原來門口站了一群約十二人左右的黑人男性。根據服務生指出，門口的黑人「開始罵人、說粗話，要白人出來面對」。沒想到白人中有幾位真的衝了出去，結果遭到槍擊，導致其中一人受傷，在場黑人全數逃逸。

不過，伯明罕地區最戲劇化的暴力抵抗，大概還是由瑪蒂達·卡寧漢（Matilda Cunningham）這位二十歲黑人女性所引起的事件。她向警方表示，一九六〇年八月八日下午，三名白人男性來到她的公寓後門，要求她開門。

她拒絕之後，三人強行破壞紗門進入房內四處搜索，並且詢問瑪蒂達丈夫的下落。瑪蒂達說丈夫在工作，他們則說是要來教訓他的，因為他是不安份的黑鬼，曾被目睹出入西區一名白人女性的寓所。三人離開前，還承諾會再回來。

根據卡寧漢指出，三天後三人再次出現。

> 卡寧漢指出，她看見他們前來時便到後門看他們想幹什麼，他們說他們要進屋，她就請他們稍等，然後先回到屋裡。她說她接著拿了一枝霰彈槍朝就後門走去，三人一看便轉身逃跑。她從背後朝三人開了兩槍，沒有射中，其中一名男子回頭喊要她等著瞧。

到了一九五六年，白人間對黑人暴力的焦慮之甚，導致鄰近的工業城貝斯默（Bessemer）裡，白人開始相信黑人正在計劃所謂的「趕出日」，等那天到來時，黑人群眾將入侵市區，把所有白人趕出大街。所有貝斯默非值勤中的警力於是全被派往市區巡邏，但趕出日卻從未到來。

乍看之下，這幾起黑人攻擊白人的事件，似乎真的就只是惡意犯罪行為。一九五八年八月，一對年輕白人情侶走在深夜荒涼的街區裡，卻遭到四名黑人男性以玻璃瓶攻擊頭部，並持碎玻璃割傷。在另一起一九六一年三月份的類似案件中，六名二十多歲的黑人（四男兩女）在街上遇見一名落單行走的白人，竟先將他擊倒，然後割傷其肩手。的確，在類似案件當中，並沒有證據可以證明這些黑人是為了某種政治意圖而發動攻擊，不過這些行為對於伯明罕的去隔離化卻扮演了關鍵角色。

民權運動最為人所知的代表性畫面，大概就是一九六三年五月時，布爾．康納以水柱及警犬攻擊金恩所帶領的非暴力抗議群眾。不過，這幅景象所鮮為人知的，其實是當天的受害者並不是非暴力抗爭者，而是伯明罕事件史學家所謂的「旁觀者」、「袖手者」、「觀眾」以及「邊緣人士」。上列描述其實具有兩種作用，首先，說這群人是「旁觀者」，其實抹煞了一般非裔市民自發抗爭的這段歷史，因為從現在看來，這群旁觀的非裔美人，比起大步走入監牢的民權運動人士，更能代表伯明罕地區的黑人百姓。再來，這些形容詞為非裔美人貼上了　種受害者標籤，而這種身份正是金恩為達融合與同化所不斷尋求建立的。然而，被康納及其鷹犬所攻擊的群眾，幾乎不是「受害者」，而且他們的行為不論是在抗爭之前或抗爭進行當中，也都沒有展現融合與同化的意圖。

事實上，在五月抗爭期間，向警察丟石頭與酒瓶的人，遠遠超過非暴力抗爭者。而也正因為群眾訴諸暴力，康納才被迫採取殘暴手段。根據伯明罕警方文件，事件爆發首週就有四名員警遭石塊、酒瓶與磚塊擊傷，然而當時警方尚未動用水柱與警犬，一直要到五月七日暴動惡化，六名員警相繼掛彩時，康納才做

在一九六三年五月伯明罕的反種族隔離抗爭裡，旁觀者的對抗態度是遠比民權運動者和平遊行到監獄的「可敬」行動更為普遍。

出為他招致永生惡名的決定。之後數日，暴動強度持續增加，上千位南區黑人居民湧現街頭，不只以拳頭、石塊、酒瓶和警方針鋒相對，更有人持刀與槍攻擊警察。這場街頭戰役最後一共導致十名員警受傷，其中一名遭人持刀刺傷，另一名則是在他形容為「槍戰」的一起事件中受傷。

不過這一切又達成了什麼？答案也許可以從「來自伯明罕監獄的一封信」中，相當關鍵的時刻找到。金恩在信中，給了城市裡的白人菁英選擇的機會。他表示，他正站在黑人社群裡兩股勢力的中間，一邊是接受隔離政策、自得意滿的保守中產階級，另一頭則是他所謂「不滿與仇恨」的力量。金恩寫道：「我試圖站在兩股勢力之間，我認為我們不應像自得意滿的一方一樣無所作為，但也不應該像黑人民族主義一樣充滿憎惡與絕望。」金恩表示：

> 如果非暴力的哲學並未出現，我相信現在南方的許多大街上都將流滿鮮血。我也進一步相信如果我們的白人弟兄把我們這群實行非暴力手段的人，看成「暴民集結者」與「外部滋事者」，並且拒絕支持我們非暴力的行動。那麼上百萬黑人將因挫折與絕望而轉向黑人民族主義思想，藉以尋求安慰；如此一來，必將導致可怕的種族夢魘。

當我們瞭解伯明罕地區的黑人抗爭史其實並不可敬也不親愛，同時亦不追求和解與包容，我們就能了解金恩博士上述一席話，為何如此帶有威脅性。換句話說，如果伯明罕的白人不與金恩談判，同意開放黑人進入公共場所，那麼勢必就得持續面對這股憎惡與不滿的勢力，也就是街頭上的壞人。事實上，暴動持續數天以後，商界與政界的白人領袖就和民權領袖坐下來談判，簽署協定，同意黑人進入商業與公共場所，並向黑人開放市區商店中原本僅供白人申請的職業。然而，這並非所謂的融合，因為雖然現在黑人能在城市裡來去自如，但這項發展並未使非裔美人與白人共同生活，也並未使黑人開始過與白人一般的生活。此外，這場戰役的勝利，並非因為黑人訴諸白人良心，也不是黑人成功加入了美國大家庭，這場仗之所以打贏，只是因為黑人大大提高了隔離政策所可能付出的代價。

與金恩和南方基督教領袖會議（Southern Christian Leadership Conference）達成協議的伯明罕商會主席雪梨．斯邁爾（Sidney Smyer）曾說，他當時的動機不是因為對黑人心存友愛，而是為了使伯明罕重回秩序。斯邁爾將自己形容為「徹頭徹尾的隔離主義者」，「我現在所做的事，已經是我能力範圍裡對股東最有利的了」。他也對《華爾街日報》表示，「我們的所有資產都寄託於伯明罕這座城市，但是市區三〇％的房產卻閒置荒廢，無法發揮生產力。如果要發展，就一定要有成長，而城市要成長，就不能陷入仇恨與暴力。」斯邁爾日後曾回憶道：「說實話，我也想求點平靜。」

壞黑鬼成功使南方去隔離化，不過最為諷刺的是，壞黑鬼成功的手段，卻是透過一個誓言要讓壞黑鬼從世界上消失的人來發聲，這個人就是非暴力的使徒，馬丁．路德．金恩。

十五　同志解放，美國解放

同性戀族群並非一直都是暴民，不過自從他們拒絕成為美國良民開始，至今已為全體美國人開啟了諸多自由與樂趣。

一九五〇與一九六〇年代的「愛同志運動」（homophile movement）是美國的第一波同志政治運動，其所追求的是「公民權利」、「完整公民權」，以及「同性戀與異性戀並無二致的認可」。當時，整個美國正力圖將自己定義為異性戀，而同志運動人士所追求的並不是自由，而是包容。

美國對性反常（sexual deviancy）的聖戰，實質上是從一九五〇年二月開始。當時，一位國務院官員向國會做證表示，國務院內同性戀者比比皆是，於是在接下來五年之間，參議院開始調查政府內部的「變態者」，同時聯邦調查局開始監控上千美國人的性行為，美國軍方更加強開除性傾向反常者（因此原因退役者人數成長一倍）。此外，當時的總統艾森豪（Dwight Eisenhower）更下令禁止同性戀出任聯邦公職，求職者需事前接受性史審查；市級警局並針對同志酒吧以及同志集結釣人（cruising）場所進行上千次臨檢，報紙甚至直接公布因非法性實踐而遭逮捕的男女名單。

為因應一九五〇年代的反同志文化，馬達辛社（Mattachine Society）、比利提斯女兒（Daughters of Bilitis）、賈努斯社（Janus Society）等三大愛同志組織成員，紛紛採納黑人民權運動的「可敬政治學」，總是身著商務套裝以及保守衣著，以「常春藤風範」為風格指導，同時避免同志搖搖擺擺的走路方式、絕不將頭髮染成亮金、手腕也不縮在胸前、講話發音務求標準(1)。至於在社交集會上，愛同志組織成員也只觀看「由最高法院核可」的「同性戀相關科學紀錄片」，絕不播放「肌肉電影」。這些組織明白禁止著女裝的男性和極為陽剛的女性參與集會，其政治運動也僅限於找來認同同志的科學家，進行能夠證明同性戀很「正常」的研究。馬達辛社更決議不支持以「任何直接、具攻擊性的行為」作為達成目標手段。至於賈努斯社也幾乎和馬丁·路德·金恩二世以及其他支持同化的民運領袖一樣，要求「所有同性戀者奉行恰當行為準則，此行為準則以不招致批評、有助同性戀與異性戀社會整合為原則」。

不過在馬達辛社成立早期，創立成員之一便提出了不同策略。查克·羅蘭德（Chuck Rowland）來自從未有人談論同志議題的南達科達州小鎮，後來也在二戰期間服役，因此對異性戀世界的瞭解和一般人沒有兩樣。不過，馬達辛社一九五三年舉辦年會時，羅蘭德卻對既有的同化政治學提出批判，他說：「我們必須放下這種觀念，不要再以為我們和其他人只有性傾向不同，我們要的不應該只是自由表達性欲的權利。」羅蘭德表示，由於主流異性戀文化將同性戀者排除在外，我們「因此和其他文化族群有了不同發展」。他同時進一步呼籲，要馬達辛社成員肯定自己的情欲、樂趣、行為與身份，而非加以隱藏，同時聚焦創造「良德的同志文化」。羅蘭德的一席話說得非常好，可惜這卻是一整個世代當中，最後一次有人主張同志應自我肯定與自主。羅蘭德後來被組織領袖擊退，而最後馬達辛社的立場依然是「性變異者（同性戀）除性表達外，與一般人無異」，同時主張同性戀者應自我調整，奉行「社會一般可接受，同時和家庭、教會、國

---

(1)（譯註）原文作 lisping，意指舌頭突出於上下齒列間，導致口齒不清的現象，在美國是同志族群刻板印象之一。

家等社會體制相容的行為模式」。

根據雜誌報導，在一九六三年東岸的愛同志組織大會（conference of the East Coast Homophile Organizations）上，「主調就是死板的可敬風格」，「所有人服裝都相當保守」。會場上，「不准公然搖擺走路」，同時「幾位大搖大擺參與的變裝皇后，也遭到禮貌卻堅決地要求離開，若要回來必須先改採恰當服裝與行為」。報導最後總結，「由於眾人都相當懇切地追尋可敬氣質，各個組織都不鼓勵外觀明顯陰柔的人」。會議的專題講者是一位「身材高大，但面容姣好的女子」，名叫瓊恩．佛來許曼（Joan Fleischmann），她後來就表示「陽剛的男性與陰柔的女性對公關很有幫助」，能協助愛同志運動，而她之所以被選為會議主席，部分原因就是她看起來不像「刻板印象中的男人婆」。

愛同志組織發動抗爭時，主要形式是在靜默中行進數分鐘後，隨即在無語中快速離開。這些組織要求其成員在公共場合不應展現任何性傾向，「就連彼此觸碰與牽手也不行」。組織領袖同時不斷在對外發言中堅持「多數同性戀者除性傾向外，與其他人並無二致」，並且絕不談性，若出現「花枝招展的同性戀，會為整個同志族群帶來嘲笑與鄙視」，組織領袖更會對這些人加以抨擊。這群人最大的目標，就是抹除同志次文化的暴民過往，並且將同志重塑為可敬的美國人。的確，這樣的可敬策略在一九五〇與一九六〇年代的保守氣氛之下有其必要，可是該策略卻也徹底失敗，不只讓警方持續騷擾同志族群（事實上，受警方騷擾的問題在一九五〇與一九六〇年代甚至不減反增），該運動也並未替同志掙得任何公民權利。此外，這場運動由於消除了美國文化中最具威力的性異議形式，因此也促成了當時的性保守主義。

不過，就在一九六九年六月二十日清晨時分，紐約市格林威治村的石牆酒吧卻出現了驚人發展。當市區公共道德糾察隊的員警抵達現場，意圖逮捕同志顧客與黑手黨業主時，在場兩百多名酒客當中，許多人都拒絕就範，有的拔腿就跑，有的拒絕出示證件，有的則是走出酒吧，大方展現同性戀氣質。幾位跑出大門的顧客，更為群眾上演了一場戲仿表演，不停地矯態向警方敬禮，擺出各種姿勢。正如當時一家報紙所描述，「這些人將手腕縮在胸前、髮型華麗，一聽到眾人的掌聲，反應更是經典。」當晚，黑人、白人以及波多黎各裔的變裝皇后全都腳踩高跟鞋，和剪著平頭、身穿皮外套的陽剛女同性戀，併肩撿起磚頭與酒瓶，朝警方扔去，還有人放了火。而最令人心頭為之一震的是，當晚在場的所有人竟齊聲高喊「我們就是臭同性戀，我們今晚不回家！」一位全身著女裝、當時也在石牆現場的希薇亞·「雷」·莉維拉（Sylvia "Ray" Rivera）事後回憶道：「這麼多年來你們把我們當糞土，現在輪到我們了！……那天實在是我這輩子最了不得的一刻。」

當機動警隊抵達現場鎮壓暴動時，不少暴民開始像合唱樂隊女郎一樣，隨興組成踢腿舞排陣，開始大唱「我們是石牆女孩／頭髮捲捲／不穿內褲／毛還露出來」。當晚的眾多情景之中，其中之一與愛同志組織所勸導的形象完全相反，但卻也是美國史上最偉大的暴民時刻之一，觀察者如此回憶道：

> 我看見一群男的站一邊，警察則站在另一邊，全都雙腳站開，手持警棍。突然間，另一頭的皇后們全都把長褲捲成內褲的樣子，直挺挺站在警察面前。當時，警察那邊大概有十幾個人，皇后這邊則約有二十人，皇后們全部手搭著肩，組成踢腿舞排陣，警方見狀竟然以警棍發動攻擊，直接鎖定頭部開始打人，還把皇后們拉上警車。那幅畫面我一直忘不了，一邊是手持警棍的警察，一邊則是踢腿舞女郎，實在是太了不起了。更了不起的是，警方發動攻擊後，群眾的怒火也被點燃。事實上，我們平常就會當面戲稱警察為法莉莉（Lilly Law），所以他們早就習慣我們的坎普氣質，可是皇后們突然之間站成了踢腿舞陣勢，就好像在嘲笑警察的男子氣慨還有權威一樣。我想我自

己就是那時候開始憤怒的，因為……好多人都被用警棍打頭，只因為他們排成一排跳踢腿舞。一九六五年在白宮前身著商務西服，為同志「公民權」遊行的蘭迪．威克（Randy Wicker）表示：「高聲尖叫的變裝皇后排成合唱女郎的陣勢開始跳踢腿舞，這是我最不希望同性戀在社會眼中留下的形象……別人還以為我們就是一群在格林威治村胡作非為，廉價而沒有品味的變裝皇后。」

次夜，酒吧前聚集了更多人，另一場暴動於是展開；接下來連續五天晚上，夜夜都有抗爭行動。詩人艾倫．金斯堡在一九四三年還是青少年的時候，就發現自己內心「的同性戀如重山一般」。石牆事件發生時，金斯堡就發現，暴動者的臉上有一種嶄新的面容——「這些男人好美，十年前所有同志臉上都有的那種受傷表情已不復見」。

愛同志運動一直以來都在所有出版物中，避免使用同志（gay）字眼，然而石牆事件以後，卻出現了名為同志解放陣線（Gay Liberation Front, GLF）的組織。石牆事件不到六個月後，紐約同志運動人士更興辦名為《同志》（*Gay*）、《同志力量》（*Gay Power*）、《出櫃！》（*Come Out!*）等多份報紙，其讀者數量在一年之間就來到兩萬至兩萬五千人。此外，緊接著展開的同志解放運動，更成功終止了警方騷擾，為一整個世代的美國酷兒與直人（straight，指異性戀者），打破男女性傾向的既定概念。

石牆事件以前，同性戀一般被視為疾病或者邪惡，而同志場所更在所有城市中列屬非法。然而在一九七〇年，亦即石牆事件次年，上萬名男女於紐約中央公園和洛杉磯格里菲斯（Griffith Park）公園集結，舉辦大型出櫃派對。同時，為紀念石牆事件，第一波同志大遊行也於全美境內展開。整個一九七〇年代，同志解放組織紛紛於美國和其他國家成立，各大學也相繼開設男同志與女同志研究課程。在百老匯劇場與好萊塢電影中，同性戀更成為常見主題。對廣大男女同志而言，最戲劇性的轉變莫過於警方自此不再騷擾同志酒吧與浴場。在後石牆年代，即便是小鎮裡的同志酒吧也不再需要躲躲藏藏。一九七七年時，全美至少已有一二九間大方營業的同志浴場。

對同性戀而言，同志解放對同志生活所造成的徹底轉變難以計數。首先，性愛不只從衣櫃當中被解放，同時也從家庭中被帶入公共場域。一九七〇年代，同志在公共場合的性愛極為猖獗、不羞不恥，不論是早期克里斯多福街的碼頭、肉品包裝區的卡車後方、聖馬克浴場（St. Mark's Baths）、火島（Fire Island）的沙丘、同志俱樂部，還是西村的門廊，同志性愛都引導著整體美國將衣服褪下。非婚、非繁衍、純娛樂的性愛（同性戀也只能實踐這種性愛）首次在美國文化當中獲得核可。石牆事件後不久，《性愛聖經》（*The Joy of Sex*）這部早幾年必定被當成情色刊物禁止的作品，卻在《紐約時報》暢銷榜上蟬連七十週，書中為美國上百萬美國異性戀者引介了過往被視為下流變態的性愛姿勢。正如我們所見，在石牆以前，口交向來被視為娼妓與同性戀的專利，譬如醫學性學家愛德溫·赫許（Edwin Hirsch）在一九三四年就表示，口交「一般被視為值得憎惡，其所顯示出的性變態程度令人悲哀」。石牆暴動前不久，醫學專家大衛·魯本（David Reuben）出版了暢銷書《性愛：任何你想知道卻不敢問的事》（*Everything You Always Wanted to Know About Sex but were Afraid to Ask*, 1969），而他和美國第一批同性性行為醫學「專家」都斷言，口交在同性性行為中扮演「重要角色」，但是對多數異性戀者而言，「根本的問題」還是「要或不要？」不過石牆事件之後，幾乎所有人的答案都是「要」。

在石牆事件以前，火島這座紐約上千男同志的遊樂園，是美國境內唯一官方容忍的天體海灘，然而石牆事件以後，東西兩岸的非法天體海灘開始顯著成長，到了一九七三年，包含鱈魚角國家海岸（Cape Cod National Seashore）、羅德島月石海灘（Moonstone Beach）、洛杉磯威尼斯海灘（Venice Beach）與聖地牙哥的布萊克斯海灘（Black's Beach）在內的美國多處海岸，都已為天體人士所佔領。一九七三年，尤金．卡倫（Eugene Callen）及其他異性戀天體運動人士成立抗議與遊說組織「海濱 USA」（Beachfront USA），力求推動美國天體沙灘合法化。次年，估計就有超過一千名天體人士每日造訪加州的威尼斯海灘。這波「天然主義」不久後也開始在東岸傳播，到了一九七〇年代中期，佛羅里達至緬因州一帶已有越來越多海灘為天體人士所據（緬因州聚集了不少最頑強的天體人士）。一九七八年，李．巴克珊朵（Lee Baxandall）在鱈魚角受到裸體群眾熱情感召後，開始發行《自由海灘》雜誌（*Free Beaches*），並且創辦自由海灘紀錄中心（Free Beaches Documentation Center），彙整全球各地的裸體海灘資料。不久後，巴克珊朵還出版《李．巴克珊朵的世界天體娛樂指南》（*Lee Baxandall's World Guide to Nude Recreation*），書中全彩羅列全球各地的天體去處，成為國際天體人士的旅遊聖經。巴克珊朵與卡倫後來更在未經政府許可的情況下，推動「全國裸體日」以及「全國裸體週」。

一直到石牆事件以前，心理醫師不只視同性戀為精神疾病，也認為在一個人的個性當中，男性氣質與女性氣質必呈反比分布，亦即愈陰柔的人，就愈不陽剛，反之亦然。不過在石牆事件以後，整體心理學界和美國文化在上述兩點的看法上，都改變了立場。

一九七〇年五月，同志解放陣線洛杉磯分會在石牆事件和同志自由運動蓬勃發展的鼓舞之下，滲透美國心理學會（American Psychiatric Association, APA）所舉辦的行為矯正會議。正當會上播放影片，顯示如何以電擊療法減少同性情愫時，同志解放陣線成員開始大叫「酷刑！」「野蠻！」，並搶過麥克風，高呼醫師若對同性戀實施電療，就是淪為施加酷刑的共犯，並且主張同性戀並非心理疾病。兩年以後，美國心理學會似乎感受到了全國氣氛的轉變，於是邀請同志運動人士於學會的全國大會上發言。一九七三年，美國心理學會理事會（Board of Trustees）正式投票將同性戀自《精神疾病診斷與統計手冊》（*Diagnostic and Statistical Manual of Mental Disorders*）中除名。同年，心理學界也開始採行「班姆性別角色量表」（Bem Sex-Role Inventory），此量表將男性與女性氣質分開量測，並相信兩者能共存於個人之中。自此以後，美國人不再只談論陰柔或者陽剛的個性氣質，更有「雌雄同體」此一類別，用來指涉同時擁有男性與女性氣質，或兩性氣質皆缺乏者。

事實上，今天的同性婚姻運動（可謂愛同志運動的復興）不只終結了同志解放運動，也正導致直人解放運動畫上句點，似乎是要所有人都退回一九五〇年代。同志婚姻運動和愛同志運動一樣，都以爭取完整公民權為目標，並為此要求同志族群奉行美國品德的文化規範，不只要有事生產，更要無私奉獻、勇負責任、性愛克制，尤其要壓抑同性特質的表現。為合理化上述要求，同性婚姻的支持者更將同性伴侶描繪成全心奉獻、犧牲自我、勤奮努力的成人。

石牆事件後的同志驕傲運動（gay pride）每年舉辦大遊行，行進隊伍中每每出現裸身或半裸遊行者，共同慶祝性開放；然而，同性婚姻運動卻以「無性」手法包裝同志，意圖使同志關係變得柏拉圖形而上。該運動領袖甚至提議禁止變裝皇后參與遊行，主張為遊行者訂定服儀規範。此外，許多男同志、女同志、雙性戀、跨性別者的民權組織網站上，對性的壓抑與對言語得體的強調，都顯而易見。二〇〇〇年代早期，同志運動團體「浪達」（Lambda Legal）的網站上就可見許多男女同志伴侶的個人檔案，可是這些伴侶無不感情長跑多年、擁有正當職業，其中更不乏為人父母或祖父母者。譬如瑪格蕾瑟·卡莫梅耶（Margarethe Cammermeyer）上校與戴安·迪瓦貝斯（Diane Divelbess）這對伴侶，就分別因為「在越戰服役中表現傑出」與「曾擔任傑出教授」而獲頒銅星勳章（Bronze Star）。此外，許多同志軍人雖然都在該網站介紹軍中同志的頁面上，洋洋灑灑寫下諸多豐功偉業，但是卻對自己的性傾向隻字未提。這種以「責任感」替代「欲望」的現象，同樣可見於卡洛琳．康拉德（Carolyn Conrad）與凱特琳．彼德森（Kathleen Peterson）的民事結合中。康拉德曾指出，「我第一次遇見凱特琳時，因為她騎機車而愛上她，不過現在，我是因為她按時支付機車貸款而愛她。」同性婚姻運動人士堅信，唯有透過此番改革，同志族群才能重獲長期被剝奪的權利。可是事實上，這些公民權利在歐洲早就能透過「同居伴侶」制度取得，而且許多美國主要企業今天也都提供未婚的同居伴侶完整福利。

上述發展對男同志、女同志與跨性別者的意涵已經相當清楚，不過對異性戀直人而言，這樣的發展也具有深遠影響。愛同志與同性婚姻運動其實說穿了，就是在宣揚一件事，那就是注重健康的人，一定都得組成核心家庭；更甚者，這種思維不僅傳達同性性行為應加以限制、隱藏，它更和美國建國以來國家文化中的清教徒思想一樣，主張所有的性都應加以限制和隱藏。於是，對於所有拒絕這種思想的人來說，石牆年代的酷兒們就成了國家英雄。

十六　幾乎自由：鄉巴佬與嬉皮的承諾和悲劇

雖然白人似乎在二十世紀這一百年內丟失了節奏與韻律，但還是留下了一點暴民性質。一九六〇與一九七〇年代之際，數百萬白種美國人都曾經一度拒絕成為良民，不過最後這些人多數還是重回清教徒與開國先賢的價值體系。

一九六〇年代時，許多白人的行為都像暴民，而其中最廣為人知的就是嬉皮與反戰人士。不過除了這兩大陣營以外，仍然有許多其貌不揚的白人，行為表現就好像當年「懶散無用」的奴隸一樣。很少人知道，一九六〇年代時，比起一肩扛起職場責任，廣大白人勞工似乎更想一走了之，而且該現象在汽車產業中尤其明顯。當時，許多車廠的單日曠職情形翻倍成長，此外，在所有產業當中，未經工會核可的罷工行動也成長了一倍，於一九六九年創下超過兩千次的罷工紀錄。更甚者，職場破壞、不服經理與抗拒工會代表命令，還有各式產業不服從也都顯著增加。

這段期間內，雖然許多白人都拒絕接受美國的工作倫理觀念，但是「大美國主義」卻不乏支持者。事實上，若要體會另一群白人勞工階級對美國的文化認同之深，只要看看珍珠港事件以後，大眾對於美國軍事行動的支持程度即可。即便是在瀰漫反戰風氣的越戰期間，白人勞工階級對反戰運動的敵意，在社會上仍然極為強烈。譬如當時最大的親戰示威活動，主要都是由白人行業工會所主導；一九七〇年春，紐約、聖路易與亞歷桑納州坦普（Tempe）地區的白人建築工甚至對反戰人士發動暴力攻擊。

事實上，鄉村音樂崛起、成為勞工階級主要文化形式一事，就充足印證了白人勞工的愛國心。二戰期間，鄉村音樂同時以流行樂和愛國樂曲的姿態開始在美國流行，到了戰爭結束時，全美至少已有六十五家唱片公司發行鄉村音樂，而鄉村音樂的流行程度也在戰後持續擴大，不再僅限於南方傳統發源地。一九四七年，《告示牌》雜誌指出，鄉村歌手在全美都極為賺錢，而賓州、俄亥俄州、密西根州等地更是鄉村音樂最大的幾個市場。二戰期間，許多鄉村歌曲都帶有愛國元素，譬如洛伊·愛克夫的（Roy Acuff）〈珍珠港上的儒夫〉（"Cowards over Pearl Harbor"）、巴布·威里斯（Bob Wilis）的〈硫磺島上的星條旗〉（"Stars and Stripes on Iwo Jima"）和〈沖繩的白色十字架〉（"White Cross on Okinawa"），以及卡爾森·羅賓森（Carson Robison）歌名直白的〈我們接下來應該要打骯髒的小日本一巴掌（而山姆大叔是唯一能做到這件事的人）〉（"We're Gonna Have to Slap the Dirty Little Jap (and Uncle Sam's the Guy Who Can Do It)"）。戰爭期間，所有音樂類別中最受歡迎的歌曲之一就是人稱「鄉巴佬歌手」艾爾頓·布里特（Elton Britt）所錄製的〈某處星條旗正飄揚〉（"There's a Star Spangled Banner Waving Somewhere"）。這首歌的主角是一位請求山姆大叔讓他上戰場的跛腳「山上男孩」，歌詞如此唱道：「上帝給我當自由美國人的權利，而我甘為這珍貴的權利奉獻生命。」一九四二年，《告示牌》雜誌也指出鄉村歌曲中顯著的愛國情操：

> 音樂點唱器上的親戰鄉村音樂極受歡迎，這指出了（鄉村音樂）不只是流行歌曲，更符合政府官員要求的戰爭歌曲……產出的作品……對士氣很有幫助。

鄉村樂手對國家的忠心持續到了冷戰時期，期間寫下諸多大力反共的歌曲，譬如哈利·科埃特（Harry Choate）的〈韓國，我們來了〉（"Korea, Here We Come"）、吉米·奧斯邦（Jimmie Osborne）的〈感謝上帝讓我們在韓國打勝仗〉（"Thank God for Victory in Korea"），以及吉米·狄更斯（Jimmie Dickens）的〈他們將上帝鎖在鐵幕外〉（"They Locked God Outside the iron Curtain"），艾爾頓．布里特的〈我們要的紅色是既有的紅色（也就是藍白紅的紅色）〉（"The Red We Want Is the Red We've Got (In That Old Red, White, and Blue)"）。漢克．威廉斯（Hank Williams）也對喬瑟夫．史達林說〈老喬，不對，不對！〉（"No, No, Joe"）。在另一首〈給老喬的建議〉（"Advice to Joe"）裡，歌手羅伊．愛克夫則警告這位蘇維埃獨裁者，有朝一日「莫斯科會化為塵土」。

一九六〇年代時，雖然「反文化」興起，鄉村音樂仍是多數白人勞工階級的最愛。當時，純鄉村樂的廣播電台數量從一九六一年的八十一台成長至一九六六年的三百二十八台。到了一九六六年時，鄉村音樂的流行普及已不再僅限於「鄉村」，根據一份市調指出，到了一九六〇年代中期，最典型的鄉村音樂聽眾已經變成住在大都會鄰近區域的技術或半技術勞工。

在越戰期間，鄉村音樂的內容變得更加激進愛國，只見眾鄉村樂手領頭打擊反戰運動。當時，許多歌曲不只譴責「嬉皮」與「懷疑者」，直指他們「寧願進監牢也不願受國家徵召」，更時常揚言要以暴力制裁這群人。譬如莫爾．海格德（Merle Haggard）就向反戰者警告，說他們〈站在與我為敵的那邊〉（"The Fighting Side of Me"）。派特．布恩（Pat Boone）的〈兄弟，真希望你在這裡〉（"Wish You Were Here, Buddy"）則是以某士兵為敘事者，在曲中對逃避徵兵的朋友發誓，戰爭一旦結束，「我就會放下槍、脫下制服，把你找出來」。至於維克多．隆德堡（Victor Lundberg）則在〈給青少年兒子的公開信〉（"Open Letter to My Teenage Son"）中宣誓如果兒子燒了徵兵卡，他就會與之斷絕親子關係。

除全心愛國以外，鄉村音樂以及消費鄉村音樂的白人美國大眾，也全心投入了組成美國文化公民身份的其他面向；譬如許多鄉村歌曲都高舉或守護核心異性戀的家庭價值（此形式的家庭組成可謂美國立國根本），其中塔咪·懷內特（Tammy Wynette）的〈守護你的男人〉（"Stand by Your Man"）一曲正是女鄉村歌手銷售量最好的作品，至於她的另一首〈別解放我，愛我就好〉（"Don't Liberate Me, Love Me"）也成為反女性運動的親家庭（pro-family）代言歌曲。當時的主要女性鄉村歌手還有羅瑞塔·林恩（Loretta Lynn）以及桃莉·巴頓（Dolly Parton），兩人雖然在作品中表達出比懷內特更為獨立的女性意識，但也始終堅守家庭主婦應自我犧牲、投入家庭的價值觀，與「為女性解放走上街頭」的女性運動人士分庭抗禮。一九六〇與一九七〇年代時，女性鄉村歌手所演唱的歌曲，只要是提倡母職、貞潔、一夫一妻、扶養子女者，銷量必要好過描述女性的性意識、在外偷吃、到鄉村酒吧跳舞，或者愛好喝酒的歌曲。不少學者都指出，即使是所謂「法外」鄉村運動中那些率性、酗酒、風流的牛仔歌曲，其歌詞也都透露出唯有「良好的婚姻才是合意的男女關係」。

不過在工作倫理觀念方面，戰後的鄉村音樂則表達出一種深沉而痛苦的矛盾。莫爾·崔維斯（Merle Travis）的〈十六噸〉（"Sixteen Tons"）、強尼·佩切克（Johnny Paycheck）的〈我他媽不幹了〉（"Take This Job and Shove it"）以及強尼·卡許（Johnny Cash）的〈萬尼老闆〉（"Oney"）和〈一次偷一點〉（"One Piece at a Time"）等歌曲，所講述的都是勞工對老闆的頤指氣使發動小規模反叛。這些反叛的性質，雖然與所謂野貓罷工和各式先前提過的職場反抗行為相似，不過卻未對「所謂的勞動道德與義務」提出挑戰。事實上，這幾首曲子的歌詞，其實都同時表達了對工作的憎惡與驕傲。一九六〇年代晚期與一九七〇年代早期最紅的鄉村巨星莫爾·海格德（Merle Haggard）最能代表這種矛盾情懷。在暢銷曲〈艱苦人的藍調〉（"Workin' Man Blues"）中，海格德唱出為養活「一妻九子」而「焚膏繼晷」的苦處，工作的辛勞讓他天天上酒館，心中只想著「搭上火車，前往另一座城鎮」。不過，家庭妻小與不能沒有工作的道德觀卻讓他選擇留下來：

我又回去幹活了，
因為孩子們等著穿新鞋……
我從來沒領過救濟金
我絕不當那種人
我會不停工作
只要雙手還動的了就不會停。

鄉村音樂對工作道德觀的執著，同樣也可以從底下幾首蔑視社會救濟的歌曲中看出端倪。羅瑞塔·林恩有一首曲子就叫〈現在的男人很少像我爸一樣了〉（"They Don't Make 'Em Like My Daddy Anymore"），因為她的父親「是真正的男人，做多少事賺多少錢」，而且「從不伸手求人」。至於蓋伊·德雷克（Guy Drake）則把話講得更白，他曾在〈靠救濟換來的凱迪拉克〉（"Welfare Cadillac"）一曲中嘲笑車子的主人，說這位車主「向來不太工作」，只因為「從聯邦政府」領了很多救濟金才買得起豪華轎車。難以否認的，這些膾炙人口的歌曲勢必代表了大部分美國白人的立場，不過聽完這些歌曲，我們其實就可以了解，為何二十世紀的美國不曾為了爭取縮短工時而出現廣泛而持續的勞工運動，進而二十世紀末美國勞工的工作時數之所以平均每年要比歐洲勞工多出一百到三百小時，也就不再難以理解。

鄉村音樂後來之所以成為「新右派」崛起的主題曲，絕非巧合。來自阿拉巴馬州的隔離主義者喬治·華勒斯（George Wallace）曾向「每天為生計打拚的老百姓」承諾推動減稅、終結福利救濟、停止外援、強化軍備、壓制反戰抗爭者。這位華勒斯分別在一九六四、一九六八與一九七二年度競選總統，而在華勒斯前往各地巡迴拜票時，就以鄉村樂隊為主打特色，不少鄉村樂手也都替華勒斯背書。華勒斯競選過程中最值得注意的面向，就是他在工業化的北方受到熱烈支持，尤以車廠勞工最為捧場。一九六八年時，華勒斯在美國汽車工人聯盟（United Automobile Workers）內部獲得極大支持，導致自由派的該聯盟領袖最後必須動員六百名全職員工與五十萬資金，來和華勒斯抗衡。不過，四年以後，華勒斯仍然在密西根州贏得民主黨初選，而且幾乎拿下工會絕大多數選票。許多支持華勒斯的勞工階級群眾，事實上都是有感於華勒斯對非裔美人提出各種潛藏抨擊而支持他，特別是他在提及所謂的福利賊、犯罪與校車接送問題的時候，更可以感受到他對黑人的敵意。無獨有偶，許多鄉村樂迷中也都將喜愛曲目中那些「遊手好閒者」與「城市捕食者」與黑人畫上等號。不過，華勒斯最為外顯的抨擊，總是以白人菁英階級為對對象——他指出現今的「官僚」與「理論學究」，正如那些自一九三〇年代以來就主導美國政治文化的新政自由派人士一樣，硬是要將其宏大的社會管控計劃，強加於國家辛勤的勞工與納稅人之上。

理察．尼克森在一九六八年與一九七二年兩次贏得大選時，向人民許下的承諾幾乎和華勒斯如出一轍。尼克森同樣也受到泰克斯．里特（Tex Ritter）、羅伊．愛克夫等鄉村樂手背書支持。尼克森成為總統後，甚至邀請莫爾．海格德與強尼．卡許兩人至白宮演出。無獨有偶，羅納德．雷根也在一九八〇年主張「工作與家庭為生命核心、亦為自由民族的尊嚴基礎」，並承諾以減稅與激進軍備為手段，守護這個重要基礎；最後，雷根成功贏得了總統大選。光是雷根打敗卡特（Jimmy Carter）入主白宮的那年，就有超過兩百家廣播電台決定改為全鄉村頻道，而在一九七七至一九八三年間，鄉村電台更從一千一百四十台成長至兩千兩百六十六台。早先雷根還在擔任加州州長的時候，不只赦免了莫爾．海格德之前所犯下的竊盜重罪，後來當選總統以後，更數度邀請這位「馬斯柯基來的奧基」（Okie from Muskogee）(1)至白宮演出。

這種「新右派」及其文化表達，將暴民對菁英社會控制的反抗，與個人對國家、家庭、勞動的義務，做了有效結合（這些義務為戰後美國公民基本責任的主要構成）。此時期和先前一樣，公民與白人身份在概念建構上被畫上等號，而非裔美人則成為「非公民」的反參考模範。此外，這種對公民與白人身份的雙重投入，皆首重奉行自我克制的父權主義，亦即社會上一般男性，應努力工作扶養家庭，而非依靠國家支助。同時父權角色更應犧牲自我，保護家庭不受娼妓、罪犯、共產義者等敵人的侵害。

回到美國之土

即便絕大多數的美國白人都追隨莫爾．海格德的腳步，走向上述這種半暴民、半公民的矛盾，仍然有許多族群（諸如祖特族、搖滾樂族、垮掉的一代等）都企盼自己可以從這樣的文化遺產中徹底解放出來。

一九六〇與七〇年代的嬉皮，可謂搖滾樂運動最為人知的旁支，不過嬉皮的生活態度雖然強調玩樂與放蕩，卻也和他們的死對頭——美國鄉巴佬——一樣陷入了矛盾的困境。我們一般認為的嬉皮特色，包含了情愛解放、逃避工作、吸食大麻、服用迷幻藥、喜好自然、追求流浪等等；而的確，許多嬉皮人士，特別是留在城市當中、並未完全擁抱自然生活的那群，確實維持著反勞動、反一夫一妻、反為國效力的暴民生活型態。不過，徹底落實嬉皮信條的另外一群人，卻發現自己的生活就許多方面而言，竟都比他們所欲逃

---

(1)（譯註）馬斯柯基位於奧克拉荷馬州，而 Okie 為俚語中稱該州州民的稱呼。

離的「正當」美國人還要更受限、更艱苦、更不自由。

一九六〇年代晚期，數以百計的嬉皮人士離開城市與郊區，前往鄉間建立自足社群。這些「理念村」（intentional communities）一般地處偏遠，以利重建工業化以前的農業社會，而也正因為遺世獨立，此類居民不得不從事某種程度上的農業工作。雖然這些遙遠村落裡的嬉皮，多半看不起汲汲營營、無意義的勞動，但事實上他們每天的工作量卻比一般美國勞工更為繁重（除非成員中有富裕人士或遺產繼承人）。譬如說，他們的用水必須從大然來源取得（居民必須徒手挖井），食物得在沒有機械的情況下栽種，每日限額的麵包必須在自家烤箱裡烘烤，衣服不能靠縫紉機來製成，房子的一磚一瓦更需要自己徒手興建。為求更「道地原始」的生產方式，各種「節力」技術一般都鮮少使用。根據社會學家吉爾伯特·吉克林（Gilbert Zicklin）指出，在許多嬉皮村裡，「自然主義者皆反對使用先進科技，並不時以人力及畜力替代」。某一理念村的部分成員曾表達厭倦，認為不必總是向節力器材說不，要求改以汽油拖拉機犁田，不過其他成員卻譴責他們，認為除了鋤耙以外的任何器具，都違反了當初建村的宗旨。至於奧瑞岡州北部山區的黑尼公社（Haney）裡，居民則時常騎著驢子往返好幾哩，到鄰近的城鎮補給必需品。更有其他村落試圖回到農業時代以前的日子——樂廉·羅倫真（Lelain Lorenzen）在回憶時就提到，她曾經「在野外採食，有時候是採很多核桃，我們也會採酸模草，你知道羊酸模草嗎？酸酸的那種，採回來之後煮成湯喝。」

在許多村落中，勞務性別分工只有小幅更動，目的是要最大化所有人的工作量。在佛蒙特州的「完全遺失農場」（Total Loss Farm，一九六〇年代較為知名的理念村之一），煮飯、清掃等工作幾乎由女性負責，而拖拉、木工、劈柴等還是交給男性。不過，由於現代性別分工的生產力仍不足以應付農業生活，所以不管男性女性都還得負責額外勞務。除了傳統性別分工之下的工作，女性還得協助殺豬、擠奶、掘井；而許多男性則是在外工作一整天後，還得下廚幫忙。村落中一位女性成員指出，光是要保存食物就得下好多工夫：

> 整個九月和十月好像都在設法保存食物，其實如果把我們每天的工時都算出來，再乘以每小時一塊六，根本不比直接購買食物省下多少。可是我們選擇這種生活方式，本來就不是為了賺錢。

的確，這群人之所以如此生活，就是為了讓生活更艱苦。

雖然嬉皮女性總是宣稱自己是激進分子，但她們卻同時自傲地指出，她們當初的生活和美國保守德行的典範人物——拓荒時期的女性——十分相似。阿亞拉．塔爾派（Ayala Talpai）曾與丈夫及五名子女靠土地為生，她還記得以前「晚餐時，要提著籃子到花園裡……每天要擠兩次牛奶。起司、奶油、卡達乾酪、優格、白脫鮮乳、鮮奶油、冰淇淋等都是自己做的……不過要花很多時間。煮飯是在木灶上煮，做什麼事都得靠木灶。丈夫的襪子是我自己紡、自己染的紗織製而成。他工作的時候帶出門的午餐三明治裡，麵包、美乃滋、生菜、起司也是家裡做的，就連他頭上戴的帽子身上穿的衣服，也都是我做的，我的天啊！」諾妮．金潔（Nonie Gienger）也曾與老公和孩子嘗試過「自然生活」。當時，他們一家必須自行採集「海草、蕁麻、車前草、蒲公英、野蘋果……就連做麵包用的麵粉也是自己磨的。我活活生就像個女性拓荒者，靠著極少量的金錢維生，不過感覺卻相當好，因為所有東西的來歷我都了然於心。」金潔的兒子有一次因為喝了不乾淨的水而染上下痢，她說：「有一天我發現他在外頭哭，拉到腸子都掉出來了。我不知道發生什麼事，覺得非常害怕。」金潔後來以草藥治療兒子。

瑪莉蓮．馬德貝爾．史考特（Marylyn Motherbear Scott）在形容她「回歸大地」的嬉皮生活時，口吻也像極了無數拓荒小說的內容：「我們抵達的時候，土地上什麼也沒洧，只有一隻馬槽，所以房子、水塔、道路都要自己蓋，每天一直蓋，一直蓋。另外還有生小孩也是自己來，我是在家分娩的，小孩也是自己照顧，每天和小孩睡同一張床，在家裡教他們讀書寫字。此外還要種菜、建屋，煮飯也是從零開始，什麼都得自己來，麵包自己做、起司自己做、豆腐也自己做。我還弄了塊小菜園，自己種菜。就我所知，我甚至是第一個種紫玉米還有其他新式食物的人。各類種子、豆類、蔬菜，全都自己種。」

有些自然派的村落成員和美國原住民站在同一邊，抱持著苦行者的態度，反對其他有色人種的消費式生活型態。譬如拉克什米（Lakshmi）這位曾經住在新墨西哥州塔歐士（Taos）地區附近村落小屋的嬉皮女性，就說當初地方上的印地安人「教我們如何蓋房子、種作物。沒有他們我們肯定走不下去。印地安人和齊卡諾人（Chicanos）(2) 基本上已經分道揚鑣，墨西哥人什麼都要，一心只想著成功，但印地安人卻只想要貼近大土地，他們欲求有度，很能了解我們這趟旅途的目的。」

查爾斯．萊赫（Charles Reich）是率先研究嬉皮反文化的學者之一，他指出，這群嬉皮其實和主流文化一樣都相當致力於勞動。「不認同嬉皮的觀察者，常說這個新世代的主要特色就是厭惡工作，但這些觀察者卻被自己清教徒式的否定觀點所限制，無法理解眼前事物的真義……這群新世代並不『懶惰』，反而樂於努力從事值得的工作，譬如長時間練習樂器、在共同農場上耕作，或者在柏克萊打造人民公園 (3)。」喬德森．傑洛姆（Judson Jerome）和其妻瑪蒂．傑洛姆（Marty Jerome）曾在賓州郊區共同成立唐西爾農場（Downhill Farm），後來雙雙成為一九六〇年代嬉皮社群中的主要學者。兩人曾指出，這些社群「已經建立起強烈的工作倫理，但是這套價值觀對金錢獲利的厭惡……具有嚴格的紀律性，舊文化對金錢獲利有多偏好，新文化對金錢獲利就有多厭惡。」傑洛姆雖然警告，「新文化」的工作倫理「不可與『清教工作倫理』混為一談」，不過他為這種工作倫理所下的定義，其實和新英格蘭地區喀爾文教派殖民者的工作倫理幾無二致——「新文化的工作倫理，就是工作本身即具價值，工作因而也成為一種休閒形式」。

雖然部分村落曾驅逐試圖「單一佔有」愛人的成員，但多數嬉皮社群皆由一對一的異性戀伴侶所組成。根據吉爾伯特·吉克林指出，「社群中的性行為（至少在奉行自然主義的社群當中）通常僅限於伴侶之間，而伴侶之間是打算在未來共同打拚好一段時間的；在這些社群中，性並非同時與許多人一對一，也並非一次與許多人集體進行。」新墨西哥州摩萊亞公社（Moriah commune）的維吉妮亞·史戴姆·歐文斯（Virginia Stem Owens）就還記得「我們追求的是純真而非縱欲」。

在普通美國白人裡面，有一小群人拒絕接受嬉皮、鄉巴佬以及美國公民所自我加諸的責任義務，選擇全心擁抱「暴民的禮物」，這群人就是一九七二年針對其雇主通用汽車，與其工會美國汽車工人聯盟發動罷工的俄亥俄州洛茲城（Lordstown）廠員工。當時，全國媒體當時都注意到，這次的罷工成員似乎與典型白人勞工有些不同，他們留髮蓄鬍、飲酒用藥毫不客氣、反對越戰、有時間就聽搖滾樂，而最令人驚奇的是，他們毫不羞恥地拒絕了美國的工作倫理——許多人都公開談論破壞生產線運作、自主發動緩工、停工、

(2)（譯註）墨裔美人之在身份認同上的另一代稱。

(3)（譯註）鄰近加州大學柏克萊分校的校屬空地，原規劃為停車場用地，一九六九年之際，學生與當地居民希望將之建設為公園，後來州政府強制驅離學生，引發流血衝突。

遲到或者曠職，以及「偷懶隨便」、存心「每次都把事情搞砸」等反勞動行為。雖然罷工的近因是通用汽車突然下達趕工令，但勞工很快就將反叛之刃指向美國汽車工人聯盟，並指控這個「乖乖牌聯盟」比起捍衛成員自由，更加關注維持高生產水準。洛茲城的罷工人士除了拒絕新政自由派人士所推廣的概念，亦即人人需為職場負責，同時也不願意遵守美國人奉行的文化義務。

如果我們能夠放下成為「良民」的心願，學著欣賞所謂的「暴民」欲求，我們就會發現其實還有許多事情，都得向洛茲城的罷工者學習。他們和本書到目前為止所見的諸多暴民一樣，話雖然不多，卻做了不少令我們稱羨的事——至少在某一個短暫時刻，他們允許自己從社會的枷鎖中掙脫出來。也許他們的一生當中，曾有其他時候是滿心期待著要為社會與國家犧牲奉獻，但試想，如果他們一輩子都只求為家國奉獻，那麼今天的我們將失去多少東西？又如果從古至今，所有美國人都只懂得自我犧牲、化做良民，那今天的社會又將是何種樣貌？要回達這個問題，我們只需細數本書中我們每一個人所珍視或者希望享有的各種自由，然後想像這些自由全都不復存在。暴民的存在，不只讓非法樂趣成為可能，也讓非法樂趣變為真實的存在。確實，歷來的暴民自然不是為了讓我們今日有樂可享而發動抗爭，但是現在正是我們雙手承接這份大禮的好機會。在鞏固社會秩序之手蠢蠢欲動、意圖打壓暴民之時，我們要選擇和暴民們站在一起，張開雙手，承接更多美好的暴民之禮。

誌謝

在許多人的幫助之下，我天馬行空的想法才得以成書。

感謝卡斯伯・格蘭沃（Casper Grathwohl）、比爾・克雷格（Bill Clegg）以及提姆・巴雷特（Tim Bartlett）一開始就鼓勵我，給我意見。感謝維多利亞・哈塔姆（Victoria Hattam）、馬克・卡恩斯（Mark Carnes）、凱文・肯尼（Kevin Kenny）、約書亞・布朗（Joshua Brown）以及我的母親萊絲理・羅素・拉森（Leslye Russell Larson）閱讀本書部分手稿，給予指教。

感謝悉心閱讀全書手稿的約書亞・史佩伯（Joshua Sperber）與彌爾・亞爾菲茲（Mir Yarfitz），二位所提供的寶貴意見，對我助益良多；也感謝莎夏・葛洛寧（Sasha Gronim）在研究方面所給予的協助。

感謝凱特・凡・溫克・凱勒（Kate van Winkle Keller）與柯比・米勒（Kerby Miller）協助回溯引文來源。

感謝自由出版（Free Press）的多明尼克・安夫索（Dominick Anfuso）、布魯斯・尼可斯（Bruce Nichols）、李・米勒（Leah Miller）、毛拉・歐布萊恩（Maura O'Brien）與強納森・伊凡斯（Jonathan Evans）。本書手稿與作者處理起來必定相當棘手，各位卻游刃有餘，再次感謝。

感謝大衛・昆恩（David Kuhn）這位住在第五大道南端的魔法師。請你擔任我的文學經紀人，是我這輩子最正確的選擇，謝謝你完全改變我的人生。感謝昆恩計劃（Kuhn Projects）的比利．金斯蘭（Billy Kingsland）對本書的批評指教，因為來自你的靈感，本書的格局才得以更高。

本書實由筆者多年來與強納森．克特勒（Jonathan Cutler）的對談所發展而成，因此也感謝克特勒這位我所見過最為天資過人、原創十足的思想家。本書內容首先於哥倫比亞大學（Columbia University）、巴納德學院（Barnrd College）、尤金朗學院（Eugene Lang College）與社會研究新學院（New School for Social Research）等學校的課堂上問世。因此我最後要感謝我的學生，因為寫這本書的起心動念，全因你們而起。

資料來源

第一章

Agresto, John T. "Liberty, Virtue, and Republicanism, 1776–1787." *Review of Politics 39* (1977): 473–504.

Burg, B. R. *Sodomy and the Pirate Tradition: English Sea Rovers in the Seventeenth-Century Caribbean.* New York: New York University Press, 1995.

Cott, Nancy F. *Public Vows: A History of Marriage and the Nation.* Cambridge: Harvard University Press, 2000.

Franklin, Benjamin. *The Autobiography of Benjamin Franklin.* New York: The MacMillan Company, 1927.

Gilfoyle, Timothy J. *City of Eros: New York City, Prostitution, and the Commercialization of Sex, 1790–1920.* New York: W. W. Norton, 1992.

Gilje, Paul A. *Liberty on the Waterfront: American Maritime Culture in the Age of Revolution.* Philadelphia: University of Pennsylania Press, 2004.

Godbeer, Richard. *Sexual Revolution in Early America.* Baltimore: Johns Hopkins University Press, 2002.

Horsmanden, Daniel. T*he New York Conspiracy Trials of 1741: Daniel Horsmanden's Journal of the Proceedings with Related Documents.* New York: Bedford/St. Martin's, 2004.

Kann, Mark E. *Punishment, Prisons and Patriarchy: Liberty and Power in the Early American Republic.* New York: NYU Press, 2005.

Kross, Jessica. "The Sociology of Drinking in the Middle Colonies." *Pennsylvania History* 64: 1 (January 1997): 28–55.

Lender, Mark Edward and James Kirby Martin. *Drinking In America: A History.* New York: Free Press, 1982.

Linebaugh, Peter and Marcus Rediker. *The Many-Headed Hydra: Sailors, Slaves, Commoners, and the Hidden History of the Revolutionary Atlantic.* Boston: Beacon Press, 2000.

Lint, Gregg L. and James C. Taylor. *Papers of John Adams.* Cambridge, Mass.: Harvard University Press, 2008.

Locke, John. *Some Thoughts Concerning Education.* 1693.

Lyons, Clare A. *Sex Among the Rabble: An Intimate History of Gender and Power in the Age of Revolution, Philadelphia 1730–1830.* Chapel Hill: University of North Carolina Press, 2006.

———. "Mapping an Atlantic Sexual Culture: Homoeroticism in Eighteenth-Century Philadelphia." *William and Mary Quarterly* 60 (2003): 119–54.

Morgan, Edmund S. *The Birth of the Republic, 1763–1789.* Chicago: University of Chicago Press, 1977.

———. "The Puritan Ethic and the American Revolution." *William and Mary Quarterly* 24 (1967):

3–43.
Rorabaugh, W. J. *The Alcoholic Republic: An American Tradition.* New York: Oxford University Press, 1979.
Salinger, Sharon V. *Taverns and Drinking in Early America.* Baltimore: Johns Hopkins University Press, 2002.
Thompson, Peter. *Rum Punch and Revolution: Taverngoing and Public Life in Eighteenth-Century Philadelphia.* Philadelphia: University of Pennsylvania Press, 1999.
Warren–Adams Letters. Whitefish, MT: Kessinger Publishing, 2008.
Wulf, Karin. *Not All Wives: Women of Colonial Philadelphia.* Ithaca: Cornell University Press, 2000.

第二章

歷史學家們長期以來對公共事業振興署所做的奴隸口述紀錄有些疑慮，尤其是關於準確性的質疑，在於這些受訪的前奴隸當下年事已高，而當年他們被解放時還只是孩子，而且他們是在種族隔離時期的南方受白人政府雇員所採訪；一些學者還聲稱，這些受訪人受制於既有的白人對黑人的權力關係，因此會投採訪者所好，講「對方喜歡聽的」，而不是真正感受到的。當然，完全不可能真正查明受訪的前奴隸心中的真實所想，當然也非常有可能會有受訪者自我審查的狀況，但現有的可用證據也很難對於受訪者所述，關於奴隸經驗所持的正面觀感說法打折扣。原因在於：首先，在本章所引述的訪談裡面，雖然大部分的受訪者在解放前仍是孩童，大約只有四分之一的人是到了青春期或已成年，但即使是孩童，但他們還是認識很多成年奴隸，包括父母及兄姐。其次，根據保羅·艾斯考特（Paul Escott）的統計，有五九·五%的前奴隸是由黑人所採訪，這些黑人採訪者必然不會像他們的白人同事般，對前奴隸帶有隱形權力，所以不會使受訪者表現出對於奴隸主的迎合態度。

Block, Sharon. *Rape and Sexual Power in Early America.* Chapel Hill: The University of North Carolina Press, 2006.
Camp, Stephanie M. H. *Closer to Freedom: Enslaved Women and Everyday Resistance in the Plantation South.* Chapel Hill: The University of North Carolina Press, 2004.
Clinton, Catherine. *The Plantation Mistress: Woman's World in the Old South.* New York: Pantheon Books, 1982.
Cockrell, Dale. *Demons of Disorder: Early Blackface Minstrels and Their World.* New York: Cambridge University Press, 1997.
D'Emilio, John and Estelle B. *Freedman. Intimate Matters: A History of Sexuality in America.* New York: Harper & Row, 1988.
David, Paul A., et al, eds. *Reckoning with Slavery: A Critical Study in the Quantitative History of*

American Negro Slavery. New York: Oxford University Press, 1976.
Escott, Paul D. *Slavery Remembered: A Record of Twentieth-Century Slave Narratives.* Chapel Hill: The University of North Carolina Press, 1979.
Fogel, Robert William and Stanley L. Engerman. *Time on the Cross: The Economics of American Negro Slavery.* Boston: Little, Brown, 1974.
Genovese, Eugene D. Roll, Jordan, *Roll: The World the Slaves Made.* New York: Pantheon Books, 1974.
Glenn, Myra C. *Campaigns Against Corporal Punishment: Prisoners, Sailors, Women, and Children in Antebellum America.* Albany: State University of New York Press, 1984.
Gutman, Herbert. *Slavery and the Numbers Game: A Critique of Time on the Cross.* Urbana: University of Illinois Press, 1975.
Kaye, Anthony E. "The Personality of Power: The Ideology of Slaves in the Natchez District and the Delta of Mississippi, 1830–1865." PhD diss., Columbia University, 1999.
Lane, Horace. *The Wandering Boy, Careless Sailor, and Result of Inconsideration: A True Narrative.* Skaneateles, NY: L. A. Pratt, 1839.
Lhamon, W. T. *Raising Cain: Blackface Performance from Jim Crow to Hip Hop.* Cambridge, Mass.: Harvard University Press, 1998.
Lott, Eric. *Love and Theft: Blackface Minstrelsy and the American Working Class.* New York: Oxford University Press, 1993.
Nathan, Hans. *Dan Emmett and the Rise of Early Negro Minstrelsy.* Norman: University of Oklahoma Press, 1962.
Olmsted, Frederick Law. J*ourney in the Seaboard Slave States.* New York: Dix & Edwards, 1856.
Pleck, Elizabeth H. *Domestic Tyranny: The Making of American Social Policy Against Family Violence from Colonial Times to the Present.* New York: Oxford University Press, 1987.
Rawick, George P. *The American Slave: A Composite Autobiography.* Westport, Conn.: Greenwood Pub. Co., 1972.
Rodgers, Daniel T. *The Work Ethic in Industrial America, 1850–1920.* Chicago: University of Chicago Press, 1978.
Roediger, David R. *The Wages of Whiteness: Race and the Making of the American Working Class.* New York: Verso, 1991.
Rothman, David J. *The Discovery of the Asylum: Social Order and Disorder in the New Republic.* Boston: Little, Brown, 1971.
Stevenson, Brenda E. *Life in Black and White: Family and Community in the Slave South.* New York: Oxford University Press, 1996.
Walters, Ronald G. *The Antislavery Appeal: American Abolitionism After 1830.* Baltimore: Johns Hopkins University Press, 1976.
White, Shane and Graham White. *Stylin': African American Expressive Culture from Its Beginnings to the Zoot Suit.* Ithaca, NY: Cornell University Press, 1998.
Wood, Peter H. " 'Gimme de Kneebone Bent': African Body Language and the Evolution of American Dance Forms." In *The Black Tradition in Modern American Dance*, edited by Gerald E. Myers. American Dance Festival, 1988.

第三章

Billman, Carol. "McGuffey's Readers and Alger's Fiction: The Gospel of Virtue According to Popular Children's Literature." *Journal of Popular Culture* 11 (1977): 614–619.

Brown, H. E. *John Freeman and His Family.* Boston: American Tract Society, 1864.

Burns, Eric. *The Spirits of America: a Social History of Alcohol.* Philadelphia: Temple University Press, 2004.

Douglass, Frederick. *My Bondage and My Freedom.* New York, Miller, Orton & Mulligan: 1855.

DuBois, W. E. Burghardt. *Black Reconstruction: An Essay Toward a History of the Part which Black Folk Played in the Attempt to Reconstruct Democracy in America, 1860–1880.* New York: Harcourt Brace & Co., 1935.

———. *The Gift of Black Folk: The Negroes in the Making of America.* Boston: The Stratford Co., 1924.

Elson, Ruth Miller. *Guardians of Tradition: American Schoolbooks of the Nineteenth Century.* Lincoln: University of Nebraska Press, 1964.

Fisk, Clinton Bowen. *Plain Counsels for Freedmen: In Sixteen Brief Lectures.* Boston: American Tract Society, 1866.

Foner, Eric. *Reconstruction: America's Unfinished Revolution, 1863–1877.* New York: Harper & Row, 1988.

Franke, Katherine. "Becoming a Citizen: Reconstruction Era Regulation of African American Marriages." *Yale Journal of Law and the Humanities* 11 (1999): 251–309.

Gaines, Kevin Kelly. *Uplifting the Race: Black Leadership, Politics, and Culture in the Twentieth Century.* Chapel Hill: University of North Carolina Press, 1996.

Gilfoyle, Timothy J. *City of Eros: New York City, Prostitution, and the Commercialization of Sex, 1790–1920.* New York: W. W. Norton, 1994.

Gutman, Herbert George. *Work, Culture, and Society in Industrializing America: Essays in American Working-Class and Social History.* New York: Knopf, 1976.

Hartman, Saidiya V. *Scenes of Subjection: Terror, Slavery, and Self-Making in Nineteenth-Century America.* New York: Oxford University Press, 1997.

McGarry, Molly. "Spectral Sexualities: Nineteenth-Century Spiritualism, Moral Panics, and the Making of U. S. Obscenity Law." *Journal of Women's History* 12 (2000): 8–29.

Nasaw, David. *Going Out: The Rise and Fall of Public Amusements.* New York: Basic Books, 1993.

Powell, Lawrence N. *New Masters: Northern Planters During the Civil War an Reconstruction.* New York: Fordham University Press, 1998.

Rodgers, Daniel T. *The Work Ethic in Industrial America, 1850–1920.* Chicago: University of Chicago Press, 1978.

———. "Socializing Middle-Class Children: Institutions, Fables, and Work Values in Nineteenth-Century America." In *Growing Up in America: Children in Historical Perspective*, edited by N. Ray Hiner and Joseph M. Hawes, 119–132. Urbana: University of Illinois Press, 1985.

Roediger, David R. and Philip S. Foner. *Our Own Time: A History of American Labor and the Working Day.* New York: Verso, 1989.

Stevens, Thaddeus. Speech delivered in the House of Representatives, March 19, 1867, on the Bill (H.R. No. 20) Relative to Damages to Loyal Men, and for Other Purposes.

第四章

Bellocq, E. J. *Storyville Portraits.* New York: Museum of Modern Art, 1970.

Blackburn, George M. and Sherman L. Ricards. "The Prostitutes and Gamblers of Virginia City, Nevada, 1870." *Pacific Historical Review* (1979): 239–258.

Butler, Anne M. *Daughters of Joy, Sisters of Misery: Prostitutes in the American West, 1865–90.* Urbana: University of Illinois Press, 1987.

Chicago Vice Commission. *The Social Evil in Chicago; a Study of Existing Conditions With Recommendations By the Vice Commission of Chicago: A Municipal Body Appointed By the Mayor and the City Council of the City of Chicago, and Submitted as Its Report to the Mayor and City Council of Chicago.* Chicago: Gunthorp-Warren printing company, 1911.

Enss, Chris. *Pistol Packin' Madams: True Stories of Notorious Women of the Old West.* Guilford, Conn.: TwoDot, 2006.

Epstein, Dena J. *Sinful Tunes and Spirituals: Black Folk Music to the Civil War.* Urbana: University of Illinois Press, 1977.

Erenberg, Lewis A. *Steppin' Out: New York City Nightlife and the Transformation of American Culture, 1890–1930.* Chicago: University of Chicago Press, 1984.

———. *Swingin' The Dream: Big Band Jazz and The Rebirth of American Culture.* Chicago: University of Chicago Press, 1998.

Gabbert, Ann R. "Prostitution and Moral Reform in the Borderlands: El Paso, 1890–1920." *Journal of the History of Sexuality* 12 (2003): 575–604.

Gilman, Charlotte Perkins. *Women and Economics: A Study of the Economic Relation Between Men and Women as a Factor in Social Evolution.* Boston: Small, Maynard & Co., 1898.

Goldman, Marion S. *Gold Diggers and Silver Miners: Prostitution and Social Life on the Comstock Lode.* Ann Arbor: University of Michigan Press, 1981.

Hobson, Barbara Meil. *Uneasy Virtue: The Politics of Prostitution and the American Reform Tradition.* New York: Basic Books, 1987.

Kenney, William Howland. *Jazz on the River.* Chicago: University of Chicago Press, 2005.

MacKell, Jan. *Brothels, Bordellos and Bad Girls: Prostitution in Colorado, 1860–1930.* Albuquerque: University of New Mexico Press, 2004.

McGovern, James R. "The American Woman's Pre-World War I Freedom in Manners and Morals." *The Journal of American History* 55 (1968): 315–333.

Mumford , Kevin J. *Interzones: Black/White Sex Districts in Chicago and New York in the Early Twentieth Century.* New York: Columbia University Press, 1997.

Nye, Russel B. "Saturday Night at the Paradise Ballroom: Or, Dance Halls in the Twenties." *The*

Journal of Popular Culture 7 (1973): 14–22.

Peiss, Kathy. *Hope in a Jar: The Making of America's Beauty Culture.* New York: Metropolitan Books, 1999.

Petrik, Paula. *No Step Backward: Women and Family on the Rocky Mountain Mining Frontier, Helena Montana, 1865–1900.* Helena: Montana Historical Society Press, 1990.

Rosen, Ruth. *The Lost Sisterhood: Prostitution in America, 1900–1918.* Baltimore: Johns Hopkins University Press, 1983.

Seagraves, Anne. *Soiled Doves: Prostitution in the Early West.* Hayden, Idaho: Wesanne Publications, 1994.

Tone, Andrea. *Devices and Desires: A History of Contraceptives in America.* New York: Hill and Wang, 2002.

West, Elliott. *The Saloon on the Rocky Mountain Mining Frontier.* Lincoln: University of Nebraska Press, 1991.

White, Richard. *"It's your misfortune and none of my own": A New History of the American West.* Norman: University of Oklahoma Press, 1993.

Wild, Mark. *Street Meeting: Multiethnic Neighborhoods in Early Twentieth-Century Los Angeles.* Berkeley: University of California Press, 2005.

第五章

Bailyn, Bernard. *The Ideological Origins of the American Revolution.* Cambridge: Belknap Press of Harvard University Press, 1967.

Bobrick, Benson. *Angel in the Whirlwind: The Triumph of the American Revolution.* New York, NY: Simon & Schuster, 1997.

Daniels, Bruce C. *Puritans at Play: Leisure and Recreation in Colonial New England.* New York: St. Martin's Griffin, 1996.

Dempsey, Jack, ed. *New English Canaan: Text, Notes, Biography and Criticism.* Scituate, Mass.: Digital Screening, 1999.

Ewing, George. *The Military Journal of George Ewing, 1775–1778.* Yonkers, N.Y.: 1928.

Keller, Kate Van Winkle. *Dance and Its Music in America, 1528–1789.* Hillsdale, NY: Pendragon Press, 2007.

Stearns, Marshall and Jean. J*azz Dance: The Story Of American Vernacular Dance.* New York: Da Capo Press, 1994.

Stubbes, Phillip. *The Anatomie of Abuses.* 1836.

Wagner, Ann. *Adversaries of Dance: From the Puritans to the Present.* Urbana: University of Illinois Press, 1997.

第六章

Almeida, Linda Dowling. *Irish Immigrants in New York City, 1945–1995.* Bloomington: Indiana University Press, 2001.

Anbinder, Tyler. *Five Points: The 19th-Century New York City Neighborhood that Invented Tap Dance, Stole Elections, and Became the World's Most Notorious Slum.* New York: Free Press, 2001.

Asbury, Herbert. *The Gangs of New York: An Informal History of the Underworld.* New York: Vintage Books, 2008.

Bayor, Ronald H. and Timothy J. Meagher, eds. *The New York Irish.* Baltimore: Johns Hopkins University Press, 1996.

Beddoe, John. *The Races of Britain: A Contribution to the Anthropology of Western Europe.* Bristol: J. W. Arrowsmith, 1885.

Benshoff, Harry M. and Sean Griffin. *America on Film: Representing Race, Class, Gender, and Sexuality at the Movies.* Malden: Blackwell Publishing, 2004.

Boyer, Paul. *Urban Masses and Moral Order in America, 1820–1920.* Cambridge, Mass.: Harvard University Press, 1978.

Braham, David and Edward Harrigan. *Collected Songs*. Madison: A-R Editions, Inc., 1997.

Brennan, Helen. *The Story of Irish Dance.* Dingle, Ireland: Brandon Books, 1999.

Cassidy, Daniel. *How the Irish Invented Slang: The Secret Language of the Crossroads.* Oakland, Calif.: AK Press, 2007.

Cipolla, Frank J. "Patrick S. Gilmore: The Boston Years." *American Music* 6, no. 3 (1988): 281–292.

Cullen, Frank, Florence Hackman, and Donald McNeilly. *Vaudeville, Old and New: An Encyclopedia of Variety Performers in America.* New York: Routledge, 2007.

Curtis, L. Perry, Jr. *Apes and Angels: The Irishman in Victorian Caricature.* Washington, DC: Smithsonian Institution Press, 1971.

Gorn, Elliott J. " 'Good-Bye Boys, I Die a True American': Homicide, Nativism, and Working-Class Culture in Antebellum New York City." *Journal of American History* 74 (1987): 388–410.

Grant, Madison. *The Passing of the Great Race: or, The Racial Basis of European History.* New York: C. Scribner's Sons, 1921.

Harris, Leslie M. *In the Shadow of Slavery: African Americans in New York City, 1626–1863.* Chicago: University of Chicago Press, 2003.

Higham, John. *Strangers in the Land: Patterns of American Nativism, 1860–1925.* New Brunswick, N.J.: Rutgers University Press, 1955.

Horton, James Oliver and Lois E. Horton. *Black Bostonians: Family Life and Community Struggle in the Antebellum North.* New York: Holmes & Meier, 1979.

Ignatiev, Noel. *How the Irish Became White.* New York: Routledge, 1995.

Knobel, Dale T. *Paddy and the Republic: Ethnicity and Nationality in Antebellum America.* Middletown, Conn.: Wesleyan University Press, 1986.

Lee, J. J. and Marion R. Casey, eds. *Making the Irish American: History and Heritage of the Irish in the United States.* New York: New York University Press, 2006.

Lhamon, W. T. *Raising Cain: Blackface Performance from Jim Crow to Hip Hop.* Cambridge: Harvard University Press, 1998.

Linebaugh, Peter and Marcus Rediker. *The Many-Headed Hydra: Sailors, Slaves, Commoners, and the Hidden History of the Revolutionary Atlantic.* Boston: Beacon Press, 2000.

Lott, Eric. *Love and Theft: Blackface Minstrelsy and the American Working Class.* New York: Oxford University Press, 1993.

Miller, Kerby A. *Emigrants and Exiles: Ireland and the Irish Exodus to North America.* New York: Oxford University Press, 1985.

Miller, Wilbur R. *Cops and Bobbies: Police Authority in New York and London, 1830–1870.* Chicago: University of Chicago Press, 1977.

O'Sullivan, Patrick, ed. *The Creative Migrant.* New York: St. Martin's Press, 1994.

Quinlin, Michael P. *Irish Boston.* Guilford, Conn.: Globe Pequot Press, 2004.

Roediger, David R. *The Wages of Whiteness: Race and the Making of the American Working Class.* New York: Verso, 1991.

———. Towards the Abolition of Whiteness: Essays on Race, Politics, and Working Class History. New York: Verso, 1994.

———. *Working Toward Whiteness: How America's Immigrants Became White: The Strange Journey from Ellis Island to the Suburbs.* New York: Basic Books, 2005.

Rowland, Thomas J. "Irish American Catholics and the Quest for Respectability in the Coming of the Great War, 1900–1917." *Journal of American Ethnic History* 15 (1996): 3–31.

Schneider, Eric C. *In the Web of Class: Delinquents and Reformers in Boston, 1810s–1930s.* New York: New York University Press, 1992.

Shaw, Richard. *Dagger John: The Unquiet Life and Times of Archbishop John Hughes of New York.* New York: Paulist Press, 1977.

Tomko, Linda J. *Dancing Class: Gender, Ethnicity, and Social Divides in American Dance, 1890–1920.* Bloomington: Indiana University Press, 1999.

Way, Peter. *Common Labour: Workers and the Digging of North American Canals, 1780–1860.* New York: Cambridge University Press, 1993.

Williams, W. H. A. *'Twas Only an Irishman's Dream: The Image of Ireland and the Irish in American Popular Song Lyrics, 1800–1920.* Urbana: University of Illinois Press, 1996.

第七章

Abernathy, Arthur Talmage. *The Jew a Negro: Being a Study of the Jewish Ancestry from an Impartial Standpoint.* Moravian Falls, N.C.: Dixie Publishing, 1910.

Blady, Ken. *The Jewish Boxers Hall of Fame.* New York: Shapolsky Publishers, 1988.

Blee, Kathleen M. *Women of the Klan: Racism and Gender in the 1920s.* Berkeley: University of California Press, 1991.

Bodner, Allen. *When Boxing Was a Jewish Sport.* Westport, Conn.: Praeger, 1997.

Daniels, Roger and Otis L. Graham. *Debating American Immigration, 1882–Present.* Lanham, Md.: Rowman & Littlefield Publishers, 2001.

Davis, Mac. *From Moses to Einstein: They All Are Jews.* New York: Jordan Publishing Co., 1937.

Diner, Hasia R. *In the Almost Promised Land: American Jews and Blacks, 1915–1935.* Baltimore: Johns Hopkins University Press, 1995.

Dinnerstein, Leonard. *Antisemitism in America.* New York: Oxford University Press, 1994.

Erenberg, Lewis A. *Steppin' Out: New York City Nightlife and the Transformation of American Culture, 1890–1930.* Chicago: University of Chicago Press, 1984.

———. *Swingin' The Dream: Big Band Jazz and The Rebirth of American Culture.* Chicago: University of Chicago Press, 1998.

Ferris, Marcie Cohen and Mark I. Greenberg, eds. *Jewish Roots in Southern Soil: A New History.* Hanover, NH: University Press of New England, 2006.

Ford, Henry. *The International Jew: The World's Foremost Problem, Vol. 1–4.* Dearborn, Mich.: The Dearborn Publishing Co., 1920–1922.

Gabler, Neal. *An Empire of Their Own: How the Jews Invented Hollywood.* New York: Crown Publishcrs, 1988.

Gerstle, Gary. *American Crucible: Race and Nation in the Twentieth Century.* Princeton: Princeton University Press, 2001.

Gertzman, Jay A. *Bookleggers and Smuthounds: The Trade in Erotica, 1920–1940.* Philadelphia: University of Pennsylvania Press, 1999.

Goldstein, Eric L. *The Price of Whiteness: Jews, Race, and American Identity.* Princeton: Princeton University Press, 2006.

Gurock, Jeffrey S. *Judaism's Encounter with American Sports.* Bloomington: Indiana University Press, 2005.

———. *When Harlem Was Jewish.* New York: Columbia University Press, 1979.

Levine, Peter. *Ellis Island to Ebbets Field: Sport and the American Jewish Experience.* New York: Oxford University Press, 1992.

MacLean, Nancy. *Behind the Mask of Chivalry: The Making of the Second Ku Klux Klan.* New York: Oxford University Press, 1994.

Melnick, Jeffrey Paul. *A Right to Sing the Blues: African Americans, Jews, and American Popular Song.* Cambridge, Mass.: Harvard University Press, 1999.

Mezzrow, Mezz. *Really the Blues.* New York: Random House, 1946.

Riess, Steven A., ed. *Sports and the American Jew.* Syracuse, N.Y.: Syracuse University Press, 1998.

Rogin, Michael Paul. *Blackface, White Noise: Jewish Immigrants in the Hollywood Melting Pot.* Berkeley: University of California Press, 1996.

Rogoff, Leonard. "Is the Jew White?: The Racial Place of the Southern Jew." *American Jewish History* 85, no. 3 (1997): 195–230.

Sachar, Howard Morley. *A History of the Jews in America.* New York: Knopf, 1992.

Saleski, Gdal. *Famous Musicians of a Wandering Race.* New York: Bloch Publishing Company, 1927.

Slobin, Mark. *Tenement Songs: The Popular Music of the Jewish Immigrants.* Urbana: University of Illinois Press, 1982.

Sollors, Werner. *Beyond Ethnicity: Consent and Descent in American Culture.* New York: Oxford University Press, 1986.

Suisman, David. *Selling Sounds: The Commercial Revolution in American Music.* Cambridge, Mass.: Harvard University Press, 2009.

Vaillant, Derek. *Sounds of Reform: Progressivism and Music in Chicago, 1873–1935.* Chapel Hill: University of North Carolina Press, 2003.

Zangwill, Israel. *The Melting-Pot: Drama in Four Acts.* New York: The Macmillan Company, 1909.

Zurawik, David. *The Jews of Prime Time.* Hanover, NH: University Press of New England, 2003.

第八章

Boulard, Garry. *Just a Gigolo: The Life and Times of Louis Prima.* Lafayette, La.: Center for Louisiana Studies, University of Southwestern Louisiana, 1989.

Brandfon, Robert L. *Cotton Kingdom of the New South: A History of the Yazoo Mississippi Delta from Reconstruction to the Twentieth Century.* Cambridge, Mass.: Harvard University Press, 1967.

Brunn, H. O. *The Story of the Original Dixieland Jazz Band.* New York: Da Capo Press, 1977.

Carr, Ian, Digby Fairweather, and Brian Priestley. *The Rough Guide to Jazz.* New York: Rough Guides, 2004.

D'Acierno, Pellegrino, ed. *The Italian American Heritage: A Companion to Literature and Arts.* New York: Garland Publishing, 1999.

De Stefano, George. *An Offer We Can't Refuse: The Mafia in the Mind of America.* New York: Faber and Faber, 2006.

Erenberg, Lewis A. *Swingin' The Dream: Big Band Jazz and The Rebirth of American Culture.* Chicago: The University of Chicago Press, 1984.

Ewen, David. *Men of Popular Music.* Chicago: Ziff-Davis Publishing Company, 1944.

Fikentscher, Kai. *"You Better Work!": Underground Dance Music in New York City.* Hanover, N.H.: University Press of New England, 2000.

Foerster, Robert F. *The Italian Emigration of Our Times.* Cambridge: Harvard University Press, 1919.

Grant, Madison. *The Passing of the Great Race; or, The Racial Basis of European History.* New York: C. Scribner's Sons, 1921.

Greene, Victor. *A Passion for Polka: Old-Time Ethnic Music in America.* Berkeley: University of California Press, 1992.

Guglielmo, Jennifer and Salvatore Salerno. *Are Italians White? How Race Is Made in America.* New York: Routledge, 2003.

Guglielmo, Thomas A. *White on Arrival: Italians, Race, Color, and Power in Chicago, 1890–1945.* New York: Oxford University Press, 2003.

Higham, John. *Strangers in the Land: Patterns of American Nativism, 1860–1925.* New Brunswick, N.J.: Rutgers University Press, 1955.

LaGumina, Salvatore. *The Humble and the Heroic: Wartime Italian Americans.* Youngstown, OH:

Cambria Press, 2006.
———. *WOP: A Documentary History of Anti-Italian Discrimination in the United States.* San Francisco: Straight Arrow Books, 1973.
Light, Alan, ed. *The Vibe History of Hip Hop.* New York: Three Rivers Press, 1999.
Lawrence, Tim. *Love Saves the Day: A History of American Dance Music Culture, 1970–1979.* Durham, N.C.: Duke University Press, 2003.
Luconi, Stefano. *From Paesani to White Ethnics: The Italian Experience in Philadelphia.* Albany: State University of New York Press, 2001.
Martin, Linda and Kerry Segrave. *Anti-rock: The Opposition to Rock 'n' Roll. Hamden,* Conn.: Archon Books, 1988.
McCracken, Allison. " 'God's Gift to Us Girls': Crooning, Gender, and the Re-Creation of American Popular Song, 1928–1933." *American Music* 17, no. 4 (1999): 365–395.
Morris, Ronald L. *Wait Until Dark: Jazz and the Underworld, 1880–1940.* Bowling Green, OH: Bowling Green University Popular Press, 1980.
Mustazza, Leonard, ed. Frank Sinatra and Popular Culture: Essays on an American Icon. Westport, Conn.: Praeger, 1998.
Nakamura, Julia Volpelletto. "The Italian American Contribution to Jazz." *Italian Americana* 8 (1986): 23.
Orsi, Robert A. *The Madonna of 115th Street: Faith and Community in Italian Harlem, 1880–1950.* New Haven: Yale University Press, 1985.
Pugliese, Stanislao G., ed. *Frank Sinatra: History, Identity, and Italian American Culture.* New York: Palgrave Macmillan, 2004.
Roediger, David R. *Colored White: Transcending the Racial Past.* Berkeley: University of California Press, 2002.
Ross, Edward Alsworth. *The Old World in the New: The Significance of Past and Present Immigration to the American People.* New York: The Century Co., 1914.
Shapiro, Peter. *Turn the Beat Around: The Secret History of Disco.* New York: Faber and Faber, 2005.
Spiro, Jonathan Peter. *Defending the Master Race: Conservation, Eugenics, and the Legacy of Madison Grant.* Hanover, NH: University Press of New England, 2009.
Sudhalter, Richard M. *Lost Chords: White Musicians and Their Contribution to Jazz, 1915–1945.* New York: Oxford University Press, 1999.
Summers, Anthony and Robbyn Swan. *Sinatra: The Life.* New York: Knopf, 2005.
Sweeney, Arthur. "Mental Tests for Immigrants." *The North American Review* 215 (1922): 600–612.
Ward, Brian. *Just My Soul Responding: Rhythm and Blues, Black Consciousness, and Race Relations.* Berkeley: University of California Press, 1998.
Ward, Geoffrey C. *Jazz: A History of America's Music.* New York: Alfred A. Knopf, 2000.
Warne, Frank Julian. *The Tide of Immigration.* New York: D. Appleton, 1916.

第九章

Beecher, Henry Ward. *Lectures to Young Men on Industry and Idleness.* New York: Fowlers and Wells, 1848.

Blaszczyk, Regina Lee. *Imagining Consumers: Design and Innovation from Wedgwood to Corning.* Baltimore: Johns Hopkins University Press, 2000.

Carnegie, Andrew. "Wealth." *North American Review* 148.39 (1889).

Chapin, Robert Coit. *The Standard of Living Among Workingmen's Families in New York City.* New York: Russell Sage Foundation, 1909.

Chernow, Ron. *Titan: The Life of John D. Rockefeller, Sr.* New York: Random House, 1998.

Converse, Jean M. *Survey Research in the United States: Roots and Emergence 1890–1960.* New Brunswick, NJ: Transaction Publishers, 2009.

Dubofsky, Melvyn and Warren Van Tine, eds., *Labor Leaders in America.* Urbana: University of Illinois Press, 1987.

Enstad, Nan. *Ladies of Labor, Girls of Adventure: Working Women, Popular Culture, and Labor Politics at the Turn of the Twentieth Century.* New York: Columbia University Press, 1999.

Erenberg, Lewis A. *Steppin' Out: New York City Nightlife and the Transformation of American Culture, 1890–1930.* Chicago: The University of Chicago Press, 1984.

Ewen, Stuart. *Captains of Consciousness: Advertising and the Social Roots of Consumer Culture.* New York: McGraw-Hill, 1976.

Horowitz, Daniel. *The Morality of Spending: Attitudes Toward the Consumer Society in America, 1875–1940.* Baltimore: Johns Hopkins University Press, 1985.

Kann, Mark E. *On the Man Question: Gender and Civic Virtue in America.* Philadelphia: Temple University Press, 1991.

Kasson, John F. *Amusing the Millions: Coney Island at the Turn of the Century.* New York: Hill and Wang, 1976.

LaSelle, Mary A. *The Young Woman Worker.* Boston: Pilgrim Press, 1914.

Lebergott, Stanley. *Pursuing Happiness: American Consumers in the Twentieth Century.* Princeton, NJ: Princeton University Press, 1993.

Nye, David E. *Technology Matters: Questions to Live With.* Cambridge, Mass.: MIT Press, 2006.

Patten, Simon Nelson. *Product and Climax.* New York: B.W. Huebsch, 1909.

Peiss, Kathy. *Cheap Amusements: Working Women and Leisure in Turn-of-the-Century New York.* Philadelphia: Temple University Press, 1986.

Phelan, Rev. J. J. *Motion Pictures as a Phase of Commercial Amusement in Toledo, Ohio.* Toledo: Little Book Press, 1919.

Richardson, Bertha June. *The Woman Who Spends: A Study of Her Economic Function.* Boston: Whitcomb & Barrows, 1904.

Rodgers, Daniel T. *The Work Ethic in Industrial America, 1850–1920.* Chicago: University of Chicago Press, 1978.

Salvatore, Nick. *Eugene V. Debs: Citizen and Socialist.* Urbana: University of Illinois Press, 1982.

Stein, Leon and Philip Taft, eds. *Workers Speak: Self Portraits*. New York: Arno, 1971.

Veblen, Thorstein. *The Theory of the Leisure Class.* New York: Dover Publications, 1994.

Wald, Lillian D. *The House on Henry Street.* New York: H. Holt and Co., 1915.
Wayland, Francis. *The Elements of Political Economy.* New York: Leavitt, Lord & Company, 1837.
Weber, Max. *The Protestant Ethic and the "Spirit" of Capitalism.* New York: Penguin Books, 2002.

第十章

Bowser, Eileen. *The Transformation of Cinema, 1907–1915.* Berkeley: University of California Press, 1994.
Burbank, Jeff. *License to Steal: Nevada's Gaming Control System in the Megaresort Era.* Reno: University of Nevada Press, 2000.
Carter, David. *Stonewall: The Riots that Sparked the Gay Revolution.* New York: St. Martin's Press, 2004.
Charyn, Jerome. *Gangsters and Gold Diggers: Old New York, The Jazz Age, and the Birth of Broadway.* New York: Thunder's Mouth Press, 2003.
Chilton, John and Max Jones. *Louis: The Louis Armstrong Story, 1900–1971.* New York: Da Capo Press, 1988.
De Stefano, George. *An Offer We Can't Refuse: The Mafia in the Mind of America.* New York: Faber and Faber, 2006.
Doherty, Thomas Patrick. P*re-code Hollywood: Sex, Immorality, and Insurrection inAmerican Cinema, 1930–1934.* New York: Columbia University Press, 1999.
Duberman, Martin B. *Stonewall.* New York, N.Y.: Dutton, 1993.
Eisenbach, David. *Gay Power: An American Revolution.* New York: Carroll & Graf, 2006.
Fried, Albert. *The Rise and Fall of the Jewish Gangster in America.* New York: Holt, Rinehart, and Winston, 1980.
Gabler, Neal. *An Empire of their Own: How the Jews Invented Hollywood.* New York: Anchor, 1989.
Hampton, Benjamin Bowles. *A History of the Movies.* New York: Covici, Friede, 1931.
Jacobs, Lewis. *The Rise of the American Film: A Critical History.* New York: Harcourt, Brace and Co., 1939.
Joselit, Jenna Weissman. *Our Gang: Jewish Crime and the New York Jewish Community, 1900–1940.* Bloomington: Indiana University Press, 1983.
Keller, Morton. *Regulating a New Society: Public Policy and Social Change in America, 1900–1933.* Cambridge: Harvard University Press, 1994.
Kobler, John. *Capone: The Life and World of Al Capone.* New York: Da Capo Press, 2003.
May, Lary. *The Big Tomorrow: Hollywood and the Politics of the American Way.* Chicago: University of Chicago Press, 2000.
McCracken, Robert D. *Las Vegas: The Great American Playground.* Reno: University of Nevada Press, 1997.
Miller, Nathan. *New World Coming: The 1920s and the Making of Modern America.* New York: Scribner, 2003.

Moehring, Eugene P. *Resort City in the Sunbelt: Las Vegas, 1930–1970.* Reno: University of Nevada Press, 1989.

Morris, Ronald L. *Wait Until Dark: Jazz and the Underworld, 1880–1940.* Bowling Green, OH: Bowling Green University Popular Press, 1980.

Newton, Michael. *Mr. Mob: The Life and Crimes of Moe Dalitz.* Jefferson, N.C.: McFarland & Co., 2009.

Peretti, Burton W. *The Creation of Jazz: Music, Race, and Culture in Urban America.* Urbana: University of Illinois Press, 1994.

Pietrusza, David. *Rothstein: The Life, Times, and Murder of the Criminal Genius who Fixed the 1919 World Series.* New York: Carroll & Graf, 2003.

Raab, Selwyn. *Five Families: The Rise, Decline, and Resurgence of America's Most Powerful Mafia Empires.* New York: Thomas Dunne Books, 2005.

Ramsaye, Terry. *A Million and One Nights: A History of the Motion Picture.* New York: Simon and Schuster, 1926.

Rockaway, Robert A. *But He Was Good to His Mother: The Lives and Crimes of Jewish Gangsters.* Jerusalem: Gefen Publishing House, 2000.

Shapiro, Nat and Nat Hentoff. *Hear Me Talkin' to Ya: The Story of Jazz as Told by the Men who Made It.* New York: Dover Publications, 1966.

Sklar, Robert. *Movie-Made America: A Social History of American Movies.* New York: Random House, 1975.

Slide, Anthony. *Early American Cinema.* Metuchen, NJ: Scarecrow Press, 1994.

第十一章

Cogdell, Christina. E*ugenic Design: Streamlining America in the 1930s.* Philadelphia: University of Pennsylvania Press, 2004.

Diggins, John P. *Mussolini and Italy: The View from America.* Princeton, NJ: Princeton University Press, 1972.

Erens, Patricia. *The Jew in American Cinema.* Bloomington: Indiana University Press, 1984.

Gabler, Neal. *An Empire of Their Own: How the Jews Invented Hollywood.* New York: Crown Publishers, 1988.

Garraty, John A. "The New Deal, National Socialism, and the Great Depression." *The American Historical Review* 78.4 (1973): 907–944.

Jacobs, Lea. *The Wages of Sin: Censorship and the Fallen Woman Film, 1928–1942.* Berkeley: University of California Press, 1997.

Johnson, Hugh Samuel. *The Blue Eagle from Egg to Earth.* Garden City, N.Y.: Doubleday, Doran & Co., 1935.

Kevles, Daniel J. *In the Name of Eugenics: Genetics and the Uses of Human Heredity.* New York: Knopf, 1985.

Kuhl, Stefan. *The Nazi Connection: Eugenics, American Racism, and German National Socialism.*

New York: Oxford University Press, 1994.
Leuchtenburg, William. "The New Deal and the Analogue of War." In *Change and Continuity in Twentieth-Century America.* John Braeman, Robert H. Bremner, and Everett Walters, eds. Columbus: Ohio State University Press, 1968.
Munby, Jonathan. *Public Enemies, Public Heroes: Screening the Gangster from Little Caesar to Touch of Evil.* Chicago: University of Chicago Press, 1999.
Muscio, Giuliana. *Hollywood's New Deal.* Philadelphia: Temple University Press, 1996.
Namorato, Michael V. *Rexford G. Tugwell: A Biography.* New York: Praeger, 1988.
Ohl, John Kennedy. *Hugh S. Johnson and the New Deal.* Dekalb, Ill.: Northern Illinois University Press, 1985.
Patel, Kiran Klaus. *Soldiers of Labor: Labor Service in Nazi Germany and New Deal America, 1933–1945.* New York: Cambridge University Press, 2005.
Pickens, Donald K. *Eugenics and the Progressives.* Nashville: Vanderbilt University Press, 1968.
Richberg, Donald Randall. *The Rainbow.* Garden City, NY: Doubleday, Doran & Co., 1936.
Schivelbusch, Wolfgang. T*hree New Deals: Reflections on Roosevelt's America, Mussolini's Italy, and Hitler's Germany, 1933–1939.* New York: Metropolitan Books, 2006.
Selden, Steven. I*nheriting Shame: The Story of Eugenics and Racism in America.* New York: Teachers College Press, 1999.
Steele, Richard W. *Propaganda in an Open Society: The Roosevelt Administration and the Media, 1933–1941.* Westport, Conn.: Greenwood Press, 1985.
Suzik, Jeffrey Ryan. " 'Building Better Men': The CCC Boy and the Changing Social Ideal of Manliness." *Men and Masculinities* 2 (1999): 152–179.
Tugwell, Rexford G. *The Industrial Discipline and the Governmental Arts.* New York: Columbia University Press, 1933.
———. *To the Lesser Heights of Morningside: A Memoir.* Philadelphia: University of Pennsylvania Press, 1982.
Vadney, Thomas E. *The Wayward Liberal: A Political Biography of Donald Richberg.* Lexington: University Press of Kentucky, 1970.
Whitman, James Q. "Of Corporatism, Fascism, and the First New Deal." *The American Journal of Comparative Law* 39.4 (1991): 747–778.

第十二章

Bérubé, Allan. *Coming Out Under Fire: The History of Gay Men and Women in World War Two.* New York: Free Press, 1990.
Boyd, Nan Alamilla. *Wide-Open Town: A History of Queer San Francisco to 1965.* Berkeley: University of California Press, 2003.
Brecher, Jeremy. *Strike!* San Francisco: Straight Arrow Books, 1972.
Clifford, John Garry. "Grenville Clark and the Origins of Selective Service." *The Review of Politics*, 35.1 (1973): 17–40.

Clifford, John Garry and Samuel R. Spencer, Jr. *The First Peacetime Draft.* Lawrence, Kan.: University Press of Kansas, 1986.

Gill, Gerald R. "Afro-American Opposition to the United States' Wars of the Twentieth Century: Dissent, Discontent and Disinterest." PhD diss., Howard University, 1985.

Glaberman, Martin. *Wartime Strikes: The Struggle Against the No-Strike Pledge in the UAW During World War II.* Detroit: Bewick Editions, 1980.

Kelley, Robin D. G. *Race Rebels: Culture, Politics, and the Black Working Class.* New York: Free Press, 1994.

Malkin, Michelle. I*n Defense of Internment: The Case for "Racial Profiling" in World War II and the War on Terror.* Washington, DC: Regnery, 2004.

O'Sullivan, John. *From Voluntarism to Conscription: Congress and Selective Service, 1940–1945.* New York: Garland, 1982.

Pagán, Eduardo Obregón. *Murder at the Sleepy Lagoon: Zoot Suits, Race, and Riots in Wartime L.A.* Chapel Hill: The University of North Carolina Press, 2003.

Pogue, Forrest C. *George C. Marshall.* New York: Viking, 1963.

Sloman, Larry. *Reefer Madness: The History of Marijuana in America.* Indianapolis: Bobbs-Merrill, 1979.

Smith, Page. *Democracy on Trial: The Japanese American Evacuation and Relocation in World War II.* New York: Simon & Schuster, 1995.

Stephan, John J. *Hawaii Under the Rising Sun: Japan's Plans for Conquest After Pearl Harbor.* Honolulu: University of Hawaii Press, 1984.

Stone, Geoffrey R. P*erilous Times: Free Speech in Wartime from the Sedition Act of 1798 to the War on Terrorism.* New York: W. W. Norton & Co., 2004.

第十三章

Cushman, Thomas. *Notes from Underground: Rock Music Counterculture in Russia.* Albany: State University of New York Press, 1995.

Hessler, Julie. "The Birth of a Consumer Society: Consumption and Class in the USSR, 1917–1953." Historians' Seminar, Davis Center for Russian Studies, Harvard University, February 22, 2002.

———. *A Social History of Soviet Trade: Trade Policy, Retail Practices, and Consumption, 1917–1953*. Princeton: Princeton University Press, 2004.

Lytle, Mark H. *America's Uncivil Wars: The Sixties Era from Elvis to the Fall of Richard Nixon.* New York: Oxford University Press, 2006.

Martin, Linda and Kerry Segrave. *Anti-rock: The Opposition to Rock 'n' Roll. Hamden,* Conn.: Archon Books, 1988.

Pecora, Norma, John P. Murray, and Ellen Ann Wartella, eds. *Children and Television: Fifty Years of Research.* Mahwah, N.J.: Lawrence Erlbaum, 2007.

Poiger, Uta G. *Jazz, Rock, and Rebels: Cold War Politics and American Culture in a Divided*

Germany. Berkeley: University of California Press, 2000.
Ryback, Timothy W. *Rock Around the Bloc: A History of Rock Music in Eastern Europe and the Soviet Union.* New York: Oxford University Press, 1990.
Starr, Frederick S. *Red and Hot: The Fate of Jazz in the Soviet Union, 1917–1991.* New York: Limelight Editions, 1985.

第十四章

"1 Killed, 7 Hurt When Shotgun Blast Sets Off 7-Hour Battle in Alabama." *Washington Post and Times Herald*, November 18, 1957, A3. "6 Negroes Are Jailed In Attack On White Man." Birmingham Post-Herald, March 7, 1961.
Baldwin, James. "Freaks and the American Ideal of Manhood." In *Collected Essays*. New York: Library of America, 1998.
Belfrage, Sally. *Freedom Summer.* Charlottesville: University Press of Virginia, 1965.
Beron, Kurt J., Helen V. Tauchen, and Ann Dryden Witte. "The Effect of Audits and Socioeconomic Variables on Compliance." In *Why People Pay Taxes: Tax Compliance and Enforcement*, edited by Joel Slemrod. Ann Arbor: University of Michigan Press, 1992.
Bogle, Donald. *Toms, Coons, Mulattoes, Mammies, and Bucks: An Interpretive History of Blacks in American Films*. New York: Viking Press, 1973.
———. *Blacks in American Films and Television: An Illustrated Encyclopedia*. New York: Fireside, 1988.
Cantarow, Ellen, Susan Gushee O'Malley, and Sharon Hartman Strom. *Moving the Mountain: Women Working for Social Change*. New York: McGraw-Hill, 1980.
Carson, Clayborne, ed. *The Papers of Martin Luther King, Jr., Volume IV: Symbol of the Movement: January 1957–December 1958.* Berkeley: University of California Press, 1992.
Chafe, William. "The End of One Struggle, the Beginning of Another." In *The Civil Rights Movement in America*, edited by Charles W. Eagles. Jackson: University Press of Mississippi, 1986.
Chappell, Marisa, Jenny Hutchinson, and Brian Ward. " 'Dress modestly, neatly . . . as if you were going to church': Respectability, Class and Gender in the Montgomery Bus Boycott and the Early Civil Rights Movement." In *Gender in the Civil Rights Movement*, edited by Peter J. Ling and Sharon Monteith. New Brunswick: Rutgers University Press, 1999.
Chateauvert, Melinda. *Marching Together: Women of the Brotherhood of Sleeping Car Porters.* Urbana: University of Illinois Press, 1998.
"Citizenship Curriculum." *Radical Teacher* 40 (1991): 9–18.
Clark, Kenneth B. "The Zoot Effect in Personality: A Race Riot Participant." *Journal of Abnormal and Social Psychology* 40 (1945): 142–148.
D'Emilio, John. *Lost Prophet: The Life and Times of Bayard Rustin*. New York: Free Press, 2003.
Dance, Daryl Cumber. Shuckin' and Jivin': Folklore from Contemporary Black Americans. Bloomington: Indiana University Press, 1978.

Davis, Lenwood G. *Daddy Grace: An Annotated Bibliography*. New York: Greenwood Press, 1992.

DuBois, W. E. Burghardt. *The Gift of Black Folk: The Negroes in the Making of America*. Boston: The Stratford Co., 1924.

Eskew, Glenn T. *But for Birmingham: The Local and National Movements in the Civil Rights Struggle*. Chapel Hill: University of North Carolina Press, 1997.

Frazier, Edward Franklin. *The Negro Family in the United States*. New York: Citadel Press, 1948.

———. "Negro, Sex Life of the African and American." In *The Encyclopedia of Sexual Behavior*, edited by Albert Ellis and Albert Abarbanel. New York: Hawthorn Books, 1961.

Gill, Gerald Robert. "Afro-American Opposition to the United States' Wars of the Twentieth Century: Dissent, Discontent and Disinterest." PhD. diss., Howard University, 1985.

Ginsberg, Allen. "Howl." In *Howl, and Other Poems*. San Francisco: City Lights Pocket Bookshop, 1956.

Hamilton, Marybeth. "Sexuality, Authenticity and the Making of the Blues Tradition." *Past and Present* 169 (2000): 132–60.

Hughes, Langston. "The Negro Artist and the Racial Mountain." *The Nation* (June 23, 1926).

Hartman, Saidiya V. *Scenes of Subjection: Terror, Slavery, and Self-Making in Nineteenth-Century America*. New York: Oxford University Press, 1997.

Hunter, Tera W. *To 'Joy My Freedom: Southern Black Women's Lives and Labors After the Civil War*. Cambridge, Mass.: Harvard University Press, 1997.

Jackson, Walter A. *Gunnar Myrdal and America's Conscience: Social Engineering and Racial Liberalism, 1938–1987*. Chapel Hill: University of North Carolina Press, 1990.

"Jittery Bessemer Goes On Alert, But Race Riot Rumors Fall Flat." *Birmingham Post-Herald*, February 18, 1956, 1.

Johnson, John H. and Lerone Bennett, Jr. *Succeeding Against the Odds*. New York: Warner Books, 1989.

"Judge Tells Negro Couple City Wants no Race Riot." *Birmingham News*, July 11, 1956.

Kelley, Robin D. G. *Race Rebels: Culture, Politics, and the Black Working Class*. New York: Free Press, 1994.

Kennedy, David M. *Over Here: The First World War and American Society*. New York: Oxford University Press, 1980.

Kerouac, Jack. *On the Road*. New York: Viking Press, 1957.

King, Martin Luther, Jr. "Letter from Birmingham Jail." In *Why We Can't Wait*. New York: Penguin, 1964.

———. *Stride Toward Freedom: The Montgomery Story*. New York: Harper, 1958.

Levine, Lawrence W. *Black Culture and Black Consciousness: Afro-American Folk Thought from Slavery to Freedom*. New York: Oxford University Press, 1977.

Malcolm X. "The Old Negro and the New Negro." *The End of White World Supremacy: Four Speeches by Malcolm X*, edited by Imam Benjamin Karim. New York: Arcade Publishing, 1971.

Martin, Linda and Kerry Segrave. *Anti-rock: The Opposition to Rock 'n' Roll. Hamden*, Conn.:

Archon Books, 1988.
Martin, Waldo E., Jr., ed. *Brown v. Board of Education: A Brief History with Documents*. Boston: Bedford/St. Martin's, 1998.
Martinez, Gerald, Diana Martinez, and Andres Chavez. *What It Is, What It Was! The Black Film Explosion of the '70s in Words and Pictures*. New York: Hyperion, 1998.
McAdam, Doug. *Freedom Summer*. New York: Oxford University Press, 1988.
Myrdal, Gunnar. *An American Dilemma: The Negro Problem and Modern Democracy*. New York: Harper, 1944.
"Negro, 70, Freed After Slaying Ala. White Man." *Jet*, January 22, 1953, 11.
"Negroes, Whites Exchange Gunfire." *Birmingham News*, October 29, 1960.
"Negro Group Attacks Youth." *Birmingham Post-Herald*, August 11, 1958.
O'Brien, Gail Williams. *The Color of the Law: Race, Violence, and Justice in the Post–World War II South*. Chapel Hill: University of North Carolina Press, 1999.
Raines, Howell. *My Soul is Rested: Movement Days in the Deep South Remembered*. New York: Putnam, 1977.
Retzloff, Tim. " 'Seer or Queer?' Postwar Fascination with Detroit's Prophet Jones." *GLQ: A Journal of Lesbian and Gay Studies* 8: 3 (2002): 271–296.
Roberts, John W. *From Trickster to Badman: The Black Folk Hero in Slavery and Freedom*. Philadelphia: University of Pennsylvania Press, 1989.
Roosevelt, Eleanor. "Freedom: Promise of Fact." *Negro Digest* 1 (1943): 8–9.
———. "Some of My Best Friends Are Negro." *Ebony* 9 (1953): 16–20, 22, 24–26.
Russell, Thaddeus. "The Color of Discipline: Civil Rights and Black Sexuality." *American Quarterly* 60 (2008): 101–128.
Simon, Carl P. and Ann D. Witte. *Beating the System: The Underground Economy*. Boston: Auburn House, 1982.
Theophilus Eugene "Bull" Connor Papers. Birmingham Public Library Archives: Birmingham, Alabama.
"Number of Females Arrested By Race, 1959–1960," Box 5, Folder 27.
J. W. Garrison to Jamie Moore, January 28, 1960, Box 5, Folder 23.
C. D. Guy to Chief Jamie Moore, May 7, 1960, Box 6, Folder 8.
Sergeant C. D. Milwee to Captain J. W. Garrison, August 3, 1960, Box 5, Folder 23.
T. E. Sellers to Chief Jamie Moore, August 11, 1960, Box 5, Folder 23.
Sgt. C. D. Guy to Chief Jamie Moore, April 29, 1962, Box 11, Folder 46.
W. J. Haley to Commissioner Connor, Memorandum, May 25, 1962, Box 11, Folder 46.
L. B. Thompson to Chief Jamie Moore, September 4, 1962, Box 12, Folder 11.
Sgt. C. D. Guy to Chief Jamie Moore, October 3, 1962, Box 12, Folder 11.
George Wall to Chief Jamie Moore, October 4, 1962, Box 11, Folder 24.
"Two farmers in hospital with gunshot wounds after clash with boys, bullets at curb market." *Birmingham News*. August 15, 1955, 21.
Tyson, Timothy B. *Radio Free Dixie: Robert F. Williams and the Roots of Black Power*. Chapel Hill: University of North Carolina Press, 1999.
To Secure These Rights: The Report of the President's Committee on Civil Rights. Washington, DC:

U.S. Government Printing Office, 1947.
Van DeBurg, William L. *New Day in Babylon: The Black Power Movement and American Culture, 1965–1975*. Chicago: University of Chicago Press, 1992.
Vincent, Rickey. *Funk: The Music, the People, and the Rhythm of the One*. New York: St. Martin's Griffin, 1996.
Ward, Brian. *Just My Soul Responding: Rhythm and Blues, Black Consciousness, and Race Relations*. Berkeley: University of California Press, 1998.
Watkins, Mel. *On the Real Side: Laughing, Lying, and Signifying: The Underground Tradition of African-American Humor*. New York: Simon & Schuster, 1994.

第十五章

Allyn, David. *Make Love, Not War: The Sexual Revolution, an Unfettered History*. Boston: Little, Brown, 2000.
Bem, Sandra L. "Gender Schema Theory: A Cognitive Account of Sex Typing." *Psychological Review* 88 (1981): 354–64.
D'Emilio, John. *Sexual Politics, Sexual Communities: The Making of a Homosexual Minority in the United States, 1940–1970*. Chicago: University of Chicago Press, 1983.
D'Emilio, John and Estelle B. Freedman. *Intimate Matters: A History of Sexuality in America*. New York: Harper & Row, 1988.
Duberman, Martin B. *Stonewall*. New York: Dutton, 1993.
Eisenbach, David. *Gay Power: An American Revolution*. New York: Carroll and Graf, 2006.
Faderman, Lillian and Stuart Simmons. *Gay L.A.: A History of Sexual Outlaws, Power Politics, and Lipstick Lesbians*. New York: Basic Books, 2006.
Krich, Aron M. *The Sexual Revolution*. New York: Dell Pub. Co., 1964.
Reuben, David R. *Everything You Always Wanted to Know About Sex, but Were Afraid to Ask*. New York: D. McKay Co., 1969.
Stein, Marc. *City of Sisterly and Brotherly Loves: Lesbian and Gay Philadelphia, 1945–1972*. Chicago: University of Chicago Press, 2000.
Stern, Michael and Jane Stern. "Decent Exposure." *New Yorker*, March 19, 1990.

第十六章

Aronowitz, Stanley. F*alse Promises: The Shaping of American Working Class Consciousness*. New York: McGraw-Hill, 1973.
Carter, Dan T. *The Politics of Rage: George Wallace, the Origins of the New Conservatism, and the Transformation of American Politics*. New York: Simon & Schuster, 1995.
Cutler, Jonathan. *Labor's Time: Shorter Hours, the UAW, and the Struggle for American Unionism*.

Philadelphia: Temple University Press, 2004.

Freeman, Joshua B. "Hardhats: Construction Workers, Manliness, and the 1970 Pro-War Demonstrations." *Journal of Social History* 26 (1993): 725–744.

Jerome, Judson. *Families of Eden: Communes and the New Anarchism*. New York: Seabury Press, 1974.

Kazin, Michael. *The Populist Persuasion: An American History*. New York: Basic Books, 1995.

Lemke-Santangelo, Gretchen. *Daughters of Aquarius: Women of the Sixties Counterculture*. Lawrence, Kan.: University Press of Kansas, 2009.

Lichtenstein, Nelson. T*he Most Dangerous Man in Detroit: Walter Reuther and the Fate of American Labor*. New York: Basic Books, 1995.

Malone, Bill C. *Country Music U.S.A.: A Fifty-Year History*. Austin: University of Texas Press, 1968.

Melville, Keith. *Communes in the Counter Culture: Origins, Theories, Styles of Life*. New York: Morrow, 1972.

Miller, Timothy. *The 60s Communes: Hippies and Beyond*. Syracuse: Syracuse University Press, 1999.

Owens, Virginia Stem. *Assault on Eden: A Memoir of Communal Life in the Early '70s*. Grand Rapids, Mich.: Baker Books, 1995.

Reich, Charles A. *The Greening of America*. New York: Random House, 1970.

Smith, Daniel A. *Tax Crusaders and the Politics of Direct Democracy*. New York: Routledge, 1998.

Willman, Chris. *Rednecks & Bluenecks: The Politics of Country Music*. New York: New Press, 2005.

Wolfe, Charles K. and James E. Akenson, eds. *Country Music Goes to War*. Lexington, Ken.: University Press of Kentucky, 2005.

Zicklin, Gilbert. *Countercultural Communes: A Sociological Perspective*. Westport, Conn.: Greenwood Press, 1983.

使用許可

第十三章

此章內文部分取自：
"Beyonce Knowles, Freedom Fighter," which appeared on Salon.com: http://www.salon.com/opinion/feature/2006/08/31/beyonce/.

第十四章

此章內文部分取自：
"The Color of Discipline: Civil Rights and Black Sexuality," *American Quarterly* 60:1 (2008), 101–128. © 2008 American Studies Association. Reprinted with permission of The Johns Hopkins University Press.

第十六章

此章內文部分取自：
"Citizenship and the Problem of Desire in the Postwar Labor and Civil Rights Movements," in *The Columbia History of Post-World War II America*, Mark C. Carnes, ed. © 2007 Columbia University Press. Reprinted with permission of the publisher.

插圖

圖二（頁 147）由 MacBride Museum of Yukon History 授權使用
圖五（頁 308）「你就是前線」海報：Courtesy of Randall Bytwerk
圖七（頁 308）希特勒海報：Courtesy of Randall Bytwerk
圖八（頁 381） © Charles Moore/Black Star

索引

國家圖書館出版品預行編目 (CIP) 資料

暴民創造自由民主 / 拉迪斯 . 羅素 (Thaddeus Russell) ;
張家福 譯 .
-- 初版 . -- 臺北市 : 大塊文化 , 2016.03
面 ; 公分 . -- (from ; 114)
譯自 : A Renegade History of the United States
ISBN 978-986-213-695-9 (平裝)

1. 社會變遷 2. 激進主義 3. 美國

541.4 105003863

LOCUS

LOCUS

LOCUS

LOCUS